浙江历史文化村落变迁与发展

浙江省农业和农村工作办公室
浙江农林大学中国农民发展研究中心
浙江省农民发展研究中心
中国名村变迁与农民发展协同创新中心

李琳琳 吴一鸣 王欣 著

中国社会科学出版社

图书在版编目(CIP)数据

浙江历史文化村落变迁与发展 / 李琳琳等著. —北京：中国社会科学出版社，2020.9

（千村故事）

ISBN 978-7-5203-5276-5

Ⅰ.①浙… Ⅱ.①李… Ⅲ.①村落文化—文化史—浙江 Ⅳ.①K295.55

中国版本图书馆 CIP 数据核字（2019）第 221945 号

出 版 人	赵剑英
责任编辑	宫京蕾
责任校对	秦 婵
责任印制	李寡寡

出　　版	中国社会科学出版社
社　　址	北京鼓楼西大街甲 158 号
邮　　编	100720
网　　址	http://www.csspw.cn
发 行 部	010-84083685
门 市 部	010-84029450
经　　销	新华书店及其他书店

印刷装订	北京君升印刷有限公司
版　　次	2020 年 9 月第 1 版
印　　次	2020 年 9 月第 1 次印刷

开　　本	710×1000　1/16
印　　张	23.5
插　　页	2
字　　数	398 千字
定　　价	136.00 元

凡购买中国社会科学出版社图书，如有质量问题请与本社营销中心联系调换
电话：010-84083683
版权所有　侵权必究

浙江省历史文化村落《千村故事》丛书编委会

编委会主任

王辉忠　黄旭明

编委会副主任

章文彪　张才方　蒋珍贵　宣　勇　周国模
严　杰　金佩华　王景新

编委会成员

王长金　王旭烽　王思明　车裕斌　包志毅
沈月琴　陈华文　何秀荣　宋洪远　余振波
张梦新　李勇华　李建斌　邵晨曲　郑有贵
林爱梅　赵兴泉　顾益康　葛永明　温　锐
樊志民

编辑室

胥　亮　李琳琳　吴一鸣　朱　强

前　　言
"千村故事"书写中国美丽乡村建设浙江新篇章

一　缘起

寻乡愁，
祖宗兴村族规修。
劝农劝学基业定，
礼仪道德孝中求。
生态人居子孙旺，
民风民俗村史留。

寻乡愁，
千村故事话风流。
清廉大义万古传，
名人名流胜封侯。
手技手艺代际承，
特产特品我村优。

寻乡愁，
美丽乡村历史悠。
民族振兴中国梦，
村域发展是重头。
自在安然农民心，
共同富裕写春秋。

一首婉转悠扬的"千村故事"之"一碟影像"主题歌，唱出了浙江人民保护历史文化村落、寻访传统故事、定格乡土印象、回味乡愁记忆的诗意情怀，抒发了浙江人民践行自由平等、建设美丽乡村、奔向共同富裕的壮志豪情。

"《千村故事》'五个一'行动计划"（以下简称"千村故事"）缘起浙江历史文化村落保护、利用工作。"做好历史文化村落的保护利用工作，是彰显美丽乡村地方特色的需要。"[①] 浙江历史文化村落保护利用工作的启动，标志着浙江以"千村示范、万村整治"为载体的美丽乡村建设跃升到新阶段。这一阶段，是浙江社会主义新农村建设的"美丽成果"转化为农村经济社会发展"资源优势"的重要阶段，是"生产发展、生活宽裕、乡风文明、村容整洁、管理民主"的社会主义新农村建设目标的实现阶段，也是浙江"推动信息化和工业化深度融合、工业化和城镇化良性互动、城镇化和农业现代化相互协调，促进工业化、信息化、城镇化、农业现代化同步发展"和"城乡一体化发展"的大融合阶段。

浙江美丽乡村建设始于2003年。是年6月，时任中共浙江省委书记习近平启动了浙江"千村示范、万村整治"工程，揭开了中国美丽乡村建设的时代篇章。2005年10月，中共十六届五中全会提出了"建设社会主义新农村"的重大历史任务，将浙江"千村示范、万村整治"融入中国社会主义新农村建设大潮。至2007年，浙江省完成了10303个建制村的初步整治，其中1181个建制村建成"全面小康建设示范村"。2008年，浙江省安吉县提出"中国美丽乡村"计划。2009年9月，一批国内古建筑和文物保护专家集聚浙江省建德市新叶村，发表了《新叶共识》，希望政府"把遗产保护和民生工程建设结合起来……倡导全社会关注抢救正在日渐消失的中国乡土建筑"。2010年，浙江省制订了《美丽乡村建设行动计划（2011—2015年）》，同时，浙江省农业和农村工作办公室（以下简称省农办）、财政厅、住建厅、文化厅、林业厅、省文物局六部门联合开展历史文化村落普查。2012年4月，浙江省贯彻习近平总书记关于"优秀传统文化是一个国家、一个民族传承和发展的根本，如果丢掉了，就割断了历史命脉"的讲话精神，出台了《关于加强历史文化村落保护利用的若干意见》，把修复、保护、传承和永续利用历史文化村落作为美丽乡村建设的重要内容。2012年11月，党的十八大报告提出了"努力建设美丽中国，实现中华民族永续发展"的要求。习近平总书记指出："中

---

① 李强：《在全省历史文化村落保护利用工作现场推进会上的讲话》（2012年5月9日）。

国要强,农业必须强;中国要美,农村必须美;中国要富,农民必须富。"建设美丽中国,重点和难点都在农村,美丽乡村建设理所当然地成为当今中国的时代潮流。

"千村故事"在浙江美丽乡村建设跃升阶段应运而生。2014年5月20日,浙江省委副书记王辉忠、副秘书长张才方一行到浙江农林大学调研,在听取了中国农民发展研究中心关于"中国名村变迁与农民发展协同创新中心"的工作汇报后,表示要支持协同创新中心开展历史文化村落保护、利用研究,浙江农林大学随即向省委办公厅呈送了书面报告,王辉忠副书记做了批示。2014年11月,浙江省美丽乡村建设现场会和2015年1月浙江省农村工作会议,先后做出了"挖掘和传承好古村落古民居背后的故事"的部署。2015年3月2日,浙江省农业和农村工作办公室根据上述两次会议部署和省领导的指示精神,委派相关负责人到中国农民发展研究中心,共同商讨、制订了"千村故事"行动计划,并于3月24日呈送浙江省委、省政府。夏宝龙书记、李强省长、王辉忠副书记、黄旭明副省长分别对此做了重要指示:要把这件大事办好,全力创作"精品"。

浙江省委、省政府四位领导批示后,省农办相关负责人多次到浙江农林大学指导、对接和协调,讨论"千村故事"实施方案,部署和推进这项工作。浙江农林大学主要领导要求举全校之力抓好《千村故事》"五个一"行动计划,金佩华和王景新作为总负责和总主编。浙江农林大学中国农民发展研究中心按照上述要求,联络"中国名村变迁与农民发展协同创新中心"及省内外专家,成立了"千村故事"专家委员会,组建了"千村故事"研究团队和工作室,启动了"五个一"行动计划。

二 任务

浙江省提出的"历史文化村落"概念,涵盖了浙江省域内的中国历史文化名村、中国传统村落和古建筑村落、自然生态村落与民俗风情村落。中国历史文化名村是指保存文物特别丰富且具有重大历史价值或纪念意义的,能较完整地反映一些历史时期传统风貌和地方民族特色的村,由住建部和国家文物局共同组织评选。2003年10月至2014年3月,分6批公布了276个历史文化名村,其中浙江28个,占总数的10.1%。中国传统村落过去称"古村落",2012年,住建部、文化部、国家文物局、财政部联合组成了"传统村落保护和发展专家委员会",此后用"传统村落"替代了"古村落"概念。传统村落是指1911年辛亥革命以前建村,保留了较多传统建筑环境、建筑风貌,村落选址未有大的变动,具有独特民俗民风,虽年代久远,但至今仍为人们服务的村落。2012年至2014年12月,该委员会分三批公布了"中国传统村落"2555个,浙江入选176个,占总数的6.9%。2012年,浙委办〔2012〕38号文件界定:"历史文化村落包括古建筑村落、自然生态村落和民俗风情村落等。"这份文件把现存古建筑等历史文化实物和非物质文化遗产比较丰富的村落,建筑与自然生态相和谐、历史建筑保护较好的村落,传统民俗风情等非物质文化遗产丰富、民俗文化延续至今、活动频繁的村落,都纳入了"历史文化村落"范畴。

"千村故事"主要针对纳入《浙江省历史文化村落保有数量和名单库》(以下简称"库内村")的1237个村,开展"寻访传统故事—编撰一套丛书,触摸历史脉搏—形成一个成果,定格乡土印象—摄制一碟影像,回味乡愁记忆—推出一馆展示,构建精神家园—培育一批基地"活动。

"编撰一套丛书",共9卷,其中,《千村故事·古村概览卷》是为"库内村"立档。《千村故事·礼仪道德卷》收集和编撰"库内村"在仁义、慈爱、孝道、勤俭、和睦、善行、清白、诚信、情谊(包括兄弟邻里情谊及民族和谐等)方面的典故。《千村故事·清廉大义卷》收集和编撰"库内村"宗族督导其入仕子孙为官清正廉洁、热爱国家、坚守民族大义的典故。《千村故事·生态人居卷》收集和编撰"库内村"经典的堪舆布局,合理的聚落结构,巧妙的给排水系统,精致的建筑园林,优美的自然景观及其传承、保护等方面的故事。《千村故事:劝农劝学卷》收集和编撰"库内村"戒子戒规、劝农劝学、耕读传家的那人、那事、那典范,弘扬勤奋苦读、乐于农耕、崇勤倡简、勤俭持家,以及自强不息、勤勉坚韧、艰苦奋斗的乡土文化。《千村故事·名人名流卷》收集和编撰"库内村"学而优则仕、则商,学而不优则耕读传家等名仕、名商、名师、名学和名绅的故事,弘扬干一行、爱一行,行行出状元,造福乡梓的优秀文化。《千村故事·民风民俗卷》收集和编撰"库内村"祭祀、婚嫁、丧葬、节庆、季节与农耕、族规乡约、邻里互助等方面的经典故事,弘扬村落民风、民俗、民习,以及村落秩序与基层治理的优秀文化。《千村故事·手技手艺卷》收集和编撰"库内村"独特的工匠技术，石雕、砖雕、木雕、竹雕、竹编、绘画、书法、剪纸、刺绣、女红、戏曲、民歌、武术等乡土非物质文化遗产及其传人的故事，传承乡土手艺、技术和民间艺术。《千村故事·特产特品卷》收集和编撰"库内村"著名农产品、林果蔬产品、畜产品、"老字号"手工产品和特产、名吃及其背后的故事。

"形成一个成果"，就是利用"编撰一套丛书"的调查资料和数据，研究和总结江南历史文化村落变迁（兴衰更替或持续发展）的历史脉络、发展条件、阶段性特征和一般规律，以及文化遗产保护、传承、利用的浙江特色、中国经验。出版《浙江历史文化村落变迁与发展》（专著），提出"浙江历史文化村落保护利用现状和持续发展调研报告"及其"政策建议"，编制"浙江省2016—2020年历史文化村落保护利用规划"。

"摄制一碟影像"，其目的在于用影像手段记忆乡愁，记录"库内村"保护、利用现状，收集和保存"库内村"原有影像资料，宣传"千村故事"。任务包括：一是收集、整理"库内村"以往的纪录片、宣传片、新闻片，储备"千村故事"之"一馆展示"的馆藏影像资料；二是拍摄"库内村"的人居环境，记录"库内村"民居、宗祠、廊桥等历史建筑修复、保护、利用现状，复活"库内村"民风民俗、手技手艺等非物质文化遗产；三是按照"千村故事"一套丛书的8卷分类，挑选经典、精彩的故事，组织亲历者、传承人和典型代表人物讲述本村、本家和自己的故事，编辑成8集宣传性故事片。

"推出一馆展示"，是以浙江农林大学"浙江名村博物馆"建设为载体，设立浙江历史文化村落变迁展示馆。展示内容包括：一是农耕生产工具、手工业器具、传统生活用具、民间艺术作品等方面的实物；二是历史文化村落的村史、村志、名人、名流传记和作品，档案及散落民间的契约文书等文献资料；三是村庄布局及其变迁的历史图片、碑刻拓片和影像资料；四是农村发展的对比材料，如村落景观对比、村域自然环境对比、农民居住条件对比、农户经济收入对比、生活质量和公共服务水平提升对比等，采集历史文化村落有记载的历史数据、图片、统计年报、农户记账资料、老照片、村集体经济组织所受的表彰及荣誉称号证件等，最终形成浙江历史文化村落数据库。

"培育一批基地"，是结合"库内村"保护利用重点村项目的实施，分"乡土历史文化保护传承示范村""时代印记文化保护传承示范村"两种类型,培育"看得见山、望得见水、记得住乡愁"的示范基地。

上述任务是一个整体,其中,"编撰一套丛书"既是"形成一个成果"的资料源泉、"摄制一碟影像"的脚本、"推出一馆展示"的脉络和线条,又是"培育一批基地"的重要依据。"一套丛书""一个成果""一碟影像""一馆展示"和"一批基地"相互支撑,共同托起浙江历史文化村落物质和非物质文化遗存保护利用的历史殿堂。

三 价值

"千村故事"是浙江省在历史文化村落物质文化遗存修复、保护和利用的基础上,对非物质文化遗产抢救性挖掘、整理、记忆和传承的乡土文化建设的重大任务。"千村故事"将为千秋万代留下一份诗意情怀的传统村落变迁史料,将为现代农业中如何继承中华民族传统农业精华发挥启迪作用,将为世界留下一份具有人文底蕴的中国江南鱼米之乡的乡愁记忆。

中国农村变迁发展以村庄为载体。农村变迁史本质上是村庄变迁史。历史文化村落是中国乡土文化遗产的博物馆,是乡愁记忆的百科全书,也是中国国学的思想宝库。历史文化村落镌刻着古代中国农业、农村和农民发展的历史印记,承载着近现代中国共产党领导新民主主义革命、社会主义革命和建设、改革开放和社会主义现代化建设的伟大功勋,展示着中国农业、农村和农民现代化的巨大业绩,凝聚着无数农民精英的历史贡献。我们从历史文化村落走过,仿佛走进了中国农耕文明、乡土文化及国学精髓的博物馆,走进了中国共产党领导农民革命和社会主义建设的纪念馆,走进了农业、农村和农民现代化的业绩馆,走进了祖宗先辈、农民精英和名人名流的传记馆。但是,"快速发展的工业文明正在疯狂地吞噬着农耕文明,乡村社会正在成片地急剧消失,作为整个人类摇篮的、绵延了数千年的带有中古韵味的原始村落正一个个地被五光十色的现代建筑群所取代"。[①] 中国历史文化村落保护时不我待,中国历史文化村落社会经济变迁研究时不我待,中国历史文化村落影像资料摄制和农耕文明博物馆建设时不我待!

---

① 王先明:《从东方杂志看近代乡村社会变迁——近代中国乡村史研究的视角及其他》,《史学研究》2004年第12期。

浙江省历来高度重视历史文化村落的保护、利用工作，一直将其作为农村经济社会发展的重要支撑和美丽乡村建设的重要内容。2003年浙江省启动"千村示范、万村整治"工程时，时任中共浙江省委书记习近平就强调："要正确处理保护历史文化与村庄建设的关系，对有价值的古村落、古民居和山水风光进行保护、整治和科学合理地开发利用。"① 2012年，浙江省开全国传统村落保护、利用之先河，在一个省级区域内，有组织、有计划、大规模地展开历史文化村落保护、利用工作。自2012年始，浙江省委、省政府每年召开一次"全省历史文化村落保护利用工作推进会"，每年投入近10亿元资金，② 连续三年（三批）对全省历史文化村落"库内村"中的130个重点村、649个一般村开展了修缮和保护工作。浙江省各级党委、政府做了许许多多的好事、善事，提供了许许多多的新做法、新经验，功在当代、惠及子孙，得到了浙江农村干部和广大农民的肯定、赞扬和积极响应。而今浙委办〔2012〕38号文件提出的关于"到2015年，全省历史文化村落保有集中县规划全覆盖，历史文化村落得到基本修复和保护"的总目标已经基本实现。

四　方法

"千村故事"是浙江省"政、学、研、民"合作、大规模调研、大团队协同调研的有益尝试。按照上级要求，"千村故事"由省农办组织协调，省财政厅保障相关经费，浙江农林大学联合"中国名村变迁与农民发展协同创新中心"的力量组织实施。

省农办与浙江农林大学研究团队密切合作，将"千村故事"的研究对象、故事收集与撰写方法、写作要求与范本、工作进度等，通过省农办文件形式传达各地。2015年，省农办为"千村故事"发文、发函就有《关于组织开展"〈千村故事〉'五个一'行动计划"的通知》（浙村整建办〔2015〕11号）、《关于核对和完善"千村故事"千个历史文化村落名单的通知》（浙村整建办〔2015〕14号）、《关于组织开展〈千村故事丛书〉基础材料收集、整理编撰工作的通知》（浙村整建办〔2015〕18号）

---

① 转引自吴坚《箫鼓牵情古风淳——浙江历史文化村落保护利用工作纪实》，《今日浙江》2014年第16期。

② 2013年，浙江省、市、县三级共投入资金9.29亿元，其中省级下拨2.3亿元。参见王辉忠《在全省历史文化村落保护利用工作现场会上的讲话》（2014年7月1日）。

等。这些文件成为协同各方的重要依据。省农办要求：历史文化村落保有量大、入选"库内村"数量多的县（区、市）也要成立相应的指导委员会。要从县（区、市）文化局（文化馆）、方志办和档案馆等单位抽调专业人员，组成专门工作班子，负责有关乡镇（街道）、村的组织协调以及基础材料、经典故事、影像图片等的收集、整理、撰写、审读、修改和报送等工作。

定点定村是"千村故事"研究和编撰工作展开的基础。省农办以2012年六部门联合普查确定的历史文化村落"库内村"（971个村）为基础，按照"有价值、有形态、有文脉、有故事、有人脉"的标准，对各地历史文化村落的保有数量和名单进行核实、退出或补充。截至2015年年末，全省普查纳入历史文化村落"库内村"1237个。[①]

浙江农林大学研究团队于2015年4月上旬召开"千村故事"培训会，统一了研究思路和方法，随即组织农村经济、建筑、规划、历史、文化、旅游、民俗等方面的专家，两次深入"库内村"开展预调研。其目的为：一是通过预调研拟定"一套丛书"总框架，以及《古村概览卷》和8卷故事的章、节与故事范本，方便基层参与者在收集、整理、编撰千村故事基础材料时参照；二是摸索"政、学、研、民"合作联动的方法，以及研究团队联合攻关机制。至2015年6月下旬，上述目标全部达成，并形成了关于"千村故事""一套丛书"编撰总要求、体例和方法等方面的共识。

第一，编撰总要求。"一套丛书"编撰要按照省政府领导批准的"千村故事"行动计划所列框架破题，展现历史文化村落"那村、那人、那故事"，最终形成一部故事与史志结合的系列编著。"一套丛书"编撰要坚持"三性"并重原则：故事挖掘、整理和编撰要具有史实性，是历史文化村落里真实存在、广为流传的故事；要体现知识性，可读、可藏、可传；要发挥教育性，弘扬和传承历史文化村落的优秀文化。

第二，编撰对象。"千村故事"研究和编撰对象为浙江历史文化村落"库内村"，非"库内村"若确有经典故事的，亦可选编，但数量要严格控制。凡以人物为中心的故事，必须遵循"生不立传，顺应时代与表现'正能量'，大人物写小事、小人物写大事"等基本原则，如果几个村落撰写同

---

① 浙江历史文化村落"库内村"数量不断调整，三个阶段的数据分别为971个、1123个和1237个，因此，在"千村故事"研究过程中，不同时段撰写的研究成果中，其"库内村"数量不同，特予说明。

一个人物的故事，要合并为一个故事，但要体现这个人物在多个村庄的活动印记。以人物为中心的故事，不能异化为个人传记而见人不见村。

2015年6月25日，省农办根据上述共识，下发《关于组织开展〈千村故事丛书〉基础材料收集、整理编撰工作的通知》，要求各县（区、市）农办会同文化、广电、史志、档案等部门，抽调相关专业人员，组成专门工作班子，按照上述要求扎实做好基础材料、影像图片等的收集、整理、编撰、审读、上报工作，于2015年8月1日前，分别上报省农办社会发展处与浙江农林大学"千村故事"工作室。

2015年7月8日，浙江省农办社会发展处牵头，项目研究团队协助，召开了省、市、县农办分管领导和"千村故事"基础材料编撰业务骨干培训班（400余人参加）。"一套丛书"各卷主编，以及"一个成果""一碟影像""一馆展示"的主持人，分别宣讲各卷和各项目的主旨、框架、要求、范本、方法及注意事项，省农办分管领导、浙江农林大学分管副校长先后提出要求。省培训会议后，各地用不同方式逐级传达落实。一时间，"千村故事"讲述、编撰与求证等，在浙江历史文化村落里蔚然成风、家喻户晓。

2015年暑假期间，浙江农林大学研究团队组织11个联络组带领百名大学生分赴浙江省11个地级市"寻访千村故事"、调查研究和巡回指导[①]。其具体任务包括：一是选择典型村落，配合各地开展调查研究，寻访历史故事；二是接受邀请，为收集、编撰故事有困难的，特别需要帮助的村落提供援助；三是在编撰"一套丛书"的同时，收集"一个成果""一碟影像""一馆展示"和"一批基地"的资料和实物。

截至2015年8月25日，"千村故事"工作室共收到"历史文化村落信息采集表"1244份，其中有效信息采集表1158份为《古村概览卷》提供了翔实的材料；故事基础材料1227篇，其中《礼仪道德卷》136篇，《清廉大义卷》130篇，《生态人居卷》287篇，《劝农劝学卷》84篇，《名人名流卷》228篇，《民风民俗卷》179篇，《手技手艺卷》99篇，《特产特品卷》84篇。8月26日，浙江农林大学研究团队举行了"千村故事"暑期调研汇报交流会，进一步讨论了历史文化村落保护、利用现

---

① 浙江农林大学"寻访千村故事"大学生暑期社会实践团，获中宣部、中央文明办、教育部、共青团中央、全国学联组织开展的"2015年全国大中专学生志愿者暑期'三下乡'社会实践活动优秀团队"荣誉称号。

状及对策,部署各组统计分析历史文化村落本底数据,阅读筛选故事基础材料并提出修改意见。

"千村故事"研究团队调研和巡回指导村落,覆盖全省11个地级市、57个县(区、市)、163个村落,协助各地区修改或重写的故事达259篇。2015年年末和2016年年初,8卷故事初稿基本完成。2016年春节(寒假)前后,浙江农林大学研究团队再次进村入户调研,进一步修改、补充和完善历史文化村落的历史故事。2016年4月8—10日,浙江农林大学研究团队在湖州市南浔区获港村召开了"千村故事"统稿会,"千村故事"专家委员会部分成员,中国社会科学出版社领导和相关编辑人员,以及"千村故事""一套丛书"各卷主编和其他"四个一"的项目负责人齐聚一堂,审读"一套丛书"初稿,统一编撰要求,按照"表述精准,兼具史实性、知识性和教育性,同时突出重点村,反映浙江区域特色"的原则,遴选《千村故事精选》(卷一、卷二、卷三)三卷样稿。至此"千村故事""一套丛书"调研和编撰工作基本完成。接下来,"一套丛书"交由中国社会科学出版社,进入辛苦而繁复的出版程序。

五 梗概

《古村概览卷》厘清了浙江历史文化村落物质文明遗存及其保护利用现状。据历史文化村落基础信息有效采集的1158个村的统计数据显示,浙江历史文化村落主要集中在浙西、浙南、浙中的山区和丘陵地区,而杭嘉湖平原地区、宁绍平原地区、海岛地区相对较少,其中丽水市228个村、台州市170个村、衢州市159个村、温州市150个村。浙江传统村落历史悠久,唐代及以前始建的村落160个,占13.82%,其中舟山市定海区马岙村被誉为"海上河姆渡"[1]、"千岛第一村"。宋代始建的村落居多,共有367个村,占总数的31.69%;元代始建的有103个村,占8.89%;明代始建的有297个村,占25.65%;清代始建的有149个村,占12.87%;民国及以后始建的有82个村,占7.08%。所有古建筑物质文化遗存中,有文物保护级别的共有4351处,国家级375处,省级699处,市级400处,县级2877处。各类古建筑数量主要统计各村的古民宅、古

---

[1] 距今6000多年的马岙海岛史前文化遗址,就位于马岙村,其代表性的"具有人造痕迹"的土墩文化群,被认为与宁波余姚境内的河姆渡古文化遗址互相佐证,因此也被称为"海上河姆渡"。

祠堂、古戏台、古牌坊、古桥、古道、古渠、古堰坝、古井泉、古街巷、古城墙、古塔、古寺庙、古墓十四类信息，汇总其数量有3.6万多处，其中最多的是古民宅，共23071处，古祠堂1624处，古城墙91处，古塔69处。有1022个村保存族谱，占"库内村"总数的82.15%，一村多部族谱也是常见现象，本次调查统计有4505部族谱。有295个村落保存有古书、名人手稿、字画等文物资源。906个村有古树名木，占"库内村"总数的73%，有的村还拥有古树名木群。据不完全统计，这些村落中1000年以上的古树有135棵，如丽水莲都区路湾村有1600年树龄的香樟，建德石泉村有1400多年树龄的樟树7棵，建德乌祥村有1500多年树龄的古香榧，杭州余杭区山沟沟村汤坑汤氏宗祠前有1200多年树龄的红豆杉和银杏，景宁畲族自治县大漈乡西一村有1500多年树龄的柳杉王……在村落的非物质文化遗产中，国家级有89个，省级有187个，市级有172个，县级有237个。浙江省重视历史文化村落保护和利用，2012年至今，先后三期批准历史文化村落保护、利用重点建设村和一般村达779个，占"库内村"总数的62.6%。

《礼仪道德卷》述说浙江历史文化村落的价值追求。浙江历史文化村落里的人们，对礼仪道德的重视主要展现在三个方面：第一，有形载体众多。农村礼仪道德故事并不仅仅停留在村民的口耳相传之中，往往化为物质载体，传承着村民的共同记忆。第二，注重传承。许多农村礼仪道德故事对于村民而言并不仅仅是一个传说，而是化为族规家训在子孙后代中传承。第三，影响深远。农村礼仪道德故事对于村民而言并非遥远的往事，而是真实地存在于村民的生活之中，影响着每一个人。浙江历史文化村落礼仪道德故事中，以下几个方面显得尤为丰富：一是慈爱孝悌。浙江历史文化村落有大量父慈子孝的故事，许多村庄将"孝"作为立村之本。慈孝故事可分为严父慈母的故事、寸草春晖的故事、慈孝传家的故事和节孝流芳的故事，在传统农村社会最为丰富，影响深远，对民风的端正起到了极大的作用。二是贵和尚中。这些故事大致可分为三类：第一类为家和事兴，第二类为乌鹊通巢，第三类为民族和睦。三是见利思义。浙江历史文化村落的见利思义故事也可分为三类：第一类为勤俭诚信的故事，第二类为公而忘私的故事，第三类为积善得报的故事。四是乐善好施。乐善好施是浙江历史文化村落美德故事的重大主题，总体可分为三类：第一类为回报桑梓的故事，第二类为扶危济困的故事，第三类为造福一方的故事。这些都是中国传统农村社会注重礼仪道德典型的体现，这些传统美德与农村社会生活密切联系，它们是农民创造的宝贵精神财富，是农村社会持续发展的不竭精神动力。

《清廉大义卷》传颂浙江"忠义廉正、光昭史策"的如林贤哲。忠诚爱国、廉洁奉公、心系天下是他们为官从政的基本价值取向，也是他们为官做宰的基本要求。他们在其位谋其政，勤于政事，为民请命，爱民如子，以民众和国家利益为先；他们志行修洁，清廉刚正，讲求以身任天下，把个人的安身立命与天下兴亡、百姓福祉联系在一起，得志时则兼济天下，不得志时则独善其身。在一乡则有益于一乡，在一邑则有益于一邑，在天下则有益于天下。每当国家兴盛时，士大夫多以廉洁自重，刻意砥砺德行；每当社稷衰颓之时，竭忠效命、临难捐躯者指不胜屈。这充分显示："腐败"乃是贯穿历史败亡的一条基线。故事主人公们在道德实践上主要依靠内省、自律去克制欲望，抵制诱惑，诉诸的是主体向内用力的道德自觉，而不完全依靠外在他律的规范和约束，养廉多于治廉。他们的政治实践则主要体现在：责君之过，以正君臣；律己之行，以严公私；爱民如子，以和官民；进思尽忠，退思补过；先忧后乐，用舍皆行。他们的政治诉求则是"天—君—民"三位一体的政治架构，在这个传统的政治架构中，臣民可忠于君主，也可忠于社稷天下。忠于君主者，以君主利益为第一位，唯君主马首是瞻；忠于社稷天下者，以民众和国家利益为先。在官与民、权与理、君与国的矛盾前面，站在民、理、国这三方面，"苟利国家生死以，岂因祸福避趋之"。而伴随着近代"国家""民族"概念的传入，政统与道统、君主与国家区分更为明显。近代以来，浙江无数的仁人志士为了革命理想信仰、为了救亡图存、为了至高无上的道义精神慷慨就义。

《生态人居卷》集萃浙江先民人居环境建设的智慧。"人居环境的灵魂即在于它能够调动人们的心灵"，各村落因地形地貌、水土植被、经济发展程度的不同，形成富有地域特色的个性。浙江历史文化村落大多是有着宗族体系的血缘村落，宗族伦理观念强烈地影响着村落的空间布局和建筑形态，村落布局形态讲究道德伦理关系，重视等级制度和长幼之分。出现了以宗祠为核心，以主要商业街、道路或河流为发展轴，根据地形因地制宜的布局模式。浙中地区特别讲究形成山水环抱、聚气藏风的"风水"格局，甚至不惜人力、物力改造风水，比较典型的如武义郭洞村。浙江历史文化村落的历史建筑营造匠心独运,除建筑艺术精美之外,还体现了浓郁的人文理念。建筑群体组合往往有着严谨的秩序,祠堂大多设置在传统村落的中心位置,而亭、廊、桥等风景建筑则体现"天人合一"与"文以载道"的思想观念,巧妙结合地形地貌,诠释伦理道德、承载美好愿望。浙江水系众多,形成了清新、淡雅、古朴的历史文化村落风貌,村落中合理科学的水系规划,不仅调节了小气候,满足了日常饮用、灌溉、排污和消防等功能,同时又形成了优美的人居环境。浙江历史文化村落大多是望得见山、看得见水的"山水田园村落",植根于周围山水自然环境,因地制宜进行家园建设,并辅以恰当的人文景观,形成了既质朴自然又如诗如画的乡村风景园林。浙江自古以来人文鼎盛,历史文化村落中多有诗词歌咏、楹联题刻、文化典故等人文景观。在这些人文景观中,有的记录村落发展的重要历史事件,有的记录传说故事或歌颂风景名胜,彰显着村落的人文内涵之美。

《劝农劝学卷》夯实浙江历史文化村落兴村根基。耕读传统是浙江历史文化的重要传统之一,它的产生是与古代中国"劝农劝学"观念的内在要求和政策制度相契合的。浙江耕读传统始于农本经济(物质基础)、科举入仕(制度保障)、兴家旺族(直接动力)、隐逸文化(思想渊源)、人口迁徙(促成因素)五大基石,其中农本经济、科举入仕和兴家旺族是浙江耕读传统产生的一般要素,隐逸文化和人口迁徙则是浙江耕读传统产生的特殊要素。在中国农业社会的历史长河中,"耕读并重"作为农民的生活模式,是一种可保进退自如的持家方略,二者相辅相成、相得益彰。源于此,"耕读传家"成为当时村落根深蒂固的生活理想,是宗族(家庭)事务的头等大事,每个宗族都期望族人可以中举中进士,入朝为官,光耀门楣。因此,族规家训都极为强调耕读之首要性。耕读传统使得浙江地区人才辈出,尤显家族代传性特征。如温州瑞安曹村自南宋高宗绍兴二十七年(1157)至明成祖永乐二年(1404),200多年中一共出了82名进士,是全国闻名的"中华进士第一村";永嘉屿北村的"一门三进士,父子两尚书";江山广渡村的"四代十登科,六子七进士";绍兴州山村的"父子两尚书""祖孙四进士""十八进士"等。近代以来,则有"状元村"之美誉的宁海梅枝田村和"博士村"之美誉的缙云姓潘村。"劝农劝学"观念的化身则是耕读传统在中国农耕社会中形成、发展和转型的思想轨迹,鲜明地揭示了历史上富裕农家和仕宦之家对于家族(家庭）文化教育前景的企求实态，它表明耕读传家观念不仅源远流长，而且深远地影响了农业中国的乡村社会。

《名人名流卷》记录浙江历史文化村落一颗颗璀璨明珠。浙江历史文化村落名人故事丰富多彩，所述人物故事涉及名儒名臣、名贾名商、诗画艺人、乡贤民硕和侠客义士等，寄托了村民的情感，反映了时代心理，还有一定史料研究意义。此次"千村故事"收集到的名人名流故事，以明代到近现代的居多。这与浙江省历史文化名村形成的历史相一致。从时代变迁看，中国文化经济重心不断南移，尤其是南宋定都临安后，给浙江带来前所未有的发展机遇，从而使浙江成为全国举足轻重的经济和文化重镇，也造就了一批批从浙江乡村中走出的优秀儿女。地理对文化和名人名流的分布影响显著。从地理类型上看，浙江历史文化村落名人名流的分布大致代表了西南山地文化、浙北平原文化、海洋文化三种类型。山区名人名流的特点有崇文尚武、武术医家和义士将军等；平原地区多半为鱼米之乡，交通发达，文化基础本身较好，多出巧匠、商人、科学家和文艺人士等；沿海地区名人名流具有开放冒险、抵御外侮和漂洋经商的生活经历。浙江人祖先多半是中原移民，经过几次大规模的南迁运动，很多北方家族南下，到浙江重新聚居，形成历史文化村落。新移民将北方的文明与本地特色结合，将优秀的中原文化传统延续下来。实际上，自秦灭越之后，传统意义上的吴越地域文化特点并不突出，浙江文化与中原汉文化实现了自然接轨。

《民风民俗卷》延续浙江历史文化村落鲜活历史。浙江历史文化村落保留的民俗不仅多种多样，而且具有深厚的人文底蕴和独特的地域色彩。比如，素有"鱼米之乡""丝绸之府"之称的杭嘉湖地区，流传于该地区的蚕桑文化民俗，将民间喜闻乐见的范蠡与西施的传说融合在内，使原本单纯的生产习俗增加了浓郁的人文色彩。浙江地域面积虽不大，但依山濒海，江河纵横，自然环境复杂，地形地貌丰富。因此坐落于不同地区村落的村民，生产和生活习俗也各有不同，且又与其所生活的区域自然环境息息相关。浙西多山，山地村落流行的风俗与村民千百年所依赖的山地环境关系密切，如流传于衢州洋坑村的"喝山节"；浙北多平原水乡，流行的民俗多与水上活动有关，如嘉兴地区民主村的水上庙会习俗；浙东南濒海、多岛屿，因此生活在滨海和岛上的村民，其民俗就带有浓厚的海洋气息，如浙南洞头县东沙村祭祀妈祖（海神）的习俗。另外，民风民俗还与各地的民族特色。浙江是畲族的主要聚居地区，景宁是中国第一个也是唯一一个畲族自治县，有"中国畲乡"之称，在畲族分布村落内，流传着畲族独有的风俗，成为浙江历史文化村落民俗中极具鲜明地域风格的代表。浙江历史文化村落的民俗大体归为：一是传统的岁时节令类；二是人生历程中的婚嫁、生育、寿庆和丧葬类；三是反映家族文化的祭祖和修谱等族规类；四是农事生产类；五是乡村美食与风物特产类。此外，还有一些涉及居住建筑、传统体育、游戏娱乐和口头文学等。民俗是过去生活的记忆与缩影，也是村居民落在千百年的生产、生活中积淀的文化遗产，随着社会经济的高速发展和城镇化的快速推进，不少良风美俗也都面临着湮没之危。我们希望"千村故事"能够让这些乡村记忆传之久远。

《手技手艺卷》展示浙江历史文化村落里百姓与"这方水土"相互厮守的故事。从远古走来的浙江人民世世代代与这片土地同呼吸、共命运，并由此衍生了具有浓厚区域色彩的手技手艺，这些手技手艺曾经是普通百姓的重要谋生手段，尤其是在农耕社会时期，生产力水平不发达，交通闭塞，对一个家庭乃至一个家族而言，掌握一门手艺将给他们带来相对稳定的收入。由于区域的相通性，很多手技手艺都是相类似的，展现出手技手艺的地域乡土性。传统技艺存在于生活之中，只要有适宜的环境，手工艺就会得到传承。比如，木作、雕琢、烧造、冶炼、纺织、印染、编织、彩扎、装潢、造纸、制笔、烹饪、酿造和印刷等，在当代社会的现实生活中仍然有着广阔的生存空间。费孝通先生曾说过，非物质文化遗产"之所以传下来就因为它们能满足当前人们的生活需要。既然能满足当前人们的生活需要，它们也就是当前生活的一部分，它们就还是活着。这也等于说一个器物、一种行为方式，之所以成为今日文化中的传统，是在它还发生'功能'，能满足当前的人们的需要"。

《特产特品卷》印制浙江历史文化村落亮丽的名片。浙江历史文化村落的特产特品文化深厚，各地的每一种特产都不是简单的自然馈赠品，而是各地居民在千百年的生产和生活中积淀下来的文化遗产，每一种产品都有其独特的种养、加工技巧和工艺流程，许多产品还有一套与其生产过程相配套的地方习俗和文化故事。浙江历史文化村落农特产品具有鲜明的地域差异性。比如，浙北杭嘉湖平原地区是种植、养殖及加工特产集中区，农特产品主要以种植产品、淡水养殖品及加工制品为主，传统养殖产品以蚕桑最具特色，现代种植产品则主要以瓜果蔬菜为特色，如槜李、湖菱、大头菜、莼菜、雪藕等特色果蔬在区域内均有一定的分布；浙中金衢盆地地区是瓜果、药材、粮油肉加工产品集中区，如兰溪杨梅和枇杷，常山胡柚，磐安元胡、玄参和白芍等，金华火腿、金华两头乌猪，龙游乌猪和衢江三元猪，金华酥饼，龙游发糕，江山铜锣糕和常山山茶油等；浙西丘陵山地地区则盛产茶叶和竹木等产品；浙南山地地区是林木和山石产品集中区；浙东丘陵地区是特产多样性地区；浙东沿海平原地区则是蔬果和海产集中区；东南滨海岛屿地区则是海洋捕捞产品集中区，陆地特产相对较为贫乏。浙江历史文化村落的特产特品被注入了深刻的文化印记，其中许多农特产品从一个村落发源，经过历代村民精心呵护与反复打磨，已经走出村落、走向世界，成为历史文化村落的名片。

（执笔：王景新，浙江农林大学中国农民发展研究中心暨浙江省农民发展研究中心常务副主任，中国名村变迁与农民发展协同创新中心首席专家；文中"梗概"由各卷主编撰写。）

目 录

第一章 浙江历史文化村落分布、类型、特色及经济社会状况 …… (1)
  一 浙江历史文化村落分布情况 ……………………………… (1)
  二 浙江历史文化村落地域类型和特征 ……………………… (3)
  三 浙江历史文化村落文化特征 ……………………………… (6)
  四 浙江省样本村历史文化遗存及经济社会状况 …………… (14)

第二章 晚清江南农村产权交易制度研究
      ——诸葛村契约文书解读 ……………………………… (18)
  一 前言 ………………………………………………………… (18)
  二 诸葛村契约文书概况、格式及构成要件 ………………… (20)
  三 诸葛村土地产权交易历史背景及产权分化 ……………… (38)
  四 诸葛村房屋及其他类型产权的交易 ……………………… (47)
  五 江南农村产权交易制度区域特征及启示 ………………… (54)
    附录：诸葛村《南阳明德堂记屋契田业总簿》原文、断句及
         注释 ……………………………………………………… (58)

第三章 典型历史文化村落的农业和工商业经济
      ——李村村个案研究 …………………………………… (143)
  一 前言 ………………………………………………………… (143)
  二 李村村农业经济的发展变迁 ……………………………… (144)
  三 李村村工商业经济的发展历程和现实情况 ……………… (165)

第四章 典型历史文化村落的集体经济与农民生活
      ——李村村案例研究 …………………………………… (177)
  一 前言 ………………………………………………………… (177)
  二 李村村集体经济的历史变迁与现实发展 ………………… (177)
  三 李村村农户经济与农民生活 ……………………………… (195)

第五章 浙江农业合作化名村经济社会变迁
      ——以入编《中国农村的社会主义高潮》的村为例 …… (210)
  一 引言 ………………………………………………………… (210)
  二 浙江农业合作化名村的"典型经验" ……………………… (211)
  三 浙江农业合作化名村建制的历史演变 …………………… (216)
  四 浙江农业合作化名村经济社会现实发展 ………………… (217)

五　总结 …………………………………………………………（223）
第六章　典型历史文化村落的宗族意识
　　　　——浙江溪口村案例研究 …………………………………（227）
　　一　前言 …………………………………………………………（227）
　　二　调查案例 ……………………………………………………（229）
　　三　个案的宗族形态考察 ………………………………………（230）
　　四　个案的宗族意识考察 ………………………………………（232）
　　五　结论 …………………………………………………………（242）
第七章　浙江历史文化村落保护利用与持续发展研究 ……………（243）
　　一　前言 …………………………………………………………（243）
　　二　历史文化村落及古建筑的保护与管理 ……………………（246）
　　三　历史文化村落及古建筑的利用方式 ………………………（253）
　　四　历史文化村落保护利用面临的问题及政策建议 …………（261）
第八章　历史文化村落保护利用个案研究 …………………………（267）
　　一　前言 …………………………………………………………（267）
　　二　临安市农村历史建筑保护利用调查报告 …………………（268）
　　三　龙泉市历史文化村落保护利用调查报告 …………………（291）
　　四　安徽和陕西等地古村落保护利用工作调研报告 …………（298）
　　五　促进浙江历史文化村落保护利用的几点建议 ……………（310）
第九章　浙江省历史文化村落保护与利用规划 ……………………（315）
　　一　历史文化村落保护利用规划的重要性 ……………………（315）
　　二　历史文化村落保护利用的国内外经验 ……………………（316）
　　三　历史文化村落保护利用规划总纲 …………………………（317）
　　四　历史文化村落空间布局规划 ………………………………（319）
　　五　历史文化村落保护规划 ……………………………………（324）
　　六　历史文化村落利用规划 ……………………………………（328）
　　七　经营管理和能力建设规划 …………………………………（331）
第十章　余论：中国历史名村变迁与当今美丽乡村建设 …………（334）
　　一　中国历史名村变迁研究的意义和价值 ……………………（334）
　　二　中国历史名村变迁研究的样本、框架、方法及产出 ……（337）
　　三　中国历史名村变迁研究主要结论及其对美丽乡村建设的
　　　　启迪 …………………………………………………………（344）
后　记 …………………………………………………………………（354）

第一章 浙江历史文化村落分布、类型、特色及经济社会状况

浙江历史文化悠久，早在100万年前就有原始人类在浙江大地上繁衍生息，到了距今一万年至四五千年间，浙江境内就有了人类的活动。随着农耕文明的发展，城池与乡村的功能分野日益明显，农村人口从散居转向集居，村庄逐渐形成规模，并以宗族姓氏为主，根据山川地形、日月风水、经纬变化、文化取向，形成了传统的村落格局。古屋、古树、古桥，还有代代相传的人文景观故事，散落在浙江各地的1000多个历史文化村落，是浙江"乡土文化史书库"。

历史文化村落包括古建筑村落、自然生态村落和民俗风情村落等。古建筑村落是指现存古民宅、古祠堂、古戏台、古牌坊、古桥、古道、古渠、古堰坝、古井泉、古街巷、古会馆、古城堡等历史文化实物和非物质文化遗产比较丰富和集中，能较完整地反映某一历史时期的传统风貌和地方特色，具有较高历史文化价值的村落。自然生态村落是指古代以天人合一理念为基础，村落选址、布局、空间走向与山川地形相附会，村落建筑与自然生态相和谐，农民生产生活与山水环境相交融，自然生态环境、特种树木以及相应村落建筑保护较好的村落。民俗风情村落是指根据特定民间传统，形成有系统的婚嫁、祭典、节庆、饮食、风物、戏曲、民间音乐舞蹈、工艺等非物质文化遗产，传统的民俗文化延续至今，为当地群众所创造、共享、传承，并有约定俗成的民俗活动的村落[1]。

一 浙江历史文化村落分布情况

浙江传统村落的区域分布呈现四处显著集聚区，主要集聚区为浙西南一带，次要聚居区为浙西一带、浙中一带和浙东一带（表1-1，图1-1）。其中浙西南一带以丽水市中北部为集聚中心，"核心—边缘的圈层"分布特点显著；浙西一带以金华市西部为集聚中心，形成"哑铃式"分布特点；浙中一带和浙东一带呈现"宽带状"的分布形态（表1-1，图1-1）。

---

[1] 《关于加强历史文化村落保护利用的若干意见》浙委办〔2012〕38号。

表 1-1　　　　　浙江省各地区历史文化村落数量和级别

地区	历史文化村落	中国历史文化名村	中国传统村落	浙江历史文化村落重点村	浙江历史文化村落一般村
杭州	105	3	15	11	58
宁波	91	2	18	9	51
温州	147	4	9	10	70
湖州	39	2	3	6	28
嘉兴	26	0	0	0	26
绍兴	95	1	4	12	61
金华	140	7	24	24	82
衢州	159	3	9	19	74
舟山	34	0	1	2	26
台州	171	1	16	10	64
丽水	230	5	77	27	109
总计	1237	28	176	130	649

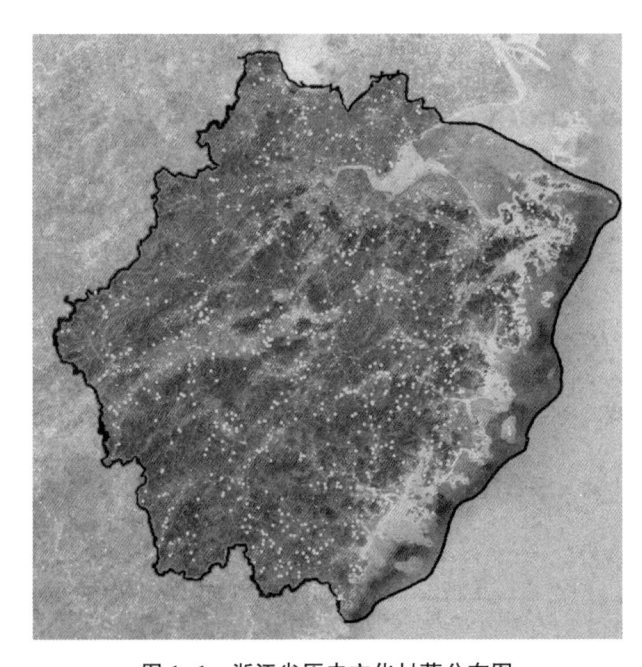

图 1-1　浙江省历史文化村落分布图

注：文中绘图均由《浙江历史文化村落保护利用规划》团队独立完成。

从各地市内部分布情况来看，可细分为三大类型：一为"集聚型"分布，包括丽水市、宁波市、杭州市、台州市。丽水市主要集中分布在市中北部地区，主要在松阳县、龙泉市；宁波市主要集中分布在市西南部地区，主要在宁海县、奉化县；杭州市主要分布在市内东部地区，主要在桐庐县；台州市主要分布在市内西北部地区，主要在临海市、仙居县。二为"离散型"分布，以金华市、温州市、衢州市为典型代表，主要离散分布在市域边界线附近。三为"随机型"分布，以绍兴市、舟山市、湖州市为代表，传统村落在市域内分布较为散落，无特别显著规律。

浙江省传统村落的海拔高程数据跨度较大，最低是舟山市岱山县东沙镇东沙村，海拔高程3米，最高是丽水市龙泉市城北乡上田村，海拔高程1186米。浙江传统村落的海拔高程主要集中在0—200米区域内，随着海拔高程的上升，其数量虽有起伏但总体呈现减少趋势。总体来看，75%的浙江传统村落分布在海拔高程500米以下的地区。农耕世界以农为本的经济属性，决定了其基本特征在于自给自足的地方性模式。低海拔的垂直分布特征与传统村落的农耕文化属性是一致的。一方面，较低的海拔通过影响光照、热量、水分、土壤等农业生产条件可缩短农作物的成熟周期，提高产量；另一方面，水稻的种植和农田设施的修建，都有赖于大量的劳动力。低海拔的平原、丘陵地区地势较为连续平坦，适合大面积耕作，村民也可就近安家建村，大大提高生产效率。

二 浙江历史文化村落地域类型和特征

自然地理环境影响了历史文化村落的空间意象、聚落形态、建筑形式等方面。浙江省地形走势西南高，东北低。西南山地高峻，谷地幽深；东北为堆积平原，海拔一般都很低，地势低平，水网密布；中部多为海拔100—500米的丘陵盆地，错落分布于低山之间，地形低矮而破碎；东部海域广阔，海岸曲折，沿海岛屿星罗棋布。

依据自然地理环境特征，浙江省历史文化村落可分为平原水乡型、滨海渔村型、山区丘陵型、山间盆地型四类。平原水乡型主要分布在浙北地区，滨海渔村型集中在东部沿海，山区丘陵型位于浙西南山区，山间盆地型则位于浙中地区。

（一）平原水乡型历史文化村落特征

这种类型村落主要分布于杭嘉湖地区的浙北平原和宁绍地区的浙东平

原，村落规模相对较大，特色比较明显。由于水乡平原地区，河流纵横，水系密布，交通、商贸发达。因此，村落规模一般都比较大，道路布置多与水道、河系平行，形成"一河一路"或"一河两路"带状空间格局，呈"双棋盘式"路河网络。居民临水而建，村落上有较多的石桥，与水系、街道和周边房屋构成优美的"小桥""流水""人家"景观，形式多样，富于特色水乡风情（图1-2）。

图 1-2 平原水乡型历史文化村落

注：文中手绘插图均由《浙江历史文化村落保护利用规划》团队成员完成。

（二）滨海渔村型历史文化村落特征

这种类型村落主要分布于浙江沿海及海岛上，空间分布较为分散。村落一般规模都比较小，功能单一。一条主要街道以商贸为主，其他均以居住为主。此外，沿海村落多注重防御功能，因此，村中都有厚实高大的城墙或寨墙。同时，村落中有较多的姓氏宗祠和寺庙，规模大，建造考究，成为村落中最主要的建筑（图1-3）。

（三）山区丘陵型历史文化村落特征

这类村落主要分布在山区，有的分布在整个山坡面上，有的分布在山中小盆地中。由于受地形、人口、交通等因素的限制，丘陵山区历史文化村落的规模都不大，功能比较单一，以居住为主，商贸功能不突出，多集中在一条主要街道上。房屋布置、道路布设均依山就势，起伏较大。建筑

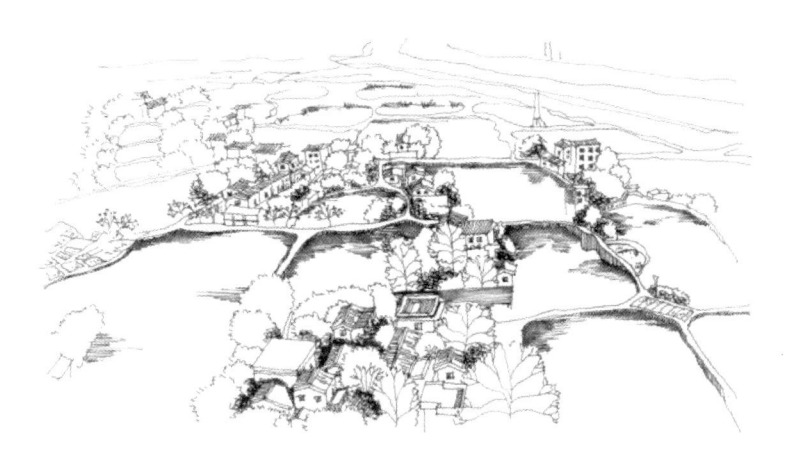

图 1-3　滨海渔村型历史文化村落

方位、形状较为自由、灵活，院内一般都有较大的天井。建材多就地取材，多用石材。街巷蜿蜒曲折，村落外轮廓线变化丰富，有浓郁的地方特色（图 1-4）。

图 1-4　山区丘陵型历史文化村落

（四）山间盆地型历史文化村落特征

该类型历史文化村落主要分布在丘陵山区，位于山间盆地。由于盆地面积不大，因此，村落面积一般也不大，功能相对比较单一，商贸功能占有较大比重，往往成为这些地区的中心。同时，由于其建筑和道路相对集中，较山区丘陵型村落形态更为规则（图 1-5）。

图 1-5　山间盆地型历史文化村落

三　浙江历史文化村落文化特征[1]

吴良镛先生在《人居环境科学的人文思考》[2]一文中指出："人居环境的灵魂即在于它能够调动人们的心灵，在客观的物质世界里创造更加深邃的精神世界。"归根到底，浙江历史文化村落文化特征的精髓为"寻找人与自然的和谐"，包括自然生态的和谐，生产生活的和谐。这种追求和谐的思想反映在浙江历史文化村落的选址布局、建筑营造、环境设计、人文景观当中。在此基础上各村落因地形地貌、水土植被、经济发展程度的不同，形成富有地域特色的文化个性。

（一）深受"风水"民俗影响

浙江历史文化村落的选址布局深受传统"风水"民俗的影响，从村落自然环境、空间形态，到建筑营造上都深深地刻上了传统风水理论的印记，比如选址注重"负阴抱阳、背山面水"的空间布局，讲究村落"理水"，同时还有设置风水树、风水池、风水亭、风水塔等民俗，以示对村落的守护。用现代科学的眼光来看，"风水说"就是农耕社会的人们选择建设用地的朴素方法，其中包含了一定的促进农业生产、居住适宜的先进

---

[1] 该篇来自"千村故事""一套丛书"之《风水人居》的前言，编入此处经过部分删选。
[2] 吴良镛：《人居环境科学的人文思考》，《文明》2003年第10期。

理念，反映了人类对自然的敬畏、表达人们美好的生活愿望。风水的好坏决定了村落的选址，定居的人们对风水也进行改造。就这样，人们以风水思想为指导对自然景观的选择和改造，成为了村落发展的框架。从实际情况来看，浙江"风水"民俗呈现有意识的区域分布，反映了在传统农业社会中，各地在生态、生产特点上的差异。

浙中地区特别讲究形成"山水环抱、聚气藏风"的风水格局，甚至不惜人力物力改造风水，比较典型的如武义郭洞村。《何氏宗谱》记载：始祖何寿之"相阴阳，观清泉，正方位"，巧妙地利用自然山川形势营建村落。郭洞村三面山环如障，北面一片田野，远处有左右青山相拥，两条溪流在村南汇合。村民砌城墙形成水口，修回龙桥聚气藏风，并于村四周植树改善环境。这样村庄后有龙山为祖山，主龙运不绝；前有虎山为朝山，主文运卓越；有形似狮象、龟蛇的青山把守水口、河流，有龙溪碧水似玉带环绕，形成了绝佳的风水宝地。类似的还有兰溪刘家村。该村坐北朝南，后山像一把庄严高大的"金交椅"，将整个村落环抱其中。后山与门关山相连，宛如青龙；右边山垄叫白虎垄。村落对面飞凤形铁钯山耸峙，加上村口象征"朱雀"的鲤鱼形新塘，及樟树下的石五（谐音玄武）塘，使整个村落形成一个以"左青龙、右白虎、前朱雀、后玄武"为格局的典型风水环境。武义坛头村流传的风水故事更是饶有情趣，把文字、动物、人物象形熔为一炉：上郭山、后郭山、胜山三山成一线，形成了一个"土"字，万物生长离不开土，有土即有万物；神龟潭、后山头与铜锣型三点连线后，恰是仙人手臂，在这片土地上遮风挡雨；在神龟岩前面建"本保庙"拦护水口，庙内雕塑"禹王"神像，以保一方平安，庇佑子孙；在前山螺蛳型头部造大台门楼阁，并沿右触须顶部建小台门楼阁，沿左触须顶部疏浚鲶鱼泉；将后山头、本保庙、螺蛳型、大台门、小台门、鲶鱼泉六点连接，正是一个子孙的"子"字，"土"字下面加"子"字，再用仙人手臂连成一个"孝"字。

地处浙东南的丽水地区的历史文化村落特别注重"理水"。庆元新窑村的青瓷民窑，据传此处选址异常讲究，择"小天门"而开窑，临近竹口溪，"以水带财"。松阳交塘村的风水故事记载：先祖叶世德请来了风水先生踏看，见东西二脉山岗呈环抱之势，合拢于窄小的山坳口，说这是双龙合抱之势。山坳之中，又有两个小山包如两枚龙珠，形成双龙合抱孵蛋之象。更有三个山谷中有三眼泉塘，龙有水而有用武之地，于是大称此处实属风水佳地。庆元黄皮村的风水故事提到，识别风水宝地最主要的是水口。水口得当的标志是天门开，地户闭。水来之处谓之天门，宜宽大。水去之处谓之地户，宜收闭，有遮挡。因为水是生命之源，能生养万物，如果建筑与水口相合，自然生财。相似的叙述在其他地区村落也有见到，如三门西渡村，此地"林壑出奇，山峦挺秀异样，紫气缭绕村墟"，唯独北面地势平坦，溪水直通大海，且山脉多呈南北走向，故利于盛行北风的侵入。风水先生建议，若能在村外船尾处筑一条风水坝，广植林木，一者可挡蛇蟠洋北风，二者使东水西流，村庄必人财两旺永保平安。

此外，有些村落的位置和布局反映了浙江先民质朴的选址方法。如淳安芹川村选址，始祖见五条猎狗自然卧成一个"井"字图形，心有所感，选该地建房而居。此外，衢州衢江茶坪村和临安石屋古村，也是由于始祖到此地打猎，回途中猎犬卧地而歇不愿起身，遂在此地定居。而建德樟宅坞则记载始祖立言公在此地发现了一个现象：半夜随着月光推移，村旁男山的山影慢慢向女山靠拢，最后两座山影重叠后紧紧拥抱在一起，称为阴阳和合，认为居于此地可人寿年丰，发子旺孙。龙游灵山则因其"灵山畈阡陌纵横，形似'田'字，田字向西即是灵山村，形似'口'字；口字再向西是一衣带水的灵山江，形似'一'字；一字再向西是峰峦高耸的西山，形似'宀'字。至此，便形成了一个'富'字"。

(二) 注重村落布局

村落的发展不是一蹴而就的，其空间演进离不开自然环境和人文追求，总是从满足人们最基本的需求开始，逐步完善、成熟。从开基祖的选址定居到一个完善的村落到一个家族的兴盛，从满足最基本的物质生活需求到对满足精神生活的追求，从简单的日常起居到丰富的村落空间功能结构，反映了村落适应自然环境，满足人的物质与精神需求的过程。村落是以自然生态为本、以建筑空间为体的，反映了人与自然、人与社会的生态、生产、生活关系之间的利用、冲突、平衡、完善、发展的过程与结果，这一过程与结果最终体现在村落的布局形态上。浙江历史文化村落大多数是有着宗族体系的血缘村落，宗族伦理观念强烈地影响着村落的空间布局和建筑形态。浙江历史文化村落的组织形态特别讲究道德伦理关系，村民与村民之间有着紧密联系的社会关系，主要体现在同宗同族的血缘关系，团结互助的邻里关系，人与人之间的"德业相助、过失相规、礼俗相突、患难相恤"的传统道德准则中。

以宗祠为核心形成村落布局是普遍的模式。如温州文成东方村有翁氏宗祠；松阳官岭村有陈氏宗祠；绍兴柯桥冢斜村以余氏宗祠为中心；嵊州崇仁六村的裘氏宗祠称"玉山公祠"，雕饰精美，以此为中心遗存大量古建筑，有五联台门、古书院等。

以主要商业街、道路或河流为发展轴，也是浙江历史文化村落的主要布局方式。龙游志棠村以花台脚为中心枢纽，世称小街古里。该街四周滴水，形成一个布袋口，寓意招宝聚财，肥水不流外人田。古村从三个方向往外扩展，建筑民居村舍，宗祠大堂，遂成村落。兰溪永昌村商业街、道路和水系复合，形成丰富多彩的村落布局，商业气息浓厚。据明万历二十四年（1596）赵贤祖《永昌排塘记》云："邑之市镇永昌为最，镇之池水排塘为最，塘在中心，上下二湖通流旋绕、左连上堰，右接双溪，前遵大道，后附民居，有似乎排塘，故名也。"村中东西向主街长约1000米，宽4—5米，街区两侧有多条里弄向外辐射，格局呈"丰"字形。老街上有传统店铺肆坊百余家，东西两头各立牌坊一座，过溪有石拱桥及20多间、长40余米的水阁楼相连。临街是栉比鳞次的商铺店号，小巷深处则分布民居、宗祠、寺庙、会馆等建筑。

浙江部分历史文化村落所处地形复杂，村落布局只能依山就势、因地制宜建设而成，有的形似迷宫。最有特点的如兰溪西姜村，背靠两岗坐东朝西，村落依山而建，并以山势最高处为基点，由点及面，向左右辐射，呈纸扇形延伸，村中16条纵向小巷为扇骨，四周分布着宗族祠堂、家庙、分支房头厅堂和居民住宅。松阳陈家铺村和官岭村、临安石屋村均位于山地中，建筑布局沿着缓坡层层向上，形成阶梯式村落。松阳朱山村坐落在高山谷地，四周山峦环抱，三个自然村从北到南分布在船形谷地的西侧山脚下，依山而建。先人在选址时根据"船形谷地、五龙抢珠"的地形设计，形成阶梯式山区村落。村中巷道纵横交错、曲折迷离，青石小路贯通全村连接着每户人家，同族人连成一片相互依赖。

（三）科学规划水系

水系是历史文化村落选址、营建中的重要环境要素之一，也是村民日常生产生活的基本保障，更是村落重要的历史景观空间，是村落文化联系的纽带。浙江水系众多，形成了清新淡雅古朴的历史文化村落风貌。村落中合理科学的水系规划，不仅调节了小气候，满足了日常饮用、灌溉、排污等功能，也解决了消防用水，同时又形成了优美的人居环境。浙江村落水系是在自然水系的基础上，不断改造和利用，逐步完善所形成的自然与人工完美结合的产物。

如前所述，在村落风水堪舆中，对水环境有特殊的要求，"负阴抱阳，背山面水""水口紧闭"的水系是古人认为理想的村落水环境。如桐庐环溪村，清澈的天子源和青源两条溪流汇合于村口，环溪村三面环水一面靠山，村名也由此而得。根据"五行说"的"离"卦，村子南侧修有太平塘可镇火，村口"北水南归"为村聚气。而水为"润下"，财气要随水流遍全村，故村中明渠暗沟，水沟与每条行路相附，流遍全村，不仅方便洗涤、保障消防，还将灵气贯通全村。江山廿八都镇枫溪村，依托枫溪河而建，在上游建潭下游设滩，并在水口分别建有文庙和武庙。沿溪建设河坝、水碓，是充分利用自然资源的优秀案例。绍兴越城区筠溪村以溪得名，溪流十余里长，一路流淌，串联起家家户户。两边青山拥一溪，溪水两岸倚人家，有"十里筠溪"之美誉。千年古村湖州吴兴织里镇义皋村，"太湖三十六溇"的两条溇流经本村，分别为义皋溇和陈溇，而尚义桥下的义皋溇更是太湖南岸地区最重要的河道之一。

有带状水系自然是最好，但有时无法满足。如果自然界有其他水体能同样满足生活需求，也是好的选址。如萧山欢潭村，据《田氏宗谱·欢潭记》："欢潭者，因有天潭，故以潭名村。潭在村口湖堤边，宋时古迹也。周不数寻，深不及丈，四时澄澈，不涸不溢，水清味甘。自宋岳飞行军至此，饮潭水而欢，故名。"欢潭村村口有一直径3米、深约1米的水潭。衢江丰上清村有一座约20多立方米的方形水池，该池清澈见底，汪汪清泉喷涌而出，似龙泉虎跑，以前全村的饮用水均出于此处。

自然形成的水系环境往往难以完全满足村落生产生活的需求，因此村民在漫长的农耕岁月中，不断对水系进行改造完善。如松阳山下阳村，环绕村落流淌的溪流、密布的池塘、门前流动的圳水、明沟暗渠纵横交错，使得整座村落的水系非常发达，生活取水非常便利。利用水流的自然走向解决了排水难题，排水设施至今通畅无阻，该村成为松阳县传统村落中水利设施最为完备的村落之一。青田龙现村的水利出水"工程"——"石门峡"独具匠心，既巧妙又科学，较好地解决了农户的灌溉用水分配问题。"石门峡"，又称"十三闸"，实际上是一块长3米、宽1.2米的石制水槽，石槽一边沿附设十三个大小不一的缺口，水流沿各缺口分流到农田。据村民介绍，该闸自清朝中期设置以来，其公平合理的分水制度深为民众所接受，至今为止，当地从未发生过稻田引灌纠纷。龙游田源头村的水系设计也堪称一绝，先人在山溪上游垒石筑坝，引水进村，水渠在屋宇木舍之间穿行，送来山上的泉水，山民可以直接在门口舀水饮用，洗涤衣物；而屋后的阴沟，则从另一条水系送走生活污水。历史文化村落水系是历代村民根据生产生活的需求，在风水文化等传统文化指导下不断完善至今所形成的，是古代劳动人民的智慧结晶。

(四) 凸显"风景园林"

浙江历史文化村落大多是望得见山、看得见水的"山水田园村落"。传统农耕社会有着紧密和谐的人与自然的关系，浙江古代村落植根于周围山水自然环境，因地制宜进行建设，并辅以恰当的人文景观，形成质朴自然而又如诗如画的乡村风景园林。浙江历史文化村落的风景园林呈现一种同构现象，从私家庭园到村庄公共园林，到山水风景名胜，景色特征由人工向自然渐变，形成前工业时代的最佳人居环境。

浙江历史文化村落往往结合周边环境整治，形成村落风景名胜，主要体现在种植植物和经营山水之中。种植植物往往出于经济生产的初衷，但无心插柳柳成荫，最后形成富有特色的植物景观。长兴方岩村有树龄超千年的"古银杏王""古银杏后"，有十里古银杏长廊。磐安墨林村有雌雄两株红豆杉，树龄历经八百余年。红豆杉似笔，山峰似笔架，成就了墨林八景之一"笔架参天"。常山棋盘山村自古以来就流传着保护古树的训示，成为古树的聚集地。在棋盘山村的东北面有占地约130多亩的古树群，古树品种繁多。一进文成县稽垟村，映入眼帘的便是一棵千年樟树。古樟树高达25米，直径达3.75米，平均冠幅20米，覆盖面积达1068平方米。相传其为宋初所植，树龄已达千年，生命力之强令人感叹。历史文化村落的古树和古树群，不仅是本地活的历史和绿色地标，也因为植物的季相变化，赋予村落四季风景变化。

利用村落周边奇特地貌或人文景观，加以人工营建，形成风景名胜也是历史文化村落的重要特色。舟山普陀中山村地处普陀山中部，背靠"佛顶山"、面朝"千步金沙"，面积约占全山的五分之二，寺庙密布，形成独特的宗教景观。温岭市峊里村云迷松径、石漏溪声、瘦峰幽谷、深洞明宫，景区内遍植桃树，景色美不胜收。

出于对家乡的热爱和安居乐业的悠然自得心情，浙江历史文化村落往往通过命名"八景""十景"的方式，对周边自然山水和历史人文进行品赏。如临海市汇溪镇孔丘村，保留着民国27年（1938）重修《临海陇洲章氏宗谱》38卷32册，记载古"陇洲八景"："龙潭飞瀑""茅桥踏雪""东湖渔歌""小楼秋月""陇山樵唱""双虹落涧""莲塘垂钓""蓝田夕照"，将村落周边的自然山水和历史人文诗化成一幅风景园林画卷。兰溪诸葛村在《高隆诸葛氏宗谱》中专门列有《高隆八景之图》，当时地方上的文士墨客还创作了不少八景诗、词。

由于自然条件优越、经济富庶、人文鼎盛，有些历史文化村落在村旁或村内，结合公共文化设施建设形成公共园林，其中典型的代表如永嘉岩头村。当地民谣称："护城湖中栽荷花，绿树丛中隐古塔。杨柳紫薇满湖堤，上下花园红间绿。横巷直街行方便，三进两院大住宅。房前屋后清泉水，亭台楼阁巧安排。"其中景观最丰富、景色最优美、最能反映乡村园林特色的是丽水湖一带的"金山十景"，即"长堤春晓、丽桥观荷、曲流环碧、琴屿流莺、清沼赏鱼、文峰耸翠、水亭秋月、塔湖印月、南麓锦鹃、苍山积雪"，集中反映和寄托着乡土文士们的山水情怀和耕读理想。新昌芹塘村早时村基位于两大水系交汇处，因沼泽潮湿，村内水芹菜繁盛，古称芹谷，至今仍有芹塘"八景"之说。

浙北平原水乡，自古为江南富庶之地，有些历史文化村落中还有私家宅园，典型的如嘉兴秀洲王店镇建林村附近的曝书亭。该园是朱彝尊的故居和藏书楼，始建于清康熙三十五年（1696），距今已有300多年历史。整个园林占地10亩，旧称竹垞，有南北之分，今仅存南垞一隅，园内原有"桐阶、菱池、槐沜、荷池、芋陂、青桂岩、钩船舫、绣鸭滩、落帆步、六峰亭、同心兰砌、曝书亭"十二景。

（五）精致建筑营造

浙江历史文化村落中精美的建筑遗存较多，反映了建筑营造在人们心中的重要地位——一个家庭和家族的繁衍和繁荣，往往以浩大精致的建筑营造活动为表征。浙江历史文化村落的建筑，除建筑艺术的精美之外，还体现了浓郁的人文理念。村落风貌的组织形态讲究道德伦理关系，重视等级制度和长幼之分，推崇"居中为大"的空间意识。祠堂是宗族的权威载体，大多设置在传统村落的中心位置，建筑群体组合也往往强调伦理关系的结构顺序。而亭、廊、桥等建筑，群体的组合形式再到单体建筑的空间结构等，则体现"天人合一"与"文以载道"的思想观念，巧妙地利用自然地形地貌，承载伦理道德和美好的愿望。

浙江历史文化村落的宗祠往往是村落中保护最好、艺术最精美、规模最宏大的部分。宗祠建筑是永康厚吴村的最大亮点，主要有吴氏宗祠、澄一公祠、吴仪庭公祠、向阳公祠、丽山公祠等。吴氏宗祠始建于明嘉靖26年（1547），占地1220平方米。雕刻工艺精湛，马腿、雀替雕刻有人物故事、狮子、鹿、花卉等，门窗纹饰为葫芦纹等。义乌黄山八面厅规模宏大，建筑占地2908平方米，建材取精用宏，所需大木如榧木、梓木、银杏、栗木、香樟等多为名贵珍稀木种，从严州三都镇购得，汛期由水路运抵义乌。这座五开间以满堂雕为特色的厅堂民居，曾经代表了乾嘉时期婺州民居木雕艺术的最高成就。

浙江地处江南水乡，桥是一种重要建构筑物，其形式和营造技术也是历史文化村落的重要特色。湖州吴兴潞村古桥众多，有宋代单孔石拱桥腾蛟桥、起凤桥、化龙桥、天保桥等，桥梁装饰精美，桥身动物造型栩栩如生。丽水陈宅村廊桥，桥面上盖了五间廊屋。另有重檐四角攒尖桥亭毓秀桥，建桥前该处溪涧有一株古柏，其中有一条树根横跨溪涧。人们利用该树根为依托，建成一座风格别致的石拱桥，桥和树相映成趣，堪称奇观。此外，浙江历史文化村落中还有众多的牌坊、路亭、路廊、寺庙、灯塔等建筑营造故事。

此外，在浙江的众多历史文化村落中，其建筑营造的特色多是来自先民因地制宜的建筑思想。如安吉县姚村用石片代瓦，缙云岩下村、天台苍华村石屋就近选择石板建造，嵊州彦坑村选泥为料建造泥墙木屋等。

（六）重视人文景观

浙江自古以来山川秀美、人文鼎盛，历史文化村落中多有诗词歌咏、楹联题刻、文化典故等人文景观。这些人文景观中，有记录村落发展重要事件的人文内容，如云和坑下村大宅门楣刻有"江陵旧家"，云和桑岭村邱宅门楣刻有"河南旧家"，台州半山村村口路廊记录着半山村的十二姓氏及其来源，温州黄坦镇稽垟村百岁坊刻有"奉旨建坊，五代同堂"字样等。还有的来自传说故事或人文景点，如仙居县羊棚头村有中国道教第十洞天，当地人称"括苍洞"。至于地方文人墨客的诗词歌赋和楹联题刻，更是数不胜数。

历史文化村落中的人文景观，看似无形无质，实际上留下了村落历史发展印记，是相关领域的研究者特别关注的内容。此外，人文景观还是历史文化村落生态人居的有机组成部分,是村落营造的精神和灵魂。

四 浙江省样本村历史文化遗存及经济社会状况

为了弄清楚浙江历史文化村落社会经济基本情况,本课题组在组织大规模实地调查的过程中,在全省 11 个地市进行抽样(每地市 1 个县市区)问卷调查,涉及 124 个村。问卷调查主要是统计样本村不同类别(民宅、祠堂、戏台、牌坊、古桥、古道、古井、寺庙、其他)古建筑的数量,应该修复的数量,已经修复的数量,资金投入及来源,以及村域经济社会基本情况。

核实问卷 124 村形成村落的年代,有 2 村(占问卷村总数 1.6%)在新石器时代晚期(约公元前 5000)就有人类居住,至今仍为村落,村落文化绵延 5000 多年。形成于东晋、唐和五代十国时期的村落 12 村,占 9.7%。形成于宋、元、明、清至民国初年的村落占 88.8%,其中,宋、元时期的 39 村,占 31.5%;明、清至民国初年的 71 村,占 57.3%。

历史悠久的代表性村落,如舟山市定海区马岙村(注释专栏 1-1)被誉为"海上河姆渡"(公元前 5000—前 3300)、"千岛第一村";嘉兴平湖市曹桥街办马厩村,至迟在春秋齐景公时期(公元前 547—前 489)便有村落(注释专栏 1-1);嵊州市华堂村金庭王氏始迁祖王羲之,东晋永和十一年(355)三月称病弃官,"携子操之由无锡徙居金庭"①;龙游县石角村、双戴村,嵊州市东王村,建德市乌石村、溪口村、李村村,泰顺县东洋村、库村,德清市山民村,都形成于唐代(618—907);泰顺县仙居村、龙泉市金村,五代十国时期(907—960)便有村落。

注释专栏 1-1 马岙村、马厩村原始村落文化简史

远古的马岙是舟山本岛北部的一个海湾,因海平面变迁、泥沙淤积渐成陆地。自新石器时代晚期起,马岙先民从大陆迁来,在卧佛山南、离海岸 3 千米的岙中,选择干燥土墩居住(相传有 99 个土墩,马岙村内遗址 20 余处)。马岙村是舟山群岛迄今发现的规模最大、保存最完整、内涵最丰富的原始村落遗址,村域内现存新石器时代遗址 5 处,东周遗址 15 处,其文化内涵最早与河姆渡一期文化、良渚

---

① 参见华堂村《金庭王氏族谱》。

文化村文化类同。若从良渚文化晚期算起，村落历史绵延5000多年。据定海县志记载，南宋宝庆年间（1225—1227）林氏由福建迁入马岙定居，现马岙村林氏为第一大姓。即使从林氏定居马岙算起，也有790余年的村落史。

马厩村一带，新石器时期就有人类活动，1980年发现的马厩古文化遗址，采集有良渚文化[①]（距今4500—5300）的陶器、石器，青铜时代的印纹硬陶，东周的原始青瓷和印纹硬陶等。据史志记载，春秋时期，齐国国君齐景公（公元前547—前489）曾受命代周天子巡狩吴地，其时，马厩村为齐景公驻军马之所，村名由此而来。现马厩村内有齐景公拴马桩遗址，马厩大王庙（当地百姓为纪念齐景公而建）、马厩庙大桥等遗迹。明天启《平湖县志》有"厩马桥"的记载，光绪《平湖县志》载有"马厩庙桥光绪年间重修"，现桥是民国18年重建。若从齐景公巡狩马厩算起，村落历史超过2500年。

——资料源于马岙博物馆、马厩村的图片资料以及两村老人和干部口述。

历史文化村落物质遗存丰富。问卷显示，124村共有古建筑8730处，建筑面积1123006.9平方米，问卷村平均每村古建筑70.4处、9056.5平方米。其中：古民居3494处，建筑面积561263平方米，村均28.2处、4526.3平方米；古祠堂161处、79683.9平方米，村均1.3处、642.6平方米；其他古建筑（室内戏台、寺庙、纪念祠等）5075处、482060平方米，村均40.9处、3887.6平方米（表1-2）。

表1-2　　　　　　　　问卷村物质文化遗存数量

类与量 项目	古民居		古祠堂		其他古建筑（室内戏台、寺庙、纪念祠等）		古建筑合计	
	建筑单元（处）	建筑面积（m²）	建筑单元（处）	建筑面积（m²）	建筑单元（处）	建筑面积（m²）	建筑单元（处）	建筑面积（m²）
问卷村合计	3494	561263	161	79683.9	5075	482060	8730	1123006.9
问卷村平均	28.2	4526.3	1.3	642.6	40.9	3887.6	70.4	9056.5

---

① 1936年发现的良渚遗址，是余杭县的良渚、瓶窑、安溪三镇之间许多遗址的总称，是新石器时代晚期人类聚居的地方，其年代为公元前3300年至公元前2000年。

历史文化村落文物保护单位众多，问卷村共有各级各类文物保护单位719处，其中国家级、省级、市级和县级文物保护单位分别为84处、162处、173处和300处。在各级各类文物保护单位中，古建筑群形式的39处，占问卷村文物保护单位总数的5.4%。问卷村均拥有各级各类文物保护单位5.8处。

经过新中国近70年的农村建设，浙江历史文化村落的经济社会发生了天翻地覆的变化，在美丽乡村建设中焕发出生机与活力。

第一，传统的自然村落布局、宗族组织与乡绅治理结构，被现代行政村社区、村级的政社和自治组织所替代。所有问卷村的基层组织健全，村级治理有序，社区基本公共服务供给有保障，农户经济、村组集体经济、股份合作经济等新经济体和谐发展，焕发出前所未有的生机与活力。

第二，历史文化村落人口增长、社会结构已经由血缘关系主导，演变成业缘关系主导。村域经济规模扩大，据此次统计，村域（行政村）面积平均7.6平方千米，其中最大村域面积（德清县山民村）23.77平方千米，最小村域面积（玉环县东山社区）0.22平方千米，村均耕地面积1427.05亩、林地面积6507.14亩、水面积852.61亩、户籍人口1864人、常住人口1826.5人。

第三，村域基础设施和村容、村貌极大改善。课题组所到市县农村，都实现了公路、电力、饮用水、电话网、有线电视网、互联网等"村村通"；村级组织办公场所、村民综合服务场所（便民服务中心）、文化活动与体育锻炼场所等一应俱全，村容村貌整洁。

第四，村级集体经济发展，成为支撑村域社区基本公共服务的重要财源。2014年，问卷村村均集体收入43.08万元，其中：超过100万元的16村[1]，占问卷村总数的12.9%；无"当年经营收益"的9村；有经营收益但低于5万元（不含5万元）的34村，占27.4%；5—10万元的13村，占10.5%。

第五，农民收入增长，农民生活质量提升。2014年，农民人均纯收

---

[1] 集体收入超过100万元的16村：平湖鱼圻塘村、姚浜村、嵊州崇仁二村、华堂村、浦口社区、玉环上青塘村、建德新源村、里黄村、德清山民村、白彪村、燎原村、蠡山村、南路村、定海金山村、慈溪山下村、双湖村。

入超过2万元的15村①,占问卷村总数的12.1%。人均纯收入8000—20000元的84村,占67.7%。农民人均纯收入尚未达到8000元的25村,占20.2%,其中,农民纯收入在5000元及以下的6村,占4.8%(另有2村未填写,占1.6%)。

---

① 农民人均纯收入超过2万元的15村:平湖马厩村、金家村、龙萌村、姚浜村、鱼圻塘村,嵊州楼家村、德清山民村、白彪村、张陆湾村、燎原村、蠡山村、定海金山村、柳行村,慈溪山下村、双湖村。

第二章　晚清江南农村产权交易制度研究
——诸葛村契约文书解读[①]

一　前言

诸葛村，又称诸葛八卦村，早年叫高隆村，地处浙江金衢盆地西北缘，位于浙江省兰溪市、建德市和龙游县的交界处。据《高隆诸葛宗谱》记载，元代中叶，"三国时期"蜀汉丞相诸葛亮第28代孙诸葛大狮携两个孙子定居于高隆。从此诸葛氏人开始在此营造宗祠，形成村落，聚居诸葛后裔第43—55代共4000多人。现今的诸葛村，隶属于浙江省兰溪市诸葛镇，村域面积2平方千米，户籍人口2653人，常住人口5000人，耕地面积1183亩。2015年村人均收入为15100元，村集体经济收入达2230万元。直至今日，诸葛村仍然完好地保存着结构精美、布局奇巧的明清古建筑209座，被国家文物局专家组称为"传统民居古建筑的富金矿"。这些古建筑群保留着"青砖灰瓦马头墙，肥梁胖柱小闺房"的徽派建筑风格，建筑类型上的"楼上厅"和"前厅后堂楼"在全国范围内都属少见。1993年10月，中国诸葛亮学术研讨会第七届年会在诸葛村的大公堂举行，兰溪诸葛村作为诸葛亮后代最重要聚居地的地位正式确定下来。1996年11月，国务院批准将其列为全国重点文物保护单位，国家AAAA级风景区。

2007年，笔者的导师王景新教授带领研究团队在兰溪诸葛村调查时，获得了一本手抄簿记——《南阳明德堂记屋契田业总簿》（以下简称《屋契田业总簿》）。2014年笔者跟随王景新教授攻读硕士学位，获准继续深入开展《屋契田业总簿》契约文书研究。《屋契田业总簿》包含田业买卖契约71份，房屋宅基地买卖契约10份，林木、粪池、菜园、合会会股买卖契约12份，共计93份，几乎包括了当时诸葛村产权交易的各个方面。本章以这93份田业、房屋、合会会股和林木山地等买卖（典押）契约文书为研究对象，对其进行考释和深入研究，旨在了解晚清江南村落民间契约文书的行文格式和构成要件，进而复原出晚清诸葛村的农村产权民间交

[①] 该文由该章作者吴一鸣的硕士研究生学位论文修改而成，导师王景新教授。

易中有关农民财产权归属关系变更及其占有、利用、收益分配、处置等权属交割的制度性安排。另外，本文也试图分析农村产权交易制度在融入村落血缘、宗族关系和民间风俗之后的变异，进而归纳出晚清江南农村产权民间交易制度的共有特征，为当前深化农村集体产权制度改革，完善农村集体土地"三权分置"制度提供可以借鉴的历史经验。

本选题的研究意义不言而喻。散落在古村落的土地、房屋买卖契约文书是当时农民产权交易的凭证。尽管这些契约文书不是官方的法律文书，不属于成文制度范畴，只是民间所遵从的习俗，但这些契约文书所反映的农民财产权归属关系变更及其占有、利用、收益分配、处置等权属交割的制度性安排，却具有政府和民间都认可的"法律"或"成文制度"效果。我国历史上地方契约文书能够比较完整地保存下来的地区不多，其所反映的有关农村产权民间交易的情况，既有特殊性，亦具有普遍性。诸葛村虽然只是全国的一隅，但并非孤立，它和全国的政治、经济、文化有着密切的联系。从地理区域来看，诸葛村也是十分典型的江南古村落，目前发现的诸葛村土地屋业契约文书虽然数量很少，但其内容十分丰富，主要以经济制度史方面的资料数量为多。因此，作为古村落社会生产、分配和运作过程中留下的原始记录文字遗物，这93份契约文书不仅对农村经济制度史、法制史、社会史等方面的研究而言是珍贵的档案资料，而且对当前深化农村集体产权制度改革，以及贯彻落实中共中央办公厅、国务院办公厅颁布的《关于完善农村土地所有权承包权经营权分置办法的意见》，具有"以史为鉴"的重要价值。

需要指出的是，《诸葛古村落土地制度变迁研究》（詹静，2006）[①]以及《诸葛：武侯后裔聚居古村》（王景新，2011）[②]已对《屋契田业总簿》进行了初步的研究。上述研究考释了其中9份契约文书的内容并加以分析，得到了初步的成果。本研究是在此基础上，对《屋契田业总簿》所誊抄收录的93份土地、房屋、林木和合会会股等买卖、典当契约进行了全部考释和深入解读，并在此基础上进行相关数据分析和理论研究。

[①] 詹静：《诸葛古村落土地制度变迁研究》，硕士学位论文，浙江师范大学，2006年。
[②] 王景新：《诸葛：武侯后裔聚居古村》，浙江大学出版社2011年版。

二 诸葛村契约文书概况、格式及构成要件

（一）明德堂及《屋契田业总簿》概况

《屋契田业总簿》中收录的并不是当年诸葛村明德堂分支的房屋、田业及其他财产买卖原始契约，而是诸葛村明德堂自清朝咸丰四年（1854）至同治九年（1870）间房屋、田业买卖并签订契约后，为了慎重并便于翻阅查看和保存，按原文抄录的契约文书。这些契约文书可以定义为白契[①]的复制誊抄文书。首先，笔者将《屋契田业总簿》中所誊抄收录的93份契约文书的复印件以及内容断句加标点、翻译成简化汉字（见附录：诸葛村《南阳明德堂记屋契田业总簿》原文、断句及注释）；其次，对《屋契田业总簿》的主要内容进行归类整理，并以交易时间为顺序，对93份契文进行了编号；最后，以编号、卖方姓名、买方姓名及关系、标的物及数量、交易价格、成契理由、交易时间、证明人（中人）、代笔人为关键信息进行汇总（表2-1）。

表2-1　　　　《屋契田业总簿》契约文书交易统计表

编号	出卖人	买方及关系	标的物及数量	交易价格	成契理由	交易时间	证明人	代笔人
1	祝氏、星照、棕爱	本家儒声叔	前厅后堂屋一座	洋银二百念元	钱粮无办	咸丰四年十一月	亲叔士亲	无
2	陈步韩	儒声先生	民田四硕八斗	纹银一百念六两	钱粮无办	咸丰七年八月	吴慎修、诸葛占芳	陈步瀛
3	孟分兰庭	仲分儒声兄	民田一硕	纹银念二两	钱粮无办	咸丰七年九月	堂兄启周、炳兰	锦坦
4	孟分启周	仲分儒声兄	民田八斗	纹银十四两	钱粮无办	咸丰七年十一月	兰庭、炳兰	锦坦
5	叶春高	诸葛宅纯飞	客田一石	铜钱六十千文	正事乏用	咸丰七年十月	诸炳兰、余连菱	无
6	诸葛雄文	本家儒声叔	客田六斗	足底制钱六十二千文	钱粮无办	咸丰八年二月	叶善茂、诸炳兰、王文德	无
7	诸葛雄文	本家儒声叔	民田六斗	纹银二十两	钱粮无办	咸丰八年二月	叶善茂、诸炳兰、王文德	无

---

① 福建师范大学历史系1997年主编的《明清福建经济契约文书选辑》，前言里提到了红契和白契：红契是指经官府盖印的文书；白契是指民间买卖双方自立文契，未曾投税印契的契约。白契的格式与红契大抵相同，但白契没有证明已缴纳了契税的官印。

续表

编号	出卖人	买方及关系	标的物及数量	交易价格	成契理由	交易时间	证明人	代笔人
8	三房芳臣	大房纯飞叔	戊午会脚（喜助）、火炮会一脚	洋银九元	正事乏用	咸丰八年二月	开成富有、锦垣素安	亲侄漱芳
9	三房舜臣室章氏	大房纯飞叔	大经堂煖真会一脚	大钱一千二百文	正用	咸丰八年二月	子福绥	子福绥
10	徐家凤	诸葛宅纯飞	客田一石二斗	洋银八元、赎回原价加一百六十文钱	正用	咸丰八年二月	诸炳兰	无
11	孟分玉泉	仲分儒声侄	客田七斗	铜钱三十千文	正用	咸丰八年二月	炳兰	无
12	叶春高	诸葛宅纯飞	客田七斗	铜钱二十千文	正用	咸丰九年正月	诸葛炳兰	无
13	徐氏	诸葛宅德纯	客田四斗	当钱十八千文	正用	咸丰九年十月	亲伯蔡海金、亲叔蔡友金、蔡长业	蔡喜芪
14	徐廷五	诸葛宅纯飞	客田一石	足底制钱三十五千文	正用无办	咸丰九年十二月	包弟徐有喜、诸葛炳兰、徐席珍	诸葛锦坦
15	徐有喜	诸葛宅纯飞	客田四斗五升	大钱十五千文	正用无办	咸丰九年十二月	诸炳兰、徐席珍、徐光成	诸锦坦
16	诸葛鸿义	诸葛宅德纯叔	清田二斗	纹银十二两	正用无办	咸丰十年二月	孟分炳兰	蔡喜芪
17	徐门夏氏	诸葛宅德纯	民田二石三斗五升	纹银四十五两	正用无办	咸丰十年十二月	徐海龙、徐士苍、徐士明、诸葛炳兰	徐士璞
18	崇行堂双贵	仲分德纯兄	民山一处、坟墓一口	纹银八两	正事乏用	无	无	无
19	叶高松长子裕魁	诸葛宅德纯	客田六斗	铜钱四十五千文	钱粮无办	无	无	无
20	孟分崇行堂关帝会	仲分德纯	民田一斗	铜钱二千六百文	无钱修理堤坝决口	咸丰十一年四月	本厅炳兰	本厅瑞光
21	孟分毓儒	仲分德纯侄	民田七斗	纹银十两	无办衣食难度	咸丰十一年十二月	季分王辉、仲分宗爱	无
22	叶友金	诸葛德纯	客田四斗	大钱十八千文	正事乏用	同治二年二月	无	无

续表

编号	出卖人	买方及关系	标的物及数量	交易价格	成契理由	交易时间	证明人	代笔人
23	叶锦文	诸葛德纯	民田一石三斗	洋钿十九元五角	正事衣食乏用	同治二年三月	叶长发、叶长五	亲叔叶登林
24	叶锦文	诸葛德纯	客田一石三斗	大钱五十二百文	正事衣食乏用	同治二年三月	叶长发、叶长五	亲叔叶登林
25	叶又苍、同嫂洪氏	诸葛德纯	民田七斗、田塍上杂木	洋钿十三元	正事乏用	同治二年三月	诸葛炳兰、叶长发、叶长五	叶登林
26	叶又苍、同嫂洪氏	诸葛德纯	客田七斗、田塍上杂木	大钱三千五百文	正事衣食乏用	同治二年三月	诸葛炳兰、叶长发、叶长五	叶登林
27	叶门邱氏	诸葛宅德纯	民田三斗、田塍上杂木	洋钿五元	丧葬无钱应用	同治二年三月	叶大奶、叶长五、叶喜茂、叶银银	叶登林
28	叶门邱氏	诸葛宅德纯	客田三斗、田塍上杂木	铜钱一千五百文	丧葬无钱应用	同治二年三月	叶大奶、叶长五、叶喜茂、叶银银	叶登林
29	王门诸葛氏	诸葛宅德纯	客田一石二斗、皂木二根	钱十二千文	衣食乏用	同治二年四月	诸葛德弟、王如英、诸葛炳兰	胡增光
30	徐绍衔	诸葛德纯	民田一石七斗	洋钿念陆元	正事衣食乏用	同治二年四月	诸葛炳兰	堂兄绍清
31	徐绍衔	诸葛德纯	小佃田一石七斗	铜钱六十八百文	正事衣食乏用	同治二年四月	诸葛炳兰	堂兄徐绍清
32	叶宇文	诸葛德纯	客田八斗五升	铜钱五千文	正事衣食乏用	同治二年四月	叶长五、叶喜茂、叶锦文	叶登林
33	叶宇文	诸葛德纯	民田八斗五升	洋钿十四元	正事衣食乏用	同治二年三四月	叶长五、叶喜茂、叶锦文	叶登林
34	叶宇文	诸葛德纯	客田八斗、连车水埠	洋钿四元	正事衣食乏用	同治二年五月	叶锦文	叶登林

续表

编号	出卖人	买方及关系	标的物及数量	交易价格	成契理由	交易时间	证明人	代笔人
35	孟分志伊	本家仲分德纯兄	堂屋三座（九间）、披屋三间、小屋一间	纹银五十二两	长兄亡故，正事乏用	同治二年五月	炳兰	胡增光
36	邵啟泰、亲侄生林	诸葛德纯	小佃田八斗	洋钿八元	正事衣食乏用	同治二年五月	诸葛炳兰	诸葛锦高
37	诸葛门方氏、亲嫂王氏	仲分德纯叔	小佃田五斗	铜钱三千六百文	正事衣食乏用	同治二年五月	松林	锦高
38	叶才才	诸葛德纯	小佃田三斗	钱二千文	正事衣食乏用	同治二年五月	诸葛炳兰、叶长发	叶喜茂
39	叶友金、叶长五	诸葛德纯	小佃田九斗	洋钿五元	正事衣食乏用	同治二年五月	诸葛炳兰、叶长发	叶喜茂
40	叶门钱氏	诸葛德纯	小佃田一石	洋五元	正事衣食乏用	同治二年五月	诸葛炳兰、叶长发	叶喜茂
41	孟分炳兰	仲分德纯弟	小佃田七斗	铜钱三千五百文	正事衣食乏用	同治二年五月	叶喜茂	季分恕培
42	孟分诸葛门鲁氏	仲分德纯公	民田四斗	洋六元	夫故正事衣食乏用	同治二年五月	孟分诸葛炳兰、诸葛凤祥	无
43	季分银美	仲分德纯叔	小佃田一石八斗	洋银十元	正事衣食乏用	同治二年五月	季分松林	季分锦高
44	季分德弟、仝侄孙寿福	仲分德纯侄	民田五斗	纹银九两	丧事无钱乏用	同治二年七月	曾来	锦高
45	季分德弟、仝侄孙寿福	仲分德纯侄	客田五斗	铜钱七千文	丧事无钱乏用	同治二年七月	曾来	锦高
46	孟分堂求、亲弟春焘	仲分德纯伯	楼屋一座（六间）	纹银四十两	无钱安葬，口食无办	同治二年八月	孟分炳兰	瑞光
47	季分秀来	仲分德纯叔	小佃田二斗	洋钿二元三角	弟媳亡故丧葬无办	同治二年八月	季分松林	锦高
48	季分方氏	仲分德纯叔	小佃田一石一斗	洋银十元三角	两房丧葬无办	同治二年八月	季分松林	锦高
49	叶银银	诸葛德纯	小佃田六斗、皂木	钱二千四百文	正事乏用	同治二年九月	诸葛炳兰、叶长五	叶喜茂

续表

编号	出卖人	买方及关系	标的物及数量	交易价格	成契理由	交易时间	证明人	代笔人
50	孟分大学	仲分德纯伯	大小两皮山地田四斗、小圩、山地一领	纹银四两	正事乏用	同治二年九月	亲叔炳兰	孟分瑞光
51	叶开弟	诸葛德纯	小佃田二斗	钱三千文	正事乏用	同治二年九月	诸葛炳兰、叶长五	叶喜茂
52	叶门胡氏	诸葛德纯	客田七斗	大钱四千文	正事乏用	同治二年九月	钱顺生、诸葛炳兰	诸葛瑞光
53	叶锦文	诸葛德纯	民田五斗五升、田塝杂木	洋钿八元二角	正用衣食无办	同治二年十二月	诸葛炳兰	叶宇文
54	叶锦文	诸葛德纯	客田二石二斗五升、竹木皂木	铜钱六千九百文	正用衣食无办	同治二年十二月	诸葛炳兰	叶宇文
55	季分得弟	仲分德纯侄	山地大小六片、皂木杂木	纹银四两	正事衣食乏用	同治二年十二月	缺	吴国荣
56	孟分赵氏	仲分德纯	民田一石二斗	纹银八两四钱	日用不敷	同治三年二月	德弟	芝玉
57	诸葛门李氏	仲分德纯兄	民田七斗	纹四两二钱	母子乏用	同治三年三月	孟分炳兰	无
58	诸葛门李氏	仲分德纯兄	客田七斗	大钱二千八百文	正事乏用	同治三年三月	孟分炳兰	无
59	王德英	诸葛德纯	客田三斗	二千文	正事乏用	同治三年二月	孟分炳兰、德弟	孟分瑞光
60	王德英	诸葛德飞	客田二斗	大钱一千二百文	正事衣食乏用	同治三年三月	诸葛炳兰、德弟	诸葛载勤
61	孟分禹田	仲分德纯侄	民田五斗	纹银八两八钱	钱粮无办	同治三年二月	德弟	芝玉
62	孟分禹田	仲分德纯侄	客田二斗	铜钱一千六百文	正事乏用	同治三年二月	德弟	芝玉
63	季分德弟、同孙寿福	仲分德纯兄	坟地一片	纹银六两	口食难度	同治三年五月	炳兰、连助	瑞光

续表

编号	出卖人	买方及关系	标的物及数量	交易价格	成契理由	交易时间	证明人	代笔人
64	孟分湘南媳胡氏	仲分德纯	大租田五斗	纹银二两五钱	丧葬无办	同治三年九月	本房志伊	本房志伊
65	孟分瑞光	仲分德纯兄	山地一片、皂木四株	纹银五两	正事乏用	同治三年九月	炳兰	无
66	叶又金	诸葛德纯	皂木二根	钱五百文	缺用	同治二年五月	无	叶喜茂
67	叶裕魁	诸葛德纯	皂木数株	钱一千三百文	缺用	同治二年三月	叶大奶	无
68	孟分堂求	仲分德纯叔	终和会二脚等	大钱十二千文	口食难度	同治三年五月	炳兰	瑞光
69	姜寿桂	诸葛德纯	民田十八石五斗五升	纹银六十两	借项未还	同治三年十月	姜令行、诸葛赞周	诸葛赞周
70	邵品荣	诸葛德纯	清田六斗、清田七斗、皂木杂木	洋银十三元	正事衣食乏用	同治三年十月	诸葛炳兰	无
71	邵品荣	诸葛德纯	客田一石三斗	洋钿二十二元	正事衣食乏用	同治三年十月	诸葛炳兰	无
72	本房巨小室陈氏	本房德纯公祖	清田四斗五升	纹银八两	正事家用	同治三年十一月	堂叔魁富、樟荣	赞廷
73	徐维清、徐维增	诸葛德纯	客田八斗	洋钿十元	正事乏用	同治三年十二月	徐秀春、诸葛奶奶、徐贵相	无
74	姜寿桂	诸葛宅德纯	民田十八石五斗五升	纹银七十两	长兄在日诸葛宅借项未还	同治三年十二月	姜令行、诸葛赞周	诸葛赞周
75	厅樟廷	本厅德纯兄	三间两搭厢破屋一坐、屋后小屋基一片	洋银十六元	正事乏用	同治四年正月	无	孟分瑞光
76	孟分祥发室徐氏同子茂昆	仲分德纯叔	房屋一股	铜钱三十千文	丧事无办	同治四年二月	孟分本房志伊	孟分本房志伊
77	孟分瑞林同亲弟瑞明	仲分德纯叔	房屋一股	铜钱三十千文	钱粮无办	同治四年二月	本房德钧	孟分本房志伊

续表

编号	出卖人	买方及关系	标的物及数量	交易价格	成契理由	交易时间	证明人	代笔人
78	孟分秀珠、敬珠同亲弟锡华	仲分德纯伯	房屋二股	铜钱六十千文	钱粮无办	同治四年二月	孟分本房志伊	孟分本房志伊
79	孟分瑞光	仲分德纯兄	民田二石四斗	纹银二十六两	正事乏用	同治四年五月	孟分準行	无
80	孟分诸葛门王氏	仲分德纯侄	民田一石二斗	纹银十六两	正事乏用	同治四年五月	又弟、章艮、奶奶、增来	徐席珍
81	光明	本家德纯叔	破墙园一片、尿池一口	纹银十六两	正事乏用	同治四年五月	诸葛德弟、诸葛炳兰	无
82	孟分祥发室徐氏	仲分德纯叔	房屋一股	纹银二十两	钱粮正用无办	同治四年八月	孟分本房德钧	无
83	孟分瑞林同亲弟瑞明	仲分德纯叔	房屋一股	纹银二十两	正用钱粮无办	同治四年八月	本房德钧、题廷	本房亲叔志伊
84	孟分锡华同姐秀珠、敬珠	仲分德纯伯	房屋二股	纹银四十两	钱粮无办	同治四年二月	徐畅和、本房题廷	本房志伊
85	本房方迎	本房公祖德纯	民田七斗	纹银四两	正事乏用	同治四年十二月	叶喜茂	无
86	孟分瑞光	仲分德纯兄	民田一石	纹银八两	正事乏用	同治六年二月	方廷风	无
87	孟分瑞光	仲分德纯兄	客田一石	洋三十元	正事乏用	同治六年二月	方廷风	无
88	孟分湘南媳胡氏	仲分公祖德纯	粪池一口	纹银二两	正用无办	同治六年五月	本家志伊	本家志伊
89	季分永冬、永春	仲分德纯叔公	民田六斗	纹银七两	钱粮无办	同治六年十二月	孟分志伊	孟分志伊
90	本厅凝留	本厅德纯	民田二斗五升	纹银一两	钱粮无办	同治七年十一月	本厅星垣	本厅星垣
91	长乐金叶芝	诸葛宅德纯	民田一石六斗	纹银一十八两	钱粮无办	同治九年四月	诸葛意成	金玉章
92	梅科秀	诸葛宅纯飞	客田二斗、田塍皂木大小共计六根	洋银四元	正用无办	同治九年九月	梅金连	梅光炳
93	大五房秋高	大房儒声叔祖	五美祀会半股	铜钱六百文	股份稀少理值不便	同治九年九月	本厅金元	季分秋方

(二) 契约文书的格式及要件

1. 契约文书的行文格式

从契约文书的整体行文来看，《屋契田业总簿》所收录的文书具有很强的规范性：行文中，开头一定是明确交易性质，接着按卖方姓名、出卖原因、标的物性质数量、买方姓名、交易金额、交割后权限、交易或典押时限、交易时间、卖方落款、中人（证明人）落款、代笔人落款的行文格式来书写。若有涉及房屋或是土地的所有权交易，这些文件中还会在落款前写明"四至"①、"土名坐落"与"归字"。笔者选取较有代表性的契3、契11、契75三份契文（本研究举例契约，其编号与附录中的契约复印件编号相同，因此文中不再重复使用复印件图片，下文同）举例说明如下：

契3译文：立杜卖②田契人，孟分③兰庭。情因钱粮无办④，自愿托中⑤，将父手遗下承分得己：民田一硕⑥，计一坵⑦，土名堰坑坵，坐落灵芝堆头，其细号亩分四至开戴于后。凭中立契，出卖与仲分儒声兄边为业⑧。三面议定⑨，时值价纹银念⑩二两正⑪。其价银当日契下交收足讫，其田即卖即推，任凭受人关收、入户、完粮、收租、管业，本家大小并无兴端阻执，亦无重叠等情。自杜卖之后，永无回赎

---

① 一宗地四个方位与相邻土地的交接界线。
② "杜卖"即绝卖，乾隆十八年（1753）后，土地买卖契约中出现了杜卖字样，并逐渐普及。
③ 古代兄弟姐妹中排行从长到幼分别称为：孟（有时为伯）、仲、叔、季。有三个时，通常取孟、仲、季。
④ "钱粮无办""衣食乏用""正事无用"等，都表示生活拮据，无钱花销。
⑤ "托中"表示委托一个或多个中间人（证明人），常见的还有"央中"，"托"字同"央"意思相同。
⑥ "硕"同"石"。当地习惯用"石""斗""升"来计量土地面积，据当地人介绍，当地习俗约定1石为10斗，1斗为10升，4斗计1亩。从契文中可以得到相关的印证，如契57，"七斗田，计一亩七分五厘"。
⑦ "坵"指一块、一片的意思。
⑧ "边为业"是"白契"中固定的写法，通俗点理解就是卖到德馆弟弟这边为他的产业。
⑨ "三面议定"是"白契"中固定的写法，表示买者、卖者、中间人一起商议决定。
⑩ "念"为当地方言，表示"二十"的意思。
⑪ "正"同"整"。

找贴。此系两相情愿，并非强逼。恐后无凭，立此杜卖文契，永远存证。

计开亩分字号：

田计一坵二亩八分六厘七毫，坐常字三百九十四号。

计额租①五硕正。

四至：东至大灵田为界，西至堪为界，南至塘为界，北至塘为界。其田灵芝塘荫注。

咸丰七年九月日

立杜卖文契人：孟分兰庭

中人：堂兄启周、炳兰

代笔：锦坦

契11译文：立推扎②人，孟分玉泉。情因正用，将得己客田七斗计□③坵，土名坐落大墩，中梅树坞口。立扎出推于仲分儒声侄，边为业。三面言定，时值价铜钱三十千文正。其钱即日兑足，其田任凭受主前去管业、耕种、收佃，本家大小不得异言阻执。日后至期，如备原价，不拘远近回赎。受主系不得执留。此系两相情愿，并非强逼，恐④口无凭，立此推扎存照⑤。

另有上首老契一纸。

咸丰八年二月日

立推扎人：玉泉

中人：炳兰

契75译文：立杜卖屋契人，本厅樟廷。今因正事乏用，自愿央中，将祖父遗下承分得己：三向两搭厢破屋一坐，又屋后小屋基一片，又屋外蹈步上山地一片，坐落洙泗坞。凭中立契，一并杜卖于本厅德纯兄，边为业。三面言定，时值价洋银十六元正。其洋当日契下交收兑足，其屋任凭受人前去管业居住、关锁改换、修理。其屋基以及山地，亦任凭受人起造种作、管业上至椽尾，下至磉子。地基周围

---

① "额租"：佃户按佃约规定之数额交纳的地租。
② 推扎："推"为本义，指把交易物推向受主。"扎"同"札"，有手札的意思。
③ 此处及下文多次出现"□□□"，皆为字符残缺。
④ 恐，同"空"。
⑤ "照"表示"凭证"的意思。

墙壁石脚、明堂天井、滴水蹈步,并大门外已路出入,屋内寸块石,一应在内。关收、入户、过税、完粮,自卖之后,永无回赎找价等情。此系两相情愿,并非强逼,本家大小不得异言阻执。恐口无凭,立此杜卖契,永远存照。

共计实粮一分六厘正。

计开四至:

东至已路墙为界,南至迎祉屋合墙为界。

西至已墙滴水为界,南至墙外滴水为界。

同治四年正月日

立杜卖屋契人:本厅樟廷

代笔中人:孟分瑞光

通过对契文的解读,笔者发现:主笔人或代笔人为家族中的长辈,往往契约的行文较为规范。有些契约的书写虽然比较随意、缺此失彼,但整体的行文格式还是具有一定的规范性。无论是绝卖(契3、契75)和活卖(契11),或是田业(契3、契11)和房屋(契75)的交易契文,从其内容中都能看出:(1)此契是卖什么的,卖方姓名;(2)出卖的原因;(3)标的物(如何得来,具体数量、土名坐落);(4)买方姓名;(5)价钱;(6)交割后权限;(7)是否是绝卖或是活卖(活卖有赎回的条件);(8)注意事项和契约责任(写明不能重复交易、家人不能阻拦、不能反悔等);(9)标的物具体信息(四至、编号和附属物等);(10)立契时间;(11)卖方、证明人、代笔人签字画押。

值得注意的是,这些从清咸丰四年(1854)至同治九年(1870)、跨越了17年历程的契约文书在行文格式上竟鲜有差异。据笔者对诸葛村实地的调查访谈发现,直至民间到新中国的成立初期,诸葛村的田业房屋买卖契约一直沿用了清晚期的行文格式。这些农村产权民间交易活动中的契约,在原官方封建土地交易制度基础上融合了当地的乡规和民风民俗。这些农村产权交易在融入村落血缘、宗族关系和民间风俗之后,所形成的制度体系才是构成乡村秩序的基础。

2. 契约文书的构成要件

为了便于研究,笔者对《屋契田业总簿》的93份契约文书按不同的构成要件进行了汇总与整理。

第一，买卖当事人。立契之初，首先要有明确的契约买卖双方当事人，也就是要表明双方产权交接的合法身份。在文书中，双方当事人一般称为出契人即卖方和受契人，也叫受主即买方。从《屋契田业总簿》中契约文书来看，因为所收录的是诸葛明德堂的相关文书，故受主全部是诸葛明德堂的族氏，而出卖人则分为本家和外姓人氏。其中也有出卖人为集体（契20）或为多人共有资产一同出卖的（契73）。

契20译文：立杜卖契人，孟分崇行堂关帝会在会人，今因田口沙滩奔攞，会内无钱修理，自愿央中，将民田一斗计租四斗正，坐落田分字号开列于后。凭中立契出卖于仲分德纯，边为业。三面言定，时值价铜钱二千六百文正。其钱契下交收兑足，其田自杜卖之后，任凭受主前去管业、收租、入户、过税、完粮，日后亦无回赎找价等情。此系两相情愿，在会人不得异言阻执，恐后无凭，立此杜卖文契永远存照。

田一斗计租四斗，
计粮二分零二毛八系。
鸣字二百八十号，
坐落理坞塘下。
上首老契未找，日后拣[①]出已作废纸。
清田

咸丰十一年四月日
立杜卖契人：孟分崇行堂关帝会在会人
镐居、鳣堂、秀峰、学苏、準行、双贵
中人：本厅炳兰
代笔：本厅瑞光

从此契文中可以读出，由镐居、鳣堂、秀峰、学苏、準行、双贵六人组成的崇行堂关帝会，因为农田口的沙滩决堤，会里没有钱来修理。故将属于会内的一斗民田出售给诸葛德纯。可见，在清晚期，诸葛村内已有集体资产的交易。

---

① "拣"，及其他契文中出现的"检"，都同"捡"。

契73译文：立杜卖小佃契人，徐维清、维增。今因正事乏用，自愿央中，将叔父遗下客田八斗，计一坵。土名猪肝坵，坐落双塌塘边西南第三坵。凭中立杜契，出卖于诸葛德纯先生，边为业。三面言定，时值价钱洋钿十元正。其洋当日契下交收兑足，其田自卖之后，任凭受主前去管业、耕种，日后亦无回赎，并无找价等情。此系两相情愿，本家大小不得异言阻执，如有典押不清，出主自当理直，不涉受人之事。恐口无信，立此杜卖小佃田契，永远存照。

同治三年十二月日

立杜卖小佃契人：徐维清、徐维增

中人：徐秀春、诸葛奶奶、徐贵相、徐维川

清笔①

笔者对《屋契田业总簿》中所有契文的买卖当事人情况进行了分类（表2-2），从中可以发现，在晚清诸葛古村落产权交易中，契约当事人既有集体，又有村民个人。其实20世纪50年代中期以后，村落中村民之间的土地买卖已经基本无处可寻，土地调整的主体已由个人变为村集体，这与新中国成立以来农村土地制度的调整相关。人民公社时期，农民从"打地主，分田业"中所获得的土地所有权转变为集体公有的土地所有权。

表2-2 《屋契田业总簿》买卖当事人分类情况

出契人分类	契约数量	受契人分类	契约数量
本家	49	诸葛儒声	9
外姓	43	诸葛纯飞	8
集体资产	1	诸葛德纯	76
共同资产	17		

注：多人作为共同资产所有者一同出售的契约中，包含了本家和外姓的数量。

第二，成契理由。成契理由是契约文书中必不可少的组成要素，也是极具乡土特色的部分。一般来说，在农耕社会里，宗族和家族对无正当理由出卖房屋田业，尤其是祖宗"遗下"财产的干涉和制约是强有力的。因此，族内成员卖房、卖地，地契中一定会注明理由。从《屋契田业总

---

① "清笔"同"亲笔"。

簿》中的契约文书来看，其成契的理由均呈现出模糊化和形式化的趋势，以"正事乏用""钱粮无办"等为最常见的理由。

笔者对《屋契田业总簿》中所记录成契理由进行了分类整理（表2-3），大致有五种：(1)"正事乏用""正用""缺用"等理由占64.4%，(2)"钱粮无办""口食难度"等因生活困难难以为继的理由占19.4%。(3)"丧葬无办"的理由占11.8%，由于家庭成员尤其是"顶梁柱"的死亡，孤儿寡母不得不出卖房屋田业。(4)偿还债务。有两份契约记录了因"借项未还"而出卖田业的（契69、契74）。(5)因占股份稀少，打理不便的（契93）和没钱修理滩口的（契20）各有一份。

表2-3　　　　　　《屋契田业总簿》成契理由分类情况

成契理由	契约数量	占比
正事乏用、正用、正事衣食乏用、缺用	60	64.4%
钱粮无办、口食难度	18	19.4%
丧葬无办	11	11.8%
借项未还	2	2.2%
股份稀少，理值不便	1	1.1%
无钱修理滩口	1	1.1%

契47译文：立杜卖小佃田契人，季分秀来。堂弟被贼掳去，弟妇亡故，丧葬无办。亲房自愿央中，将小佃田二斗，计一坵。土名坐落北漏塘下长罗星脚本塘荫注。凭中立契，出卖于仲分德纯叔，边为业。三面言定，时值价钱洋钿二元三角正。其洋即日契下交收兑足，其田自杜卖之后，任凭受主前去管业、耕种，日后永无翻悔，亦无回赎找价等情。此系两相情愿，并非强逼，本家大小不得异言阻执，如有典押不清，出主自当理直，不涉受人之事。恐口无信，立此杜卖小佃田契永远存照。

批上手老契，日后检出以作废纸。

同治二年八月吉日
立杜卖小佃田契人：季分秀来
代笔中人：季分松林、锦高

在这些成契理由中，有两份契约的记录引起了笔者的注意。契47："季分秀来，堂弟被贼掳去，弟妇亡故，丧葬无办"，亲房秀来替其卖掉了小佃田二斗。契48："今因二母亡故，子被贼掳去两房丧葬无办"，亲房诸葛门方氏同子茶亭帮其卖掉小佃田一石一斗处理后事。这都是发生在同治二年（1863）八月的事情。咸丰三年（1853）太平军定都南京以后，兰溪官绅地主按照朝廷诏令成立民团对付太平军。咸丰八年（1858）五月太平军占领兰溪西乡，十一年（1861）四月占领兰溪县城，其间在兰溪、金华、龙游等县与清军反复争夺，到同治元年（1862）撤离。《屋契田业总簿》正是该时期的房屋田业买卖记录。因此，村民大量破产而发生频繁出卖房屋田业的现象就丝毫也不奇怪了。

第三，交易标的物。明确标的物及其权属范围，可以说是整个契约文书的核心部分。将契约文书按标的物分类（表2-4）可以看出，晚清时期诸葛族人产权交易的财产类型有田业、房产（含地基）、粪池、林木、菜园、坟地、合会会股[①]等，其中又以田业的交易最多。另外，村落中田业依照其权利的不同，可以分为民田、大租田、客田、小佃田、山地田五类；房产又可分为普通房地产和房股两类。可见，晚清诸葛古村落中农民的财产权涵盖范围广，且可自由交易。

表2-4　　　　　《屋契田业总簿》中标的物的分类情况

标的物分类		契文数量	备注
田业	民田	28	含林木
	大租田	3	含林木
	客田	9	含林木
	小佃田	30	含林木
	山地田	1	含林木
房产	普通房地产	4	含地基、菜园、粪池、林木等
	房股	6	含菜园、粪池、林木等
其他	粪池	1	单独
	山地	3	含林木
	林木	2	单独
	菜园	1	单独
	坟地	1	单独
	会股	4	单独

---

① 合会，为江南尤其是浙南地区的民间借贷组织，一般在家族范围内展开。会股，为参会人参与某次合会的股份。

第四，权属变更的确认。为了防止交易过程中可能出现的失信违约行为，保障交易双方的权益和契约的有效性，契文中往往会明确界定立契双方各自交易财产的权属范围。不同的标的物带有不同属性的权限，交割后的权限确认是笔者研究标的物分类的重要依据，如契20："任凭受主前去管业、收租、入户、过税、完粮。"这里提到了"管业、收租、入户、过税、完粮"都涉及到标的物的不同权限，笔者将在后文中详细阐述。在《屋契田业总簿》中，全部93份契文中几乎都注有"日后亦无回赎，并无找价等情""此系两相情愿，本家大小不得异言阻执""恐口无信，立此契，永远存照"。一些契约文书也明确注有"如有前首典押不清，尚有亲外人等争论，出主自行理值，不累受人之事"的字样（49份，占52.7%）。但笔者发现，这些契约文书中没有规定或写明悔约后的具体赔偿或处罚条款，这也是明清以来白契的普遍现象。可以推断，当时几乎没有"违契"和"毁契"的现象，村民所进行产权交易其违约成本是族人的摒弃与乡亲邻里的排异，这也是"熟人社会"中最为严重的惩罚。从中我们可以认为晚清诸葛古村落基层产权交易制度在融入村落血缘、宗族关系和民间风俗之后所体现出的"契约精神"。

第五，交易的数量及价格。《屋契田业总簿》中出现了：洋银（元）、洋钿（元）、纹银（两）、铜钱（千文）、足底制钱（千文）、大钱（文）。其中"银洋""洋钿"都为银圆，也俗称"洋钱""花边钱""大洋"，在当时洋银1元相当于纹银0.72两。而纹银，全称为"户部库平十足纹银"，是清朝法定银两标准成色，清廷规定缴纳钱粮等都以纹银为标准，其他银两均须按成色折合计算。清制规定纹银一两等于制钱1000文，但乾隆之后，由于私铸劣钱增多和白银外流，经常出现钱贱银贵的现象。到了道光二十年（1840）鸦片战争的时候，一两白银就可以换到制钱1670文了。咸丰以来，银价猛涨，一两白银竟可以换到制钱2230文之多。本研究根据相关情况，为了方便对比研究，统计以"洋银1元等于纹银0.7两，纹银1两等于铜钱2千文"来计算。

分析《屋契田业总簿》中所有标的物的交易价格，我们可以看出，不同类别的财产用不同制式的货币进行交易。同类别中，不同权利属性的产权也区分不同制式货币。我们按当时大致的换算统一同种货币计量，可得到表2-5。

表 2-5　　　　　　　　《屋契田业总簿》中的交易价格

标的物分类		交易货币	成交总量（亩）	成交总价（千文）	单价（千文/亩）
田业	民田	纹银、洋银	169.625	1080.88	6.37
	大租田	纹银、洋银	6.25	50.5	8.08
	客田	铜钱、洋银	15.375	146.8	9.55
	小佃田	铜钱、洋银	60	380.24	6.34
	山地田	纹银	1	8	8
房产	普通房地产	洋银	—	514.4	—
	房股	铜钱	—	280	—
其他	粪池	纹银	—	4	—
	林木	铜钱	—	1.8	—
	菜园	纹银	—	32	—
	坟地	纹银	—	12	—
	会股	铜钱	—	26.4	—
	山地	纹银	—	34	—
合计		—	—	251.25	2571.02

注：按当地习俗约定1石为10斗，1斗为10升，4斗计1亩。

整体来看，从咸丰四年（1854）至同治九年（1870）短短16年间，《屋契田业总簿》中所记录的土地流转数量涉及251.25亩。所完成的房屋、田业等交易总额达到2571.02千文。可以肯定，明德堂的《屋契田业总簿》记录的只是诸葛村落里房屋和田业买卖的一部分。这说明当时诸葛村，房屋田业的买卖交易很频繁，且交易数额较大。这也印证了上文提到的，当时诸葛村因战争等因素而导致了农民严重的失地失产现象。

从田业的交易价格来看，不同权利的土地"身价"不一样。民田（大租田）和客田（小佃田）存在一定的价格差异，而且支付货币的种类也有所区别。为了比较，笔者将表2-1中咸丰七年（1857）至八年（1858）和同治三年（1864）的田业买卖数量及价格汇总平均得表2-6。

表 2-6　　　　　　　《屋契田业总簿》田业买卖价格比较

年代	类别	交易总量（亩）	总价（千文）	单价（千文/亩）
咸丰年	民田	18	364	20.2
同治年		57	196	3.4
合计		75	560	7.5

续表

年代	类别	交易总量（亩）	总价（千文）	单价（千文/亩）
咸丰年	客田	8.75	224	25.6
同治年		10	25.5	2.55
合计		18.75	249.5	13.3

表 2-6 将晚清诸葛里田业买卖价格及其变化清楚地表现了出来。在咸丰、同治年间，诸葛村民田买卖价格平均为每亩时值价铜钱 7.5 千文，客田买卖价格每亩时值价铜钱 13.32 千文。从中可以看到战乱影响村民破产，出现卖田量急剧上升而导致田业大幅度贬值的局面：其一，咸丰七年（1857）至八年（1858），出卖民田客田量合计为 26.75 亩，而到了同治三年（1864）仅一年中，出卖民田和客田量上升到 67 亩，增长了 2.51 倍。其二，民田价格从咸丰七年（1857）的 20.2 千文/亩，减少到同治三年（1864）的 3.4 千文/亩，短短 8 年间价格下降了 83%；客田的价格从咸丰七年（1857）的 25.6 千文/亩，减少到同治三年（1864）的 2.56 千文/亩，8 年间价格下降了 90%。

第六，绝卖与活卖。"杜卖"即绝卖，乾隆十八年（1753）后，土地买卖契约中出现了杜卖字样，并逐渐普及。光绪《大清会典事例》卷七五五《刑部·户律田宅》规定："如系典契，务于契内注明回赎字样，如系卖契，亦于契内注明不回赎字样。其自乾隆十八年定例以前典、卖契载不时之产，如在三十年以内，契内无绝卖字样者，听其照例分别找赎；若远在三十年以外，契内虽无绝卖字样，但未注明回赎者即以绝产论，概不许找赎。"绝买契较为常见，活卖契约很少。《屋契田业总簿》中只有 9 份活卖契约（契 10 至契 15、契 76、契 77、契 78），其余的都为绝卖。本文以契 10 为例，对比较特殊的活卖契约进行解读分析。

契 10 译文：立推扎人，徐家凤。情因正用，将分得已客田二坵，计一石二斗。土名坐落□塘敦。立推扎，出推于诸葛宅纯飞先生，边为业。三面言定，时值价洋银八元正。其洋即日兑足，其田任凭受主管业，前去耕种。本家大小不得异言阻执。日后至期，如备原价，不拘远近回赎，受主系不得执留。此系两相情愿，并非强逼，恐口无凭，立此推扎存照。

再批中资钱一百六十文回赎之旦并奉还。

咸丰八年二月日
立推扎人：徐家凤
中人：诸炳兰

从契10中可以看到，契文首没有用"杜卖"字样，契中也写明"日后至期，如备原价，不拘远近回赎，受主系不得执留"，这和绝卖中"日后永无翻悔，亦无回赎找价等情"形成对比。契文之后"再批中资钱一百六十文回赎之旦并奉还"，笔者推测"中资"为中介的费用，这笔费用在卖方赎回之时也要归还于买方。由此可见，晚清时期诸葛村已经形成了较为完善的农民财产权的典押交易制度，其中详细地规定了典押时间、交易价格和赎回价格。

（三）小结

通过对《屋契田业总薄》的93份契文进行总体解读分析可见：

第一，农村产权交易活动中的契约行为，依然遵从带有浓厚地域性的乡规和民风民俗等习惯法的规范。诸葛村农民产权交易行为及其契约制度，带有晚清江南农村产权民间交易活动的共性，带有浓厚的地域性特色，反映出江南农村乡规民约普遍习惯。民间产权交易制度在融入村落血缘、宗族关系和民间风俗之后，不仅在财产权归属关系变更及其占有、利用、收益分配、处置等权属交割等制度性安排方面具有相对完善的规范体系，而且契约有很强的执行力。

第二，契约文书的构成要件上表现出诸多的特点，时代变迁的印迹和地域发展道路的轨迹鲜明深刻地体现在这些文书中。出契人可以为个人、集体或是共同资产所有人；契文中必须写明成契的理由，而这些理由中又以"正事乏用""钱粮无办"最为广泛，表明这些因战乱、匪患、灾荒和家庭主要劳动力意外伤亡等原因而导致的农民失地失产，是威胁农村发展的重要缘由。从交易价格上来看，晚清江南农村产权交易有一套可供比较的价值评估机制，根据土地肥瘦、水注（灌溉）条件、面积和土地租佃价格等方面，按照先前的交易价格谈判而定。

第三，晚清诸葛村民的财产权涵盖范围广，且都可以自由交易。其中又以田业的交易最多，而当时村落中土地的产权已经高度分化，分化后的土地产权在"长期而有保障"的宗族守信村落社会环境中皆可自由交易，而不损害关联者的权益。同时，村民的其他财产权也可在村落中进行相对市场化的自由交易。这说明高度分化的土地产权和自由交易的市场，是保障农民财产权利和激活农村资源配置的有效途径。

三 诸葛村土地产权交易历史背景及产权分化

（一）诸葛村土地产权交易的历史背景

由于中国封建社会历史漫长，土地占有制度、土地变动和调整作为主要社会经济问题成为历代统治者所关注和重视的政务。诸葛村堪舆和建设的时间是宋末元初，从元至明清到民国，土地都沿袭私人所有制，但各朝的土地制度也有差别。

元朝土地制度承宋制，但是元代经历均田与减免私租，处置土地的方式有夺田、赐田、献田等。明代的田制分官田、民田两种：官田的所有权归国家，地租和赋税合一，不准买卖，只能出租。国家将土地的使用权出租给个人，承租人叫佃方，佃方只有土地的使用权和处分权。佃方可以把使用权再次出让，称为"兑佃"；民田是民自有之田，也就是俗称的"地主"所有的地。地主拥有民田的所有权，其可将自己田地的所有权进行买卖、抵押、典当，也可将自己田地的使用权进行出租，收取租佃人的地租。清朝的田亩制度，承袭了明代的土地制度。因土地所有权和使用权的分割，产生了"田底"权（所有收益权）与"田面"权（使用收益权）。田底权的所有者可以坐收地租（俗称大租），并向官府纳税，是土地的合法所有者。田面权的拥有者，可以自己经营耕作，也可以租给他人耕作而收取部分地租（俗称小租，虽非法定，但约定俗成，得到社会的承认）。关于土地的所有权和使用权，不同地区也有不同的名称，如在苏南称为"田底""田面"；在江西、福建建阳称为"田骨""田皮"；在福建古田称为"田根""田面"；在广东称为"粮业""佃业"；在徽州则称为"大买""小买"[1]。当一块田的所有权和使用权分别被两个不同的人拥有时，就出现了"一田二主"的现象。

（二）诸葛村土地产权的分化与交易

从《兰溪市志》和《兰溪市土地志》中，我们可以了解封建私有制

---

[1] 光绪《周庄镇志》卷四《风俗》；凌燽：《西江视臬纪事》卷二；陈盛韶：《问俗录》卷二；《乾隆刑科题本档安》（引自《清代地租剥削形态》第503—504、544—545页）。

度下兰溪的土地产权的制度安排。太平天国战乱时期，江南人口锐减，部分土地荒芜，后清政府为增加赋税收入，准许外地农民来兰溪垦荒，台州、温州等地农民来兰溪垦荒落户的有很多。这些荒田原本的所有权人不会产生变化，外来的垦荒者其实只占有了田地的使用权，于是就有了诸葛村的"一田二主"现象。也正是这样的背景，农村的土地交易可以将土地的所有权与使用权分割进行交易，从《屋契田业总簿》中的契57、契58可以印证这一点。

民田契57译文：立杜卖民田人，诸葛门李氏，仝子载勤。今因母子乏用，自愿央中，将自手置归民田七斗，计一坵。又计额租三石五斗正。荫注土名坐落开列于后。凭中立杜，契出卖于仲分德纯兄，边为业。三面言定，时值价纹（银）四两二钱正。其银当日契下交收兑足，其田自卖之后，任凭受主前去管业、收租、过税、完粮、并收、入户。日后永无翻悔，亦无回赎找价等情。此系两相情愿，并非强逼，本家亲房大小不得异言阻执。如有典押不清，出主自当理直，不涉受主之事。恐口无信，立此杜卖民田契，永远存照。

田坐落米塘坞门前，计七斗正溪边。

鸣字一百六十四号，计一亩七分五厘正。

同治三年三月日
立杜卖民田契人：诸葛门李氏，仝子载勤
中人：孟分炳兰
亲笔：载勤

客田契58译文：立杜卖小佃田契人，诸葛门李氏，仝子载勤。今因正事乏用，自愿央中，将自手置归客田七斗正，计一坵。土名坐落米塘坞门前溪边。凭中立杜，杜顶于仲分纯飞兄，边为业。三面言定，时值价大钱二十八百文正。其钱契下交收兑足，其田自卖之后，任凭受主前去管业、耕种，日后亦无回赎找价等情。此系两相情愿，本家大小并无异言阻执。如有典押不清，出主自行理直，不涉受人之事。恐口无信，立此杜卖小佃田契，永远存照。

批田塍①并溪边杂木一应在内，又照。

---

① 古同"塍"，指田间的土埂、小堤。

同治三年三月日
立杜卖小佃田契人：诸葛门李氏，仝子载勤
中人：孟分炳兰
亲笔

从契57和契58中可见，出卖人诸葛门李氏和她的儿子载勤，将一块坐落于"米塘坞门前溪边"的七斗田出售了两次。一次是民田的交易，卖给了诸葛德纯；一次是客田的交易，卖给了诸葛纯飞。也就是说，这块七斗的田，拥有了两个"主人"——诸葛德纯、诸葛纯飞。这就从《屋契田业总簿》中印证了晚清诸葛古村的"一田二主"现象。

不仅是57号、58号契，从附录中可以看到，6号和7号、23号和24号、25号和26号、27号和28号、30号和31号、32号和33号、44号和45号契都分别是同一个出主卖了同一块土地，分为民田契和客田契两份契约。可见，当时诸葛村的农民土地权利是高度分化，且土地的流转有很强的规范性。基于此背景，下文将以诸葛村中出现的不同权利归属土地的分类交易进行解读分析。

1. 民田（大租田）

早从明代开始，江南民间就有"千年田八百主""百年田地转三家"的谚语①。这是对当时农村土地物权转移频繁的概括反映。清代诸葛古村落耕地买卖契约有"民田""客田""大租田""小佃田"之分。可以肯定的是，《屋契田业总簿》中所涉及的土地交易皆非官田。所以，这里的"民田"并不是与"官田"相对应的概念，而是"一田二主"情况下土地所有权人并不拥有使用权的土地。不难发现，《屋契田业总簿》中涉及的民田和大租田的买卖就是土地所有权的交易。93份契文中，有31份土地所有权的交易，占三分之一，可见诸葛古村在晚清时期土地所有权的流转十分频繁。

民田契69译文：立杜卖田契人，姜寿榼。今因长兄在日诸葛宅借项未还，自愿托中，将祖父遗下关分得己民田十八石五斗五升，其坐落土名荫注开列于后。凭中立杜，契出卖于诸葛德纯先生，边为

---

① 顾炎武：《天下郡国利病书》第九册；钱泳：《履园丛话》卷四。

业。三面言定，时值价纹银六十两正。其银当日契下交收兑足，其田自卖之后，即卖即推，任凭受主前去管业、另佃、耕种、开米、入税契、完粮，并无异有翻悔等情，亦无重叠典项等□。本家大小不得阻执，倘有越外生枝，出产人一应承当，不涉受主之事。今恐无凭，立此卖田契存照。

计开田亩坐落：

田一石五斗，计二坵。坐落和沿湾，租七石七斗，李玉荣佃。

田一石五斗，计一坵。坐落□里洞，租七石七斗，仝佃。

田一石四斗，计一坵。坐落藕塘坂，包租七石，姜成美佃。

田一石八斗，计二坵。坐上仝，包租十一石，仝上佃。

……

田一石，计一坵，名小二石。坐落姜姓门前，姜何栋佃。

田一石，一坵。殿下垅狮子口布详坵，又田一小坵坐柏树塘内注。租五石五斗五升，姜士进佃。

田一石五斗，坐落门前家边塘荫注，姜成美佃。

田一石二斗，坐落仝上，姜成美佃。

田一石五斗，坐落仝左，姜成美佃。

田五斗，坐落仝左，姜成美佃。

田八斗，坐落章后山卸塘荫注，姜成美佃。

田五斗，坐落仝左，姜成美佃。

田七斗，坐落新塘垅派塘荫注，姜成美佃。

田五斗，坐落仝上，姜成美佃。

田八斗，坐落仝左，姜成美佃。

田二斗五升，坐落仝左，姜成美佃。

田九斗，坐落山后门前塘注，姜成美佃。

同治三年十月日
立卖田契人：姜寿樋
中人：姜令行、诸葛赞周
代笔：诸葛赞周

契69是《屋契田业总簿》中最大宗的一块民田交易，出卖人姜寿樋，因为长兄生前欠下的债没有还，把祖父遗下分得的十八石五斗五升

(46.375亩)民田卖给了诸葛德纯,卖得纹银60两。契中详细记录了民田的坐落和租佃人的姓名及租金。在《屋契田业总簿》中,笔者发现绝大多数的民田交易契约,都附上了这一信息(如契2、契3、契17)。可见,在土地的所有权进行交易转移的同时,通常会注明其土地租佃者的信息。而租佃者一般不受土地所有权人的改变,对土地失去租佃的权利。

大租田契23译文:立杜卖契人,叶锦文。今因正事衣食乏用,自愿央中,将父遗下民田一石三斗计二坵,全租六石五斗正。土名亩分,字号开列于后。凭中立契,出卖于诸葛德纯先生侄,边为业。三面言定,时值价洋钿十九元五角正。其洋契下交收兑足,其田自卖之后,任凭受主前去管业、收租、过税、完粮、推收、入户。亦无重叠,日后永无回赎,并无找价等情。此系两相情愿,并无强逼,本家大小并无异言阻执。如有典押不清,出主自当理直,不涉受人之事。恐口无凭,立此杜卖大佃文契永远存照。

田七斗,计粮一亩七分五厘,归字四百九十号,土名坐落大坵中。

田六斗,计粮一亩五分,归字二百七十号,土名坐落大坵口。

另批日后如有老契检出以作废纸,又照。

同治二年三月日

立杜卖大租契人:叶锦文

中人:叶长发、叶长五

代笔:亲叔叶登林

《屋契田业总簿》中,明确写明为大租田的共有三份契约(契23、契25、契64)。其中,契23、契25正文中所写的是民田,落款处写明为大租田,契64在正文中明确写明了大租田。再从民田与大租田的交割后权限上去分析,契69:"任凭受主前去管业、另佃、耕种、开米、入税契、完粮";契23:"任凭受主前去管业、收租、过税、完粮、推收、入户"。可见,大租田等同于民田。这里我们还看到了,契69文中的"耕种"。从《屋契田业总簿》93份契文来看,有关民田的交易,一般交割后权限不写"耕种",但不只契69,同样是民田的交易,在契27、契30号文中也出现了"耕种"。笔者大胆地推断,这些涉及"耕种"权交割的民田,往往卖主都有"自佃田"在其中。契69文中的"另佃"权，证明受主可以将卖主自己耕种的那部分用来另寻佃主，当然也可以自己耕种。契17中"田二斗五升，计额租二石二斗五升正，土名坐米塘圬塘后，自佃"。其中就明确写明了，民田交易中有自佃田的存在。

在《屋契田业总簿》中，笔者还发现族田的踪影。宗族公堂地主所有制是封建社会晚期发展起来的，主要流行于长江以南，涉及苏、浙、皖、闽、赣、粤、湘等地。这种类型的封建土地所有制，与山村"聚族而居"的社会环境有着密切的联系。建宗祠、置族田，二者是形影相随的，"祠必有祭，祭必有田"。族田是公堂地主土地的总称，具体名称则有：祠田、祭田、墓田、义田、学田，以及某某会（如关帝会、子弟会）等。而从契20中可见，"孟分崇行堂关帝会"的在会人，因为田口决堤，没有钱去修理，所以出卖了一块会中的民田。这是晚清诸葛古村落中，宗族公堂地主所有制的印证。

对比宗族公堂地主土地与私家地主土地，其实从性质上来说并无差异，均属于封建地主所有制，但在实际运行中却存在差别。其主要差异存在于宗族公堂土地没有完全的个人所有权，同时，土地的产出和地租主要用于宗族活动的耗费，或是用于宗族的一些公益支出。这不同于私家地主的土地，地租等收益全部由自己支配。

2. 客田（小佃田）

客田不是土地所有制的一种形态，而是我国封建社会晚期土地所有制发展中出现的一种现象。"客田"之称，正如上文阐述的。它起于太平天国失败后，清政府在杭、嘉、湖、金、衢、严等府召集客民开垦荒田，许以永佃权，即佃户除欠租一年以上，许业主彻佃外，可以永远耕种——"永佃权"。

  客田契29译文：立杜卖客田契人，王门诸葛氏。今衣食乏用，自愿央中，将祖父遗下承分得己客田一石二斗，计一坵。坐落开载于后。立契杜卖于诸葛宅德纯先生，边为业。三面言定，时值价钱十二千文正。其钱即日交收兑足，其田自卖之后，任凭受主前去管业、耕种，亦无回赎找价等情。此系两相情愿，并非强逼，本家大小不得异言阻执，如有典押不清，出主自当理直，不涉受人之事。恐口无凭，立此杜卖客田契永远存照。

田一石二斗，坐落石五塘下，本塘面水并坞水荫注，又照。

清田，又皂木二根在内，又照。

同治二年四月日
立杜卖客田契人：王门诸葛氏
中人：诸葛德弟、王如英、诸葛炳兰
代笔：胡增光

小佃田契 22 译文：立杜卖小佃契人，叶友金。今因正事乏用，自愿央中，将祖父遗下客田四斗，计一坵。坐落下米塘下第二坵。凭中杜契，出卖于诸葛德纯先生，边为业。三面言定，时值价大钱十八千文正。其钱契下交收兑足，其田自卖之后，任凭受主前去管业、耕种，日后亦无回赎，并无找价等情。此系两相情愿，本家大小并无异言阻执，恐口无凭，立此杜卖小佃文契，永远存照。

清田，此田原因咸丰九年押过，今将此田杜戈契。

同治二年二月日
杜卖小佃契人：叶友全

《屋契田业总簿》的 93 份契文中，有 39 份客田和小佃田的交易，占 42%，多于民田交易的数量。从契 22 中可以看出，小佃田即为客田。从对兰溪晚清时期土地制度的考察可知，其实，小佃田是有别于客田的。小佃田的由来，一是受官田转佃的影响，二是土地买卖和换佃过程中对原佃者有价补偿的发展。可以说，小佃田的出现早于客田。但笔者发现，小佃田交易同客田交易的性质一样，都是土地的使用权的交易。在诸葛古村中，已经很难考证其细致的区别。

与民田相对应的，客田交割后的权利就显得非常简单明了，从契 29、契 22 中"任凭受主前去管业、耕种"可见，客田交易后，受主享有"耕种"权，这在一般的民田交易中是没有的。这也印证了，这是土地使用权的交易。另外，客田与民田一样，可以买卖，也可以典押（即有活卖和绝卖之分）。契 22 中，"此田原因咸丰九年押过，今将此田杜戈契"便可看出，交易的小佃田在咸丰九年被典押过。

从客田的交易价格上来看，笔者对《屋契田业总簿》中所涉及的所有土地交易价格进行了总合（表 2-5），因为受到不同年限、绝卖与活卖等对价格造成的影响，不能看出客田与民田在价格上的具体差异。在此，笔者选择契57、契58这两份同时间同地块的民田与客田交易价格来做对比。研究发现，这块民田的交易价格为4.8千文/亩，客田的交易价格为1.6千文/亩。可见，客田的交易均价大大低于民田。

3. 大小两皮田

上文中提到，大小两皮田是出卖者同时拥有田地的所有权和使用权，它是处置权最为完整的土地。《屋契田业总簿》收录的93份契约文本，除去上文提到的8宗（16份）交易，只有契16、契50两份契文是大小两皮田写作一契进行交易的。民田可以买卖，但不能剥夺占有者的耕种权；客田有世袭的权利即永佃权，佃权也可买卖。因此，在古村落的土地崇拜中，大小两皮田重于民田、民田重于客田。村民如果不是因为种种原因到了山穷水尽的地步，是绝对不会将大小皮合一的土地卖掉的。

> 大小清田契16译文：立杜卖民田契人，本家鸿义。今因正用无办，自愿央中，将自手置归得己大小清田二斗，计三坵。坐落土名米塘边，字号亩分已坞开后。凭中立杜卖契于本家德纯叔，边为业。三面言定，时值价纹银十二两正。其银契下交收兑足，自杜卖之后，任凭受主前去管业、关收、入户、税契、还粮、召佃、另佃，本家大小并无异言阻执，亦无回赎找价等情。此系两相情愿，恐口无凭，立此杜卖民田契存证。
>
> 田二斗，计三坵。坐落米塘边，米塘荫注另内坞二口同注，计开亩分字号。
>
> 鸣字三百五十五号，余增户出。
>
> 计正粮五分正，又上手契一纸存证。
>
> 　　　　　　　　　　　　　　　　　　　咸丰十年二月日
> 　　　　　　　　　　　　　　　　立杜卖民田契人：本家鸿义
> 　　　　　　　　　　　　　　　　　　　　中人：孟分炳兰
> 　　　　　　　　　　　　　　　　　　　　代笔：叶喜芪
>
> 山地田契50译文：立杜卖山地田契人，孟分大学。今因正事乏用，自愿央中，将父遗下大小两皮山地田一坵，计四斗，又小坵，又山地一领，一并在内。土名坐落亩分，字号开载于后。凭中立杜契，出卖于仲分德纯伯，边为业。三面言定，时值价纹银四两正。其价契下交收兑足，其田自卖之后，任凭受主前去管业、投税、过粮、关

收、入户、完纳,即卖即推,耕种无辞。日后永无回赎,亦无找价翻(悔)等情。本家大小并无异言阻执,此系两相情愿,并非强逼。今欲有凭,立此杜卖民田契永远存照。

民田计一亩,归字二千零三十三号,土名坐落张坞系因山地开田其粮照地粮开入。

同治九年四月吉日
立杜卖山地田契人:孟分大学
中人:亲叔炳兰
代笔:孟分瑞光

契 16 中看到的"清田"字样,王景新(2011)[①] 将清田定义为大小两皮田,后又说明,这样的定义有待商议。笔者发现,除契 16 之外,在《屋契田业总簿》中有 29 份(6 号、7 号、20 号、23 号、24 号、25 号、26 号、27 号、28 号、29 号、30 号、31 号、32 号、33 号、37 号、42 号、43 号、44 号、45 号、53 号、54 号、56 号、57 号、58 号、60 号、61 号、62 号、64 号、70 号)契文标注了"清田"字样,这些田都不是大小两皮田(民田 15 份、客田 14 份)。由此可见,"清田"并不代表是大小两皮田。一开始笔者以为,这些民田或客田在本次交易后将变成大小两皮田,但仔细分析:民田买卖后再收回租佃权是可以变成大小两皮田的;而客田买卖,交易的只是租佃权,即使收回自种也还是租佃性质,绝不可能涉及土地所有权使其在本次买卖后变成大小两皮田。那么,唯一的理解只能是,所买卖的田业不涉及"附着物或青苗补偿",或者即使有附着物或青苗业已清理完毕。

4. 小结

诸葛村《屋契田业总簿》中有关田业买卖的契文占比最大。通过对其解读分析,可以了解晚清时期诸葛古村落的土地关系及其交易制度。并且,以诸葛村为缩影,还反映了晚清江南农村土地产权已经高度分化,土地所有权、占有权和利用权"三权分置",并且边界清晰,分化后的各类土地产权在"长期而有保障"的宗族守信村落社会环境中皆可自由交易,而不损害关联者的权益。

---

① 王景新:《诸葛:武侯后裔聚居古村》,浙江大学出版社 2011 年版。

四 诸葛村房屋及其他类型产权的交易

《屋契田业总簿》中除了田业买卖的契约文书外,还有房屋及附着物、房股、宅基地、花园、山地、粪池、林木、坟地和水塘的契文。从表2-4中来看,此类文书共有22份,占23.7%。这些契约文书内容也十分丰富,从中也可以看出当时诸葛古村的村民财产交易的实况。笔者将对其分类,并进行考释解读。

（一）房屋交易

整个《屋契田业总簿》中涉及房屋买卖的共有10份,其中房产地基及附着物买卖的有4份（1号、35号、46号、75号）；有关祭祀房股份买卖的有6份（76号、77号、78号、82号、83号、84号）。

1. 房产及附着物

契35所记录的是同治二年（1863）诸葛古村的一份房屋地基及一些附属的财产交易。出主是"孟分志伊",受主是"本家仲分德纯"。这份契约详细罗列了这次交易的财产种类和数量。契中描述："书堂屋三座计九间、又披屋三间、又小屋一间,共十三间（十一年被长兄折毁屋墙、菜园墙）。又菜园二片、又园内塘一口、又井一口、又花果杂木,砖瓦寸木,块石屋基,大小园地礤盘礤子,石脚周围墙壁。"从此描述中,我们似乎看到了,仅仅是"书堂屋"就有十三间之多,菜园、塘井、花果等等一应在内。可见,当时一座书堂屋的规模之大,主人曾经拥有的财富是巨大的。

同契35一样,契46也是因为亲人的亡故,才将房屋财产出卖的。两份契文都在文内详细罗列了交易物的明细,并在文后明确了四至。通过对《屋契田业总簿》中四份房产及附着物的交易契文可发现,卖房的同时是连同宅基地一起出售的。契35中的"块石屋基",契46中的"西边正屋,外屋基一片"以及"其屋并基归于受人管业、修理、改造"足以证明这点。

房屋契35译文：立杜卖契人,孟分志伊。今因长兄亡故,正事乏用,自愿央中,将长兄自手置归,书堂屋三座计九间、又披屋三间、又小屋一间,共十三间（十一年被长兄折毁屋墙、菜园墙）。又菜园二片、又园内塘一口、又井一口、又花果杂木，砖瓦寸木，块石屋基，大小园地磉盘磉子，石脚周围墙壁，一应在内。凭中立杜卖于，本家仲分德纯兄，边为业。三面言定，时值价纹银五十二两正。其银即日契下交收兑足，其屋基，并菜园塘，并杂木一应归于受人管业、耕种、入户、过税、完粮。如有典押不清，出主自当理直，不涉受主之事。日后永无回赎，并无找价等情。此系两相情愿，并非强逼，本家大小不得异言阻执。恐口无凭，立此杜卖文契，永远存照。

计开土名坐落四至：

批土名坐落洙泗坞书堂屋、小屋、披屋、塘井，并菜园二片。间数原有载明，又照。

东至墙外路为界，南至墙外茂祥叔尿池为界。

西至墙外戌午会菜园路为界，北至孙林菜园墙为界。

同治二年五月日，立杜卖屋契人：孟分胞弟志伊
孟分中人：炳兰
代笔：胡增光

2. 房股

上文提到了宗族公堂的族田交易。在《屋契田业总簿》的房屋买卖中，笔者也发现了房股交易的痕迹，这些都是祭祀房的股份交易（76号、77号、78号、82号、83号、84号）。其中，76号、77号、78号契文都为"活卖"，文中有写明"日后至期如备，原价不拘远近取赎，受人不得执留"。76号契约是"孟分祥发室徐氏同子茂昆……承分得己一股"，77号是"孟分瑞林同亲弟瑞明……承分得己一股"，78号是"孟分秀珠、敬珠同亲弟锡华……承分得己二股"。另外，82号、83号、84号契为"绝卖"。其实，这三份地契涉及的房股都被分了两次，先是在同治四年（1865）二月，"活卖"了房股；再在同治四年（1865）八月"绝卖"了房股。本研究再以契78和契84为例进行具体解读：

房股契78译文：立卖契人，孟分秀珠、敬珠，仝亲弟锡华。情因正用口粮无办，自愿央中，将祖父手遗下竹溪祀四房众屋承分二股。坐落下塘塍大径枣厅前，左首对合会楼屋一座。上至橡□□，下至柱子磉盘地基各一处。周回滴水，墙壁、照壁、花门地平、石脚青

石、门面铁皮大门一对。门前蹈步，出入路道，前后间数不须细载，一应在内。天井塔涧、明枣石等。楼梯、楼板、楼栅，楼上间数一并在内。又左首厨屋一座数间，不须细载。内猪栏粪池腰拆一切，内外门窗户扇地伏石，铁栅护栅一应在内。凭中立契，出卖于仲分德纯伯，边为业。三面言定，时值价铜钱六十千文正。其钱当日契下交收兑足，其屋即卖即推，任凭受人照契管业、居住、开市。本家大小不得异言阻执，日后至期如备，原价不拘远近取赎，受人不得执留。此系两相情愿，并非强逼。恐口无凭，立此卖屋文契据，永远存照。

　　同治四年二月日，立杜卖契人：孟分秀珠、敬珠，仝亲弟锡华
　　　　　　　　　　　　　　　代笔中人：孟分本房志伊

　　房股契84译文：立卖契人，孟分秀珠、敬珠，仝亲弟锡华。情因正用口粮无办，自愿央中，将祖父手遗下竹溪祀四房众屋承分二股得己。坐落下塘埭大径枣厅前，左首对合会楼屋一座。上至椽瓦砖，下至柱子礤盘基地各处。周回滴水，墙壁、照壁、花门地平、石脚青石、门面铁皮大门一对。门前蹈步，出入路道，前后间数不须细载，一总在内。天井塔涧、明枣石等。楼梯、楼板、楼栅，楼上间数一并在内。又左首厨屋一座数间，不须细载。内猪栏粪池腰拆一切，内外门窗户扇地伏石，铁栅护栅一概在内。凭中立契，出卖于仲分德纯伯，边为业。三面言定，时值价纹银四十两正。其银当日契，凭中亲交收兑足，其屋即卖即推，任凭受人照契管业、居住、收赁、入户、过税、完粮。自此杜卖之后，其价已足断，无找价回赎，永无翻悔等情。此系两相情愿，并非强逼。如有前首典押不清，倘有亲外争论，不累受人之。恐口无凭，立此杜卖屋文契据，永远存照。

　　又批，屋内寸木块石拣点不清一概在内。
　　再批，左首厨屋后门一对，门前红石蹈步出入路道。
　　又，右首后门一对并门堂门前青石蹈步出入路道。
　　计开四至：
　　前至大门外塘为界，后至墙外大径枣墈为界。
　　左至屋外街枣为界，右至墙外大径枣厅前为界。

　　同治四年八月日，立此杜卖契人：孟分锡华、仝姐秀珠、敬珠
　　　　　　　　　　　　　　　中人：徐畅和、本房题廷
　　　　　　　　　　　　　　　代笔中人：本房枣伯志伊

契78为同治四年（1865）二月，孟分秀珠、敬珠和她们的亲弟弟锡华，将祖父留下的"竹溪祀四房众屋"两股活卖给"仲分德纯伯"的一份文书。契84为同年八月，锡华和两位姐姐再次将这两股房绝卖给"仲分德纯伯"的契约文书。对比两份契文可以看到，活卖契写明了"日后至期如备，原价不拘远近取赎，受人不得执留"；绝卖契则是写明"自此杜卖之后，其价已足断，无找价回赎，永无翻悔等情"。此外，从中还可发现，活卖交割后的权属为"管业、居住、开市"，绝卖交割后的权属为"其屋即卖即推，任凭受人照契管业、居住、收赁、入户、过税、完粮"。从价格上分析，绝卖的价格为纹银四十两（相当于铜钱八十千文），大大高于活卖的价格（铜钱六十千文）。

（二）其他类型产权交易

1. 合会会脚

整个《屋契田业总簿》中涉及合会会股买卖的文书共有4份（8号、9号、68号、93号）。上文中提到诸葛村的合会，笔者在诸多契文中都得以发现其存在的印记，如契8文中的"戊午会"，契9文中的"大经堂煖真会"，契68文中的"终和会""新锣鼓会""子孙会""武侯会""六种会"，契93文中的"五美祀会"。可以推断，早在嘉庆十五年（1810）左右，诸葛村里就有合会的存在[①]。这些存在于村落中的民间合会组织，不仅数量众多，而且活动也相当频繁。从对诸葛村实地访问和调查发现，直至今日，诸葛古村落里还存在正月初六的终和会、新锣鼓会，正月二十日的火炮会，二月初一的子孙会，五月十三日的戊午会，八月二十七日的武侯会、六种会，大经堂暖真会等。村民用自己的产权或是资金参加合会，按参会所提供物资的多少来记所占有的"会股"或是"会脚"。同时，从契文中可以发现，村民入会的门槛很低，只要占"会一脚"或"会半股"即可入会。具体以契68举例进行解读分析：

> 会脚契68译文：立杜卖会契人，孟分堂求。今因口食难度。自愿央中，将祖父遗下正月初六终和会二脚，又新锣鼓会一脚，二月初一日子孙会一脚，八月二十七日武侯会一脚，六种会一脚。凭中立

---

① 68号契约的会脚是出主祖父遗下的，买卖年是同治三年（1864）五月。假设当年出主已经成年18岁，他祖父18岁生育他父亲，他父亲18岁生育出主，至迟在1810年就有和会组织。

契，一并出场于仲分德纯叔，边为业。三面言定，时值价大钱十二千文正。其钱当日契下交收兑足，其会自卖之后，任凭受前去管业、换班、收租、值年、领胙，日后永无回赎找价等情。此系两相情愿，本家大小不得异言阻执。恐口无凭，立此杜卖会契，永远存照。

再批，会内助馒亦归受主收领。

同治三年五月日，立杜卖会契人：孟分堂求
中人：炳兰
代笔：瑞光

从 68 号契中，"孟分堂求"将祖父遗下的各合会会脚卖给了"仲分德纯叔"。可见，不仅是田业和房屋可以继承，会股也可以继承并交易。同时，通过对 8 号、9 号、68 号、93 号契中的交易价格来看，各种会的会股价格也不尽相同。从会股交割后的权属来看，68 号契中写明"任凭受前去管业、换班、收租、值年、领胙""再批，会内助馒亦归受主收领"。可见，会股占有人享有的权利还是十分广泛的。

2. 山地

《屋契田业总簿》中涉及山地买卖的文书共有 3 份（18 号、55 号、65 号）。这里将它区分于田业的买卖进行解读分析。以契 65 为例进行解读分析：

山地契 65 译文：立杜卖契人，孟分瑞光，今因正事乏用，自愿央中，将自手置归山地一片，坐落平坂塘下，常山沿四至列后。凭中立契出卖于仲分德纯兄边为业。三面言定，时值价纹银五两正，其洋即日契下交收兑足，其田任凭受主前去管业、耕种、入户、过税、完粮、收租，永无回赎找价等情。此系两相情愿，并非强逼，本家大小不得异言阻执，如有典押不清，出主自当理直，不涉受主之事。恐口无信，立此杜卖文契永远存照。

另有皂木四株一并在内又照。

计开四至：

东至常山地为界，南至地为界，西至田坎为界，北至地为界。

同治三年九月日
立杜卖文契人：孟分瑞光

中人本家：炳兰

亲笔

契 65 中"其田任凭受主前去管业、耕种、入户、过税、完粮、收租"，交割后权利明确，其山地的性质与"客田"一致。同样，在《屋契田业总簿》的三份山地交易契文中可以发现：山地同耕地一样，也有权利的分化。如契 18 中"将父遗下承分得己民山一处"，出现了"民山"一词。其实，晚清诸葛村的山地交易，基本等同于耕地交易，只是此耕地地处的特殊位置区别于一般的耕地，这与现在山地林地的性质还是有所区别的。

3. 林木、坟地、菜园与粪池

《屋契田业总簿》中单独出卖林木的契约文书有 2 份（66 号、67 号），笔者以契 66 为例进行分析：

林木契 66 译文：立杜卖皂木两根，土名坐落米塘口，四斗田塝上。今因缺用，将自手置归立契出卖于诸葛纯德先生，边管业。三面言定，时值价钱五百正，即日交收兑足，其皂木任凭受主采摘、掉树、挖根，日后并无找价回赎。此系两相情愿，并非强逼。恐口无凭，立此杜卖皂木字据永远存照。

同治二年五月日

立杜卖皂木契人：叶又金

代笔中人：叶喜茂

"皂木"是《屋契田业总簿》中出现最多的林木类交易物，其他的还有大柏树（契 81）、杂木、柴木（契 18）、竹木（契 52）、寸木五种。契 66 和契 67 是唯一将其单列成契的林木交易契文。其余的都会将林木作为附着物，在"又批""另批"中同房产或是田地一块进行交易。从契 66、契 67 中可见，皂木的交易价格还是相当高的，"皂木数株，时值价钱一千三百文正"，同一时期的，而契 62 中"客田二斗，时值价铜钱一千六百文正"。对比可见，好的价值高、可"采摘、掉树、挖根"的皂木交易价格等同于一般的客田。

《屋契田业总簿》中单独出售坟地、菜园、粪池的契约文书各有 1 份

(63号、81号、88号)。契63是《屋契田业总簿》中唯一的一份坟地交易契文。中国历代对丧葬的传统观念都比较重视，所以，对于坟地的交易并不是那么常见。不到迫不得已的境地，绝不会出卖自家的坟地。从契文中读到，"季分德弟同侄孙寿福"在同治二年（1863）七月，因"母子同日亡故，丧事无钱乏用"，出卖了"民田五斗、客田五斗"。同治三年（1864）五月，又因"口食难度"，迫不得已出卖了"祖交遗下坟地一片"。

而菜园的交易，在《屋契田业总簿》中十分常见，一般都在房屋的整体交易中，对其附属的菜园一并交易（如契1、契35）。契81是唯一将其单列交易的契文。同菜园一样，粪池的交易常出现在房屋的买卖中。契88是唯一将粪池单列的契文。从契63、契81、契88中，"并附穴迁葬管收、入户、过税、完粮""其大柏树亦准受人砍伐关收、入户、投税、完粮""其粪池任凭受主前去管业、改造、投税、完粮、关收、入户"可以看到，无论是坟地、菜园，还是粪池，其交割后的权属都写明了"过税"或"完税"。可见，晚清时期，农民的苛捐杂税负担是十分重的。

菜园契81译文：立杜卖菜园契人，光明。今因正事乏用，自愿央中，将祖父遗下承分得己破墙园一片，坐落洙泗坞。内有□□□，又尿池一口，又大柏树一株，并花果杂木，周围破墙石脚一并在内。凭中立契，出卖于本家德纯叔，边为业。三面言定，时值纹银十六两正。其银当日契下交收兑足，其园地基任凭受主前去管业、起边、种作，其大柏树亦准受人砍伐关收、入户、投税、完粮。自卖之后，永无回赎找价等情。此系两相情愿，并非强逼，亲房大小亦无异言阻执。倘有节外生枝，出主人自行理直，不涉受人之事。恐口无凭，立此杜卖大契永远存照。

计开四至：
东至大路下为界，南至墙磡为界。
西至大路坑为界，北至洙泗塘为界。

同治四年五月日
立杜卖菜园契人：光明
中人：诸葛德弟、炳兰

4. 小结

《屋契田业总簿》中除了田业的买卖的契约文书外，还有房屋及附着物、房股、宅基地、花园、山地、粪池、林木、坟地和水塘的契文。房屋及房股的买卖都在契文中详细罗列了交易物的明细，并与民田买卖一样，文后明确四至。房屋的买卖是连带宅基地的，在契文中并没有发现单独出卖宅基地的文书，这证明在晚清诸葛村的房产与地产并没有分割，出卖房产时是连同所在房产的地基一同出售。同时，笔者还发现房股可以进行交易，且也可典押，典押的价格远低于绝卖。

从合会会脚的买卖契文中可以发现，存在于古村落中的民间合会组织不仅数量众多，而且活动也相当频繁。村民可以用自己的产权或是资金参加合会，且入会的门槛很低，只要占"会一脚"或"会半股"即可入会，但会股占有人享有的权利还是十分广泛的。从山地交易契文中可以发现，山地区别于林地，且山地同耕地一样也有所有权与使用权的分割。其他的坟地、菜园、粪池等标的物的交易，除了证明晚清诸葛古村落农民产权交易种类的繁多外，也从契文中的"过税""完税"中发现，当时农民沉重的苛捐杂税。

总之，晚清江南农村房屋等其他农民的财产都可以在跨域范围内进行自由交易，可以买卖或是抵押其产权或是所占有的股份。在房产交易时，出卖的房产与地产并没有分割，出售房产时是连同所在房产的地基一同出售的。

五　江南农村产权交易制度区域特征及启示

(一) 江南农村产权交易制度特征

我国历史上地方契约文书能够比较完整地保存下来的地区不多，其所反映的有关农村产权交易的情况，既有特殊性，亦具有普遍性。诸葛村虽然只是全国的一隅，但并非孤立，它和当时全国的政治、经济、文化有着密切的联系。从地理区域来看，诸葛村也是十分典型的江南古村落，对诸葛村《屋契田业总簿》的解读研究，可以得出江南农村产权民间交易制度的特征。上文提到笔者也曾解读研究了杭州建德李村村的33份契约文书[①]，这些契约文书的行文格式、构成要件以及其所反映出的同时期的农

---

① 建德李村村契约文书解读一文见《第二届中国农民发展论坛优秀论文集》。

村产权民间交易制度特征都极其相似。因此,通过对诸葛古村落契约文书的解读研究,笔者从以下几个方面得出了晚清江南农村产权民间交易制度的特征:

第一,诸葛村农民产权交易行为及其契约制度,带有晚清江南农村产权民间交易活动的共性,有浓厚的地域性特色,反映出江南农村乡规民约普遍习惯。民间产权交易制度在融入村落血缘、宗族关系和民间风俗之后,不仅在财产权归属关系变更及其占有、利用、收益分配、处置等权属交割等制度性安排方面具有相对完善的规范体系,而且契约有很强的执行力;契约文书的构成要件上表现出诸多的特点,时代变迁的印迹和地域发展道路的轨迹鲜明深刻地体现在这些文书中。总之,晚清农村基层产权交易制度在融入村落血缘、宗族关系和民间风俗之后,体系相对完善,且有很强的制度规范。主要体现在:必须满足一定的交易条件,财产的来源要明确、财产权属的边界要清晰、出卖的缘由要合理;交易的程序规范,买卖双方在中人的见证下进行契约的签字画押;以及一个为交易提供服务和悔约制约的交易平台——宗族堂室。

第二,晚清江南农村土地产权已经高度分化,土地所有权、占有权和利用权"三权分置",并且边界清晰。村落中的田业按照其权利的不同分为三类:大小两皮田(所有权、使用权合一的土地)、民田(也叫大租田,只有所有权的土地)、客田(也叫小佃田,只有耕种使用权的土地)。分化后的各类土地产权在"长期而有保障"的宗族守信村落社会环境中皆可自由交易,而不损害关联者的权益。可以预见的是,高度分化的土地产权和自由交易的市场,是保障农民财产权利和激活农村资源配置的有效途径。

第三,晚清江南农村房屋等其他农民的财产都可以在跨越宗族的范围内进行自由交易,可以买卖、抵押其产权或是所占有的股份。而在房产交易时,出卖的房产与地产并没有分割,出售房产时是连同所在房产的地基一同出售的。

第四,晚清江南农村产权交易有一套可供比较的价值评估机制,根据土地肥瘦、水注(灌溉)条件、面积和土地租佃价格等方面,按照先前的交易价格谈判而定。首先,不同权属的土地交易价格是有明显区别的,所有权和使用权合一的土地价格大于只有所有权的土地,只有使用权的土地价格最低。其次,房产的价格按大小和连带附着物的多少来确定其出售价格。最后，产权的典押价格低于售卖价格，同时会按约定的典押时间来确定赎回时的价格。

第五，晚清江南农村产权出售，多因战乱、匪患或是大经济环境破坏的周期循环、自然灾害，或是非生产性资金短缺。这些战乱、匪患、灾荒和家庭主要劳动力意外伤亡等原因而导致的农民失地失产，是威胁农村发展的重要缘由。由此可见，因没有完善的农民财产权保障机制而产生大量农民失地失产，威胁着农村的发展乃至整个经济社会的发展。

（二）深化农村集体产权制度改革的启示

晚清江南农村产权民间交易活动中的契约行为，是基层产权交易制度在融入村落血缘、宗族关系和民间风俗之后，形成的一套体系相对完善，且具有契约精神的制度。首先，在晚清江南农村的产权交易中，交易的平台是明确的——以宗族堂室为交易平台。其次，产权交易的权属是明确的——出卖人明确卖出的是其何种财产且权属的边界清晰。最后，交易的范围是明确的——农民可交易的产权几乎包含了其所有的财产。这些历史经验，对当今如何建立一套有效且农民认可的农村产权交易制度有着以下几点启示：一是必须明确农村产权交易机构的性质，建立产权交易的平台。在当前的制度背景下，农村产权交易市场应当是政府主导下的非营利性服务机构。二是为农民或农村集体经济组织提供无偿的交易服务，从而激活农村产权交易的原动力。三是农村产权确权登记是改革的基础条件。各类农村产权都要进行确权登记颁证，为农村产权的交易奠定清晰的产权基础。四是明确并拓展农村产权的交易范围是赋予农民更多的财产权，激活农村资本市场的有效举措。

晚清江南农村土地产权已经高度分化，土地所有权、占有权和利用权"三权分置"，并且边界清晰。分化后的各类土地产权在"长期而有保障"的宗族守信村落社会环境中皆可自由交易，而不损害关联者的权益。这证明，当前国家所推进的农村土地"三权分置"是有历史经验可寻的，即用多元产权模式和制度安排，实现并保障农民土地财产权，把"长久不变""土地承包经营权"拓展为"永佃土地使用权"，法律将其界定为"农民私有财产权"，纳入私有财产保护范畴；同时允许土地权利的转让、抵押和租赁，从根本上杜绝公权滥用，保障农民基本权利，提高土地使用效率，为土地规模经营提供制度前提。

晚清江南农村的房产与地产并没有分离，出售房产时是连同所在房产的地基一同出售的，房产交易与土地产权及交易有重要关联性，放开土地产权交易市场，就要适当扩大农村宅基地流转的范围界限，更有效地激活农民的宅基地用益物权。目前，我国多地已经开展了农村宅基地制度改革试点工作，提出了农村宅基地的流转范围严格界定在农村集体经济组织成员内部，以出租、转让、入股、典卖等方式进行流转。这在保障农民宅基地用益物权，引导农民自愿有偿退出闲置宅基地，以及规范宅基地管理和利用等方面都取得了积极的成效。但因为流转范围的严格界定，似乎并没有真正地激活农村宅基地的流转。笔者发现晚清江南农村房产交易并没有严格范围界定，我们是否能大胆地建议，当今的农村宅基地流转按不同区域的特点适当扩大流转的范围界限，从而更有效地激活农民的宅基地用益物权，推进城镇化和城乡一体化的进程。

晚清江南农村产权的价值评估机制已经初步建立，而当前我国财产价值评估领域主要是城镇不动产和机器设备等动产，基本没有涉及农民住房财产权和其他农村产权的价值评估。建立健全农村产权的价值评估体系是农村产权交易流转的基础，随着农村集体产权制度改革的推进，农村财产权的价值评估体系亟须建立并完善。

附录：诸葛村《南阳明德堂记屋契田业总簿》原文、断句及注释

【封面】

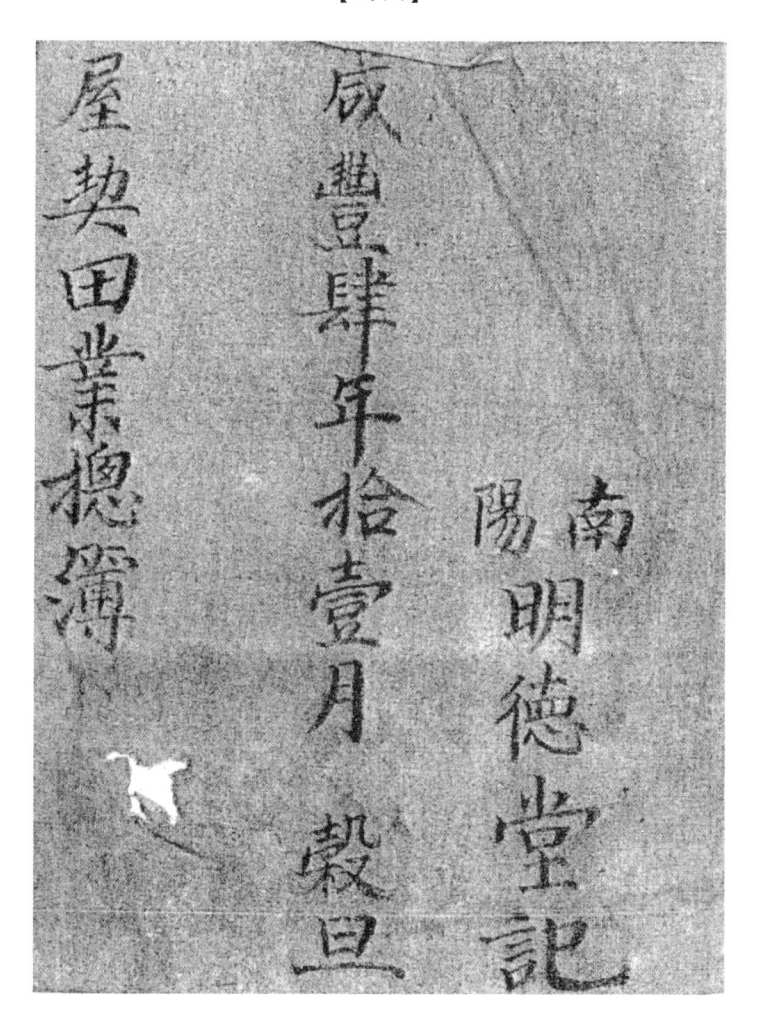

南阳——明德堂记
咸丰肆年拾壹月穀旦
屋契田业总簿

(一)

立杜卖契人，诸葛门祝氏仝①男星照、仝孙棕爱。情因钱粮无办，自愿托中，将祖父手遗下承分得己，坐落洙泗坞东首，前厅后堂屋一座。上至椽砖瓦，下至柱子磉盘基地，各处周回墙壁，石脚青石，门面，铁皮大门一对，腰门一对，门前蹈步，出入路道，前厅反照，搭厢中堂，间数不须细截，一总在内。天井、堦涧、名堂石等，照壁四扇，左右花门八扇，照壁两边横门四扇，后堂石照，并中间大小房户六间，照壁四扇，天井、明堂、堦石等，房内地平，周围护栅楼梯，石楼梯、栏杆楼板楼栅，楼上房屋三间。楼窗前后上下铁册俱全。地伏石又左首平屋一座，计三间。两搭厢另有大间二扇，腰间二扇，蹈步出入，内天井、明堂、堦石等，边傍猪西栏粪池，屋一处，平屋后余基一片，余基上石墈，三级边蹈上菜园两片，园内间一屋一间，后山园门出入，园内果树杂木一并在内。屋内腰折一切，间窗户扇一应在内。凭中立杜契，出卖于本家儒声叔，边为业。三面言定，时值价洋银二百念元正。其洋银即日契下凭中亲交足讫，其屋即卖即推。任凭受人照契管业、居住、收税、入户、完粮。自杜卖之后，其价已足，断无找价回赎，永无翻悔等情。此系两相情愿，并非强逼，如有前首典押不清，尚有亲外人等争论，出主自行理直②，不累受人之事。恐口无凭，立杜卖屋契据，永远存照。

---

① "仝"与"同"字意思相同。
② "值"，同"直"。

再批屋内及园内拣点不清尺木寸石一并在内，计开四至：
东至墙外牵连凝祉叔屋为界，南至墙外凝祉叔屋为界。
西至大门外大路为界，北至墙外士亲兄己路为界。
又计粮二亩五分正，本都本图①新园庄惟户推出。

咸丰四年十一月②日

立杜卖屋契人：祝氏仝男星照、仝孙棕爱

见契中人：亲叔士亲

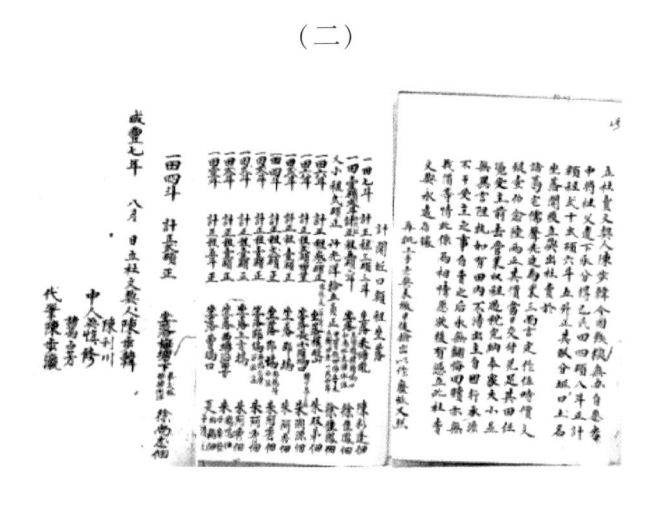

（二）

立杜卖文契人，陈步韩。今因钱粮无办，自愿央中，将祖父遗下分得己，民田四石八斗正，计额租二十二石六斗五升正。其亩分圩口，土名坐落开后，立契出杜卖于诸葛宅儒声先边为业。三面言定，作值时价文银一百念六两正。其价当日交付兑足，其田任凭受主前去管业收租过税完纳，本家大小并无异言阻执。如有田内不清，出主自因行承涉，不干受主之事。自卖之后永无翻悔回赎，亦无找价等情。此系两相情愿，欲后有凭，立此杜卖文契永远存据。

---

① "都"和"图"是始于元朝的乡村区划。买卖契约内容中一般都会写明卖者所在都图。
② 由于该《屋契田业总簿》是明德堂后来重新抄录而成。不知何缘由，所有文书只标明了年份和月份。之后直接跟"日"字。为忠于原文，本文的所有文书都采用"年份""月份""日"，如此处"咸丰四年十一月日"。

再批，上手老契未缴，日后捡出以作废纸。又照。

计开圩口额租坐落：

田七斗，计正租三石三斗，坐落米塘垅，陈彩逢佃。

田一石二斗，计二圩，计正租五石六斗，坐落瓦塘垅猪头坞口和尚圩瓦塘水注，徐佳凤佃；又小租二石正，计光洋十五元正，中资钱四百五十文，又新旧老一共六币，徐佳凤佃。

田六斗，计正租三石正（除坑谷一斗外），坐落权般山，朱双弟佃；

田六斗，计正租二石四斗正，坐落长小沿坞口，朱溯源佃；

田二斗，计正租一石正，坐落邵坞，朱阿秀佃；

田四斗，计正租二石正，坐落邵坞（邵坞塘水注），朱阿秀佃；

田二斗，计正租一石正，坐落邵坞（邵坞塘水注），朱阿秀佃；

田二斗，计正租一石正，坐落方坞，朱阿秀佃；

田二斗，计正租一石正，坐落西塘沿西首，朱鹤鸣佃、子章发；

田一斗，计正租五斗正，坐落曹坞口，夏松鹤佃、子清元；

田四斗，计正租二石正，坐落梅塘下（梅塘水注），徐志尚佃。

咸丰七年八月日

立杜文契人：陈步韩、陈利川

中人：吴慎修、诸葛占芳

代笔：陈步瀛

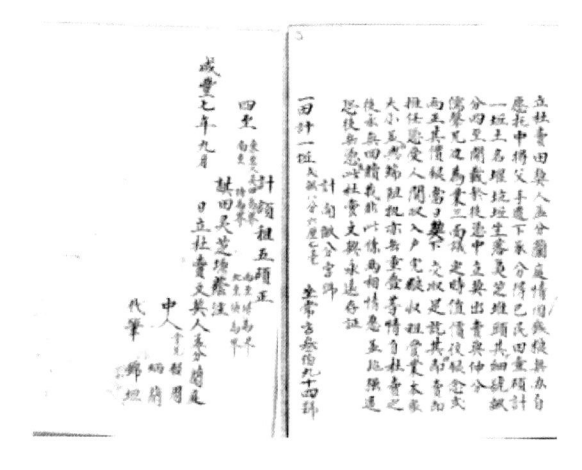

（三）

立杜卖田契人，孟分兰庭。情因钱粮无办，自愿托中，将父手遗下承分得己民田一石，计一坵，土名堰坑坵，坐落灵芝堆头。其细号亩分四至开戴于后。凭中立契，出卖与仲分儒声兄，边为业。三面议定，时值价纹银念二两正。其价银当日契下交收足讫，其田即卖即推，任凭受人关收、入户、完粮、收租、管业。本家大小并无兴端阻执，亦无重叠等情。自杜卖之后，永无回赎找贴。此系两相情愿，并非强逼。恐后无凭，立此杜卖文契，永远存证。

计开亩分字号：

田计一坵二亩八分六厘七毫，坐常字三百九十四号。

计额租五石正。

四至：东至大灵田为界，西至堪为界。

南至塘为界，北至塘为界。

其田灵芝塘荫注。

咸丰七年九月日

立杜卖文契人：孟分兰庭

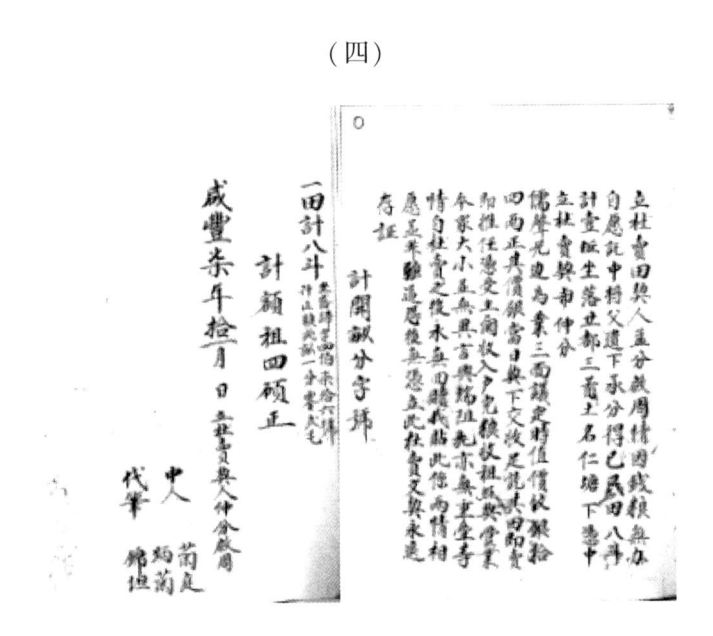

（四）

立杜卖田契人，孟分启周。情因钱粮无办，自愿托中，将父遗下承分得己民田八斗计一坵,坐落廿都三图,土名仁塘下。凭中立杜卖契于仲分儒声兄边为业。三面议定,时值价纹银十四两正。其价银当日契下交收足讫,其田即卖即推,任凭受主关收、入户、完粮,收租照契管业。本家大小并无异言兴端阻执,亦无重叠等情。自杜卖之后,永无回赎找贴,此系两相情愿,并非强逼。恐后无凭,立此杜卖文契,永远存证。

计开亩分字号:

田计八斗,坐落归字四百七十六号,计正粮二亩一分零二毛。

计额租四石正。

咸丰七年十一月日

立杜卖契人:仲分啟周

中人:兰庭、炳兰

代笔:锦坦

(五)

立杜卖小佃田契人,叶春高。今因正事乏用,自愿央中。将父手遗下顶归承分得己客田一石正,计二坵。土名坐落上米塘上,又五斗坂中,又五斗山边,凭中出卖于诸葛宅纯飞先生,边为业。三面言定,时值价铜钱六十千文正。其钱即日契下交收足讫,其田自卖之后,任凭受主前去管业、耕种，日后永无回赎，永无找价等情。此系两相情愿，本家大小并无异言阻执。恐口无凭，立此杜卖小佃契，永远存照。

又大麦苗工钱一千文豆生接种。

一田五斗，内百二头五升自清田，土名黄稻圩。

一田五斗，土名长五斗。

咸丰七年十月日
立杜卖小佃契人：叶春高
中人：诸炳兰、余连菱
亲笔

（六）

立杜卖小佃田契人，本家雄文。今因钱粮无办，自愿托中，将父手遗下顶归承分得己客田六斗，计一坵。土名坐落百石埭下，凭中立契，出于儒声叔，边为业。三面言定，时值价足底制钱六十二千文正。其钱即日契下交收兑足，其田自卖之后，任凭受主前去管业、耕种，日后永无翻悔回赎，亦无找价等情。此系两相情愿，本家大小不得异言阻执。恐口无凭，立此杜卖小佃田契，永远存照。

又批双碣塘水注，又照；又豆芏接种，又照。
清田

咸丰八年二月日
立杜卖佃契人：本家雄文
中人：叶善茂、诸炳兰、王文德
亲笔

（七）

立杜卖田契人，本家雄文。今因钱粮无办，自愿托中，将祖父遗下承分得己民田六斗计一邱。土名亩分，坐落开载于后，凭中立契杜卖于儒声叔，边为业。三面言定，时值价纹银二十两正。其银即日契下交收并足，其田即卖即推，任凭受人关收、入户、完粮、收租、管业。本家大小并无异言兴端阻执，亦无重叠等情。自杜卖之后，永无回赎找贴。此系两相情愿，并非强逼。恐后无凭，立此杜卖文契永存照。

计开：

田六斗，坐百石竭下，计额租三石正，邵学思佃。

双竭塘荫注，计亩税一亩五分正。

清田

咸丰八年二月日
立杜卖佃契人：本家雄文
中人：叶善茂、诸炳兰、王文德
亲笔

（八）

　　立杜卖会契人，三房芳臣。今因正事乏用，自愿央中，将自手置归五月十三日戊午会脚，并喜助一应在内。又正月念日火炮会一脚。凭中立杜契，出卖于大房纯飞叔，边为业。三面言定，时值价洋九元正。其洋即日契下交收兑足，其会任凭受主前去改名、散胙①、收租、值年、还粮等情。自杜卖之后，永无回赎，亦无找价等情。此系两相情愿，本家大小不异言阻执。恐口无凭，立此杜卖会契永远存照。

咸丰八年二月日
立杜卖会契人：三房芳臣
代笔：亲侄漱芳
中人：开成富有、锦垣素安

---

① "散胙"，指旧时祭祀以后，分发祭肉。

(九)

立杜卖会契人，三房舜臣室章氏。今因正用，自愿央中，将自手置归大经堂煖真会一脚，凭中立杜会契，出卖于大房纯飞叔公，边为业。三面言定，时值价大钱一千二百文正。其钱即日契下交收兑足，其会任凭受主前去改名、散胙、收租、还粮、值年等情。自杜卖之后，永无回赎，亦无找价等情。此系两相情愿，本家大小不异言阻执。恐口无凭，立此杜卖会契永远存照。

咸丰八年二月日
立杜卖会契人：章氏
代笔中人：子福绥

(十)

立推扎人，徐家凤。情因正用，将分得己客田二坵，计一石二斗。土名坐落□塘敦。立推扎出推于，诸葛宅纯飞先生，边为业。三面言定，时值价洋银八元正。其洋即日兑足，其田任凭受主管业前去耕种。本家大小不得异言阻执，日后至期如备，原价不拘远近回赎，受主系不得执留。此系两相情愿，并非强逼，恐口无凭，立此推扎存照。

再批中资钱一百六十文回赎之旦并奉还。

咸丰八年二月日
立推扎人：徐家凤
中人：诸炳兰

（十一）

立推扎人，孟分玉泉。情因正用，将得己客田七斗，计□坵。土名坐落大墩，中梅树坞口。立扎出推于仲分儒声侄，边为业。三面言定，时值价铜钱三十千文正。其钱即日兑足，其田任凭受主前去管业、耕种、收佃。本家大小不得异言阻执。日后至期，如备原价，不拘远近回赎。受主系不得执留。此系两相情愿，并非强逼，恐口无凭，立此推扎存照。

另有上首老契一纸。

咸丰八年二月日
立推扎人：玉泉
中人：炳兰

（十二）

　　立推扎人，叶春高。情因用，将分得己客田七斗，计□坵。土名坐落上□塘上。立扎出推于诸葛宅纯飞先生，边为业。三面言定，时值价铜钱二十千文正。其钱即日兑足，其田任凭受主前去管业、耕种，本家大小不得异言阻执。日后至期，原价不拘远近回赎，受主系不得执留。此系两相情愿，并非强逼。恐口无凭，立此推扎存照。此田乃系同治二年找杜契，洋银照当价加五拾文算。

　　内拍四斗清田。
　　又照中资东道工八百文正。

咸丰九年正月日
立推扎人：叶春高亲笔
中人：诸葛炳兰

（十三）

　　立推扎人，徐氏。情因正用，将分得己客田四斗，计一坵。土名坐落米塘下第二坵。立扎出推于诸葛宅德纯，边为业。三面言定，时值当钱十八千文正。其钱即日兑足，其田任凭受主管业前去耕种，本家大小不得异言阻执。日后至期为备，原价不拘远近回赎，受主亦不得留执。此系两相

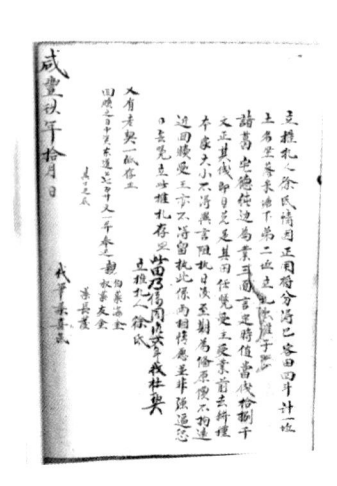

情愿，并非强逼。恐口无凭，立此推扎存照。此田乃系同治二年找杜契。又有老契一纸存照。

回赎之日中资东道工七百二十文一并奉还。

咸丰九年十月日
立推扎人：徐氏
中人：亲伯叶海金，亲叔叶友金、叶长业
代笔：叶喜芘

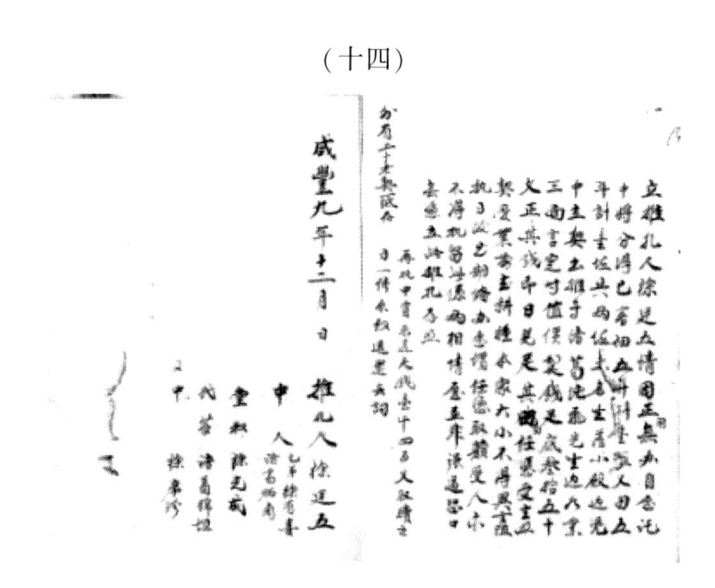

（十四）

立推扎人，徐廷五。情因正用无办，自愿托中，将分得已客佃五斗计□□□，又田五斗，计一坵，共两坵。土名坐落小殿边。凭中立契，出推于诸葛纯飞先生，边为业。三面言定，时值制钱足底三十五千文正。其钱即日兑足，其田任凭受主照执，日后至期备办，原价任凭取赎，受人系不得执留。此系两相情愿，并非强逼。恐口无凭，立此推扎存照。

再批中资东道大钱一千四百文，取赎之日一并原数送还，无词。

分有上手老契一纸存。

咸丰九年十二月日
立推扎人：徐廷五
中人：包弟徐有喜、诸葛炳兰
堂叔徐光成
代笔：诸葛锦坦
又中：徐席珍

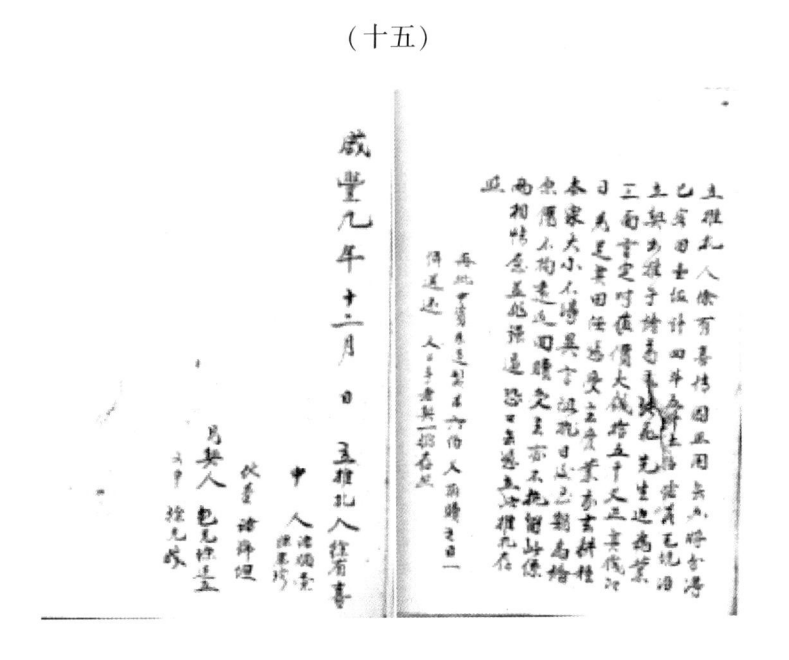

（十五）

立推扎人，徐有喜。情因正用无办，将分得已客田一坵，计四斗五升，土名坐落毛坑沿。立契出推于诸葛宅纯飞先生，边为业。三面言定，时值价大钱十五千文正。其钱即日兑足，其田任凭受主管业前去耕种，本家大小不得异言阻执。日后至期为备，原价不拘远近回赎。受主亦不执留。此系两相情愿，并非强逼。恐口无凭，立此推扎存照。

再批中资东道制本六百文，取赎之日一并送还。又上手老契一纸存照。

咸丰九年十二月日

立推扎人：徐有喜

中人：诸炳兰、徐席珍

代笔：诸锦坦

见契人：包兄徐廷五

又中：徐光成

（十六）

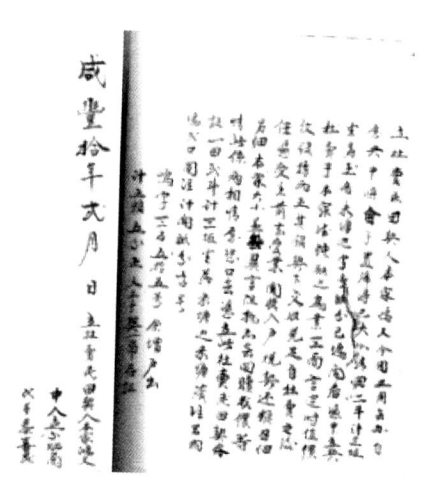

立杜卖民田契人，本家鸿义。今因正用无办，自愿央中，将自手置归得己大小清田二斗，计三坵。坐落土名米塘边，字号亩分已坞开后。凭中立杜卖契于本家德纯叔，边为业。三面言定，时值价纹银十二两正。其银契下交收兑足，自杜卖之后，任凭受主前去管业、关收、入户、税契、还粮、召佃、另佃。本家大小并无异言阻执，亦无回赎找价等情。此系两相情愿，恐口无凭，立此杜卖民田契存证。

田二斗，计三坵。坐落米塘边，米塘荫注另内坞二口同注，计开亩分字号。

鸣字三百五十五号，余增户出。

计正粮五分正，又上手契一纸存证。

咸丰十年二月日

立杜卖民田契人：本家鸿义

中人：孟分炳兰

代笔：叶喜芪

（十七）①

一田三亩四分七厘，方字六百八十二号。

一田五分四厘五毛，鸣字二百七十三号。

计开垃口额祖坐落：

一田五斗，计额租二石五斗正，土名坐落堂前，张东升佃。

一田四斗，计额租二石正，土名坐落堂下大路边，二坵共下叶塘水注，张春高佃。

一田一石二斗，计额租六石正，土名坐三石塘角弟二坵，本堂荫注，

---

① 前页缺失，仅后半页。

胡大坤佃。

一田二斗五升，计额租二石二斗五升正，土名坐米塘坞塘后，自佃。老契未缴日后以作废纸，又照。

咸丰十年十二月日
立杜卖田契人：徐门夏氏
中人：堂侄徐海龙、徐士苍、徐士明，诸葛炳兰
依口代笔人：徐士璞

（十八）

立杜卖山地契人，本家崇行堂双贵。今因正用乏用，自愿央中，将父遗下承分得己民山一处，坐落太公溏坞下首，土名西山头。凭中立出卖于仲分德纯兄，边为业。三面言定，计时价纹银八两正。其银当日契下收足，其山地任凭受人前去管业、开种粮食，柴木皂木杂木一并在内。自卖之后，本家大小不得异言阻执，亦无找价回赎等情。此系两相情愿，恐口无凭，立此杜卖文契永远存照。又照坟墓一口有穴无山。

计开四至：

东至上下坑为界，南至山项徐宅地为界。

西至塘边路为界，北至上下麦地墈为界。

计开亩分字号：

一山二亩七分五厘五毛，一上地一亩四分正，一中地一亩三分八厘。

（十九）

立杜卖小佃田契人，叶高松长子裕魁。今因钱粮无办，自愿托中，将父手顶归遗下承分得己客田□稻圩田上，客田二斗，又客田一斗，又米塘下弟五坵，客田三斗。凭中立契杜卖于诸葛宅德纯先生，边为业。三面言定，时值价铜钱四十五千文正。其钱即日契下交收足讫，其田自卖之后，任凭受人前去管业耕种，日后永无翻悔回赎，亦无找贴等情。此系两相情愿，本家大小不得异言阻执。恐口无凭，立此杜卖小佃契，永远存照。

又批米塘二斗田边，计坞二口，本是魁福得己，但魁福将田并坞一应卖于本家德纯叔，边为业。此田高松耕种，内有坞一口，高松佃出工本开深，今因魁福卖出于本家德纯边，高松争取工本，今将本年高松三斗田推于德纯边付去工本钱五千文，连坞一应在内，日后再不得异言。工本合家大小并非兴端翻悔阻执，恐口无凭，立此批字存证。

（二十）

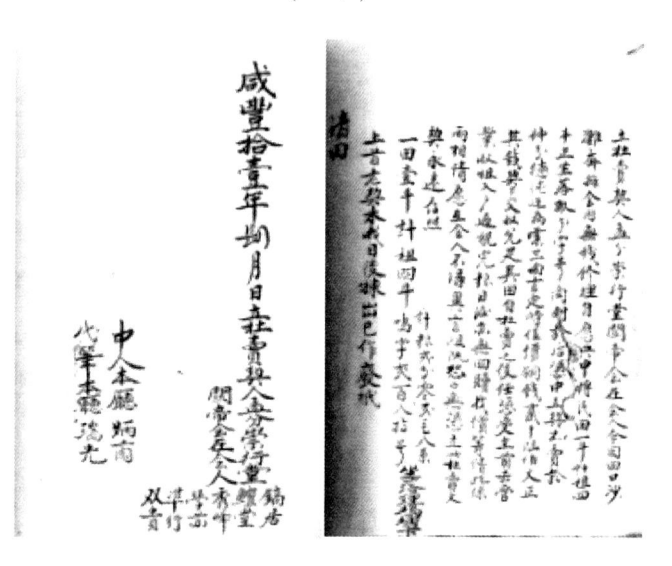

立杜卖契人，孟分崇行堂关帝会在会人。今因田口沙滩奔擁，会内无钱修理。自愿央中，将民田一斗，计租四斗正。坐落田分字号开列于后。凭中立契出卖于仲分德纯。边为业。三面言定，时值价铜钱二千六百文正。其钱契下交收兑足，其田自杜卖之后，任凭受主前去管业、收租、入户、过税、完粮。日后亦无回赎找价等情。此系两相情愿，在会人不得异言阻执。恐后无凭，立此杜卖文契永远存照。

一田一斗计租四斗，

计粮二分零二毛八系。

鸣字二百八十号，

坐落理坞塘下。

上首老契未找，日后拣出已作废纸。

清田

咸丰十一年四月日

立杜卖契人：孟分崇行堂关帝会在会人

镐居、鳣堂、秀峰、学苏、準行、双贵

中人：本厅炳兰

代笔：本厅瑞光

（二十一）

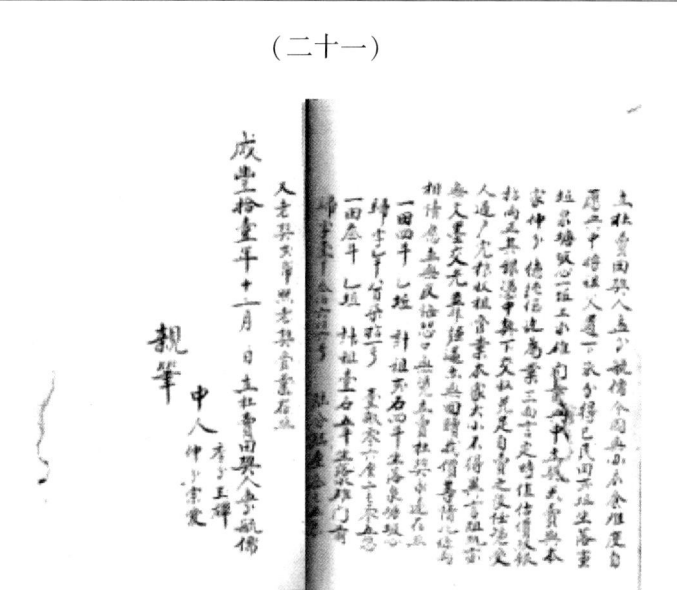

　　立杜卖田契人，孟分毓儒。今因无办衣食难度，自愿央中，将祖父遗下承分得己民田二坵。坐落一坵泉塘坂心，一坵上水碓门前。央中立契，出卖于本家仲分德纯侄，边为业。三面言定，时值估价纹银十两正。其银凭中契下交收兑足，自卖之后任凭受人过户、完粮、收租、管业。本家大小不得异言阻执，亦无文墨交光，并非强逼，亦无回赎找价等情。此系两相情愿，并无反①悔。恐后无凭，立卖杜契永远存照。

　　田四斗□坵，计租二石四斗，坐落泉塘坂心，归字□千八百七十一号一亩零六厘二毛零五念。

　　田三斗□坵，计租一石五斗，坐落水碓门前，归字一千三百六十六号六分六厘三毛五系。

　　又老契二纸照，老契管业存照。

咸丰十一年十二月日
立杜卖田契人：孟分毓儒
中人：季分王辉、仲分宗爱
亲笔

---

① "反"及以文出现的"返"，皆同"翻"。

(二十二)

　　立杜卖小佃契人，叶友金。今因正事乏用，自愿央中，将祖父遗下客田四斗，计一坵。坐落下米塘下第二坵。凭中杜契，出卖于诸葛德纯先生，边为业。三面言定，时值价大钱十八千文正。其钱契下交收兑足，其田自卖之后，任凭受主前去管业、耕种，日后亦无回赎，并无找价等情。此系两相情愿，本家大小并无异言阻执，恐口无凭，立此杜卖小佃文契，永远存照。

　　清田，此田原因咸丰九年押过，今将此田杜戈契。

同治二年二月日
杜卖小佃契人：叶友全

(二十三)

立杜卖契人，叶锦文。今因正事衣食乏用，自愿央中，将父遗下民田一石三斗计二坵，全租六石五斗正。土名亩分，字号开列于后。凭中立契，出卖于诸葛德纯先生侄，边为业。三面言定，时值价洋钿十九元五角正。其洋契下交收兑足，其田自卖之后，任凭受主前去管业、收租、过税、完粮、推收、入户。亦无重叠，日后永无回赎，并无找价等情。此系两相情愿，并无强逼，本家大小并无异言阻执。如有典押不清，出主自当理直，不涉受人之事。恐口无凭，立此杜卖大佃文契永远存照。

田七斗，计粮一亩七分五厘，归字四百九十号，土名坐落大坑中。
田六斗，计粮一亩五分，归字二百七十号，土名坐落大坑口。
另批日后如有老契捡出以作废纸，又照。

同治二年三月日
立杜卖大租契人：叶锦文
中人：叶长发、叶长五
代笔：亲叔叶登林

（二十四）

立杜卖小佃契人，叶锦文，今因正事衣食乏用，自愿央中。将祖父遗下客田一石三斗，计二坵。土名坐落大垅中大垅口，凭中立契出卖于诸葛德纯先边为业。三面言定，时值价大钱五十二百文正。其钱交收兑足，其田自卖之后，任凭受主前去管业、耕种，日后亦无回赎，并无找价等情。此系两相情愿，并非强逼，本家大小并无异言阻执，如有典押不清，出主自行理直，不涉受人之事。恐口无凭，立此杜卖小佃文契，永远存照。

田七斗坐落大垅中，田六斗坐落大垅口。

另批，日后如有老契检出，以作废纸，又照。

清田

<blockquote>
同治二年三月日，立杜卖小佃契人：叶锦文
中人：叶长发、叶发五
代笔：亲叔叶登林
</blockquote>

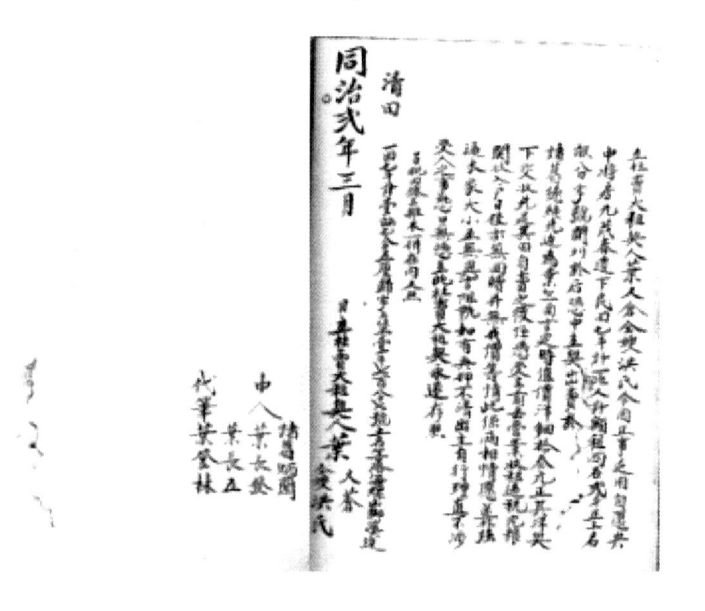

（二十五）

立杜卖大租契人，叶又苍仝嫂洪氏，今因正事乏用，自愿央中，将房兄茂春遗下民田七斗计一坵，又计额租四石二斗正，土名亩分字号开列于后。凭中立契出卖于诸葛德纯先边为业。三面言定，时值价洋钿十三元正。其洋契下交收兑足，其田自卖之后，任凭受主前去管业收租过税完粮关收入户。日后亦无回赎,并无找价等情。此系两相情愿,并非强逼,本家大小并无异言阻执,如有典押不清,出主自行理直,不涉受人之事,恐口无凭,立此杜卖大租契永远存照。

另批田塍上杂木一并在内,又照。

一田七斗计一亩七分五厘,归字上堡一千七百八十七号,土名坐落海螺山脚溪边。

清田

同治二年三月日,立杜卖大租契人:叶又苍、仝嫂洪氏
　　　　　　　　　　中人:诸葛炳兰、叶长发、叶长五
　　　　　　　　　　代笔:叶登林

(二十六)

立杜卖小佃契人,叶又苍仝嫂洪氏,今因正事衣食乏用,自愿央中,将房兄茂春遗下客田七斗计一坵,土名坐落海螺山脚溪边。凭中立契出卖于诸葛德纯先边为业。三面言定,时值价大钱三千五百文正。其钱契下交收兑足,其田自卖之后,任凭受主前去管业耕种。日后亦无回赎,并无找价等情。此系两相情愿,并非强逼,本家大小并无异言阻执,如有典押不

清，出主自行理直，不涉受人之事，恐口无凭，立此杜卖小佃契永远存照。

另批田塍上杂木一应在内，又照。

清田

　　　　　　同治二年三月日，立杜卖小佃契人：叶又苍、仝嫂洪氏
　　　　　　　　　　　　　　　　中人：诸葛炳兰、叶长发、叶长五
　　　　　　　　　　　　　　　　代笔：叶登林

（二十七）

立杜卖民田契人，叶门邱氏，今因东林夫妻双亡，丧葬无钱应用，故而托中，将得己民田三斗计一坵，又计额租一石五斗正，土名亩分字号开列于后。凭中立契杜卖于诸葛宅德纯先生边为业。三面言定，时值价洋钿五元正。其洋即日契下交收兑足，其田自卖之后，任凭受主前去管业、耕种、入户、完粮、过税。亦无回赎找价等情。此系两相情愿，并非强逼，本家大小并无异言阻执，如有典押不清，不涉受人之事，出主自当理直。恐口无凭，立此杜卖文契永远存照。

一田三斗计粮七分五厘，归字□千八百六十九号，

土名坐落八丈岩脚溪边。

另批田塅杂木一并在内，又照。

清田

同治二年三月日，立杜卖民田契人：叶门邱氏
中人：叶大奶、叶长五、叶喜茂、叶银银、叶又苍
代笔：叶登林

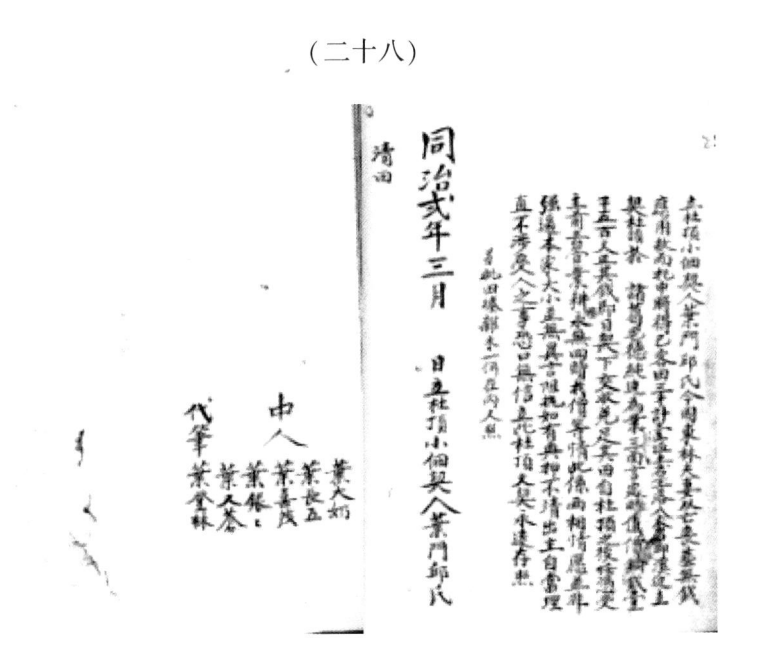

（二十八）

立杜顶小佃契人，叶门邱氏，今因东林夫妻双亡，丧葬无钱应用，故而托中，将得己客田三斗计一坵，土名坐落八丈岩脚溪边。立契杜顶于诸葛宅德纯边为业。三面言定，时值价铜钱一千五百文正。其钱即日契下交收兑足，其田自杜顶之后，任凭受主前去管业、耕种，永无回赎找价等情。此系两相情愿，并非强逼，本家大小并无异言阻执，如有典押不清，出主自当理直，不涉受人之事。恐口无信，立此杜顶文契永远存照。

另批田塅杂木一并在内，又照。

清田

同治二年三月日，立杜顶小佃契人：叶门邱氏

中人：叶大奶、叶长五、叶喜茂、叶银银、叶又苍

代笔：叶登林

（二十九）

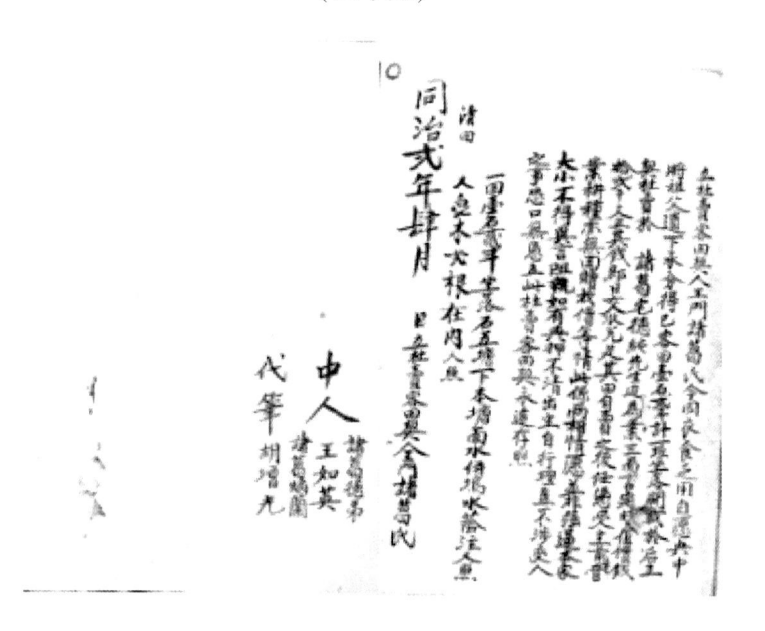

立杜卖客田契人，王门诸葛氏。今衣食乏用，自愿央中，将祖父遗下承分得己客田一石二斗，计一坵。坐落开载于后。立契杜卖于诸葛宅德纯先生，边为业。三面言定，时值价钱十二千文正。其钱即日交收兑足，其田自卖之后，任凭受主前去管业、耕种，亦无回赎找价等情。此系两相情愿，并非强逼，本家大小不得异言阻执，如有典押不清，出主自当理直，不涉受人之事。恐口无凭，立此杜卖客田契永远存照。

田一石二斗，坐落石五塘下，本塘面水并坞水荫注，又照。

又皂木二根在内，又照。

清田

同治二年四月日

立杜卖客田契人：王门诸葛氏

中人：诸葛德弟、王如英、诸葛炳兰

代笔：胡增光

（三十）

　　立杜卖民田契人，西湖徐绍衔，今因正事衣食乏用，自愿央中，将祖父遗下承分得己民田一坵，计一石七斗，又计额租八石五斗正，土名坐落开列于后。凭中立杜契出卖于诸葛德纯先生边为业。三面言定，时值价钱洋钿念陆元正。其洋即日契下交收兑足，其田任凭受主前去管业、耕种、入户、过税、完粮、收租，永无回赎找价等情。此系两相情愿，并非强逼，本家大小不得异言阻执，如有典押不清，出主自当理直，不涉受主之事。恐口无信，立此杜卖文契永远存照。

　　一田一石七斗正，土名坐落西坂大路上郭基塘荫注。
　　计粮四钱二分五厘，上迩字一千二百九十七号。
　　清田

同治二年四月日，立杜卖民田契人：徐绍衔
中人：诸葛炳兰
代笔：堂兄绍清

（三十一）

　　立杜卖民田契人，西湖徐绍衔，今因正事衣食乏用，自愿央中，将祖父遗下承分得己民田一坵，计一石七斗，又计额租八石五斗正，土名坐落开列于后。凭中立杜契出卖于诸葛德纯先生边为业。三面言定，时值价钱洋钿念陆元正。其洋即日契下交收兑足，其田任凭受主前去管业、耕种、入户、过税、完粮、收租，永无回赎找价等情。此系两相情愿，并非强

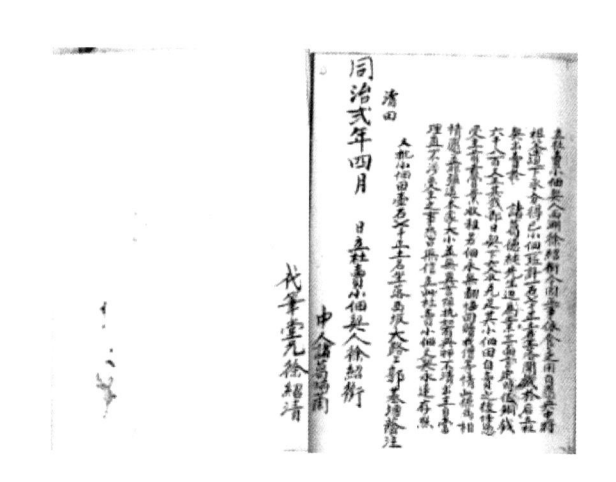

逼，本家大小不得异言阻执，如有典押不清，出主自当理直，不涉受主之事。恐口无信，立此杜卖文契永远存照。

一田一石七斗正，土名坐落西坂大路上郭基塘荫注。

计粮四钱二分五厘，上迩字一千二百九十七号。

清田

　　　　　　　　　　　同治二年四月日，立杜卖民田契人：徐绍衔
　　　　　　　　　　　　　　　　　　中人：诸葛炳兰
　　　　　　　　　　　　　　　　　　代笔：堂兄绍清

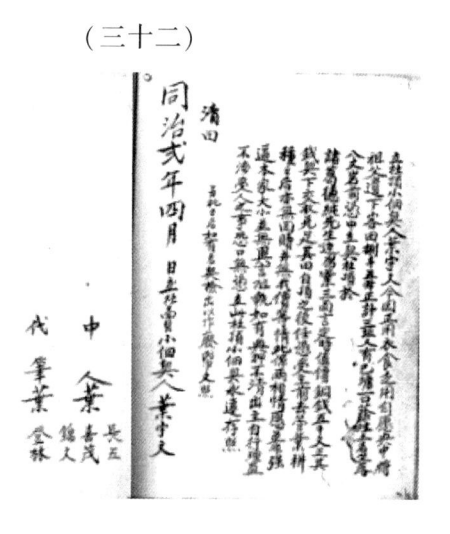

（三十二）

立杜顶小佃契人，叶宇文，今因正用衣食乏用，自愿央中，将祖父遗下客田八斗五升，正计三坵，又有己塘一口，荫注土名坐落八丈岩前。凭中立杜契顶于诸葛德纯先生边为业。三面言定，时值价铜钱五千文正。其钱契下交收兑足，其田自顶之后，任凭受主前去管业、耕种，日后亦无回赎找价等情。此系两相情愿，并非强逼，本家大小并无异言阻执，如有典押不清，出主自当理直，不涉受主之事。恐口无信，立此顶小佃契永远存照。

清田

另批，日后如有老契检出以作废纸，又照。

同治二年四月日，立杜卖小佃契人：叶宇文
中人：叶锦文、叶喜茂、叶长五
代笔：叶登林

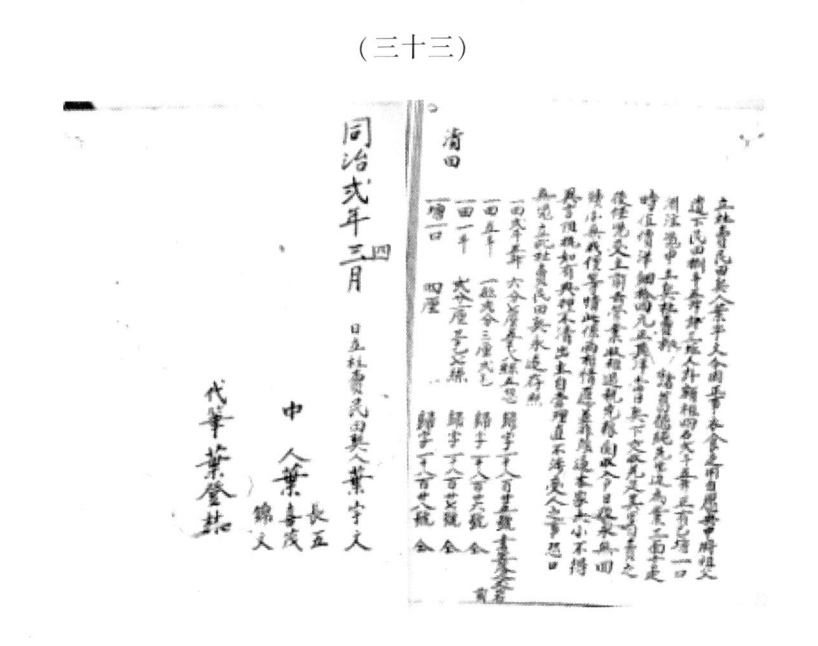

（三十三）

立杜卖民田契人，叶宇文。今因正用衣食乏用，自愿央中，将祖父遗下：民田八斗五升，计三坵，人计额租四石二斗五升，正有己塘一口荫注。凭中立契，杜卖于诸葛德纯先生，边为业。三面言定，时值洋钿拾四元正。其洋当日契下交收兑足，其田自卖之后，任凭受主前去管业、收

租、过税、完粮、关收、入户，日后永无回赎，亦无找价等情。此系两相情愿，并非强逼，本家大小不得异言阻执，如有典押不清，出主自当理直，不涉受主之事。恐口无凭，立此杜卖民田契永远存照①。

清田

田二斗五升六分七厘五毛八丝五忽，归字一千八百二十五号，土名坐落八丈岩前。

田五斗，一亩二分三厘二毛，归字一千八百二十六号，仝②。

田一斗，二分一厘三毛七丝，归字一千八百二十七号，仝。

田五斗，四厘，归字一千八百二十八号，仝。

同治二年三四月日

立杜卖民契人：叶宇文

中人：叶锦文、叶喜茂、叶长五

代笔：叶登林

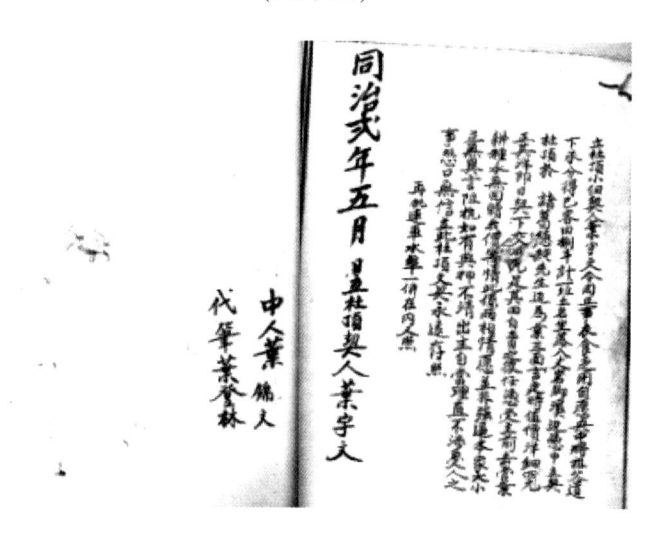

（三十四）

立杜顶小佃契人，叶宇文，今因正用衣食乏用，自愿央中，将祖父遗

---

① "照"表示"凭证"的意思

② "仝"与"同"字意思相同。

下承分得己客田八斗，计一坵，土名坐落八丈岩脚溪边。凭中立契杜顶于诸葛德纯先生边为业。三面言定，时值价洋钿四元正。其洋即日契下交收兑足，其田自卖之后，任凭受主前去管业、耕种，永无回赎找价等情。此系两相情愿，并非强逼，本家大小并无异言阻执，如有典押不清，出主自当理直，不涉受主之事。恐口无信，立此杜顶文契永远存照。

再批连车水埠一并在内，又照。

同治二年五月日，立杜顶契人：叶宇文
中人：叶锦文
代笔：叶登林

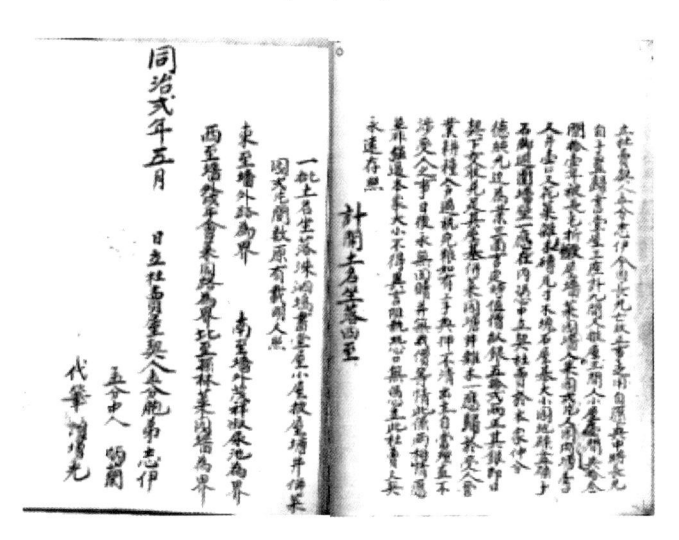

（三十五）

立杜卖契人，孟分志伊。今因长兄亡故，正事乏用，自愿央中，将长兄自手置归，书堂屋三座计九间、又披屋三间、又小屋一间，共十三间（十一年被长兄折毁屋墙、菜园墙）。又菜园二片、又园内塘一口、又井一口、又花果杂木，砖瓦寸木，块石屋基，大小园地磉盘磉了，石脚周围墙壁，一应在内。凭中立杜卖于，本家仲分德纯兄，边为业。三面言定，时值价纹银五十二两正。其银即日契下交收兑足，其屋基，并菜园塘，并杂木一应归于受人管业、耕种、入户、过税、完粮。如有典押不清，出主自当理直，不涉受主之事。日后永无回赎，并无找价等情。此系两相情愿，并非强逼，本家大小不得异言阻执。恐口无凭，立此杜卖文契，永远存照。

计开土名坐落四至：

批土名坐落洙泗坞书堂屋、小屋、披屋、塘井，并菜园二片。间数原有载明，又照。

东至墙外路为界，南至墙外茂祥叔尿池为界。

西至墙外戌午会菜园路为界，北至孙林菜园墙为界。

同治二年五月日，立杜卖屋契人：孟分胞弟志伊

孟分中人：炳兰

代笔：胡增光

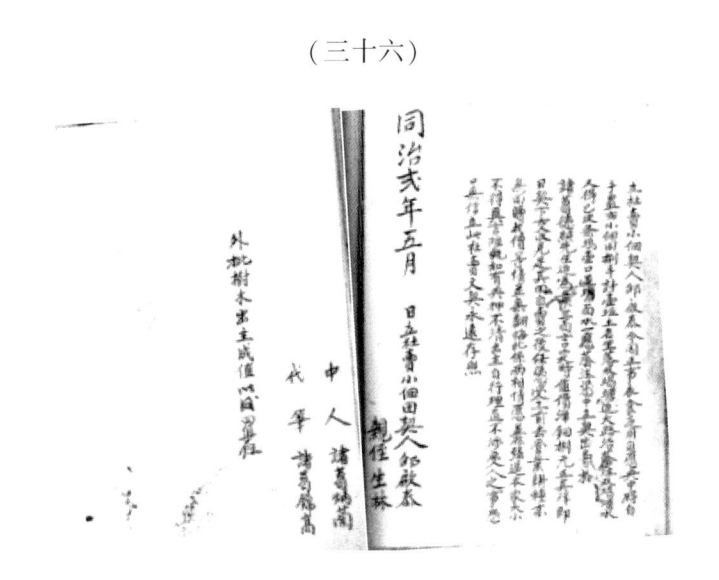

（三十六）

立杜卖小佃契人，邵启泰，今日因正事衣食乏用，自愿央中，将自手置收小佃田八斗，计一坵，土名坐落双堨塘边，大路沿荫注双堨塘水，又得己皮条坞一口，并塘面水一应荫注。凭中立契出卖于诸葛德纯先生边为业，三面言定，时值价洋细八元正，其洋即日契下交收兑足，其田自卖之后，任凭受主前去管业、耕种，亦无回赎找价等情，并无翻悔，此系两相情愿，并非强逼，本家大小不得异言阻挠。如有典押不清，出主自行理直，不涉受人之事。恐口无信，立此杜卖文契永远存照。

同治二年五月日，立杜卖小佃田契人：邵启泰
亲侄：生林
中人：诸葛炳兰
代笔：诸葛锦高
外批树木出主成值

（三十七）

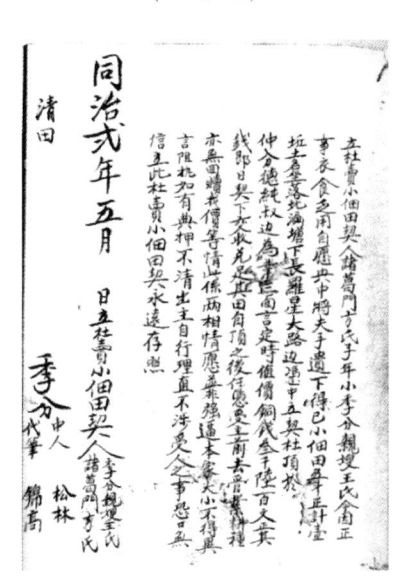

立杜卖小佃田契人，诸葛门方氏子年小季分亲嫂王氏，今因正事衣食乏用，自愿央中，将夫手遗下得已小佃田五斗正，计一坵土名，坐落北漏塘下，长罗星大路边。凭中立契杜顶于仲分德纯叔边为业。三面言定，时值铜钱三千六百文正。其钱即日契下交收兑足。其田自顶之后，任凭受主前去管业、耕种，亦无回赎找价等情。此系两相情愿，并非强逼，本家大小不得异言阻执，如有典押不清，出主自当理直，不涉受主之事。恐口无信，立此杜卖小佃田契永远存照。

同治二年五月日，立杜卖小佃田契人：季分亲嫂王氏
诸葛门方氏
季分中人：松林
代笔：锦高

（三十八）

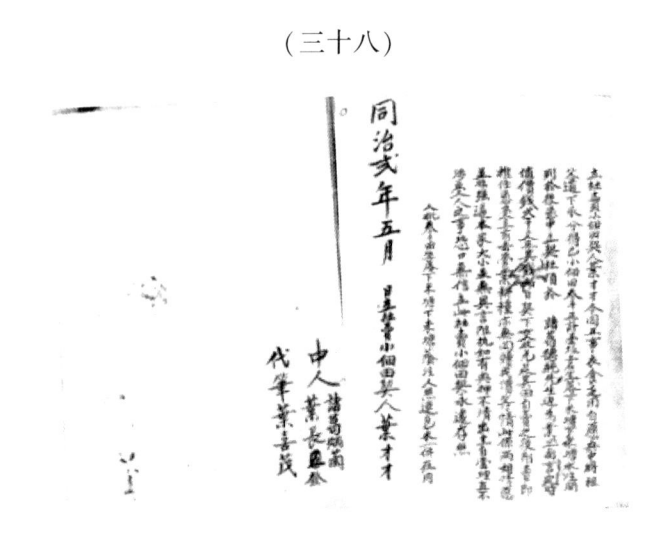

立杜卖小佃田契人，叶才才，今因正事衣食乏用，自愿央中，将祖父遗下承分得己小佃田三斗正，计一坵土名，坐落下米塘水注，开列于后。凭中立契杜顶于诸葛德纯先生边为业。三面言定，时值价钱三千文正。其钱即日契下交收兑足，其田自卖之后即卖即推，任凭受主前去管业、耕种，亦无回赎找价等情。此系两相情愿，并非强逼，本家大小不得异言阻执，如有典押不清，出主自当理直，不涉受主之事。恐口无信，立此杜卖小佃田契永远存照。

又批三斗田坐落下米塘下米塘荫注，又照连皂木一并在内。

同治二年五月日，立杜卖小佃田田契人：叶才才
中人：诸葛炳兰
叶长发
代笔：叶喜茂

（三十九）

立杜卖小佃田契人，叶友金、叶长五，今因正事衣食乏用，自愿央中，将祖父遗下承分得己小佃田九斗正，计三坵土名，坐落下米塘水注，开载于后。凭中立契杜顶于诸葛德纯先生边为业。三面言定，时值价钱三千文正。其钱即日契下交收兑足，其田自卖之后即卖即推，任凭受主前去管业、耕种，亦无回赎找价等情。此系两相情愿，并非强逼，本家大小不

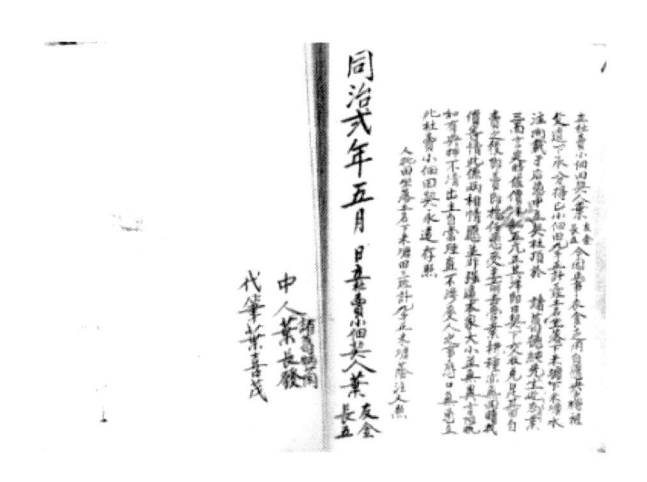

得异言阻执，如有典押不清，出主自当理直，不涉受主之事。恐口无信，立此杜卖小佃田契永远存照。

又批田坐落土名，

下米塘田三坵计九斗正，米塘荫注又照。

同治二年五月日，立杜卖小佃田田契人：叶友金
叶长发
中人：诸葛炳兰
叶长发
代笔：叶喜茂

（四十）

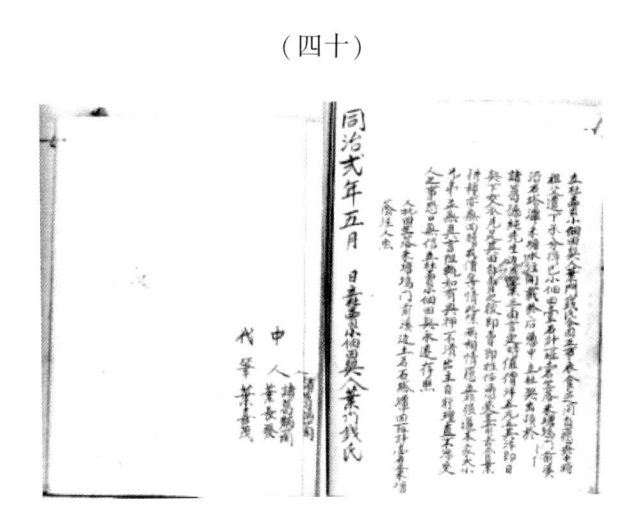

立杜卖小佃田契人，叶门钱氏，今因正事衣食乏用，自愿央中，将祖父遗下承分得已小佃田一石，计一坵土名，坐落米塘坞门前溪，沿石塔潭米塘水注，开载于后。凭中立契杜顶于诸葛德纯先生边为业。三面言定，时值价钱三千文正。其钱即日契下交收兑足，其田自卖之后即卖即推，任凭受主前去管业、耕种，亦无回赎找价等情。此系两相情愿，并非强逼，本家大小不得异言阻执，如有典押不清，出主自当理直，不涉受主之事。恐口无信，立此杜卖小佃田契永远存照。

又批田坐落米塘坞门前溪边土名，石塔潭田一坵计一石正，米塘荫注又照。

同治二年五月日，立杜卖小佃田田契人：叶门钱氏
中人：诸葛炳兰
叶长发
代笔：叶喜茂

（四十一）

立杜卖小佃田契人，孟分炳兰兄，今因正事衣食乏用，自愿央中，将自手置归得已小佃田七斗，计二坵土名，坐落已坞壶口水注，开载于后，凭中立契杜顶于仲分德纯弟边为业。三面言定，时值价铜钱三千五百文

正。其钱即日契下交收兑足，其田自卖之后即卖即推，任凭受主前去管业、耕种。亦无回赎找价等情。此系两相情愿，并非强逼，本家大小不得异言阻执，如有典押不清，出主自当理直，不涉受主之事。恐口无信，立此杜卖小佃田契永远存照。

又批田坐落土名，上米塘田一坵，计三斗正，又下米塘田一坵，计四斗清田，共田七斗正。

同治二年五月日，立杜卖契人：孟分炳兰
中人：叶喜茂
依出主口代笔：季分恕培

（四十二）

立杜卖民田契人，孟分诸葛门鲁氏，今因夫故正事衣食乏用，将祖公遗下承分得己，民田四斗计一坵，又计额租三石正土名，坐落米塘下米塘水注。凭中立契杜顶于仲分德纯公边为业。三面言定，时值价洋六元正。其洋即日契下交收兑足，其田自卖之后即卖即推，任凭受主前去管业、耕种、入户、完粮、过税，亦无回赎找价等情。此系两相情愿，并非强逼，本家大小不得异言阻执，如有典押不清，出主自当理直，不涉受主之事。恐口无信，立此杜卖小佃田契永远存照。

又批田坐落土名，上米塘田一坵，计三斗正，又下米塘田一坵，计四斗清田，共田七斗正。

同治二年五月日，立杜卖契人：孟分诸葛门鲁氏
中人：孟分诸葛凤祥
　　　炳兰
代笔：叶喜茂

（四十三）

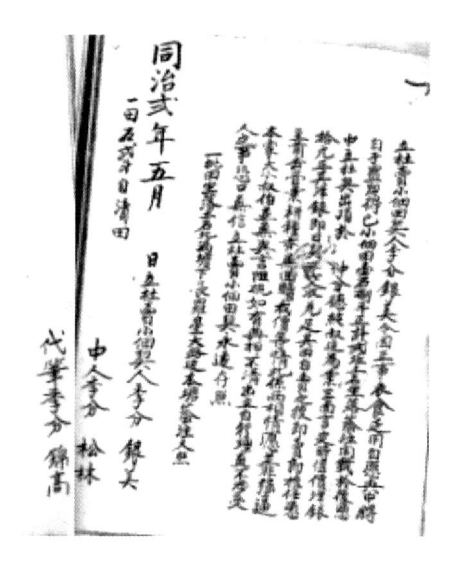

立杜卖小佃田契人，季分银美，今因正事衣食乏用，自愿央中，将自手置归得己小佃田一石八斗正，计二坵土名，坐落荫注开载于后。凭中立杜契出顶于仲分德纯叔边为业。三面言定，时值价钱洋银十元正。其洋银即日契下交收兑足，其田自卖之后即卖即推，凭受主前去管业、耕种，亦无回赎找价等情。此系两相情愿，并非强逼，本家大小叔伯并无异言阻执，如有典押不清，出主自当理直，不涉受主之事。恐口无信，立此杜卖文契永远存照。

批田坐落土名，北漏塘下，长罗星火路边，本塘荫注又照。
一田石三斗自清田

同治二年五月日，立杜卖小佃契人：季分银美
中人：季分松林
代笔：季分锦高

（四十四）

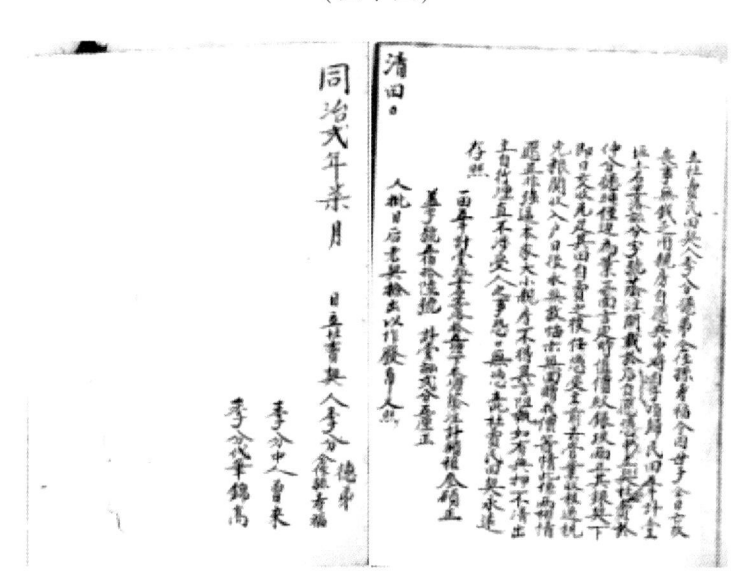

立杜卖民田契人，季分得弟，同侄孙寿福，今因母子同日亡故，丧事无钱乏用，亲房自愿央中，将自手顶归民田五斗计一坵土名，坐落亩分字号荫注开载于后。自愿凭中立杜契出顶于仲分德纯侄边为业。三面言定，时值价纹银九两正。其银契下即日交收兑足，其田自卖之后，任凭受主前去管业、收租、过税、完粮、管收、入户，日后永无放①悔，亦无回赎找价等情。此系两相情愿，并非强逼，本家大小亲房不得异言阻执，如有典押不清，出主自当理直，不涉受主之事。恐口无信，立此杜卖文契永远存照。

田五斗计一坵土名，坐落十五塘下，本塘荫注，计额租三石正。

盖字号五百十六号，计一亩二分五厘正。

又批日后老契检出以作废币又照。

同治二年七月日，立杜卖小佃契人：季分德弟

---

① 原文为"放悔"，笔者推测可能为笔误，应为"返悔"或"翻悔"。

　　　　　　　　　　　　　同侄孙寿福
　　　　　　　　　　　　　季分中人：曾来
　　　　　　　　　　　　　季分代笔：锦高

（四十五）

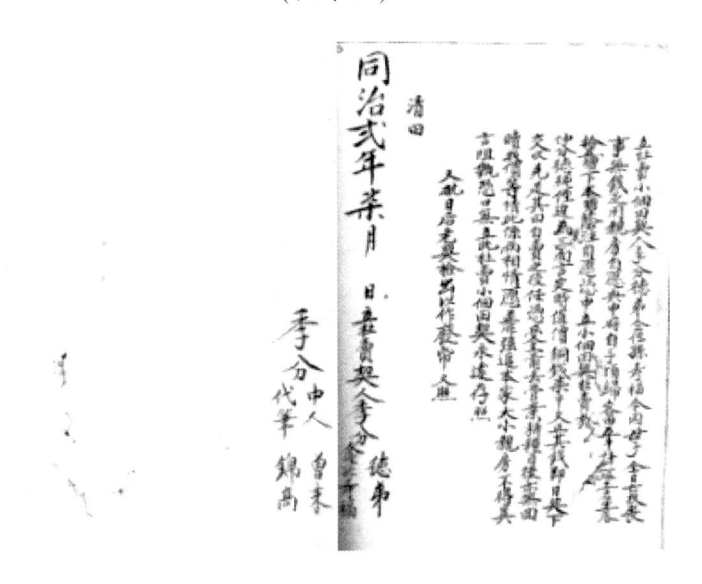

立杜卖民田契人，季分得弟，同侄孙寿福，今因母子同日亡故，丧事无钱乏用，亲房自愿央中，将自手顶归客田五斗计一坵土名，坐落十五塘下，本塘荫注。

自愿凭中立小佃田杜卖于仲分德纯侄边为业。三面言定，时值价铜钱七千文正。其钱即日契下交收兑足，其田自卖之后，任凭受主前去管业、收租、过税、完粮、管收、入户，日后亦无回赎找价等情。此系两相情愿，并非强逼，本家大小亲房不得异言阻执。恐口无信，立此杜卖文契永远存照。

又批日后老契检出以作废币又照。

　　　　　　同治二年七月日，立杜卖小佃契人：季分德弟
　　　　　　　　　　　　　同侄孙寿福
　　　　　　　　　　　　　季分中人：曾来
　　　　　　　　　　　　　季分代笔：锦高

(四十六)

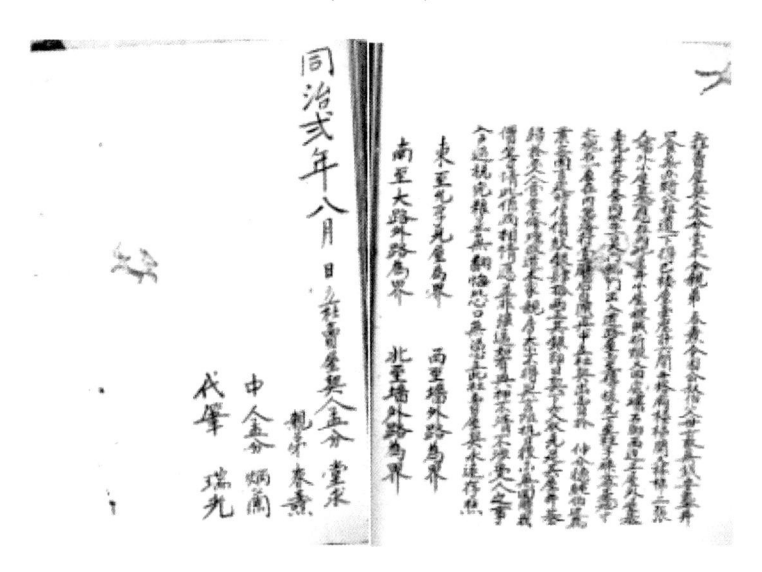

　　立杜屋契人，孟分堂求仝亲弟春焘。今因公叔伯父母亡故，无钱安葬并口食无办。将公祖遗下得己楼屋一座，计六间，并搭厢楼梯关，又楼梯二张，又墙外小屋基，一应在内。此屋并小屋被贼折毁，又四处墙石脚，西边正屋，外屋基一片，并天井，天井内水井一口。大门脚门出入道路，屋上至砖椽瓦，下至柱子礤盆基地，寸木块石，一应在内。坐落行堂厅后，自愿央中，立杜契出卖于，仲分德纯伯，边为业。三面言定，时值价纹银四十两正。其银即日契下交收兑足，其屋并基归于受人管业、修理、改造。本家亲房大小不得异言阻执，日后亦无回赎找价等情。此系两相情愿，并非强逼，如有典押不清，不涉受主之事。入户、过税、完粮并无翻悔。恐口无凭，立此杜卖屋契，永远存照。

　　东至九孚兄屋为界，西至墙外路为界。
　　南至大路外路为界，北至墙外路为界。

同治二年八月日，立杜卖屋契人：孟分堂求、亲弟春焘
中人：孟分炳兰
代笔：瑞光

(四十七)

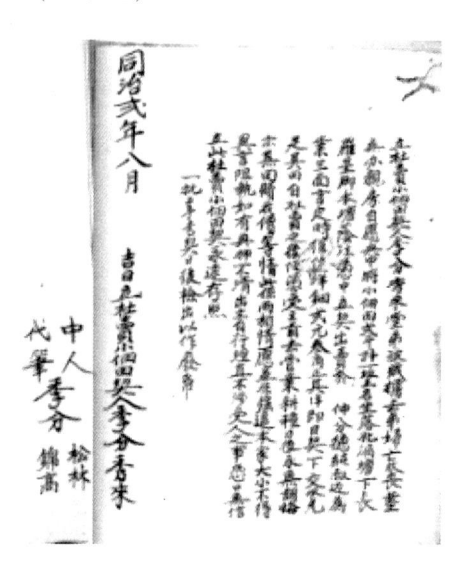

　　立杜卖小佃田契人,季分秀来。堂弟被贼掳去,弟妇亡故,丧葬无办。亲房自愿央中,将小佃田二斗,计一坵。土名坐落北漏塘下长罗星脚本塘荫注。凭中立契,出卖于仲分德纯叔,边为业。三面言定,时值价钱洋钿二元三角正。其洋即日契下交收兑足,其田自杜卖之后,任凭受主前去管业、耕种,日后永无翻悔,亦无回赎找价等情。此系两相情愿,并非强逼,本家大小不得异言阻执,如有典押不清,出主自当理直,不涉受人之事。恐口无信,立此杜卖小佃田契永远存照。

　　批上手老契,日后检出以作废纸。

同治二年八月吉日
立杜卖小佃田契人:季分秀来
代笔中人:季分松林、锦高

(四十八)

　　立杜卖小佃田契人,季分诸门方氏同子茶亭,今因二母亡故,亲自被贼掳去,两房丧葬无办。亲房自愿央中,将小佃田一石一斗正,计二坵土名,坐落北漏塘下长罗星脚本塘荫注。凭中立契出卖于仲分德纯叔边为业。三面言定,时值价洋钱十一元三角正,其洋即日契下交收兑足,其田

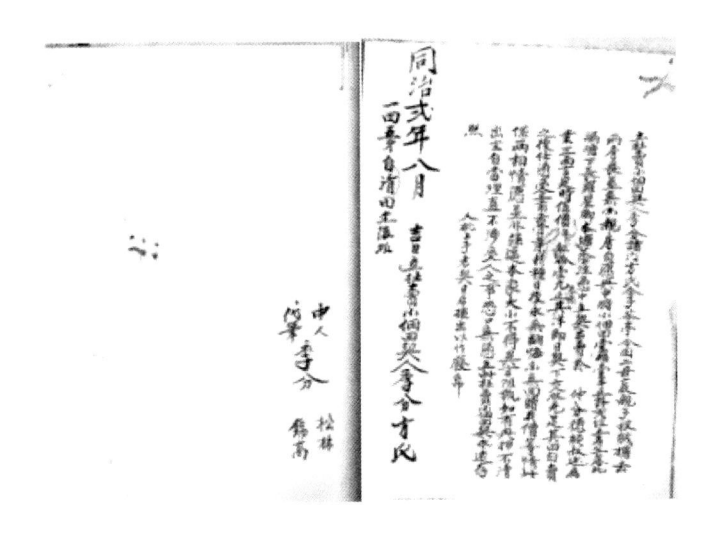

自卖之后，任凭受主前去管业、收租、过税、完粮、管收、入户，日后永无翻悔，亦无回赎找价等情。此系两相情愿，并非强逼，本家大小不得异言阻执。恐口无信，立此杜卖文契永远存照。

　　　　　　　同治二年七月日，吉日立杜卖小佃田契人：季分方氏
　　　　　　　　　　　　　　　　　　　　　　　中人：季分松林
　　　　　　　　　　　　　　　　　　　　　　　代笔：季分锦高

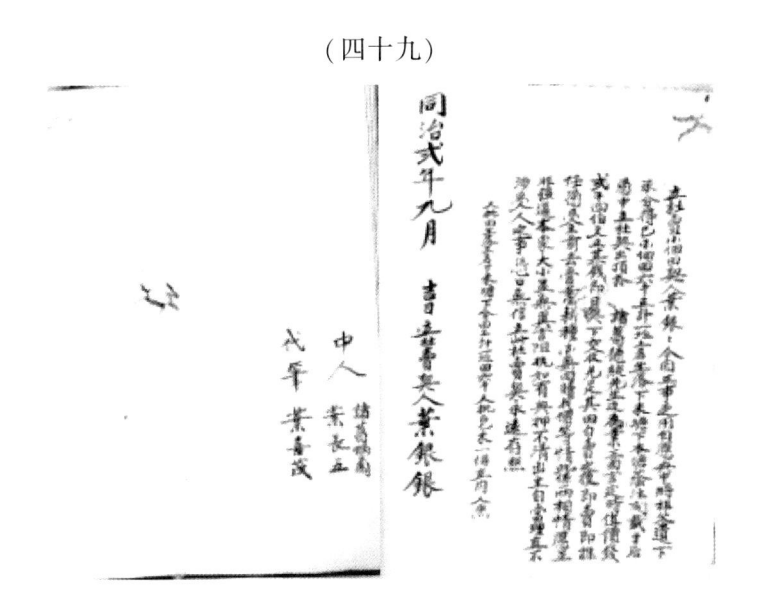

（四十九）

立杜卖小佃田契人，叶银银，今因正事衣食乏用，自愿央中，将祖父遗下承分得己小佃田六斗正，计一坵土名。坐落下米塘下本塘荫注开载于后。凭中立杜契出卖于诸葛德纯先生边为业。三面言定，时值价钱二千四百文正。其钱即日契下交收兑足，其田自卖之后，即卖即推，任凭受主前去管业、耕种、入户、过税、完粮、收租，永无回赎找价等情。此系两相情愿，并非强逼，本家大小不得异言阻执，如有典押不清，出主自当理直，不涉受主之事。恐口无信，立此杜卖文契永远存照。

又批坐落土名下塘米下八斗田工，计一坵土田六斗，又批皂木一并在内又照。

      同治二年九月吉日，立杜卖民田契人：叶银银
            中人：诸葛炳兰
               叶长五
            代笔：叶喜茂

（五十）

立杜卖山地田契人，孟分大学。今因正事乏用，自愿央中，将父遗下大小两皮山地田一坵，计四斗，又小坵，又山地一领，一并在内。土名坐

落亩分，字号开载于后。凭中立杜契，出卖于仲分德纯伯，边为业。三面言定，时值价纹银四两正。其价契下交收兑足，其田自卖之后，任凭受主前去管业、投税、过粮、关收、入户、完纳，即卖即推，耕种无辞。日后永无回赎，亦无找价翻（悔）等情。本家大小并无异言阻执，此系两相情愿，并非强逼。今欲有凭，立此杜卖民田契永远存照。

民田计一亩，归字二千零三十三号，土名坐落张坞系因山地开田其粮照地粮开入。

同治九年四月吉日
立杜卖山地田契人：孟分大学
中人：亲叔炳兰
代笔：孟分瑞光

（五十一）

立杜卖小佃田契人，叶开弟，今因正事衣食乏用，自愿央中，将祖父遗下承分得己小佃田一坵计二斗正，土名坐落白象山贝，上米塘荫注。凭中立杜契出顶于诸葛纯德先生边为业。三面言定，时值价钱三千文正。其钱即日契下，交税兑足，其田任凭受主前去管业、耕种、入户、过税、完粮、收租，永无回赎找价等情。此系两相情愿，并非强逼，本家大小不得异言阻执，如有典押不清，出主自当理直，不涉受主之事。恐口无信，立此杜卖文契永远存照。

     同治二年九月吉日，立杜卖小佃田契人：叶开弟
              中人：叶长五
                  诸葛炳兰
              代笔：叶喜茂

（五十二）

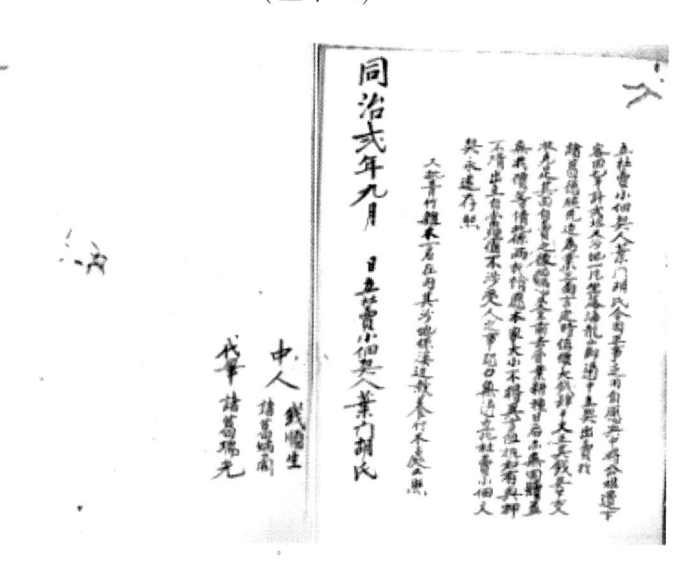

  立杜卖小佃田契人，叶门胡氏，今因正事衣食乏用，自愿央中，将祖父遗下客田七斗，计二坵又沙地一片，坐落海龙山脚。凭中立杜契出卖于诸葛德纯先生边为业。三面言定，时值价大钱四千文正。其钱契下交收兑足，其田卖之后，任凭受主前去管业、耕种，日后亦无赎回，并无找价等情。此系两相情愿，本家大小不得异言阻执，如有典押不清，出主自当理直，不涉受主之事。恐口无信，立此杜卖小佃文契永远存照。

  又批青竹杂木一应在内，其沙地系溪边栽养竹木处又照
     同治二年九月日，立杜卖小佃田契人：叶门胡氏
              中人：诸葛炳兰
                  钱顺生
              代笔：诸葛瑞光

（五十三）

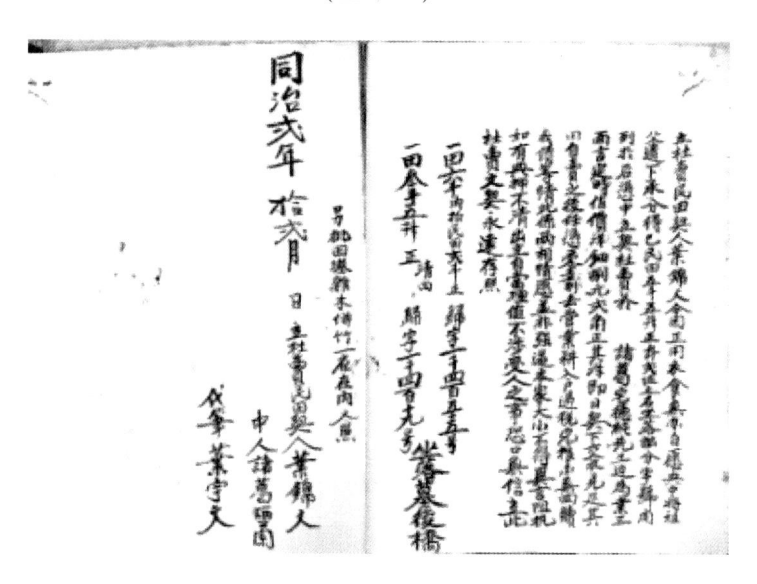

　　立杜卖民田契人，叶锦文，今因正事衣食乏用，自愿央中，将祖父遗下承分得己民田五斗五升正，计二坵，土名坐落亩分字号开列于后。凭中立杜契出卖于诸葛宅德纯生边为业。三面言定，时值价钱洋钿八元二角正。其洋即日契下，交收兑足，其田自卖之后，任凭受主前去管业、耕种、入户、过税、完粮、收租，永无回赎找价等情。此系两相情愿，并非强逼，本家大小不得异言阻执，如有典押不清，出主自当理直，不涉受主之事。恐口无信，立此杜卖文契永远存照。

　　一田六斗内拍民田三斗正，归字一千四百五十五号。

　　一天三斗五升正清田，归字一千四百九十号，

　　坐落幕后桥。

　　另批田杂木并竹一应在内又照。

　　　　　　　　　　　　同治二年十二月日，立杜卖民田契人：叶锦文
　　　　　　　　　　　　　　　　　　　　中人：诸葛炳兰
　　　　　　　　　　　　　　　　　　　　代笔：叶宇文

（五十四）

　　立杜顶小佃田，叶锦文，因正事衣食乏用，自愿央中，将祖父遗下承分得己客田二斗五升正，计无圫土名，坐落墓后桥头。凭中立契，杜顶于诸葛德先生边为业。三面言定，时值价铜钱六千九百文正。其钱即日契下，交收兑足，其田任凭受主前去管业、耕种、入户、过税、完粮、收租，永无回赎找价等情。此系两相情愿，并非强逼，本家大小不得异言阻执，如有典押不清，出主自当理直，不涉受主之事。恐口无信，立此杜卖文契永远存照。

　　一田四斗一田三斗五升一田六斗一田五斗。

　　另批竹木皂木一并在内又照。

同治二年十二月日，立杜顶小佃田契人：叶锦文
中人：诸葛炳兰
代笔：叶宇文

（五十五）

　　立杜卖下山地契人，本家季分得弟，今因正事衣食乏用，自愿央中，将祖父遗下承分得己下山地大小六片，坐落一处亩分字号开展于后。凭中立契出卖于仲分德纯侄边为业。三面言定，时值价纹银四两正，其银契下，交收兑足，其田任凭受主前去管业、耕种、入户、过税、完粮、收

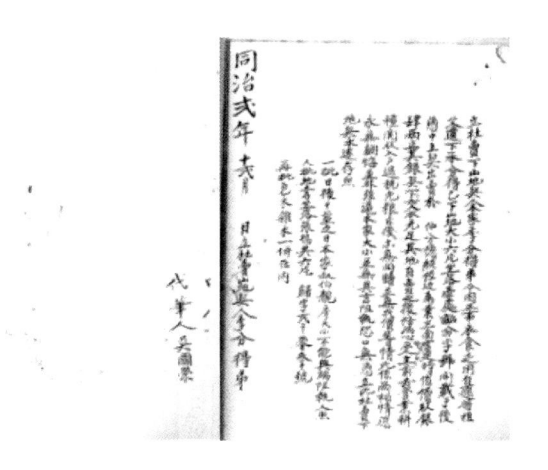

租，永无回赎找价等情。此系两相情愿，并非强逼，本家大小不得异言阻执，如有典押不清，出主自当理直，不涉受主之事。恐口无信，立此杜卖文契永远存照。

一批日后干葬之日，本家叔伯亲房大小不能兴端阻挠又照，又批地土名，坐落张坞共六片，归字二千零三十号。再批皂木杂木一并在内。

同治二年十二月日，立杜卖山地契人：季分得弟
代笔：吴国荣

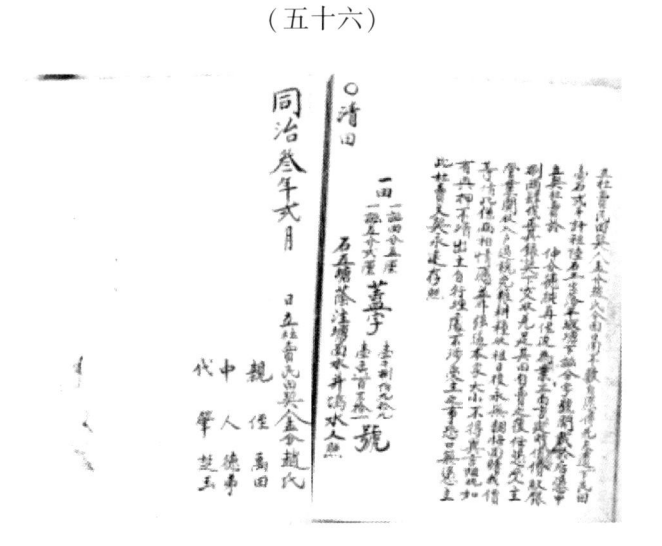

（五十六）

立杜卖民田契人，孟分赵氏，今因日用不敷，自愿将先夫遗下民田一石二斗，计租六十正。坐落平坂塘下，亩分字号开载于后。凭中立杜契出卖于仲分德纯再侄边为业。三面言定，时值价纹银八两四钱正。银契下交收兑足，其田任凭受主前去管业、耕种、入户、过税、完粮、收租，永无回赎找价等情。此系两相情愿，并非强逼，本家大小不得异言阻执，如有典押不清，出主自当理直，不涉受主之事。恐口无信，立此杜卖文契永远存照。

一田一亩四分五厘，一亩五分二厘。

盖字一千八百九十九号，一千八百三十一号。

石五塘荫注塘面，水并坞水又照。

清田

　　　　　　　同治三年二月日，立杜卖民田契人：孟分赵氏
　　　　　　　　　　　　　　　　亲侄：禹田
　　　　　　　　　　　　　　　　中人：德弟
　　　　　　　　　　　　　　　　代笔：楚玉

（五十七）

立杜卖民田人，诸葛门李氏，仝子载勤。今因母子乏用，自愿央中，将自手置归民田七斗，计一坵。又计额租三石五斗正。荫注土名坐落开列于后。凭中立杜，契出卖于仲分德纯兄，边为业。三面言定，时值价纹

（银）四两二钱正。其银当日契下交收兑足，其田自卖之后，任凭受主前去管业、收租、过税、完粮、并收、入户。日后永无翻悔，亦无回赎找价等情。此系两相情愿，并非强逼，本家亲房大小不得异言阻执。如有典押不清，出主自当理直，不涉受主之事。恐口无信，立此杜卖民田契，永远存照。

田坐落米塘坞门前，计七斗正溪边。

鸣字一百六十四号，计一亩七分五厘正。

同治三年三月日
立杜卖民田契人：诸葛门李氏，仝子载勤
中人：孟分炳兰
亲笔：载勤

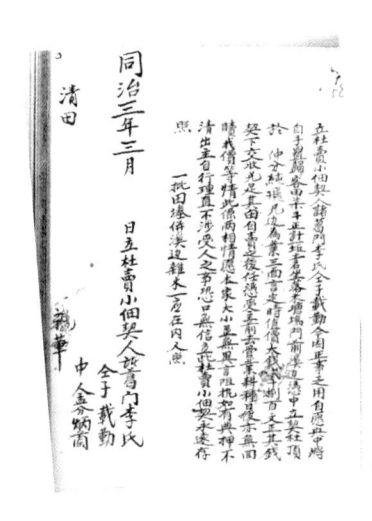

（五十八）

立杜卖小佃田契人，诸葛门李氏，仝子载勤。今因正事乏用，自愿央中，将自手置归客田七斗正，计一坵。土名坐落米塘坞门前溪边。凭中立杜，杜顶于仲分纯飞兄，边为业。三面言定，时值价大钱二十八百文正。其钱契下交收兑足，其田自卖之后，任凭受主前去管业、耕种，日后亦无回赎找价等情。此系两相情愿，本家大小并无异言阻执。如有典押不清，出主自行理直，不涉受人之事。恐口无信，立此杜卖小佃田契，永远

存照。

批田塍并溪边杂木一应在内，又照。

同治三年三月日

立杜卖小佃田契人：诸葛门李氏，仝子载勤

中人：孟分炳兰

亲笔

（五十九）

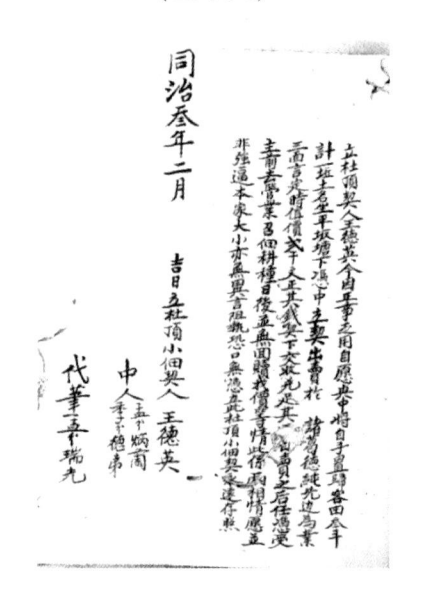

立杜顶契人，王德英，今因正事衣食乏用，自愿央中，将自手置归客田三斗，计一坵土名，坐平坂塘下。凭中立杜契出卖于诸葛德纯先生边为业。三面言定，时值价二千文正。其钱契下交收兑足，其田任凭受主前去管业、耕种、入户、过税、完粮、收租，永无回赎找价等情。此系两相情愿，并非强逼，本家大小不得异言阻执，如有典押不清，出主自当理直，不涉受主之事。恐口无信，立此杜卖文契永远存照。

同治三年二月吉日，立杜顶小佃田契人：王德英

中人：孟分炳兰

季分德弟

代笔：孟分瑞光

（六十）

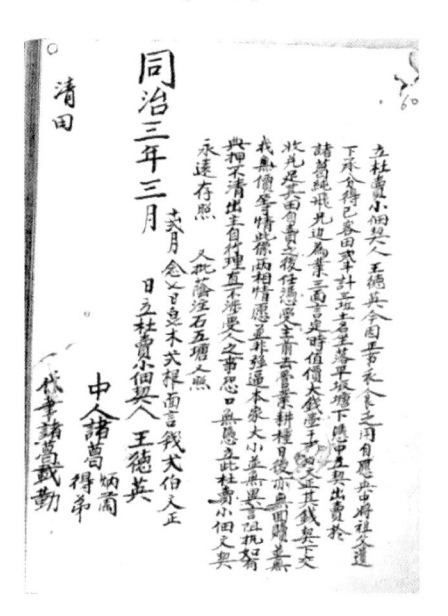

立杜卖小佃契人，王德英，今因正事衣食乏用，自愿央中，将祖父遗下承分得己客田二斗，计三坵土名。坐落平坂塘下，凭中立契出卖于诸葛纯飞兄边为业。三面言定，时值价大钱一千文正。其钱契下，交收兑足，其田任凭受主前去管业、耕种、入户、过税、完粮、收租，永无回赎找价等情。此系两相情愿，并非强逼，本家大小不得异言阻执，如有典押不清，出主自当理直，不涉受主之事。恐口无信，立此杜卖文契永远存照。
清田

同治三年三月日，立杜卖小佃契人：王德英
中人：诸葛炳兰
诸葛得弟
代笔：诸葛载勤

（六十一）

立杜卖民田契人，孟分禹田，今因钱粮无办，自愿央中，将父遗下民

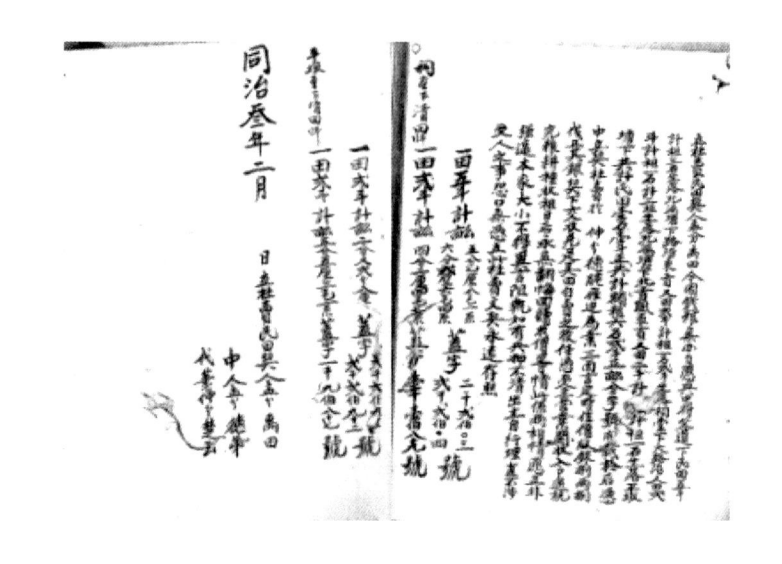

田五斗，计租三石，坐落北漏塘下路，沿东首又田两斗，计租一石二斗，坐落祠堂下大路沿又田两斗，计租一石，计二坵。坐落北漏塘下，北首风车页，又田两斗，计□□租一石，坐落平坂塘下，共计民田一石一斗正。亩分字号，开载于后，凭中立契出卖于仲分德纯侄边为业。三面言定，时值价纹银八两八钱正。其银契下，交收兑足，其田任凭受主前去管业、耕种、入户、过税、完粮、收租，日后永无翻悔找价等情。此系两相情愿，并非强逼，本家大小不得异言阻执，如有典押不清，出主自当理直，不涉受主之事。恐口无信，立此杜卖文契永远存照。

田五斗计亩五分七厘八毛一系，六分两厘六毛四系。
盖字二千二百零三，二千二百零四号。
祠堂下清田。
田二斗计亩，四分二厘四毛七系，盖字一千一千一百八十九号。
平坂下清田。
田两斗计亩二分又二分八厘，盖字二千二百九十一号，二千二百九十二号。
田二斗计亩五分五厘三毛一系，盖字一千九百八十七号。

      同治三年二月日，立杜卖民田契人：孟分禹田
              中人：孟分德弟
              代笔：仲分楚玉

（六十二）

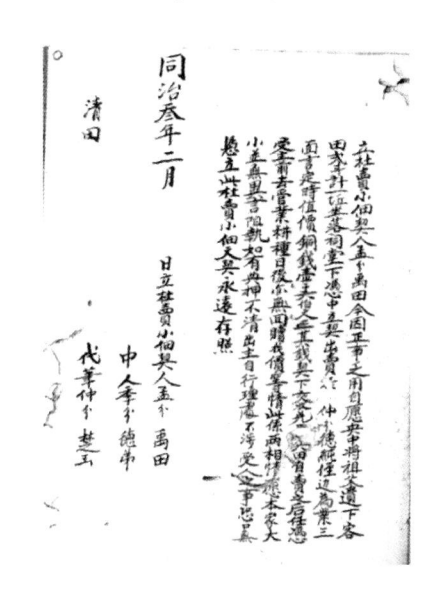

　　立杜卖小佃田契人，孟分禹田，今因正事衣食乏用，自愿央中，将祖父遗下客田二斗计一坵，坐落祠堂下。凭中立杜契出卖于仲分德纯侄边为业。三面言定，时值价铜钱一千六百文正。其钱即日契下交收兑足，其田任凭受主前去管业、耕种、入户、过税、完粮、收租，永无回赎找价等情。此系两相情愿，并非强逼，本家大小不得异言阻执，如有典押不清，出主自当理直，不涉受主之事。恐口无信，立此杜卖文契永远存照。

　　清田

　　　　　　　　　　同治三年二月日，立杜卖小佃田契人：孟分禹田
　　　　　　　　　　　　　　　　　　中人：季分德弟
　　　　　　　　　　　　　　　　　　代笔：仲分楚玉

（六十三）

　　立杜卖坟地契人，季分德弟同孙寿福，今因口食难度，自愿央中，将祖父遗下坟地一片四至。坐落开列于后。凭中立杜契出卖于仲分德纯兄边为业。三面言定，时值价纹银六两正。其银契下交收兑足，其地自卖之后，任凭受主前去管业、耕种、并附穴迁葬、管收、入户、过税、完粮。尚受主附穴之时，出主不得拦阻，此系两相情愿，并非强逼，本家大小不

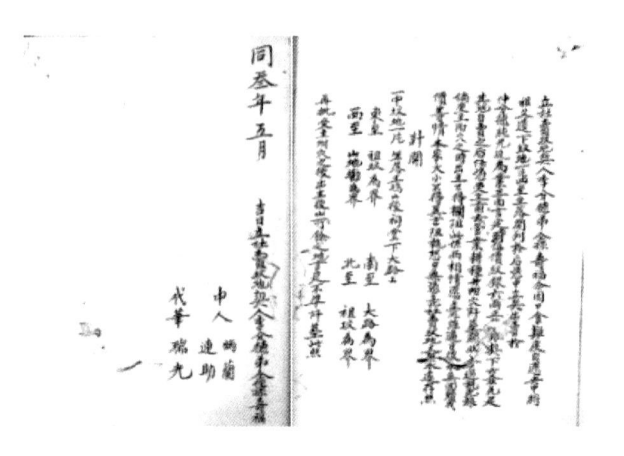

得异言阻执，如有典押不清，出主自当理直，不涉受主之事。恐口无信，立此杜卖文契永远存照。

计开中坟地一片，坐落王坞山后祠堂下大路上。

东至祖坟为界，西至山地勘为界，南至大路为界，北至祖坟为界。

再批受主附穴之后，出主后山余之地言定不准迁堇此照。

　　　　同治三年五月日，立杜卖坟地契人：季分德弟同侄孙寿福
　　　　　　　　　　　　　　　　　中人：炳兰
　　　　　　　　　　　　　　　　　　　　连助
　　　　　　　　　　　　　　　　　代笔：瑞光

（六十四）

立杜卖田契人，孟分湘南媳胡氏，今因公同亲夫亡故，丧葬无办，自愿央中，将祖公遗下承分得己大租田五斗正，计一坵土名。坐落北漏塘下，长罗日生，脚四至开列于后。凭中立杜契出卖于仲分德纯公边为业。三面言定，时值价纹银二两五钱正。其银即日契下，交收兑足，其田任凭受主前去管业、耕种、入户、过税、完粮、收租，永无回赎找价等情。此系两相情愿，并非强逼，本家大小不得异言阻执，如有典押不清，出主自当理直，不涉受主之事。恐口无信，立此杜卖文契永远存照。

清田

计开四至：东至大路为界，南至石二为界，西至六斗为界，北至长罗星为界。

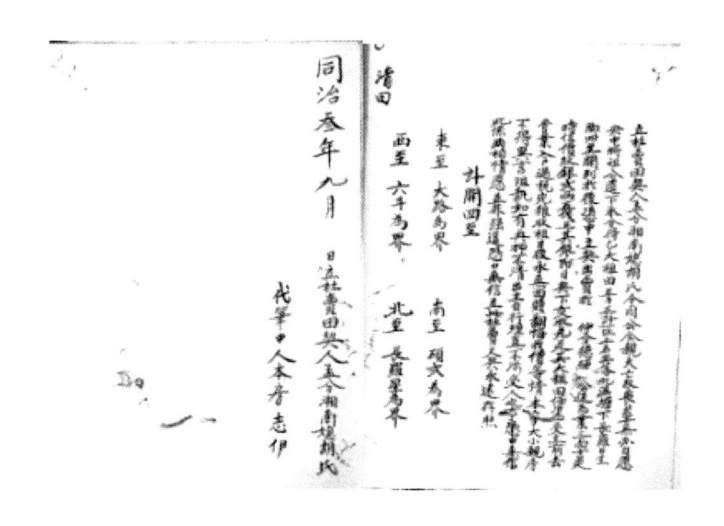

同治三年九月日，立杜卖田契人：孟分湘南媳胡氏
　　　　　　　　　代笔中人：本房志伊

(六十五)

立杜卖契人，孟分瑞光，今因正事乏用，自愿央中，将自手置归山地一片，坐落平坂塘下，常山沿四至列后。凭中立契出卖于仲分德纯兄边为业。三面言定，时值价纹银五两正，其洋即日契下交收兑足，其田任凭受主前去管业、耕种、入户、过税、完粮、收租，永无回赎找价等情。此系两相情愿，并非强逼，本家大小不得异言阻执，如有典押不清，出主自当

理直，不涉受主之事。恐口无信，立此杜卖文契永远存照。

另有皂木四株一并在内又照。

计开四至：

东至常山地为界，南至地为界，西至田坎为界，北至地为界。

同治三年九月日，立杜卖文契人：孟分瑞光
中人本家：炳兰
亲笔

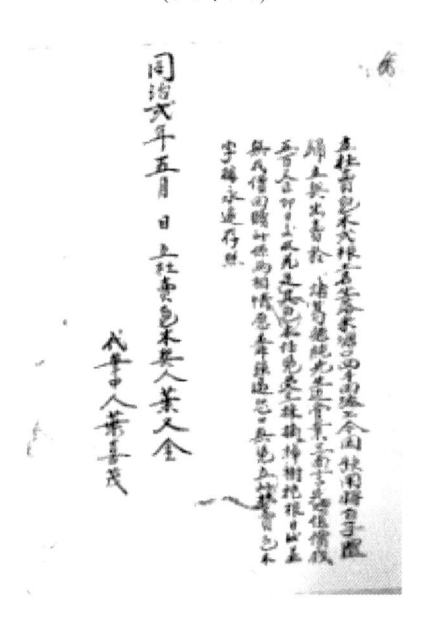

（六十六）

立杜卖皂木两根土名，坐落米塘口，四斗田梗工。今因缺用，将自手置归立契出卖于诸葛纯德先生边管业。三面言定，时值价钱五百正，即日交收兑足，其皂木任凭受主采摘、掉树、挖根。日后并无找价回赎。此系两相情愿，并非强逼。恐口无凭，立此杜卖皂木字据永远存照。

同治二年五月日，立杜卖皂木契人：叶又金
代笔中人：叶喜茂

（六十七）

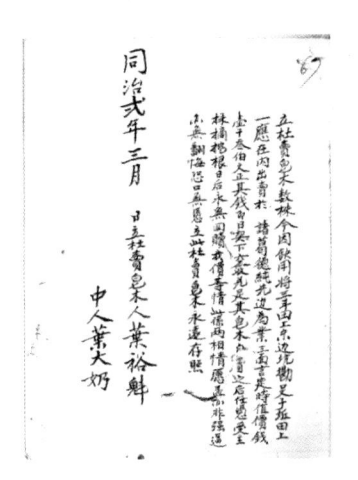

立杜卖皂木数株，今因缺用，将三斗田工东边坑堪口，又子圻田上，一应在内卖于诸葛纯德先生边为业。三面言定，时值价钱一千三百文正。钱即日契下，交收兑足，其皂木自卖之后任凭受主采摘、挖根。日后永无赎回找价等情。此系两相情愿，并非强逼，亦无翻悔。恐口无凭，立此杜卖皂木字据永远存照。

同治二年三月日，立杜卖皂木契人：叶裕魁
中人：叶大奶

（六十八）

立杜卖会契人，孟分堂求。今因口食难度。自愿央中，将祖父遗下正月初六终和会二脚，又新锣鼓会一脚，二月初一日子孙会一脚，八月二十七日武侯会一脚，六种会一脚。凭中立契，一并出场于仲分德纯叔，边为业。三面言定，时值价大钱十二千文正。其钱当日契下交收兑足，其会自卖之后，任凭受前去管业、换班、收租、值年、领胙。日后永无回赎找价等情。此系两相情愿，本家大小不得异言阻执。恐口无凭，立此杜卖会契，永远存照。

再批，会内助馒亦归受主收领。

同治三年五月日，立杜卖会契人：孟分堂求
中人：炳兰
代笔：瑞光

（六十九）

立杜卖田契人，姜寿樵。今因长兄在日诸葛宅借项未还，自愿托中，将祖父遗下关分得己民田十八石五斗五升，其坐落土名荫注开列于后。凭中立杜，契出卖于诸葛德纯先生，边为业。三面言定，时值价纹银六十两正。其银当日契下交收兑足，其田自卖之后，即卖即推，任凭受主前去管业、另佃、耕种、开米、入税契、完粮，并无异言翻悔等情，亦无重叠典项等獘①。本家大小不得阻执，倘有越外生枝，出产人一应承当，不涉受

---

① "獘"，同"弊"。

主之事。今恐无凭，立此卖田契存照。

计开田亩坐落：

田一石五斗，计二坵。坐落和沿湾，租七石七斗，李玉荣佃。

田一石五斗，计一坵。坐落□里洞，租七石七斗，全佃。

田一石四斗，计一坵。坐落藕塘坂，包租七石，姜成美佃。

田一石八斗，计二坵。坐上全，包租十一石，全上佃。

……

田一石，计一坵，名小二石。坐落姜姓门前，姜何栋佃。

田一石，一坵。殿下垅狮子口布详坵，又田一小坵坐柏树塘内注。租五石五斗五升，姜士进佃。

田一石五斗，坐落门前家边塘荫注，姜成美佃。

田一石二斗，坐落仝上，姜成美佃。

田一石五斗，坐落仝左，姜成美佃。

田五斗，坐落仝左，姜成美佃。

田八斗，坐落章后山卸塘荫注，姜成美佃。

田五斗，坐落仝左，姜成美佃。

田七斗，坐落新塘垅派塘荫注，姜成美佃。

田五斗，坐落仝上，姜成美佃。

田八斗，坐落仝左，姜成美佃。

田二斗五升，坐落仝左，姜成美佃。

田九斗，坐落山后门前塘注，姜成美佃。

同治三年十月日
立卖田契人：姜寿樵
中人：姜令行、诸葛赞周
代笔：诸葛赞周

（七十）

立杜卖民田契人，邵品荣，今因正事衣食乏用，自愿央中，将祖父遗下承分得己民田坐落荫注开到于后。凭中立杜契出卖于诸葛德纯先生边为业。三面言定，时值价银十三元正。其洋即日契下交收兑足，其田任凭受主前去管业、耕种、入户、过税、完粮、收租，永无回赎找价等情。此系

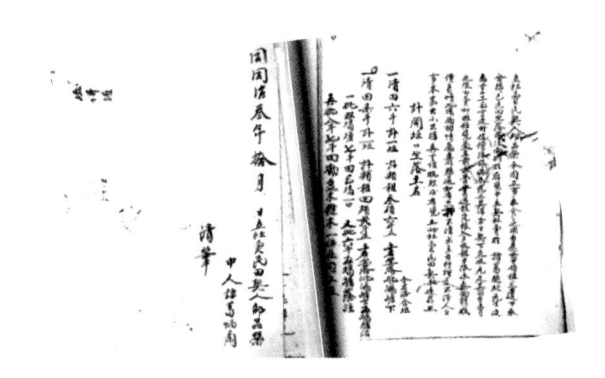

两相情愿，并非强逼，本家大小不得异言阻执，如有典押不清，出主自当理直，不涉受主之事。恐口无信，立此杜卖文契永远存照。

计开坵口坐落王名。

清田六斗计一坵，计额租三石六斗正，土名坐落北漏塘下，同石海合坵。

清田七斗计一坵，计额租回石二斗正，土名坐落北漏塘下双堨塘沿。

批双堨塘七斗田己坞一口，又批六斗双堨塘荫注。

再批八斗七斗田堪皂木杂木一并在内又照。

同治三年十月日，立杜卖民田契人：邵品荣
中人：诸葛炳兰
亲笔

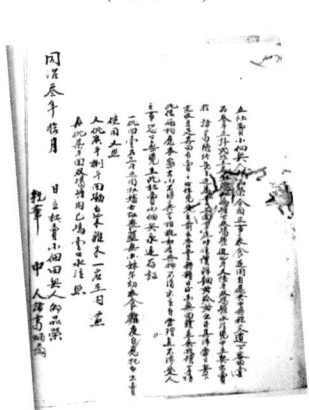

（七十一）

立杜卖小佃契人，邵品荣，今因正事衣食乏用，自愿央中，将祖父遗下客田一石三斗正，计二坵。土名坐落北漏塘下双堨塘边，七斗又六斗双堨塘水注。凭中立杜契出卖于诸葛德纯先生边为业。三面言定，时值价洋十二元正。其洋当日契下交收兑足，其田任凭受主前去管业、耕种、入户、过税、完粮、收租，永无回赎找价等情。此系两相情愿，并非强逼，本家大小不得异言阻执，如有典押不清，出主自当理直，不涉受主之事。恐口无信，立此杜卖文契永远存照。

　　批田一石三斗正，因叔婶亡故丧葬无办，妹幼衣食难度自愿托中出卖使用又照。

　　又批七斗八斗天堪皂木杂木一应在内又照。

　　再批七斗田双堨塘内己坞一口水注照。

　　　　　　　同治三年十月日，立杜小佃田契人：邵品荣
　　　　　　　　　　　　　　　中人：诸葛炳兰
　　　　　　　　　　　　　　　亲笔

（七十二）

　　立杜卖民田契人，本房陈氏，今因正事家用，将祖父遗下承分得己民田，坐落水注开载于后。凭中立杜契出卖于本房德纯公祖边为业。三面言定，时值纹银八两正。其银当日契下交收兑足，其田任凭受主前去管业、耕种、入户、过税、完粮、收租，永无回赎找价等情。此系两相情愿，并非强逼，本家大小不得异言阻执，如有典押不清，出主自当理直，不涉受主之事。恐口无信，立此杜卖文契永远存照。

计开坵口坐落土名。

一清田四斗五升，同邵品荣合坵计一坵，土名坐落大水坑沿双堨塘水注。

同治三年十一月日，立杜卖民田契人：本房巨以室陈氏
堂叔：魁富樟荣
代笔：赞廷

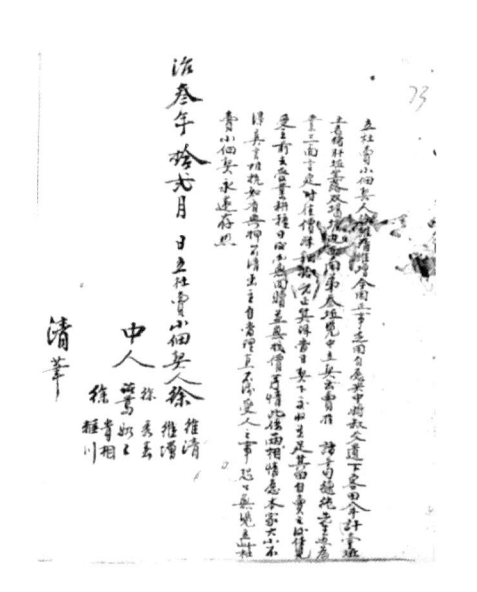

（七十三）

立杜卖小佃契人，徐维清、维增。今因正事乏用，自愿央中，将叔父遗下客田八斗，计一坵。土名猪肝坵，坐落双堨塘边西南第三坵。凭中立杜契，出卖于诸葛德纯先生，边为业。三面言定，时值价钱洋钿十元正。其洋当日契下交收兑足，其田自卖之后，任凭受主前去管业、耕种，日后亦无回赎，并无找价等情。此系两相情愿，本家大小不得异言阻执，如有典押不清，出主自当理直，不涉受人之事。恐口无信，立此杜卖小佃田契，永远存照。

同治三年十二月日
　　立杜卖小佃契人：徐维清、徐维增
　中人：徐秀春、诸葛奶奶、徐贵相、徐维川
　　　　　　　　　　　　　　　　清笔

（七十四）

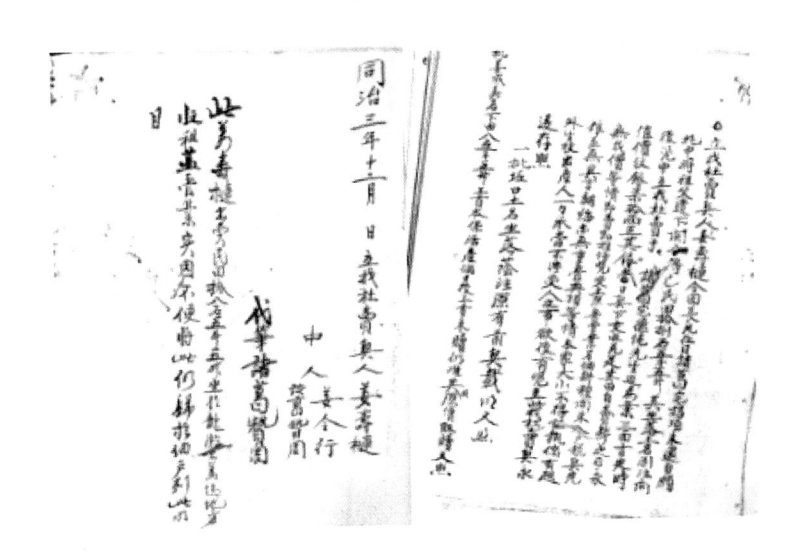

立杜卖契人，姜寿梃，今因长兄在日诸葛宅内借项未还，自愿托中，将祖父遗下关分得己民田十八石五斗五升。其坐落土名荫注开后，凭中立契，杜卖于诸葛宅德纯先生边为业。三面言定，时值价纹银七十两正，其银当日契下，交收兑足，其田自卖之后，永无找价等情，即卖即推任凭受主照契管业，另佃耕种、开米、入户、税契、完粮，并无异言翻悔，亦无重叠典项等情，本家大小不得阻执，倘有越外生枝，出产人一力承担，不得受人之事。欲后有凭立此杜卖契永远存照。

批垞口土名，坐落荫注原有前契载明又照。

批姜成美名下田八十一斗五升，工首本系活产，倘日后上首来赎，仍准其照原价取赎又照。

同治三年十二月日，立杜卖民田契人：姜寿梃

中人：姜令行
　　　诸葛赞周
代笔：诸葛赞周

此姜寿樌出卖民田十八石五斗五升，坐落龙游上姜坞地方，收租并受业实，因不便将此仍归于佃户列此明目。

(七十五)

立杜卖屋契人，本厅樟廷。今因正事乏用，自愿央中，将祖父遗下承分得己：三向两搭厢破屋一坐，又屋后小屋基一片，又屋外蹈步上山地一片，坐落洙泗坞。凭中立契，一并杜卖于本厅德纯兄，边为业。三面言定，时值价洋银十六元正。其洋当日契下交收兑足，其屋任凭受人前去管业居住、关锁改换、修理。其屋基以及山地，亦任凭受人起造种作、管业上至椽尾，下至磉子。地基周围墙壁石脚、明堂天井、滴水蹈步，并大门外已路出入，屋内寸块石，一应在内。关收、入户、过税、完粮，自卖之后，永无回赎找价等情。此系两相情愿，并非强逼，本家大小不得异言阻执。恐口无凭，立此杜卖契，永远存照。

共计实粮一分六厘正。

计开四至：

东至已路墙为界，南至迎祉屋合墙为界。

西至已墙滴水为界，南至墙外滴水为界。

同治四年正月日
　　立杜卖屋契人：本厅樟廷
　　代笔中人：孟分瑞光

（七十六）

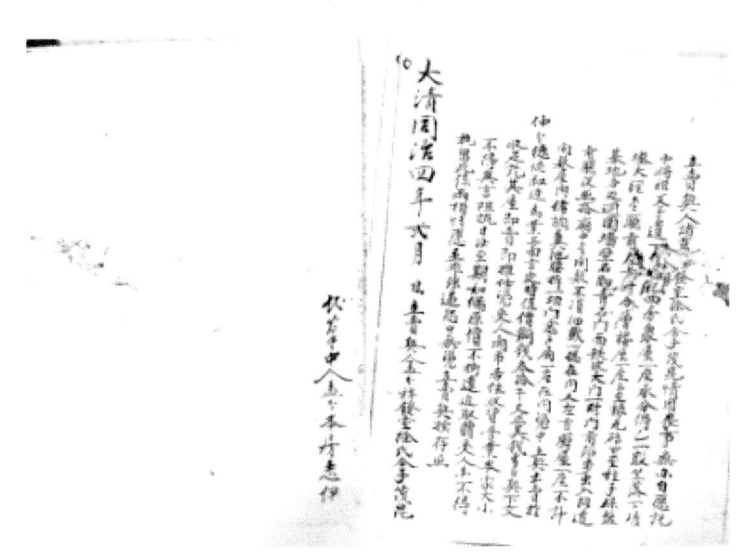

立杜卖契人，诸葛祥发室徐氏同子茂昆情，因丧事无办，自愿托中，将祖父手遗竹溪祀四房众屋一座承分得己一股，坐落下塘基地各处周围墙壁、石脚、青石门、铁皮大门一对，门前踏步出入路道，间数屋内猪栏粪池腰折一切门窗户扇一应在内。凭中立契，出卖于仲分德纯叔边为业。三面言定，时值价铜钱三十千文正。其钱当日契下，交收兑足，讫其屋即卖即推，任凭受人开市居住收赁管业，本家大小不得异言阻执。日后至期如备原价不拘远近，取赎受人亦不得执留，此系两相情愿，并非强逼，恐口无凭，立卖契永远存照。

　　大清同治四年二月日，立杜卖民田契人：孟分祥发室徐氏同子茂昆
　　　　　　　　　　　　　　代笔中人：孟分本房志伊

（七十七）

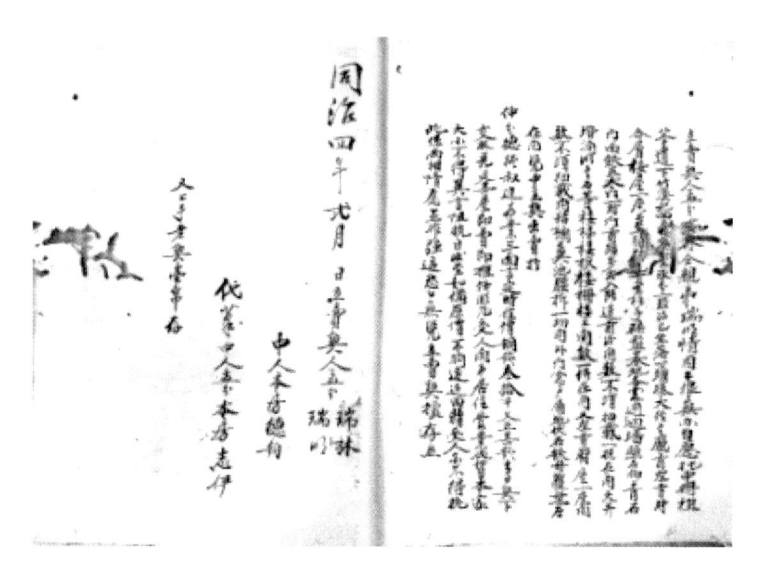

　　立杜卖契人，孟分瑞林，同亲弟瑞明。情因口粮无办，自愿托中，将祖父手遗下竹溪祀四房众屋承分一股得己，坐落下塘堪大径枣厅前，左首对合会楼屋一座。上至椽砖瓦，下至柱子磉盘基地各处。周回墙壁石脚青石门面铁皮大门一对，门前踏步出入路道。前后间数不须细载，一总在内。天井墀涧明枣石等，楼梯楼板楼栅，楼上间数一并在内。又左首厨屋一座，间数不须细载。内猪栏粪池腰折一切，内外门窗户扇地伏石，铁册护册一应在内。凭中立契，出卖于仲分德纯叔，边为业。三面言定，时值价铜钱参十千文正。其钱当日契下交收兑足，其屋即卖即推，任凭受人开市、居住、管业、收赁。本家大小不得异言阻执，日后至，如备原价不拘远近回赎，受人亦不得执。此系两相情愿，并非强逼。恐口无凭，立卖契据存照。

　　　　　　　　　　同治四年二月日，立杜契人：孟分瑞林、瑞明
　　　　　　　　　　　　　　　　　中人：本房行德钧
　　　　　　　　　　　　　　　　　代笔中人：孟分本房志伊

　　又上手老契一约纸存。

(七十八)

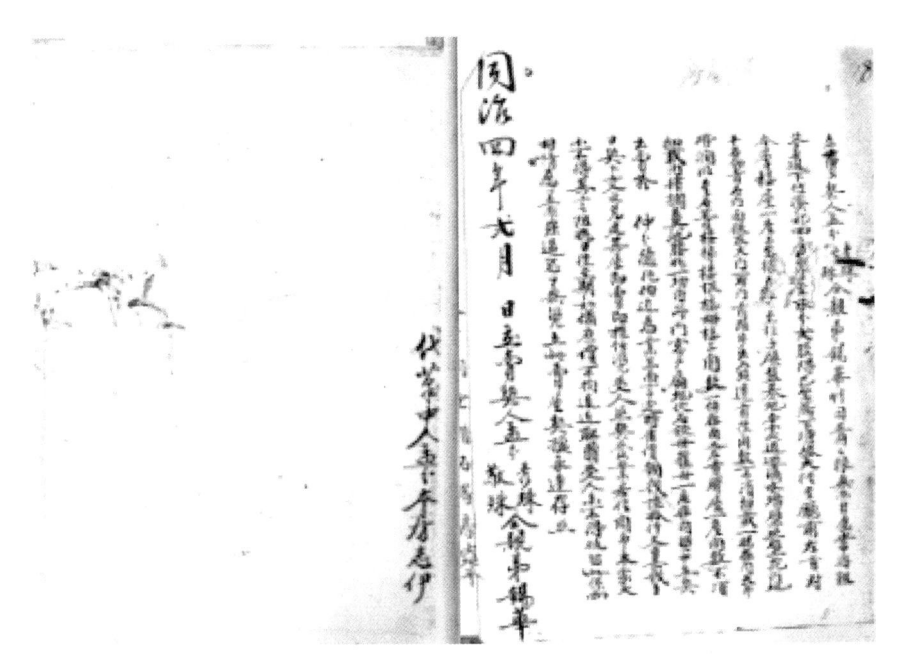

　　立卖契人，孟分秀珠、敬珠，仝亲弟锡华。情因正用口粮无办，自愿央中，将祖父手遗下竹溪祀四房众屋承分二股。坐落下塘塆大径枣厅前，左首对合会楼屋一座。上至椽□□，下至柱子磉盘地基各一处。周回滴水，墙壁、照壁、花门地平、石脚青石、门面铁皮、大门一对。门前蹋步，出入路道，前后间数不须细载，一应在内。天井墕涧、明枣石等。楼梯、楼板、楼栅，楼上间数一并在内。又左首厨屋一座数间，不须细载。内猪栏粪池腰折一切，内外门厅户扇地伏石，铁栅护栅一应在内。凭中立契，出卖于仲分德纯伯，边为业。三面言定，时值价铜钱六十千文正。其钱当日契下交收兑足，其屋即卖即推，任凭受人照契管业、居住、开市。本家大小不得异言阻执，日后至期如备，原价不拘远近取赎，受人不得执留。此系两相情愿，并非强逼。恐口无凭，立此卖屋文契据，永远存照。

　　　　同治四年二月日，立杜卖契人：孟分秀珠、敬珠，仝亲弟锡华
　　　　　　　　　　　代笔中人：孟分本房志伊

（七十九）

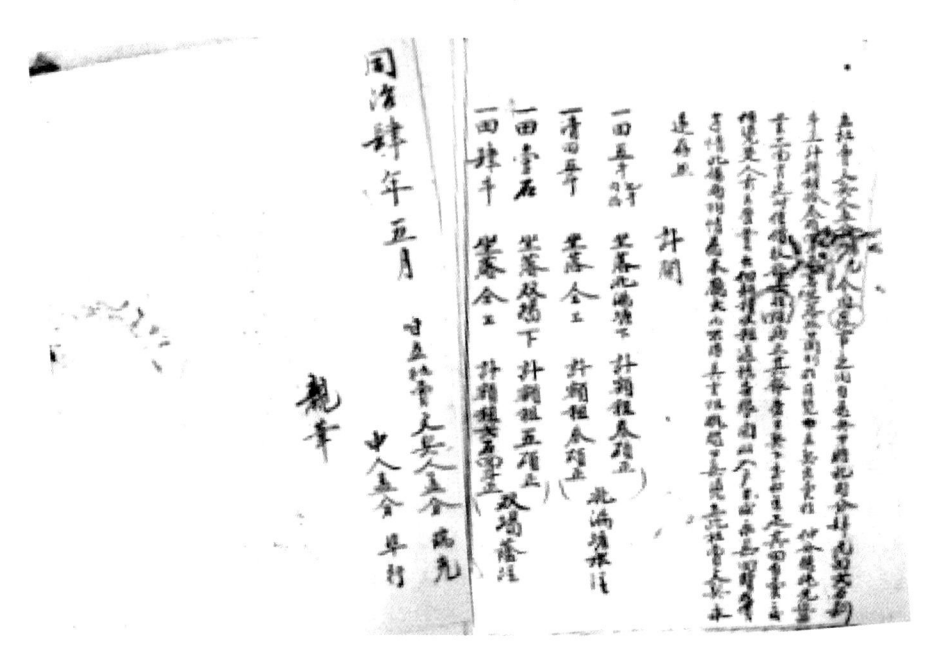

　　立杜卖契人，孟分瑞光。今因正事乏用，自愿央中，将祀内分归民田石四斗正，计额租十三石四斗正。土名坐落圫口，开列于后。凭中立契，出卖于仲分德纯兄，边为业。三面言定，时值价纹银二十六两正。其银当日契下交收兑足，其田自卖出后，任凭受人前去管业、召佃、耕种、收租、过税、完粮、入户，日后永无回赎找价等情。此系两相情愿，本厅大小不得异言阻执。恐口无凭，立此杜卖文契永远存照。

计开：

田五斗七升，内拍。坐落北漏塘下，计额租三石正。

清田五斗，坐落同上，计额租三石正。北漏塘水注。

田一石，坐落双塥下，计额租五石正。

田四斗，坐落同上，计额租二石四斗正。双塥荫注。

同治四年五月日，立杜卖民田契人：瑞光

中人：孟分隼行

亲笔

(八十)

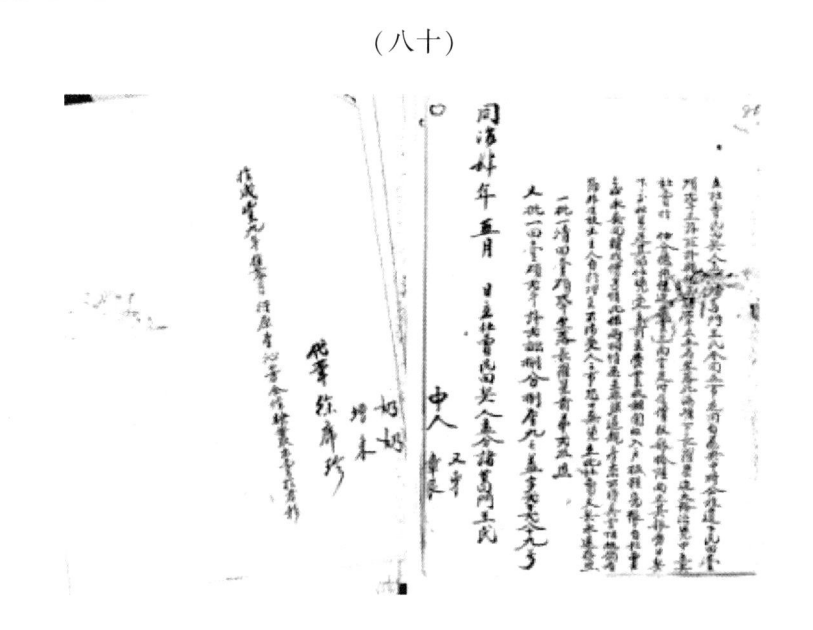

　　立杜卖民田契人，孟分诸葛门王氏。今因正事乏用，自愿央中，将公祖遗下下民田一石二斗正，计一坵，计额租七石二斗正。土名坐落北漏塘下，长罗星边大路沿。凭中立契，杜卖于仲分德纯侄，边为业。三面言定，时值价纹银十六两正。其银当日契下交收兑足，其田任凭受主前去管业、收租，并收、入户、投税、完粮。自杜卖之后，永无回赎找价等情。此系两相情愿，并非强逼，亲房大小不得异言阻执。倘有节外生枝，出主人自行理直，不涉受人之事。恐口无凭，立此杜卖文契永远存照。

　　批一清田一石二斗，坐落长罗星前第二坵，照。

　　又批一田一石二斗，计二亩八分八厘九毛，盖字二千八十九号。

　　一田一石七斗正，土名坐落西坂大路上郭基塘荫注。

　　计粮四钱二分五厘，上迩字一千二百九十七号。

　　　　　　同治四年五月日，立杜卖民田契人：孟分诸葛门王氏
　　　　　　　　　　　　中人：又牙、章良、奶奶、增来
　　　　　　　　　　　　　　　代笔：徐席珍

　　于咸丰九年十二月，行原枣沁芳全侄映业取出卖于君彩。

（八十一）

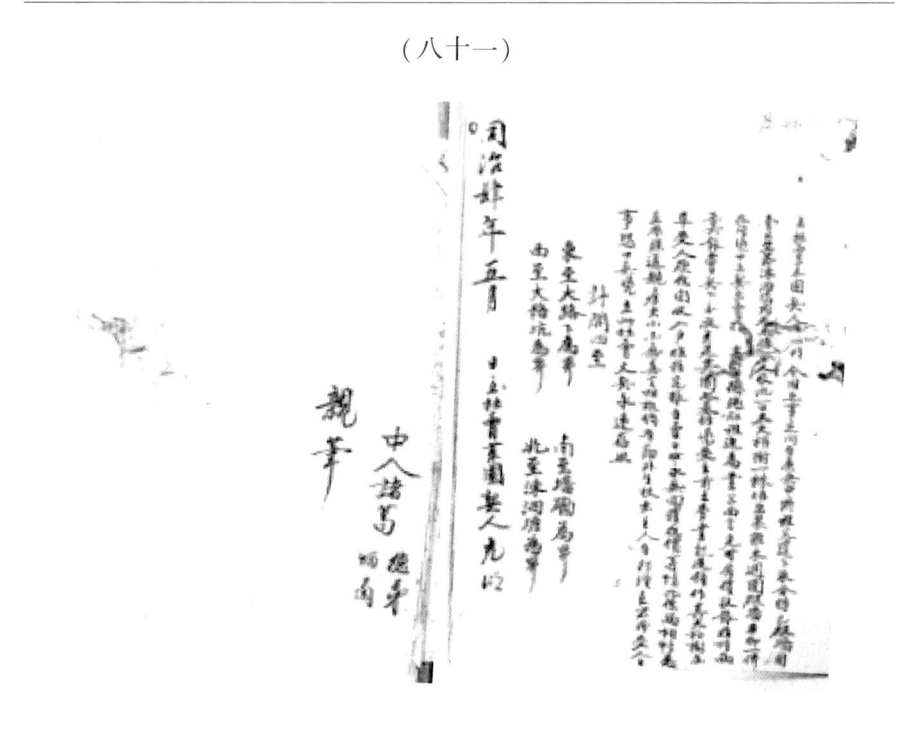

　　立杜卖菜园契人，光明。今因正事乏用，自愿央中，将祖父遗下承分得已破墙园一片，坐落洙泗坞。内有□□□，又尿池一口，又大柏树一株，并花果杂木，周围破墙石脚一并在内。凭中立契，出卖于本家德纯叔，边为业。三面言定，时值纹银十六两正。其银当日契下交收兑足，其园地基任凭受主前去管业、起边、种作，其大柏树亦准受人砍伐关收、入良、投税、完粮。自卖之后，永无回赎找价等情。此系两相情愿，并非强逼，亲房大小亦无异言阻执。倘有节外生枝，出主人自行理直，不涉受人之事。恐口无凭，立此杜卖大契永远存照。

　　计开四至：

　　东至大路下为界，南至墙磡为界。

　　西至大路坑为界，北至洙泗塘为界。

　　　　　　　　　　同治四年五月日，立杜卖菜园契人：光明

　　　　　　　　　　中人：诸葛德弟、炳兰

　　　　　　　　　　亲笔

（八十二）

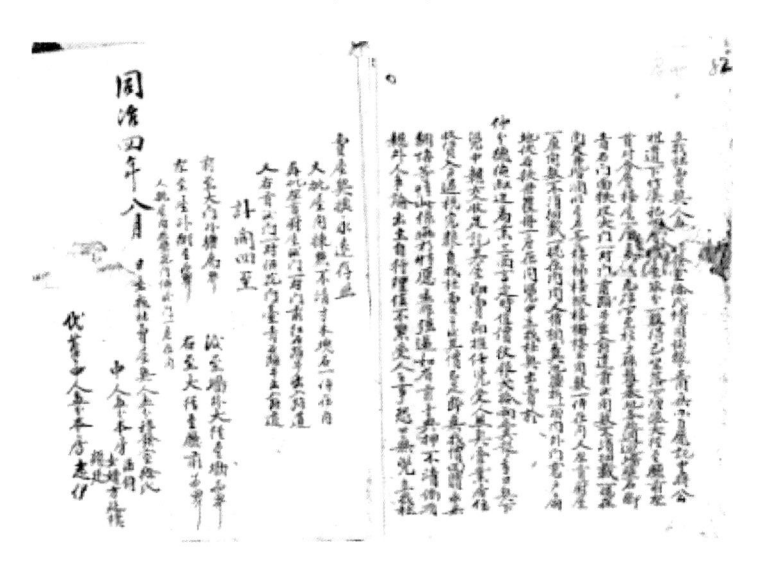

　　立杜卖契人，诸葛祥发室徐氏。情因钱粮正用无办，自愿托中，将公祖遗下竹溪祀四房众屋承分一股得己，坐落下塘墕大径枣厅前，左首对合会楼屋一座。上至□瓦砖，下至柱子礎盘基地各处周回墙壁、石脚、青石门、铁皮大门一对，门前踏步出入路道，前后间数不须细载，一概在内。天井堦涧明枣石等，楼梯楼板楼栅，楼上间数一并在内。又左首厨屋一座，间数不须细载，一概在内。又猪栏粪池腰折一切，门窗户扇地伏石，铁册护册，一应在内。凭中立此杜契，出卖于仲分德纯叔，边为业。三面言定，时值价纹银二十两正。其银当日契下凭中亲交收兑足，其屋即卖即推，任凭受人照契管业、居住、收赁、入户、过税、完粮。自此杜卖之后，其价已足，断无找价回赎，永无翻悔等情。此系两相情愿，并非强逼，如有前手典押不清，倘有亲外人争论，出主自行理值，不累受人之事。恐口无凭，立此杜卖屋契，永远存照。

　　又批，屋内拣点不清寸木块石一应在内。
　　再批，左首厨屋后门一对，门前红石蹈步出入路道。
　　又右首后门一对，并花门台青石蹈步出入路道。
　　计开四至：
　　前至大门外塘为界，后至墙外大径枣墈为界。
　　左至屋外街枣为界，右至大径枣厅前为界。

又批，屋内照壁花门并后门一应在内。

> 同治四年八月日，立杜卖屋契人：孟分祥发室徐氏
> 中人：孟分本房德均、女婿方廷樸、显廷
> 代笔中人：孟分本房志伊

（八十三）

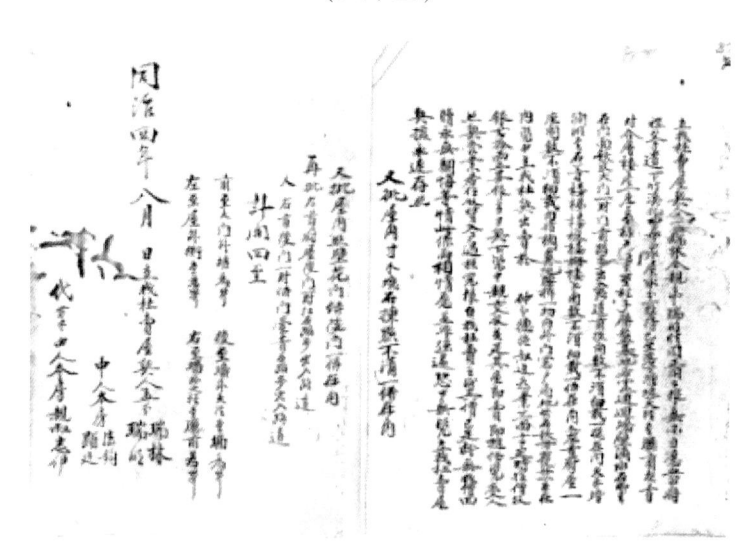

立杜卖契人，孟分瑞林，同亲弟瑞明。情因正用口粮无办，自愿央中，将祖父手遗下竹溪祀四房众屋承分一股得己，坐落下塘堪大径枣厅前，左首对合会楼屋一座。上至椽砖瓦，下至柱子礤盘基地。各处周回墙壁滴水，石脚青石门面铁皮大门一对，门前踏步出入路道。前后间数不须细载，一总在内。天井堦涧明枣石等，楼梯楼板楼栅，楼上间数不须细载，一并在内。又左首厨屋一座，间数不须细载。内猪栏粪池腰折一切，内外门窗户扇地伏石，铁册护册一应在内。凭中立此杜契，出卖于仲分德纯叔，边为业。三面言定，时值价纹银二十两正。其银当日契下凭中亲交收兑足，其屋即卖即推，任凭受人照契管业、居住、收赁、入户、过税、完粮。自此杜卖之后，其价已足，断无找价回赎，永无翻悔等情。此系两相情愿，并非强逼。恐口无凭，立此杜卖屋契，永远存照。

又批，屋内寸木块石，拣点不清一应在内。

又批，屋内照壁花门并后门一并在内。
再批，左首厨屋后门一对，红石蹈步出入路道。
又右首后门一对，并门台青石蹈步出入路道。
计开四至：
前至大门外塘为界，后至墙外大径枣堋为界。
左至屋外街枣为界，右至墙外大径枣厅前为界。

　　　　　同治四年八月日，立此杜卖屋契人：孟分瑞林、瑞明
　　　　　　　　　　　　　　中人：本房行德钧、显廷
　　　　　　　　　　　　　代笔中人：孟分本房亲叔志伊

（八十四）

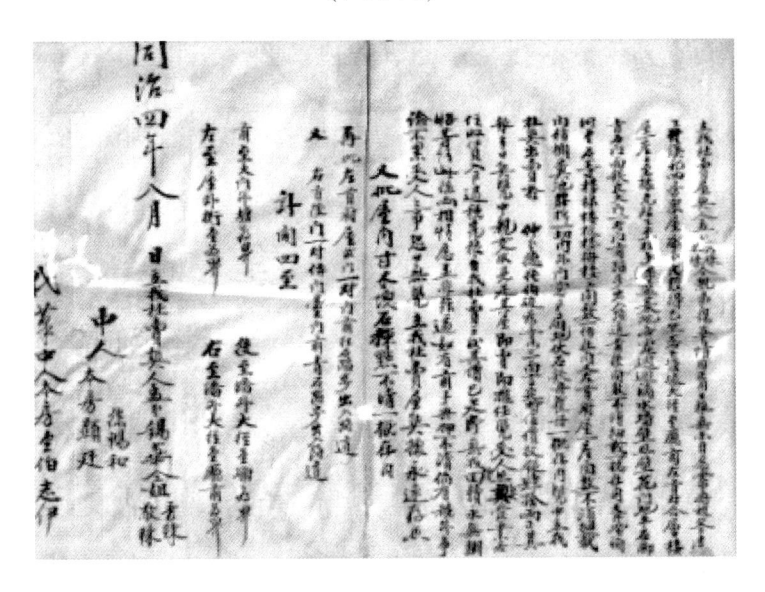

立卖契人，孟分秀珠、敬珠，仝亲弟锡华。情因正用口粮无办，自愿央中，将祖父手遗下竹溪祀四房众屋承分二股得已。坐落下塘塝大径枣厅前，左首对合会楼屋一座。上至椽瓦砖，下至柱子磉盘基地各处。周回滴水，墙壁、照壁、花门地平、石脚青石、门面铁皮大门一对。门前蹈步，出入路道，前后间数不须细载，一总在内。天井堦涧、明枣石等。楼梯、楼板、楼栅，楼上间数一并在内。又左首厨屋一座数间，不须细载。内猪栏粪池腰拆一切，内外门窗户扇地伏石，铁栅护栅一概在内。凭中立契，

出卖于仲分德纯伯，边为业。三面言定，时值价纹银四十两正。其银当日契，凭中亲交收兑足，其屋即卖即推，任凭受人照契管业、居住、收货、入户、过税、完粮。自此杜卖之后，其价已足断，无找价回赎，永无翻悔等情。此系两相情愿，并非强逼。如有前首典押不清，倘有亲外争论，不累受人之。恐口无凭，立此杜卖屋文契据，永远存照。

又批，屋内寸木块石栋点不清一概在内。

再批，左首厨屋后门一对，门前红石蹈步出入路道。

又，右首后门一对并门堂门前青石蹈步出入路道。

计开四至：

前至大门外塘为界，后至墙外大径枣坳为界。

左至屋外街枣为界，右至墙外大径枣厅前为界。

　　　　同治四年八月日，立此杜卖契人：孟分锡华，全姐秀珠、敬珠
　　　　　　　中人：徐畅和、本房题廷
　　　　　　　代笔中人：本房枣伯志伊

（八十五）

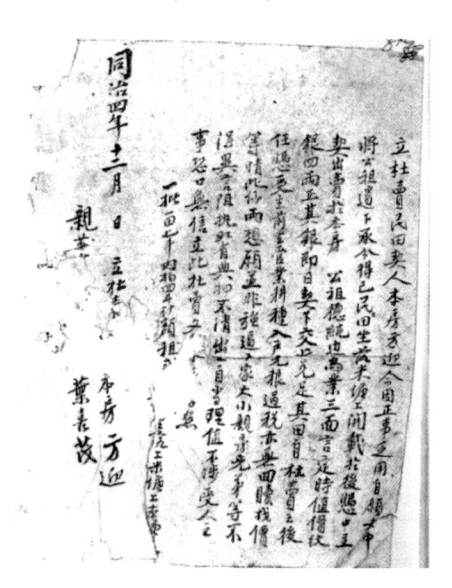

立杜卖民田契人，本房方迎。今因正事乏用，自愿央中，将公祖遗下

承分得己民田，坐落米塘上开载于后。凭中立契，出杜卖于本房公祖德纯，边为业。三面言定，时值价纹银四两正。其银即日契下交收兑足，其田自杜卖之后，任凭受主前去管业、耕种、入户、完粮、过税。亦无回赎找价等情。此系两相情愿，并非强逼，本家大小亲房兄弟等不得异言阻执。如有典押不清，出主自当理值，不涉受人之事。恐口无凭，立此杜卖文契，永远存照。

批一田七斗，内拍四斗，计额租□□□□□□坐落□□□□□。

同治四年十二月日
立杜卖文契人：本房方迎
中人：叶喜茂
亲笔

（八十六）

立杜卖契人，孟分瑞光。今因正事乏用，自愿央中，将自手置归民田一石，计二坵，计额租五石正。坐落破公塘下，破公塘社塘荫注。凭中立契，出杜卖于仲分德纯兄，边为业。三面言定，时值价纹银八两正。其银当日契下交收兑足，其田任凭受主前去管业、召佃、耕种、过税、完粮、并收、入户。自卖之后，永无回赎找价等情。此系两相情愿，本家大小并无异言阻执。恐口无凭，立此杜卖文契，永远存照。

又批上首老契一纸，永远存照。

同治六年二月日
立杜卖文契人：孟分瑞光
中人：方廷凤
亲笔

（八十七）

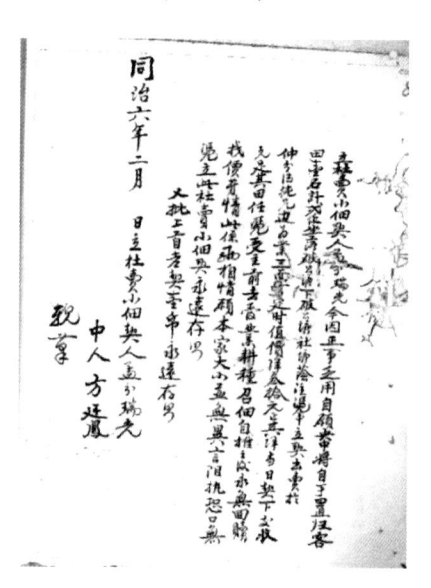

立杜卖小佃契人，孟分瑞光。今因正事乏用，自愿央中，将自手置归客田一石，计二坵。坐落破公塘下，破公塘社塘荫注。凭中立契，出杜卖于仲分德纯兄，边为业。三面言定，时值价洋三十元正。其洋当日契下交收兑足，其田任凭受主前去管业、耕种、召佃。自推之后，永无回赎找价等情。此系两相情愿，本家大小并无异言阻执。恐口无凭，立此杜卖小佃契，永远存照。

又批上首老契一纸，永远存照。

同治六年二月日
立杜卖小佃契人：孟分瑞光

中人：方廷凤
亲笔

(八十八)

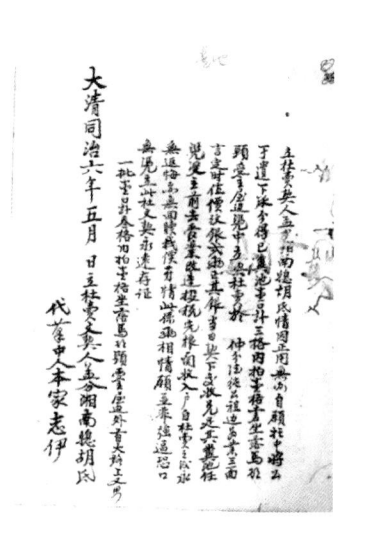

立杜卖契人，孟分湘南媳胡氏。情正用无办，自愿托中，将公手遗下承分得己粪池一口，计三格，内拍一格。土名坐落马理头，受主屋边。凭中立契，杜卖于仲分德纯公祖，边为业。三面言定，时值价纹银二两正。其银当日契下交收兑足，其粪池任凭受主前去管业、改造、投税、完粮、关收、入户。自杜卖之后，永无返悔，亦无回赎找价等情。此系两相情愿，并非强逼。恐口无凭，立此杜文契，永远存证。

批一口计参格，内拍一格，坐落马理头受主屋边，外首大路上，又照。

大清同治六年五月日
立杜卖文契人：孟分湘南媳胡氏
代笔中人：本家志伊

(八十九)

立杜卖民田契人，李分永春、永冬。今因钱粮无办，自愿托中，将父祖遗下民田六斗，计一坵，计额租三石六斗正。土名坐落北漏塘下长罗星脚，亩分字号四至开列于后。凭中立契，出杜卖于仲分德纯公，边为业。

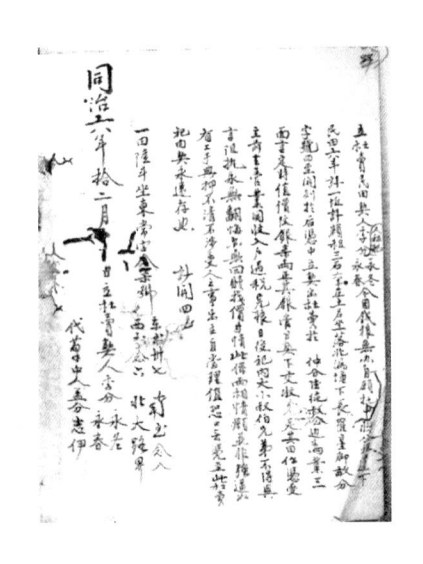

三面言定，时值价纹银七两正。其银当日契下交收兑足，其田任凭受主前去管业、关收、入户、过税、完粮。日后祀内大小叔伯兄弟不得异言阻执，永无翻悔，亦无回赎找价等情。此系两相情愿，并非强逼。倘有上首典押不清，不涉受人之事，出主自当理值。恐口无凭，立此杜卖祀内契，永远存照。

计开四至：田六斗，坐东常字八十七号。

东至三十七，南至念八。

西至念八，北大路界。

同治六年十二月日，立杜卖契人：季分永春、永冬
代笔中人：孟分志伊

（九十）

立杜卖民田契人，本厅凝福。今因钱粮无办，自愿央中，将父手遗下承分得己民田二斗五升正。凭中说合，立契杜卖于本厅德纯，边为业。三面言定，时值价纹银一两正。其银卖日契下交收兑足，其田自卖之后，任凭受主前去管业、耕种、关收、入户、报税、完粮等情。日后永无找价亦无回赎。本家大小亲房人等不得异言阻执。倘有上首典押不清，出主自当理论，不涉受人之事。此系两相情愿，并非强逼。欲后有凭，立此杜卖民田契，永远存照。

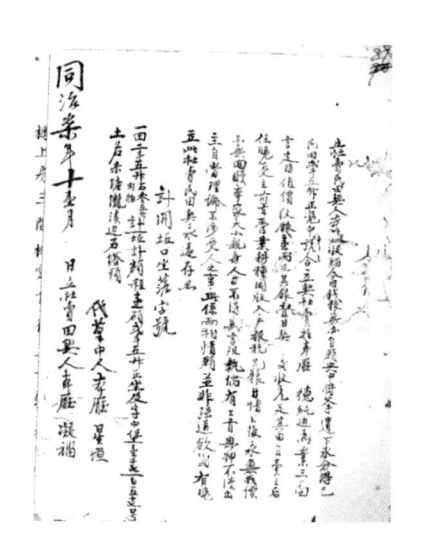

计开坵口坐落字号：

田二斗五正，计一坵，额租一石二斗五升正。坐及字：中堡一千七百五十七号。土名未塘垅淡边石塔头。

同治七年十一月日

立杜卖田契人：本厅凝福

代笔中人：本厅星垣

（九十一）

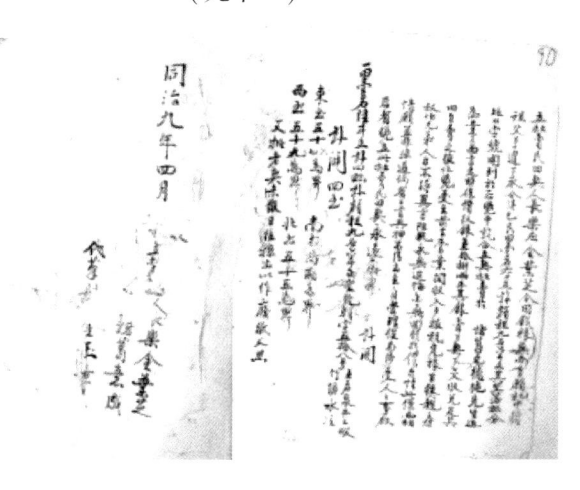

立杜卖民田契人，长乐庄金叶芝。今因钱粮无办，自愿托中，将祖父手遗下承分得己民田一石六斗正，计额租九石七斗正。其土名坐落亩分圩口，字号开列于后。凭中说合，立契杜卖于诸葛宅德纯先生，边为业。三面言定，时值价纹银一十八两正。其银当日契下交收兑足，其田自卖之后，任凭受主前去管业、关收、入户、报税、完粮。日后亲房叔伯兄弟人等不得异言阻执，永无返悔，亦无回赎找价等情。此系两相情愿，并非强逼。倘有上首典押不清，出主自当理直，不涉受人之事。欲后有凭，立此杜卖民田契，永远存证。

　　计开：田一石六斗正，计四亩，额租九石七斗正。字五十八号，竹塘水注，土名泉井工畈。

　　计开四至：

　　东至五十七为界，南至向墈为界。

　　西至五十九为界，北至五十五为界。

　　又批老契未缴，日后拣出以作废纸文照。

同治二年四月日，立杜卖民田契人：长乐金叶芝
中人：诸葛意成
代笔：金玉章

（九十二）

立杜顶田契人，梅科秀。今因正用无办，自愿托中，将父手遗下承分得己客田二斗二坵，土名坐落桐山头大路边。凭中立契，杜顶于诸葛宅纯飞先生，边为业。三面言定，时值价洋银四元正。其洋银即日契下交收兑足，其佃田即顶即推，任凭受人前去耕种、管业、改路、阡葬、附穴。其田塣、皂木大小共计六枚，一应在内，日后自杜顶之后，永无找价亦无回赎。此系两相情愿，并非强逼。今恐口无凭，立此杜顶契，永远存证。

同治九年九月日，立杜顶契人：梅科秀
中人：梅金连
代笔人：梅光炳

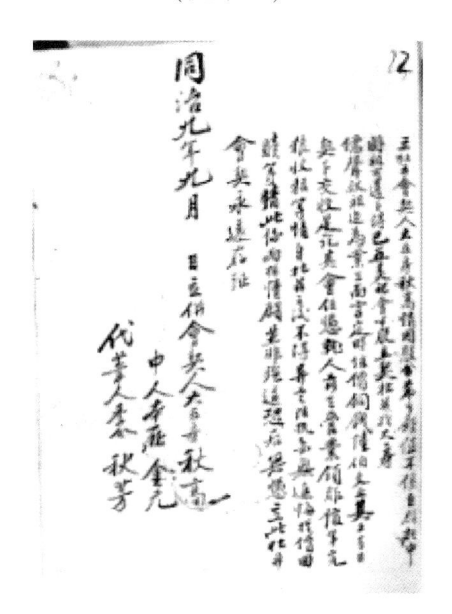

（九十三）

立杜并会契人，大五房秋高。情因股份稀少，理直不便，自愿托中，将祖公遗下得己五美祀会半股，立契杜并于大房儒声叔祖，边为业。三面言定，时值价铜钱陆伯文正。其出当日契下交收兑足，其会任凭就人前去管业、领胙、值年、完粮、收租等情。自杜并立后，不得异言阻执，并无返悔找价回赎等情。此系两相情愿，并非强逼。恐口无信，立此杜并会

契，永远存证。

同治九年九月日
立并会契人：大五房秋高
中人：本厅金元
代笔人：季分秋芳

【封底】

南阳——明德堂记
咸丰肆年拾壹月穀旦
屋契田业总簿

第三章 典型历史文化村落的农业和工商业经济
——李村村个案研究

一 前言

"耕",在传统乡土中国是衣食之源,是持家立足之本。时至今日,散落在历史文化村落内的农耕技艺和农耕传统,依然影响着农业技术变迁和村域经济发展的路径。此外,随着近代手工业的发展,作为副业的工商业逐渐在村域经济中占据一席之地。尤其在 1978 年之后,"集体土地家庭承包制度的建立,恢复了家庭的生产功能,随着家庭积累增加,家庭经营拓展到工业、商业和服务业领域"①,成为农户经济的重要组成部分。

据《玉华李氏宗谱》载,李村是唐代李靖公后裔聚居地。该村距今已有 1000 多年的历史,村中人口大多数为李姓。明、清、民国时期李村曾被两县管辖,以村界路为界,界北属兰溪辖,界南属寿昌县。1949 年 5 月寿昌解放,设立李村区李村乡,称李村区李村乡李村。1953 年李村寿昌界和兰溪界合并归寿昌县管辖;1958 年 11 月寿昌县划入建德县,建德县李村公社李村生产大队;1961 年建德县唐村人民公社李村大队;1981 年檀村公社李村大队;1983 年改为檀村乡李村;1992 年 4 月建德市檀村镇李村;2001 年 9 月 27 日檀村镇更名为大慈岩镇,现建德市大慈岩镇李村村。2007 年村规模重新调整,李村村由李村、下汪畈、白山后、岳家 4 个自然村组成。

目前,全村现有农户 1019 户,常住人口 3150 人,下设 29 个村民小组,行政区域面积 18.24 平方千米,耕地面积 2043.5 亩(其中粮食种植面积 1700 余亩)、园地面积 1350 亩、林地面积 17039 亩、水面养殖面积 110 亩。此外,全村还有来料加工点 10 家,种养专业户 10 多户。2015 年李村村人均收入 8677 元,村集体经营收入 2.96 万元,位列大慈岩镇第二,占大慈岩镇集体经济总收入的 24.26%,较位居第一的陈店村少 0.47

---

① 王景新:《村域集体经济历史变迁与现实发展》,中国社会科学出版社 2013 年版,第 3 页。

万元①。

二 李村村农业经济的发展变迁

农业经济涵盖特定范围内农业部门中生产、分配、交换和消费活动，以及相关关系的完整系统。按照马克思主义的传统观点，农业经济活动由农业生产力和农业生产关系共同构成。生产力由劳动对象、生产资料共同决定，科学技术创新极大地推动了生产力的发展；农业生产关系包括农业生产资料所有制、农业交换关系、农产品的分配和消费关系等。在村域范围内，农业经济的研究对象主要包括：农业生产中的劳动者，主要涉及人口和劳动力的变化；以土地资源为主的劳动对象；以生产工具为主的劳动资料；以及农业生产和产品的分配等。

（一）李村村的农业资源

1. 土地和水资源环境

在农业生产过程中，土地是最重要的生产资料，土地资源的不可再生性和不可替代性也凸显了其在农业生产过程中的重要地位。由于村域范围内的土地资源往往置身于一个更大范围的地域和社会背景之下。因此，研究李村村的土地资源首先要分析和探讨县域范围内的土地资源环境。如前文所述，虽然李村村在一个较长的历史时期内隶属于寿昌县，寿昌县自三国吴黄武四年（225）建县②，1958年撤销县级行政编制并入建德县，但考虑到行政机构存续和历史渊源，对李村村外部环境的剖析以建德县为依据。

建德县土地面积的资料相对缺乏，因此，我们更关注耕地的数量及其变化。就耕地状况而言，建德县山多地少、土壤贫瘠，耕地大部分分布于河谷两岸及山坡阶梯，清计楠《严州行》③中有记载："……一分田地一分水，八九分山如剑脊……地产只供三月粮，米盐布帛他方入"，这为寿昌县耕地数量的缺乏和土地的贫瘠提供了很好的例证。

从已有的文献资料来看，清乾隆、道光年间为耕地最多时期，此后建

---

① 数据来源：李村村的实地调查。下文有关李村村的数据，如未标明实际来源，皆来自笔者及调研团队的实际调研。

② 建德县志编纂委员会：《建德县志》，浙江人民出版社1985年版，第1页。

③ 北宋宣和三年（1121），建德县和寿昌县隶属于严州；清宣统三年（1911）年设立严州军政分府，建德县和寿昌县属之。计楠诗中的严州指寿昌县和建德县。

德县的耕地数量逐年减少，呈现出以下特点：

第一，战争是封建社会农村耕地数量锐减的重要因素。在每一个朝代的历史初期，耕地的数量均相对较少。其中一方面原因可能在于清册土地时，实际土地面积大于纳税的土地面积，导致上报的土地面积偏少；另一个原因在于频繁的战乱使得土地抛荒的现象愈加严重。建德县耕地面积从道光四年（1824）的247627亩减少到民国七年（1918）的178568亩，耕地面积下降了27.9%；寿昌县耕地面积从乾隆十九年（1754）的167413亩减少到民国七年（1918）的135588亩，下降了19%。在战争时期，劳动力从事农业劳动的有效时间减少，农业劳动风险的增加也直接导致耕地数量的下降。因此，长期的战乱是导致耕地面积下降的直接因素。

第二，灾荒以及由此所导致的水土流失，也是耕地数量减少的原因。从民国二十年（1931）到民国二十二年（1933），建德县耕地面积从230700亩减少到216176亩，减少了14524亩，寿昌县耕地面积从161285亩减少到154624亩，减少了6661亩（表3-1）。其原因在于，民国二十二年（1933），"梅雨兼旬，河水泛滥，梅城受淹，太平桥畔水齐屋檐，大南门口水深八尺"[①]，洪涝灾害使耕地面积急剧减少。

表3-1　　　新中国成立前建德县和寿昌县耕地的历史变化　　　单位：亩

年份	建德县 水田	建德县 旱地	建德县 合计	寿昌县 水田	寿昌县 旱地	寿昌县 合计
乾隆十九年（1754）				128451	38962	167413
道光四年（1824）	163387	84240	247627			
民国七年（1918）	130822	47746	178568	120137	15451	135588
民国二十年（1931）	139732	90968	230700	114285	47000	161285
民国二十二年（1933）	143054	73122	216176	111368	43256	154624
民国二十九年（1940）			222434			145422
民国三十年（1941）	143891	79179	223070	120367	15713	136080
民国三十六年（1947）	143619	79947	223893			134000

数据来源：《建德市土地志》，中国大地出版社1999年版，第44页。原文中有错误，通过查询《建德县志》《寿昌县志》和《浙江经济统计年鉴》，已校正。

新中国成立后建德县耕地面积的变化（表3-2）呈现出新的特点：

---

① 建德县志编纂委员会：《建德县志》，浙江人民出版社1985年版，第9页。

第一，耕地面积持续减少，人均耕地面积下降迅速。总耕地面积从1949年的304186亩减少到1995年的267282亩，下降幅度为12.1%，而人均耕地面积由1.353亩减少到0.536亩，下降幅度为60.4%，人口的迅速增加是人均耕地面积锐减的主要原因。

第二，虽然自然灾害仍然使耕地面积减少，甚至某些年份自然灾害的影响比较明显，但自然灾害已不是耕地面积减少的主要原因，这与新中国成立前具有明显的不同。在所有年份中，仅有1955年和1958年因自然灾害减少的耕地面积超过1000亩，分别为1195亩和1069亩，占减少耕地面积的34.5%和12.6%。

第三，国家建设用地占用是农村耕地减少的主要原因。分阶段来看，1950年到1959年水利设施的修建是占用耕地的主要原因；1957年到1961年交通设施占用耕地的比例较大；国家基础设施建设占用耕地的比重在1957年到1971年、1980年到1995年相对较多；乡村集体基础设施建设从1972年开始比重逐渐增加。其原因为，在政策外力的影响下，建设用地的占用具有明显的阶段性特征，特定历史时期内建设用地的占用相对集中。

第四，虽然建德县总耕地面积减少，但每年都有新增耕地。1980年之前新增耕地的主要原因是荒地的开发，劈山造田、溪滩改田等行为增加了耕地面积，其中1956年新开垦荒地5253亩，1961年开垦荒地面积更是达到了9288亩；1980年之后新增耕地面积逐渐减少，平整土地逐渐成为新增耕地的重要来源，但面积增量有限。

表3-2　　　　　　　建德县新中国成立后耕地面积变化　　　　　　单位：亩

年份	耕地面积	人均耕地面积		水田面积	旱地面积
		总人口平均	农业人口平均		
1949	304186	1.353	1.464	252592	51594
1951	314134	1.308	1.396	256776	57358
1953	311865	1.200	1.325	256903	54962
1955	312044	1.120	1.261	256427	55617
1957	295470	0.866	1.167	249518	45952
1959	289467	0.790	1.038	243007	46460
1961	296263	0.839	1.022	240260	56003
1962	307549	0.854	0.999	239204	68345

续表

| 年份 | 耕地面积 | 人均耕地面积 ||水田面积|旱地面积|
		总人口平均	农业人口平均		
1963	291162	0.773	0.894	244021	47141
1965	289385	0.723	0.827	248731	40654
1967	288526	0.694	0.786	251111	37415
1969	284163	0.732	0.834	248599	35564
1971	273613	0.686	0.782	244681	28932
1973	273300	0.675	0.770	245580	27720
1975	275300	0.666	0.757	247951	27349
1977	277499	0.658	0.749	251099	26400
1979	278302	0.651	0.748	251196	27106
1981	280381	0.647	0.750	250312	30069
1983	281003	0.635	0.744	250402	30601
1985	278020	0.617	0.749	247100	30920
1987	277130	0.597	0.709	246491	30639
1989	277242	0.579	0.690	246445	30797
1991	276116	0.567	0.678	245763	30353
1993	270895	0.549	0.66	241868	29027
1995	267282	0.536	0.649	238509	28773

数据来源：建德市土地管理局：《建德市土地志》，中国大地出版社1999年版，第44—46页。

2. 李村村的土地资源

新中国成立后李村村的耕地面积在整体上有所减少，从时间序列来看（表3-3），耕地面积呈现阶段性的波动，1962年李村村耕地面积为1727亩，为阶段时期内耕地面积最多的年份，此后李村村耕地面积先是减少，1967年耕地面积最少，为1575亩，之后李村村耕地面积逐渐增加，到1978年达到1710亩，到1988年又减少到1578亩。2011年、2014年和2015年耕地面积分别为2044亩、2022亩和2022亩，其原因是2005年李村与白山后村、岳家村和下汪畈村合并，形成新的建制村李村村，由原来的18个村民小组扩展到28个村民小组，村域耕地面积也随之扩大。

表 3-3　　　　　李村村新中国成立后耕地面积变化　　　　单位：亩

年份	耕地面积	其中 水田	其中 旱地	国家建设占用	乡村基建占用
1962	1727	1657	70		
1964	1638	1638	0		
1965	1681	1649	32	22	
1967	1575	1575	0		
1968	1607	1607	0		
1969	1617	1609	8		
1970	1692	1526	166		
1971	1671	1599	72		
1972	1671	1599	72		
1974	1627	1601	26		
1976	1627	1601	26		
1977	1703	1647	56		
1978	1710	1567	143		
1979	1710	1567	143		
1980	1710	1567	143		
1981	1708	1567	141		
1982	1703	1560	143	4	3
1983	1703	1560	143		
1984	1703	1560	143		
1986	1588	1445	143		10
1988	1578	1435	143		
1990	1578	1435	143		
1991	1578	1435	143		
1993	1578	1435	143		
1995	1578	1435	143		
1997	1578	1435	143		
1998	1603	1435	168		
1999	1603	1435	168		
2011	2044				
2014	2022				
2015	2022				

数据来源：1962—2000 年和 2011 年、2014 年和 2015 年《建德县唐村公社农业统计年度总结报告表》《建德县农业统计报告表》《建德县农业统计年报》《建德市农村经济统计年报表》等。

与建德县相比，李村村耕地面积的变化幅度更小，其特征如下：

第一，李村村耕地在最大限度上得到了有效的保护。李村村的耕地面积从1962年的1727亩到1999年的1603亩，耕地面积共减少124亩，减少了7.2%，而建德县从1962年到1995年耕地面积减少了13.1%，远大于李村村耕地减少的幅度。

第二，李村村通过土地平整和荒地开垦，有效地提高了土地的使用效率，增加了耕地面积。在建德县开垦荒地和溪滩改田的大背景下，除去改造为林地、果园等所占用的耕地，李村村在1970年净增耕地75亩，1977年净增耕地76亩。

第三，由于距离城镇较远，李村村并未因土地征用或建设用地等因素大面积占用耕地。李村村仅在1965年、1982年和1986年存在建设用地占用耕地的情况，且1965年最多，占用22亩。

第四，耕地转向林地，尤其是向果园的转换是李村村耕地减少的主要原因。从1962年到1999年，李村村柑橘种植面积共增加了735亩，除了新开垦荒地外，其所占用的土地主要来源于李村村原有的耕地。

3. 李村村的水资源

建德市主要的河流包括新安江、兰江、七里泷和寿昌溪，均为常年河，其中寿昌溪为建德市发源的主要河流，流域面积693平方千米，源口水文站为该溪总控制站，控制面积达到687平方千米，其水位、流量随流域内降水情况而变化。建德市境内诸小溪流，源短流急，急流时间短，属于湿润地区蓄满产流形式，暴雨时易成灾害，而李村村得益于良好的地形位置，自明清以来并未有遭遇洪涝灾害的记载，这也在对村内老人的访谈中得到了证实。

从气候状况来看，建德市气候温暖湿润、雨量充沛、四季分明，属于中亚热带北缘季风气候。建德市年降水量达到1500毫米，雨日160天，6月降水最多，11月降水最少，年平均相对湿度78%。全市各地各时期雨量分布较一致，全年降水主要集中在春季至夏初，大致可分为春雨、梅雨两个多雨季，盛夏和冬季两个相对较少的时期。

在调查资料中笔者并没有得到水资源的相关统计资料，但从李村村水面养殖面积的状况可以分析李村村的水资源状况，目前李村村水面养殖面积达到110亩，这可以从侧面反映出李村村较为丰富的水资源状况。与之形成对比的是，李村村在解放前十年九旱，由于高山为屏，雨水直接流向寿昌溪，李村村的水田灌溉只能依靠水塘。一直到1958年解放水库开始建设，李村村的干旱问题才得以解决。解放水库集雨面积达到10.08平方千米，总库容385万立方米，正常库容达到290万立方米，配套上下干渠两条，总长10.5千米，工程于1958年动工，1964年建成。解放水库的建成为李村村的农田灌溉提供了稳定的水源。

李村村的水田面积，以及水田面积占耕地面积的比例一直保持相对稳定状态。从水田面积的绝对数量来看，李村村水田面积一直保持在1400亩以上，且水田面积占耕地面积的比例一直稳定在90%以上。水田面积的变化受国家政策的影响，尤其与农产品的价格调控有密切关系，但其与水资源环境的变化有更直接的关联，水田面积长期保持稳定最根本的条件是村落水利资源的可持续利用。

(二) 生产工具及其历史变化

生产和使用工具是人类劳动进程中独有的特征，也是人类区别于其他动物的标志。作为生产力三要素的组成部分，生产工具在农业生产过程中扮演了更重要的角色。其原因在于，虽然人是生产力中的能动要素，但人类对自然的驾驭能力需要借助于一定的媒介进行表达，生产力水平的提升更多地依靠生产工具发挥作用，在农业生产过程中尤为明显。农业生产工具的演变和进步代表着农业生产技术水平的上升，生产工具的复杂化和精细化，是推动生产力进步的重要因素。因此，在分析李村村的农业生产过程中，生产工具的演变是重要的研究内容。

1. 古代的农业生产工具

农业劳动工具随着社会的进步而不断发展，农业生产工具的不断进步也推动着生产力的发展。春秋战国时期以后，冶铁业开始兴起，到两汉时期，铁制农具逐渐开始应用和普及，逐渐成为"民之大用"。在传统农耕社会，使用农业生产工具的目的在于提高劳动生产力，并在此过程中对劳动者进行相应的保护。李村村在传统农业时代的生产工具与其他地区的农村并没有太大差异，具备典型江南农村农业生产工具的基本特征。

李村村的旅游景点"连三进"民居内仍然有传统农耕时期的生产工具。从生产工具的类型来看，第一类为耕作工具，主要有曲辕犁（江东犁）、耖和耙等。曲辕犁在唐代后期的江东地区已经逐渐出现并开始普及，在传统农耕社会，这是李村村主要的农业耕作工具，传统农耕时代李村村的农业耕作工具与其他区域农村相比较并不存在特殊性。

第二类为加工类的农具，主要为脱粒机和脱谷机等（图3-1）。农业加工类工具进一步提升了农业生产的技术水平，与耕作类的工具相比较，此类农具的出现时间更晚，在工具的制造和使用上也相对更加复杂，但由于其动力仍然为人力，在工作效率上仍然存在很大的上升空间。

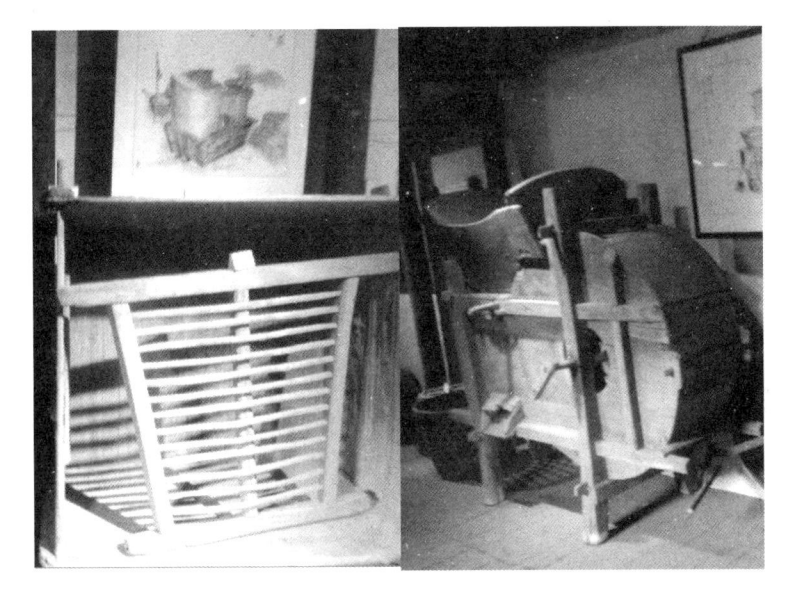

图 3-1　加工类农具（脱谷机和脱粒机）

第三类工具为劳保类工具，包括棕衣、竹篓、织草鞋机、纺线机等。此类工具既可以作为生产工具，又可以作为生活用具（图 3-2）。

图 3-2　劳保类工具（织草鞋机、纺线机）

2. 新中国成立初期的生产工具

李村村在新中国成立初期主要依靠上述农业生产工具进行生产，从生产的动力来看，除依靠人力外，最主要的动力来源是畜役力。因此，耕牛作为主要的畜役力，在某种程度上成为除土地之外最重要的生产资料，耕牛的数量变化也成为衡量农民生产工具的重要指标。从整体变化趋势来看，1962年到1990年黄牛数量的变化趋势与水牛数量的变化趋势一致，而1990年之后黄牛和水牛的变化趋势相反。其可能的原因在于，1990年之前无论黄牛还是水牛，均作为生产资料出现在农村家庭，而1990年之后，耕牛作为生产资料的特征逐渐弱化，尤其是黄牛数量的变化，在此后不再具备显著的生产资料特征。根据李村村的耕地状况和农民消费习惯可知，水牛作为生产资料的特征更为明显。

李村村耕牛数量的变化具有明显的阶段性特征：1962年到1969年，耕牛的数量呈现增加的趋势；1970年到1982年，水牛的数量呈现波段式上升，黄牛的数量持续下降；1982年到1984年，耕牛的数量有小幅度上升；1985年以后，水牛的数量持续下降，而黄牛的数量在1985年到1995年下降，1995年以后又开始增加。耕牛数量的变化很好地诠释了李村村农业工具的发展，随着农业机械的逐渐普及，耕牛作为畜力的比例持续性下降。

3. 公社时期的农业机械状况

李村村在公社时期已逐渐开始使用农业机械，此后农业机械的使用逐渐普及。李村村农业机械的使用情况见表3-4。

表3-4　　　　　　　李村村农用机械的数量及其变化

名称＼年份	1962	1965	1968	1971	1974	1977	1980
农副产品加工柴油机（台/马力）			1/22	2/44			
农副产品加工电动机（台/千瓦）				2/15	3/34	3/34	9/71
农业排灌电动机（台/千瓦）						4/45	5/58
农业排灌柴油机（台/马力）							2/16
农用水泵（台）				1	1	4	3
潜水泵（台）							5/10
水车（包括木制）（部）	244	35	39				
双轮双铧犁（部）	4						

续表

年份 名称	1962	1965	1968	1971	1974	1977	1980
机引农具（台）				2	3	5	11
机引农具其中①机引犁（台）				1	1	2	5
②机引耙（台）				1	1		
③旋耕机（台）					1	3	6
碾米机（台）			1	2	1	1	2
磨粉机（台）			2	3	2	3	5
饲料粉碎机（台）				1	2	2	2
青饲料打切机（台）						1	1
淀粉机（台）						1	1
人力喷雾和喷粉器（架）	21			32	67	48	55
动力喷雾器（台/千瓦）						1/1.5	3/4.5
脚踏打稻机（部）	16	1	11	18	35	19	15
电动打稻机（台/千瓦）					1/1.5	18/27	19/29
手扶拖拉机（台/马力）				1/12	1/12	3/36	6/72
动力脱粒机（台/千瓦）					1/2.5	3/8	11/18
柴油脱粒机（台/马力）							18/54

数据来源：1962—1981 年《建德县唐村公社农业统计年度总结报告表》《建德县农业统计报告表》《建德县农业统计年报》。

李村村农业机械的变化具有以下特点：

第一，李村村的机械动力农业工具的使用相对较晚。一直到 1967 年李村村才在农副产品加工过程中使用柴油机，仅有 1 台共 22 马力的柴油机，且此后一直到 1971 年也仅有 2 台共 44 马力的柴油机。李村村电动机的使用从 1969 年开始，农副产品加工电动机有 1 台，功率为 7.5 千瓦。到了 1971 年，农副产品加工电动机有 32 台，功率为 15 千瓦。此后电动机的数量和功率逐渐增加；除此之外，粉干厂、抗旱水泵房共有 9 台电动机，功率达到 71 千瓦，粮食加工厂电动机总功率约为 8 千瓦。

第二，李村村的农业排灌机械使用的时间更晚。这一方面可能与李村村较为丰富的水资源有关，另一方面也说明李村村农业机械动力的发展仍然相对落后。1977 年农业排灌电动机有 4 台，共 45 千瓦，到 1980 年电动机有 5 台，共 58 千瓦；1980 年农业排灌柴油机有 2 台，共 16 马力。李村村在1971年开始使用农用水泵，1977年增加到4台，到1980年有农用水泵3台，还有5台潜水泵开始使用。1971年后原有的木制人力水车逐渐不再使用，木制水车的数量也不再纳入统计之中。李村村在1962年仍有木制水车244部，到1969年迅速下降到34部，农用水泵对人力水车的替代，使李村村的农业灌溉能力得到有效提升。

第三，农业耕作工具的使用在探索中发展。双轮双铧犁的使用具有很好的代表性，双轮双铧犁在全国的推广使用始于1954年，最早在浙江嘉兴县进行试点，其耕作烂田和二翻田的成功经验，一度被认为是南方水田耕作的有效农具，然而，由于需要两到三头畜力同时耕作，使用过程中很难达到力量的平衡，其使用也受到了很大的制约。1962年李村村还拥有双轮双铧犁4部和插秧机2台，但此后便因其缺陷而被弃用，耕作过程中又开始使用曲辕犁。伴随着柴油机和电动机成为农业机械动力，机引农具逐渐成为农业耕作工具的主流。1971年李村村开始使用机引农具，包括1台机引犁和1台机引耙，1974年开始使用旋耕机，此后机引农具的使用逐渐增加，到1980年，共使用机引农具11台。

第四，公社时期李村村使用的植保农具仍然以人力喷雾器为主。1962年李村村有人力喷雾器21架，此后人力喷雾器的数量逐步增加，到1974年数量达到67架，也是李村村在人民公社时期人力喷雾器数量最多的一年。1977年李村村已经有了1台1500瓦的动力喷雾器，动力喷雾器的使用极大地提高了农业生产效率，此后人力喷雾器的数量逐渐减少，到1980年，李村村有人力喷雾器55台，动力喷雾器3台。

第五，李村村的农产品收割机械主要包括脚踏打稻机、电动打稻机、动力脱粒机和柴油脱粒机。1962年到1972年，李村村使用的均为脚踏打稻机，1962年李村村有脚踏打稻机16台，到1974年达到35台；同时1974年李村村也开始出现电动打稻机，1977年电动打稻机的数量迅速上升到18台，到1980年电动打稻机的数量达到19台，总功率为29千瓦。1974年之前，李村村使用的均为人力脱粒机，到1974年，李村村开始使用1台动力脱粒机，1980年动力脱粒机的数量达到11台，总功率达到18千瓦。1971年李村村已有1辆手扶拖拉机，1980年手扶拖拉机的数量达到6辆。

第六，农产品加工机械相继出现。1967年李村村出现了2台磨粉机和2台碾米机，1970年开始使用饲料粉碎机，1976年使用1台青饲料打切机，1977年有1台淀粉机。农产品加工机械的相继使用，极大地方便了李村村村民的生活，进一步促进了生产力的发展。

(三) 李村村的农业生产

李村村种植的主要农作物包括稻谷、小麦、玉米、大豆和油菜等。新中国成立之前，李村村的耕作制度多为一年一熟或一年两熟。农作物轮作的规律为：冬季种植大麦和小麦、油菜，春季种植早稻和中稻，秋季种植杂粮，即在稻谷收割后至冬播前，抢种一季生长期极短的荞麦等，以弥补粮食不足。由于生产力水平低下，农业生产技术水平落后，农作物的产量较低。新中国成立之后，李村村在1950年开始进行农村土地改革，1951年7月土地改革结束，生产资料也开始逐步分配给农户，这极大地激发了农民的热情，农业生产效率也得以提升。1952年开始，李村村开始组建互助组，到1953年，共成立9个互助组；此后又经历了初级社阶段；到1956年又成立高级社。在此之前，农民的生产积极性仍然很高，农作物的产量也迅速提升。但到高级社以后，农户的土地、牲畜和大型农具等私有生产资料归集体所有；1958年成立人民公社以后，"生产队里都是磨洋工的，出人不出力，工分照样拿（农户访谈）"，加上三年自然灾害，农产品的产量明显下降，农业生产效率也明显下降。

建德县在1961年开始纠正错误，把人民公社的基本核算单位下放到生产队，这较好地克服了生产队之间的平均主义，在保障生产队自主权的同时，也改善了集体的经济管理，农业生产力也逐渐得到恢复。此外，自1964年开始，建德县开始进行良种推广，推广"高秆改矮秆"水稻，大力发展双季稻，其中包括早稻"矮脚南特"、晚粳稻"农垦58"、早稻"广陆矮四号"等。此外，李村村也减少了春粮生产，扩大绿肥种植面积，这都为当时粮食产量的提升奠定了基础。

1982年11月李村村分田到户，农村的生产力得到极大的释放，粮食产量跃升到新的高度，此后粮食产量又开始呈现阶段性波动。一直到2000年，农业经济的核算方式没有发生太大的变化，且李村村仍然以农业经济为主。

1. 李村村的粮食生产 (表3-5)

从粮食种植来看，1961年纠正错误之后，1962年李村村粮食的种植面积为3518亩，总产量为7340担，到实行联产承包责任制之前，粮食种植面积达到3807亩，增加了8%，粮食产量达到22157担，增长了202%，粮食生产效率的上升可见一斑。分细类来看，这种趋势更加明显。1962年李村村稻谷的种植面积为 1757 亩，总产量为 5123 担，1981 年李村村稻谷种植面积达到 2882 亩，增加了 64%，粮食产量达到 19231 担，增长了 275%。从 1982 年到 1999 年，粮食产量则呈现出阶段性变化，其明显的规律为：在农村改革初期，是李村村农业生产的黄金时期，这与我国其他地区的农村情况类似。

表 3-5　　　　　　　　李村村主要粮食产量的变化

年份	粮食、大豆 面积	粮食、大豆 总产量	粮食 面积	粮食 总产量	稻谷 面积	稻谷 总产量	小麦 面积	小麦 总产量
1962	3547	7369	3518	7340	1757	5123	307	368
1964	3017	5672	3016	5671	2361	5147	210	239
1965	3266	9515	3221	9465	2672	8665	213	331
1967	3210	12835	3074	12744	2771	12181	188	324
1968	3032	10293	3031	10012	2767	9499	132	236
1969	3342	12490	3248	12265	2869	11534	167	328
1970	3546	11021	3425	10756	2921	9494	176	379
1971	3602	12965	3495	12770	2823	10982	190	540
1972	3813	13999	3742	13766	2849	11410	157	348
1974	3599	15849	3589	15565	2913	13796	153	429
1976	3438	15862	3432	15658	2996	15044	262	427
1977	3539	16152	3459	15852	2964	14888	331	342
1978	3484	19996	3479	19794	2953	18343	421	1207
1979	3575	23159	3573	22911	2955	21004	571	1704
1980	3798	21054	3798	20862	2920	18138	878	2614
1981	3848	22320	3807	22157	2882	19231	960	2497
1982	4165	24968		24778	2881	21787	1054	2329
1983	4157	24834		24604	2957	20434	1160	3225
1984	4032	29810		29460	2940	24546		
1985	4164	30426	4127	30126	2917	25519		
1986	3780	1236.4	3751	1219.7	2780	1025.5		
1988	3824	1073.5	3784	1052.5	2749	846.8		
1990	3513	977.7	3478	947.2	2593	826.5		
1991	3460	1008.6	3433	992.6	2635	913		
1992	3475	974	3450	960	2620	846	780	94.4
1993			3259	850.4	2569	712.9	650	118.5
1995							550	59.3

续表

年份	粮食、大豆		粮食		稻谷		小麦	
	面积	总产量	面积	总产量	面积	总产量	面积	总产量
1997			3230	919.3	2510	861.3	630	79.9
1998			2930	847.8	2250	761	650	68.3
1999			2610	763.9	1855	672.6	380	45.2

数据来源：1962—1999年《建德县唐村公社农业统计年度总结报告表》《建德县农业统计报告表》《建德县农业统计年报》。面积的单位为亩；产量的单位为担，1986年后单位为吨。

从粮食的种植面积来看，从1962年开始粮食种植面积下降，1964年和1968年粮食的种植面积相对较低，种植面积逐渐增加，到1972年粮食种植面积达到第一个高峰，此后有所回落，一直到1985年李村村粮食种植面积达到新中国成立后最高水平，1986年开始粮食种植面积持续下降，其原因在于，在联产承包责任制的背景下，农户获得了生产经营的自主权，开始选择性地种植各类经济作物，粮食的种植面积就随之下降。粮食产量的变化与粮食面积的变化趋势基本一致，1964年到1967年粮食总产量呈现明显的上升趋势，这与种植面积的变化存在明显差异，粮食生产效率的提升是其背后的逻辑；1967年到1985年粮食产量开始呈现阶梯形上升，1985年李村村粮食产量达到历史最高水平，总产量达到30126担；此后由于种植面积的下降，粮食总产量也开始逐步下降。

作为李村村粮食生产的主要组成部分，其变化规律可以更好地阐释李村村粮食生产的变化规律。从稻谷种植面积的变化来看，从1962年到1970年，稻谷的种植面积持续上升，其原因有二：第一，为增加粮食产量，李村村推广双季稻，提高稻谷的复种指数；第二，改一年一熟为一年多熟，充分利用闲置耕地，种植杂粮。1970年到1985年，稻谷的种植面积出现波动，但一直相对稳定，1986年以后，由于经济作物种植面积的增加，稻谷的种植面积持续下降，这与粮食种植面积的变化一致。稻谷产量的变化与种植面积的变化呈现明显的正相关，不同的是，1986年之前稻谷总产量的变化更为迅速，从图形上来看其变化更为陡峭，而1986年之后稻谷总产量的变化相对于稻谷种植面积更为平缓。其原因为，由于农业产出水平的提升，单位面积稻谷产量增加，稻谷总产量在增长过程中的增速快于稻谷种植面积的增速，而在总产量下降过程中，稻谷总产量的下降速度比耕地面积的下降速度更为缓慢。

除稻谷的种植以外，李村村还种植了小麦、玉米、大豆、蚕豆和大米麦等（表3-6）。李村村玉米的种植面积一直较少，产量水平也处于波动之中；大豆的耕作面积并不稳定，但大豆的总产量却相对稳定地上升；蚕豆播种面积和总产量均相对较少；大米麦的播种面积和产量从1962年开始逐渐减少，直到1969年后才又逐年增加，到1972年大米麦的种植面积达到522亩，总产量达到1220担，为新中国成立后的最高产出水平。此后，由于产出水平的低下，大米麦的种植面积逐渐减少，到1984年李村村不再种植大米麦。

表3-6　　　　　　　　　李村村其他的农产品生产

年份	玉米 面积	玉米 总产量	大豆 面积	大豆 总产量	蚕（佛）豆 面积	蚕（佛）豆 总产量	大米麦 面积	大米麦 总产量
1962	210	275	29	29	10	10	502	497
1964	65	40	1	1	49	32	289	213
1965	33	40	47	50	13	2	257	311
1967	7	14	38	81	3	4	167	224
1968	9	12		281	3	3	100	156
1969	11	26	94	225			107	169
1970	46	90	121	265			157	281
1971	16	19	107	195			350	873
1972	75	164	71	233	32	58	522	1220
1974	36	76		284	21	47	422	917
1976	5	14	15	204	9	18	156	169
1977	29	69	80	300	10	22	77	67
1978	20	42		202	4	10	36	61
1979				248	12	29	13	20
1980			22	192	4	8		
1981	1	1		163		4	2	4
1982				190	5	8	21	42
1983				230	38	38	2	7
1984				350				
1985			37	300				
1986			29	16.7				
1988			40	21				

续表

年份	玉米		大豆		蚕（佛）豆		大米麦	
	面积	总产量	面积	总产量	面积	总产量	面积	总产量
1990			35	30.5				
1991			27	16				
1992			25	14	5	0.6		
1993				15				
1995					1	0.1		
1997				12				
1998			16	10	0.95			
1999				18	95	4.75		

数据来源：1962—1999年《建德县唐村公社农业统计年度总结报告表》《建德县农业统计报告表》《建德县农业统计年报》。面积的单位为亩；产量的单位为担，1986年后单位为吨。

2. 李村村的副业生产

在传统农业的概念中，副业是指农户从事主要农业生产之外的其他生产事业，包括经济作物种植、林业、畜牧业、渔业及家庭农业，以及依附于农业具有生产性质的活动。在人民公社时期，副业的内涵更广，原属于农业生产范畴的内容也被列入副业之中。副业生产是农村粮食生产的重要补充，李村村在着力发展农业生产的同时，副业生产也得到了有效的改善。截至2015年，农村仍然有园地1350亩，林地17309亩，水面养殖面积110亩。1962年到1985年李村村副业生产的变化（表3-7）所示，李村村的副业产品种类丰富，除表3-7列出的内容之外，李村村的副业产出还包括蚕茧、家兔、马料豆、芋艿、烟叶等，但由于此类副业生产的产品产量相对较少，在这里并没有专门列出。

表3-7　　　　　　　　　　　李村村的副业生产

年份	蔬菜（担）	水果（担）	生猪（头）	牛（头）	羊（头）	蜜蜂（箱）	鱼类（担）	甘蔗（担）	茶叶（担）	油菜籽（担）	毛竹（支）
1962			203	54	150					4	
1964	214		727	52	17					43	
1965	164		639	55	14			5		28	
1967			1216							20	
1968			892	65	2			38		19	
1969	72		851	64	1			372		30	

续表

年份	蔬菜（担）	水果（担）	生猪（头）	牛（头）	羊（头）	蜜蜂（箱）	鱼类（担）	甘蔗（担）	茶叶（担）	油菜籽（担）	毛竹（支）
1970			1777	61	2		50		10	63	
1971	2310	70	2053	53					25	73	360
1972		62	1857	58	7				16	91	1000
1974	1437	94	2200	62	17	14	69		26	79	
1976	1761	10	1837	54	50	32	78		50	86	1500
1977	1757	185	1601	56	18	35	71	150	58	134	3390
1978	1449	36	1652	53	5	7	56		55	195	3140
1979	2370	205	2137	53			52	405	42	135	500
1980	2370	470	2272	55	30	84	63	85	52	104	2650
1981	2313	670	2147	51	41	80	72	100	54	214	2000
1982	4603	1814	2261	58		100		49	60	307	
1983	8000	2015	2265	68		130			35	400	
1984	7500	2338	2129	65		150			48		400
1985	8000	2379	2294	60		150			15		600

数据来源：1962—1985 年《建德县唐村公社农业统计年度总结报告表》《建德县农业统计报告表》《建德县农业统计年报》。

由于蔬菜和水果的运输成本较高，加上新鲜蔬菜和水果储存条件有限，与市场的距离决定了蔬果生产的地理半径，李村村作为建德市农副产品的集散地，其蔬菜的生产发展迅速，1964 年李村村蔬菜的产量是 214 担，到 1985 年李村村的蔬菜生产达到 8000 担，是 1964 年产量的 37 倍；与蔬菜的生产类似，1985 年李村村水果产量已达到 2379 担，是 1971 年产量的 34 倍。

李村村的养殖业也在人民公社时期迅速发展。1962 年年底生猪存栏数量为 203 头，1967 年迅速增加到 1216 头，1971 年则达到 2053 头。生猪的饲养一方面提高了农村集体的经济收入；另一方面，猪粪便成为最好的农作物种植的底肥，为农产品产出水平的提升创造了条件。生猪的饲养可以圈养，而牛羊的养殖一般需要更多的场地，李村村受到地形条件的限制，牛羊的养殖数量相对较少。从 1974 年开始，李村村开始养蜂，但养蜂的数量仍然较少，1985 年有蜜蜂 150 箱，经济效益也有限。

李村村的渔业和林业在人民公社时期并未形成规模。1970 年李村村才开始淡水养鱼，1981 年产量达到 72 担，也未形成规模。实行家庭联产承包责任制之后，淡水养鱼的数量未列入统计。但此后李村村的渔业有了一定程度的发展，截至2014年，李村村淡水养殖的规模达到110亩。2015年李村村林地面积为17309亩，但在人民公社时期，从毛竹的产量来看，林业的经济效应未能充分发挥，李村村1977年毛竹的产量最高，达到3390支，其他年份产出量更少，并未形成规模。

其他经济作物也有一定程度的发展。茶叶的产量从1970年的10担增加到1982年的60担，增长率仍然可观；1962年油菜籽的产量为4担，此后油菜籽的产量逐年增长，1983年油菜籽产量达到400担，油菜成为李村村最主要的油料作物。

根据可获得的统计资料（表3-8），李村村自1971年以来经济收入持续增加，且呈现快速上升的趋势。分阶段来看，在人民公社时期，李村村仍然是典型的农业社会，非农产业的比重相对较低，到1982年，包括林业、畜牧业、渔业等在内的其他"副业"产值的比重仅为12.15%，农业产值的占比高达87.85%。之后，非农产业的比重迅速上升，1988年非农产业占比已经达到63.80%，到2011年，非农产业的比重已经达到90.01%。

表3-8　　　　　　　　李村村经济收入及结构　　　　　单位：万元、%

年份	总收入	农业	林业	畜牧业	渔业	工业	建筑业	交通运输业	商饮业	服务业	其他	非农业合计	非农业比重
1971	17.65	13.81	0.56	0.83							2.46	3.83	21.81
1974	18.82	15.71	0.74	0.22	0.006						2.14	3.11	16.50
1976	19.35	15.83	0.41	0.37	0.008						2.73	3.52	18.19
1977	19.85	16.20	0.58	0.34	0.017						2.72	3.65	18.39
1978	25.09	20.68	0.77	0.49	0.017						3.14	4.41	17.58
1979	29.30	25.28	0.15	0.23	0.015						1.05	4.04	13.72
1980	29.20	25.16	0.54		0.032						1.42	4.04	13.84
1981	32.06	29.22	0.34		0.019						2.48	2.84	8.86
1982	41.64	36.58	0.14	0.002	0.014						4.90	5.06	12.15
1983	63.75	41.07		13.62	0.120						0.89	22.68	35.57
1984	75.76	44.04		11.82	0.070						19.90	31.72	41.87
1985	58.68	51.62	0.26		0.050	2.25					1.740	7.06	12.03
1986	117.52	90.20	2.00	18.50	0.500	1.30	6.32	2.00	0.81	0.21	2.00	27.32	23.25
1988	165.80	60.02	11.18	63.90	0.200	7.30	1.00	3.20	1.00	6.05	6.00	105.78	63.80

续表

年份	总收入	农业	林业	畜牧业	渔业	工业	建筑业	交通运输业	商饮业	服务业	其他	非农业合计	非农业比重
1989	168.62	81.13	3.00	54.49	0.600	4.00	3.00	6.00	2.00	3.00	3.10	87.49	51.86
1991	163.44	86.28	0.80	44.50	0.600	6.31	2.50	3.10	3.30	3.10	4.80	76.62	46.88
1993	265.02	99.00	9.54	76.05	0.580	7.70		4.40	5.00	52.00	7.75	166.02	62.64
1995	426.78	163.06	18.52	103.10	2.360	23.10		14.00	12.00	80.00	10.64	263.72	61.79
1996	463.93	209.41	2.65	108.42	1.340	21.00	15.00	15.00	13.00	63.00	15.11	254.52	54.86
1997	475.05	204.44	3.34	114.50	1.330	25.00	10.00	20.00	15.00	65.00	16.44	270.61	56.96
1998	488.73	183.81	1.00	88.80	2.000	25.00	9.00	21.00	16.00	110.00	32.82	304.92	62.39
1999	509.86	195.40	0.50	95.00	2.000	19.00	8.00	23.00	15.00	115.00	36.96	314.46	61.68
2011	7125.60	711.80	11.00	400.30	23.700	5116.00	55.90	135.60	295.10	225.30	150.90	6413.8	90.01
2014	9654.44	1228.57	21.40	622.16	21.600	6418.25	87.26	185.88	503.82	376.98	188.52	8425.88	87.27
2015	10488.83	1205.56	22.56	617.68	21.780	7108.36	95.26	190.25	592.12	436.74	198.52	9283.27	88.51

数据来源：《建德县唐村公社农业统计年度总结报告表》《建德县农业统计报告表》《建德县农业统计年报》《建德市农村经济统计年报表》等。

从李村村的产业结构来看，改革开放以后，第一产业的比重下降，第二产业的比重迅速增加，第三产业的比重逐步上升，形成了三次产业有序发展的格局。到了2015年，李村村第二产业占比达到70%，这意味着李村村已经成为典型的工业型村落。

（四）李村村的收入分配

人民公社时期，李村村的经济收入主要来源于三个方面：其一，主要农产品种植获得的收入；其二，被当时称为"副业"的林业、畜牧业、渔业经营收入；其三，大队和生产小队的企业经营收入。主要支出有：一是生产成本，其中包含生产费用、管理费用和其他费用；二是以公粮形式缴纳给国家的税金；三是集体提留，包含公积金、公益金、生产基金、粮食储备等。

村域经济总收入在进入分配之前，要进行必要的扣除，其中包括缴纳国家农业税、生产大队和小队的各项提留以及生产费用和种子等。国家税、集体提留等各项扣除都有严格的比例。到结算时，生产队必须按照各项扣除的比例规定，制定本生产队的收入及分配方案，向公社党委呈报，公社党委会议讨论同意、批准之后，生产队才能进入分配核算程序。

李村村的社员分配以生产小队为单位核算、按社员劳动工分分配。根据李村村村民LLZ[①]等人的回忆：

> 人民公社时期，工分是进行分配的重要依据，工分通过劳动获得，没有劳动就没有工分。在集体生产时，只要去参加就可以分得工分，即使不干活也有工分，所以容易出现"出人不出力"的情况，效率不高。在当时，一个劳动力是10个工分，半个劳动力5个工分，比整劳动力低的有7分或者8分等，根据劳动者的劳动能力定工分。工分最高的每天10个工分，最低的还有4分，比如女性和未成年人。学生在节假日提倡勤工俭学，学生参加集体劳动时按照工作量计算工分，比如割稻子，每割完一亩确定一定的工分。每天晚上农户都要到生产队里进行评工分，评定工分的时候都定好的，你有10分就10分，9分就9分。女的一般是男的一半，有的劳动能力强的也有6分或者6分半。除干活算工分外，肥料算投资也可以算工分。

到了年终结算，生产队会计将全队社员全年的劳动工分、农家肥折算的工分等，分户加总得到每一农户的全年工分，再加总全队所有农户的总工分，然后用总工分去除生产小队可以用于分配的收入，得到每个工分的"分值"，再用"分值"去乘每一农户全家的工分，得出每一个家庭的总收入，再减去每一农户的"社员往来"，就是农户当年的收入分配。李村村是把总工分折算成总劳动日，算出劳动日的"分值"，再计算农户的分配（表3-9、表3-10）。

表3-9　　　　　　李村村（人民公社时期）社员分配

单位：户、人、天、元

年份	参加分配（户数）	参加分配（人数）	社员分配总额	年人均（元）	社员超支户数	社员超支资金
1967	457	1940	131186			
1968	466	2017	74663	38		
1969	481	2073	87126	42		
1970	498	2136	73630	34		

---

① 依学术规范，本文中所有受访者姓名均采用化名处理。

续表

年份	参加分配（户数）	参加分配（人数）	社员分配总额	年人均（元）	社员超支 户数	社员超支 资金
1971	511	2156	105250	48		
1972	520	2164				
1974	520	2202	127723	57	262	8940
1976	567	2270	129135	57	316	12681
1977	583	2297	123886	54	361	14447
1978	594	2304	168202	73	263	40835
1979	588	2308	192503	83	283	13034
1980	595	2297	184497	80	312	17758
1981	618	2313	179041	77	182	8850
1982	616	2266	288921	127.73	155	9600

人民公社时期，生产队的粮食先留好预备粮和种子粮，剩余的按照"一五八五"分，口粮是85%，15%是工分粮。工分粮是按照工分兑换粮食，口粮根据年龄划分，具体标准是1岁到2岁每人80斤，3岁到4岁每人160斤，5岁到8岁每人240斤，9岁至12岁每人320斤，13岁到15岁每人400斤，16岁到18岁每人500斤，18岁到60岁每人600斤，60岁以上每人550斤。户主为居民户口，其家属为农业户口的，需要向生产队购买口粮，与其他农户价格一样。凡是农业户口从事其他行业不参加集体劳动生产的，一律按照每天1元或0.8元投资集体购买10个工分，每劳动力每月定额20—25个工作日，到年终结算按照每10个工分分红比值折合钱购买口粮，不足部分，按照平价买足口粮。

表3-10　　　　　李村（人民公社时期）社员分配　　　单位：人、斤

年份	分配人数	粮食总量	国家征购	种子	饲料粮	储备粮	其他用粮	社员口粮	人均分粮	累计储备粮
1967	1940	1291910	156993	76914		33889		953511	8879	
1968		1036003	150013	70408		7476	4019	741131	367	
1969	2073	1249066	145148	72935	9110	37864	4836	979173		39874
1970	2136	1102225	150314	116978	31050	22962	5417	775504		49956
1971	2156	12965	1450	1050	397	257	98	9753		507
1972	2164	13999	1427	999	550	312	94	10617	491	

续表

年份	分配人数	粮食总量	国家征购	种子	饲料粮	储备粮	其他用粮	社员口粮	人均分粮	累计储备粮
1974	2202	15849	1479	1066	447	162	353	11102	504	444
1976	2270	15878	1415	1128	430	145	440	11156	492	1537
1977	2297	16152	1584	1254	433	171	410	11034	488	1628
1978	2304	19996	2193	1249	122	177	402	15853	620	1596
1979	2308	23159	2840	1179	250	86	105	16518	715	1593
1980	2297	21054	2568	1041	58	64	1148	13953	610	1551
1981	2313	22320	5353	907	392	91	277	13190	447	1086
1982	2266	23764	5488	811	17	3	265	10814	469	

数据来源：李村村的会计资料。

三 李村村工商业经济的发展历程和现实情况

李村村隶属的建德县，其手工业和商业的发展历史久远，明代就有手工业匠人的出现。当时手工业匠人主要为民众制作生产工具和生活用品，以满足日常生活和生产的基本需求。明末清初，建德县开始出现手工业作坊，民国后家庭经营的手工业匠人开始逐渐发展成为城镇作坊和手工业店铺，包括木器、竹器、铁器等二三十个行业。

另外，得益于水运交通枢纽以及宋代政治和经济中心的转移，建德县商业在南宋和明朝时期都曾出现过短暂的繁荣，此后重农抑商的思想限制了商业的发展，一直到清朝末年，这种状况开始发生了变化，到1929年，建德县资本额在百元以上的商号达到195家[1]，然而抗日战争爆发导致市场萎缩，建德县商业的发展受到限制，一直到抗日战争胜利后，建德县的商业才有了进一步发展。

新中国成立后，李村村的工商业经济也迅速发展，但由于接下来的农村社会主义改造，工商业经济逐渐从家庭所有过渡到集体所有，社队企业出现。直到1981年后，李村村才重新出现工商业专业户。

（一）工业原料供应

工业原料的供应是促进农村工业发展的基础。按照传统的划分方法，工业原料作物主要包括棉花、烟叶、麻类作物、糖类作物、油料作物和药

---

[1] 建德县志编纂委员会：《建德县志》，浙江人民出版社1985年版，第346页。

材等。为了扩大工业产品的市场供应，促进工业生产的发展，1958年8月30日中国共产党中央委员会、国务院发布的《关于加强棉花、烟叶收购工作的指示》要求各地采取"快收、多收、收好、收足"的方针，切实做好棉花、烟叶的收购工作，以便在更大程度上促进工农业生产的大跃进。在此背景下，建德县也开展了棉花、烟叶等工业原料的种植与供应工作。但由于李村村人均耕地数量较少，加上长期缺粮少油，油料作物尤其是油菜籽是李村村种植的主要工业原料，而棉花和烟叶的种植非常有限。

1. 油菜籽

新中国成立后，李村村开始增加油料作物的种植以缓解粮油缺乏的现状。1962年李村村油菜籽的种植面积达到150亩，此后油菜籽的种植面积逐渐减少，到1968年种植油菜籽的面积仅有38亩，1968年到1972年种植面积缓慢增加，1972年种植面积达到95亩，1974年和1976年油菜的种植面积又稍有下降，1977年到1983年油菜的种植面积迅速上升，从44亩上升到1983年的302亩。

从总产量来看，油菜总产量的变化和油菜种植面积的变化趋势基本相同，不同的是，从1980年开始，油菜总产量的增长速度远远快于种植面积的增加，其原因在于，家庭联产承包责任制的推行和耕作水平的提高，使得1980年以后油菜的亩均产量迅速上升。

2. 棉花

我国棉花的主要种植区域包括西北内陆地区、黄河流域和长江流域。长江流域棉区包括上海、浙江、江苏、安徽、江西、湖南、湖北等省市。建德县隶属于该区域，但由于李村村秋天雨水较多、湿度较大、日照较少，影响棉花吐絮，棉花的质量也受到了一定影响。更为重要的是，由于粮食和油料的供应长期不足，李村村的棉花种植面积变得更少，在1990年之前，仅在1965年种植了17亩棉花，亩产仅有26.5公斤，总产量为450公斤。直到1992年，李村村种植了3亩棉花，棉花的亩产量达到了75公斤，总产量为360公斤；1993年种植面积达到了10亩，亩产也增加到80公斤，总产量则达到李村村棉花产量的顶峰，为800公斤。此后仅有1999年种植了5亩棉花，总产量为300公斤。

3. 烟叶

统计报表显示，在1962年至1968年间，李村村当时所在的唐村公社并无集体种植烟叶。1962年，值得注意的是，社员却有自营的烟叶种植，种植面积共计 13 亩。其中仅李村村种植的烟叶面积就达到 10 亩，亩产 20 斤，总产量达到 100 公斤。

(二) 集体工商业经济

1. 企业数量及规模

1953 年，党中央提出了过渡时期的总路线，把手工业社会主义改造列为总路线的重要内容之一，规定了手工业社会主义改造的一整套路线、方针、政策，进一步阐明了我国手工业改造的方向和途径，指出要根据全国手工业改造的形势，加快手工业组织起来的速度，把个体的手工业经济改造成为社会主义的集体经济。在这种背景下，李村村大队将一些私营企业、工厂进行集体化改造，也形成了一些集体工商业企业。比如，李村村汪树荣在 1950 年自己开办砖瓦厂，雇工两人。1956 年，砖瓦厂进行集体化改造，成为公社集体所有企业。

李村村集体工业的发展相对较早。到了 1972 年李村大队企业数已有 2 家，企业劳动力 15 人，企业收入为 11854 元；到了 1976 年李村大队企业数有 4 家，企业劳动力增为 108 人，企业收入达到了 45100 元；1980 年村办企业减少到 3 家，包括锯板厂、粉干厂和加工厂，年末实有劳动力 20 人，企业总收入 27892 元；1988 年企业的数量增加到 5 家，包括砖瓦厂、锯板厂、粉干厂、加工厂和绣花厂，村办企业吸纳劳动力人数为 40 人。集体工业的发展在李村村相对较早，但由于生产技术水平的限制，村办工业的发展速度仍然较慢。

2. 主要工业产品及产量

1978 年至 1983 年间，李村大队主要的工业产品有砖、土瓦、土红糖等。在这几年中，大队办工业主要工业产品的产量总体上呈现逐年递减态势（表3-11）。比如，在 1978 年，砖的产量为 20 万块，而到了 1983 年则为 6 万块，不到 1978 年产量的三分之一。土瓦产量，1978 年为 70 万片，而到 1983 年则为 37 万片，产量减少一半左右。土红糖的产量也是如此，1979 年为 22 担，到 1981 年则为 8 担。

表 3-11　　1978 年至 1983 年李村大队办工业主要工业产品及产量

工业产品	1978	1979	1980	1981	1983
砖（万块）	20	18	10	8	6
土瓦（万片）	70	55	60	51	37

续表

工业产品	1978	1979	1980	1981	1983
土红糖（担）	0	22	7	8	0

数据来源：1962—1983年《建德县唐村公社农业统计年度总结报告表》《建德县农业统计报告表》《建德县农业统计年报》等。

与其他区域的农村相似，李村村的工业产品生产主要是为了满足农民日常的生产和生活需求。除了上述工业产品之外，李村大队办工业生产的工业产品还有加工大米、磨粉等。比如，1983年李村村加工大米81万斤，磨粉1万斤。

3. 村办企业收入

1988年至1990年，李村大队办企业每年总收入基本稳定，维持在5万元左右。其中，村办砖瓦厂主要通过销售砖、瓦等工业产品所获取收入，在所有村办企业中占较大比重，1988年砖瓦厂收入占总收入的比重为49.22%，1990占比达到63.57%，1989年其比重超过71.96%（表3-12）。

表3-12　　　　1988年至1990年李村大队办企业收入情况　　单位：万元

企业	1988	1989	1990
砖瓦厂	2.55	3.85	3.51
锯板厂	0.4	0.4	—
加工厂	0.38	0.6	—
绣花厂	1.85	0.5	—
总收入	5.18	5.35	5.54

数据来源：《建德县农业统计报告表》《建德县农业统计年报》等。

（三）家庭工商经济

1980年中共中央发第75号文件指出，少数农村社员在一定条件下可以从事个体经营，文件规定："要充分发挥各类手工业者、小商小贩和各行各业能手的专长，组织他们参加社队企业和各种集体副业生产，少数要求从事个体经营的，可以经过有关部门批准，与生产队签订合同，持证外出劳动和经营。"随着文件的发布后，农村个体专业户逐渐兴起，家庭工商经济得到了较快发展。

1. 工商专业户

专业户把专业化的商品生产与家庭经济有机地结合起来，专门或主要从事某种生产活动的农户，如养鱼、种花、养蜂、养猪、养蚕专业户等。当时，在全国其他省份的农村，专业户的类型基本上以农林牧渔业为主，根据《建德县唐村公社1962年农业统计年度报告表》，1962年李村村既没有专业从事铁匠、木匠、篾匠和泥水匠的"小五匠"，也不存在兼业经营的农户，从1981年开始，李村村逐渐出现工商业专业户。

1984年李村村有4户工商专业户。其中，从事工业的专业户有3户，专业劳力8人，帮工、学徒5人，专业收入19000元，占家庭全年总收入的85.12%，其中生产费用8504元，上缴国家税收520元。从事拖拉机运输业的专业户有1户，专业劳力1人，专业收入6000元，占家庭全年总收入的87.39%，其中生产费用2025元，上缴集体积累200元（表3-13）。

表3-13　　　　　　　　1984年李村村工商专业户基本情况

从业类型	专业户数（户）	家庭常住人口（人）	男女正半劳动力（人）			家庭全年收入（元）			
			总数	专业劳力	帮工、学徒	总收入	专业收入	生产费用	国家税收	集体积累
工业	3	13	8	8	5	22321	19000	8504	520	—
运输业	1	4	1	1	—	6866	6000	2025	13	200
其中：拖拉机	1	4	1	1	—	6866	6000	2025	—	200
合计	4	17	9	9	5	29187	25000	10529	533	200

数据来源：1984年《建德县唐村公社农业统计年度总结报告表》《建德县农业统计年报》等。

工商专业户不仅有利于活跃城乡经济、方便群众生活，而且对增加农民收入起到了积极作用。到1999年，李村村从事个体工商业的专业户有35户，个体工商户所得28万元，从业人员分别达110人。较1984年而言，有了较大的发展。

从当时李村村所隶属的檀村镇全镇情况（表3-14）来看，17个行政村共有个体工商业专业户289户，个体工商户所得251万元，从业人员998人。其中，李村村分别占到12.11%、11.2%、11.0%，相对其他各村而言，占居了较大的份额。

除李村村外，在檀村镇各行政村中，三石田、岳家等村的工商业基本是空白。上吴方、樟宅坞等村的工商业比较发达，专业户分别达到30户、20户，从业人员分别达到90人、70人，个体工商户口所得分别达到19万元、14万元。但无论从专业户的数量、收入及从事人员等方面来看，在全镇各行政村中，李村村都位列第一。因此，与檀村镇各行政村相比较而言，李村村的家庭工商经济发展是走在前列的。

表3-14　　1999年檀村镇各行政村工商专业户规模排名情况

规模排名	行政村名称	个体工商户口所得（万元）	户数（户）	人口（人）
1	李村	28.00	35	110
2	上吴方	19.00	30	90
3	樟宅坞	14.00	20	70
4	新叶	13.00	18	74
5	童宅坞	8.00	6	20
5	下汪畈	8.00	6	20
7	汪山	7.00	10	45
8	檀村	4.00	8	25
9	麻车岗	4.00	5	15
10	湖塘	3.00	4	14
11	漫塘	3.00	4	9
12	儒源	2.00	3	9
13	赤姑坪	1.00	2	7
14	白山后	1.00	2	6
15	下金刘	0.50	1	4
16	三石田	—	—	—
16	岳家	—	—	—
	合计	251.00	289	998

数据来源：《建德县农业统计报告表》《建德县农业统计年报》《建德市农村经济统计年报表》等。

2. 家庭兼营工业

浙江省的家庭副业历史悠久，历来是农民的重要经济收入来源。实行农村家庭联产承包责任制后，单一农户就是一个产业活动单位。农民开始利用农闲时间进行兼营工业活动。特别是随着1984年中央一号文件《关于一九八四年农村工作的通知》的深入贯彻,在家庭副业基础上,农村家庭工业蓬勃兴起。

据不完全统计,1983年浙江省农民家庭工业产值达4.16亿元,比1982年增加1.54亿元,增长58.8%,占浙江省乡镇工业总产值80亿元的5.2%。在不少地方,家庭工业成为乡镇工业的一个重要组成部分,也成为农民的主要生产手段和经济来源。

在这种背景下,李村村也出现了零星的家庭兼营工业,随后部分兼营工业规模逐渐扩大,主要产品有:石煤、石块(石子)、扫把、青红砖、土瓦、铁制农具等。

1992年李村村绝大多数家庭兼营工业的产值都比较低,1997年以后部分家庭兼营工业的产值迅猛增加(表3-15),如石煤的产值从1992年的4万元,增加到1997年的185万,增长了40多倍;青红砖的产值从1992年的1.4万元,增加到1997年的80万元,增长了50多倍。

表3-15　　　　　　　　李村村家庭兼营工业产值　　　　　　　单位:万元

产品 年份	石煤	石块 (石子)	黄沙	煤石灰	扫把	青红砖	土瓦	铁制农具	木制农具	竹制家具	其他
1992	4	7.4	—	—	0.25	1.4	20.55	2.1	—	1.4	0.2
1993	7.5	23.4	45	0.15	—	2.5	4	2.2	1.7	3.1	56
1997	185	259	5	60	—	80	15	45	35	2	166

数据来源:《建德县农业统计报告表》《建德县农业统计年报》《建德市农村经济统计年报表》等。

3. 来料加工业

随着李村村下山移民、新农居点建设等工程的深入开展,大量村民开始集聚到新的安置点。由于居住方式的变化,导致了生产方式的转变,许多村民脱离传统农业生产方式,并产生大量富余劳动力。据统计,2013年李村村总人口3117人,劳动力有1719人,富余劳动力1466人。同时,由于居住方式由分散走向集中,必然导致生活方式的转变,很多村民由此产生不适应,村民之间的矛盾纠纷事件呈上升态势。

结合李村村当时的实际情况,村两委开会讨论,通过引进来料加工业来解决村里的就业问题。来料加工具有就业门槛低、加工时间灵活、劳动之余还可兼顾家庭等优势,是下岗、失业及残疾人员的理想职业选择,是妇女同胞增收的重要渠道。通过在本村内发展来料加工业,不仅可以安置富余劳动力，促进安居乐业，而且有利于解决邻里矛盾，促进村域和谐。为此，李村村两委专门成立来料加工领导小组，将来料加工业作为建设新农村的重点工作来抓，并采取了一系列有效措施，推动来料加工业的发展。

截至2016年，李村村来料加工从业人员982人。其中，低收入户从业人员99人，来料加工经纪人9人。加工品种涉及编织、服装缝纫、纸盒、仿真花、毛线、饰品、串珠、工艺品等品种。2013年全村享受来料加工扶持资金6.9万元，年发放加工费650万元。来料加工业成为引领李村村妇女群众增收致富的一项重要举措。

(四) 农贸市场

李村村农贸市场有多年的经营基础，发育比较成熟，是新叶、上吴方、李村、三元、汪山等村农民购买生活生产物资的重要场所，服务附近人口12000余人。该市场原址坐落于市级文保建筑"一本堂"前，规模小、设施落后、卫生不佳、管理混乱、市场功能不全、人员拥挤、道路堵塞，既不利于"一本堂"的保护，也不利于市场功能的发挥。

为更好地服务周边农户，加强市场管理，缓解檀新线李村段交通拥堵的现状，充分利用区位优势，营造市场氛围，2010年经建德市发展和改革局批复，另选址新建李村农贸市场。新建李村农贸市场项目于2010年9月完成立项、环评、用地预审；于2010年10月9日由建德市建设局组织并通过方案论证；于2016年6月建成并投入使用。

新建李村农贸市场位于檀新线东南侧。整个市场用地范围约3.5亩，主要有综合楼一栋，建筑共三层，一楼供农副产品，二楼为小商店，三楼作贮藏或办公用，总建筑面积1700平方米，并配套公厕和停车位，项目总投资203万元。因李村村保有多处古建筑，为保持景观的连续性、地方风格、建筑和谐，该市场的外形采用白墙、黛瓦、简易马头墙和四柱门头等建筑元素，整体外观与全村的建筑风貌一致。

(五) 典型工商业从业人员访谈案例[①]

案例一：LYB与砖瓦业

LYB，男，1933年生，祖籍建德李村村人。1950年自己开办砖瓦厂，

[①] 资料来源：主要源于浙江农林大学农民发展研究中心李村村调研组访谈，部分源于华中师范大学中国农村研究院访谈。

雇工2人。1956年，砖瓦厂接受集体化改造，成为唐村公社砖瓦厂，他在厂里做技术工人。1959年，唐村公社砖瓦厂的规模达到高峰，有3个土窑，40多个工人。工厂常年性生产，主要产品是土瓦和青砖。在其存续期间，砖瓦厂一直都是依靠纯手工制造，用土及稻草或松枝烧制而成，生产技术并无改进。烧一窑砖需要6—7天时间。1995年，因砖瓦厂被私人承包，LYB停止在砖瓦厂工作，回到村里。1999年，砖瓦厂倒闭。

人民公社时期，生产队是按工分分配日常生活用品（包括粮食、棉花、油、柴等），村民在外面从事工商业，要拿挣来的钱回到村里换工分，并以工分为依据，参与日常生活用品的分配。砖瓦厂工资采用计件工资制，砖瓦厂的工人正是以"做工—按件拿工资—工资换工分—工分换日常用品"的模式来维持生活的。LYB月工资50元左右，这在当时已属高工资。

改革开放后，唐村公社砖瓦厂转制为乡镇企业，LYB也获得居民户口，并彻底脱离农业生产，此期间按口粮向生产队购买粮食。在乡镇企业工作40余年后，LYB退休在家休养。因乡镇企业职工不在领取退休工资范畴，工人停止在砖瓦窑工作后，原企业采用按工龄一次性算清的方式进行补偿。LYB在砖瓦厂工作共40年，每年按照70块钱补偿金，拿到退休补偿金2800块钱。

1985年，LYB在唐村砖瓦厂工作期间，在其技术指导下，两个儿子各自开办了砖瓦厂，制作工艺也是纯手工的。其中，大儿子的砖瓦厂厂址是麻车岗村，共有1个窑，5—6个工人。砖瓦厂经营了15年左右倒闭。小儿子的砖瓦厂选址在白山后村，规模更小一些，只有3—4个工人，只维持了两三年就倒闭了。

两个儿子的砖瓦厂倒闭后，又各自有了新的营生。大儿子在李村开商店，商店里面主要经营烟酒、大米及一些副食品。小儿子杀猪卖肉，在李村菜市场中有一个摊位。

案例二：HHX与酿酒业

HHX，男，1956年生，祖籍浙江建德李村村人。从2001年，HHX开始从事酿酒业。最初用木蒸子来酿酒，24小时能蒸200斤酒，2013年9月开始，换成金属质的高效蒸酒器，产量大大提高，每年大约能加工500石粮食，每石粮食产酒约38斤。

HHX酿酒的方式主要采取上门加工，即哪家有需要他就把自己的设备移到哪家去加工，通常按 1 斤烧酒 3 块钱收取加工费。酿酒业并不是全年都能做，每年最多能做五个月。上半年主要是农历的三月中下旬及四五月份；下半年主要是八月中旬到十月底。

酿酒工艺的基本步骤为：第一，将小麦在水里浸泡 24 小时；第二，将泡好的小麦放到蒸酒器里蒸熟；第三，将蒸熟的小麦晾到地面上晾凉；第四，将晾好的小麦拌上酒曲，放到缸里发酵（如果没有缸就装到塑料袋里密封发酵），发酵时间为 40 天；第五，把发酵好的原料放到蒸酒器中进行蒸馏。

案例三：LJT 与木匠手艺

LJT，男，1934 年生，祖籍建德李村村人。他 20 岁开始学习木工制作，因木工业收入较农业更为可观，因而一直从事木工事业，直至 2014 年，因年迈放弃做木工。他最初的木匠手艺，是在解放水库大坝做工时学到的，当时一起做工的木匠一共有 20 多人。

他在解放水库大坝做工时，每天的工作在生产队计工分，且每天有两三毛钱的工具补贴。一年后，LJT 回到村里，开始给农户做木匠活儿。虽然当时只做了一年木工，但是却为其后来从事木匠行业打下了基础。这期间，每天的收入约 1 块钱，他将其中的一部分交到生产队折合成工分。如每月挣 30 块钱，只需交 20 块钱左右到生产队换取工分，剩余的 10 块钱可以攒下来。在当时，他家的这种收入状况，相较于普通的农户，是非常好的了。因为只种地的农户，往往是不会有结余的。除自己做木匠活儿外，LJT 还带出了十几个徒弟。从他二十多岁时，就有几个徒弟开始跟他学手艺。

就这样，LJT 在村里给农户做木匠活持续了 30 多年。之后，他加入了一个建德市园林建筑队。该建筑队由不同手艺的工匠组成，他是建筑队里的木工之一。建筑队主要在建德市做园林建筑。大慈岩的大雄宝殿就是他们建筑队建设的，建筑队也曾到杭州进行园林建设。随着时间推移，LJT 的收入水平也不断提高，在大慈岩做工时，工资就已经到了 30 元一天。后来，工资每年都上涨，每做一天工，收入已有 200 多元。到年龄稍大，LJT 离开了建筑队，回到村里。到了 70 多岁，由于其年龄及身体状况，LJT 不再专业从事木匠工作，只是偶尔做一些零散的木匠活儿。

案例四：LMZ 与油漆业

LMZ，男，1972 年生，祖籍建德李村村，小学文化，从事油漆行业已经有15年。最初，他是跟舅舅学的手艺。在学习油漆手艺前，他在建德市的一家橡胶厂工作，因为感觉工作时间不自由，所以仅做了半年就放弃了，开始学习油漆手艺。刚开始学的时候，油漆活比较少，到现在，油漆活越来越多，每年能工作320多天。他做工的方式主要采取上门服务的方式，而服务的范围主要在建德市周边。在李村村，有20多个人会做油漆工。当他接到活儿，人手不够时，都会找人来帮忙，每天付给他们120元工钱。

案例五：YQZ 与古建筑修复

YQZ，男，1951年生，祖籍建德李村村，职业是砖匠，又被称为泥水匠，主要从事古建筑修复[①]工作。他原是农业户口后来转成居民户。

YQZ的古建修复手艺，源于其在人民公社时期的唐村建工队工作的经历，最初入行时年龄为20岁，学的是泥工。唐村建工队属于公社企业，他当时跟随建工队到多地去考察、学习，才习得了这个手艺。

退休前，YQZ一直在建德市古建园林建筑工程有限公司（以下简称古建公司）工作，他是该公司的发起人之一。该公司的前身是1984年成立的古建筑修建队，成立两年后，更名为古建公司。该公司是旅游局下属单位，其古建修筑项目都源于建德市旅游局。

退休后，YQZ每月退休金3000多元。虽然退休了，但他还时常去参与一些古建修复项目工作。因手艺好，工资水平高，他做古建修复项目的工资水平为260元/天，而一般工人的工资水平约为220元/天。

在古建公司工作时，YQZ收了十几个徒弟，除了自己的弟弟和小舅子外，这些徒弟都来源于建德市其他村镇。现在，徒弟们虽分散在各地，但是有项目时，还是经常一起做。

古建筑修缮工作中，木材主要来源于宁波。古样砖瓦主要来源于兰溪的女埠，那里有人专门烧制古样砖瓦。近年来，由于旅游开发和非遗保护等原因，古建筑修缮工和相应的原材料需求较大。特别是在20世纪90年代后，古建筑修缮工需求达到高峰。

案例六：LTC 与裁缝业

LTC，男，1947年生，祖籍建德李村村。从17岁开始，他就跟着外

[①] 主要修大厅、祠堂、亭子、索道，有新建也有古建筑维修，维修的古建筑主要是明清时期建筑，以清朝为主。因是泥水工，故本人没怎么参与过李村村的古建筑修复，主要是修墙、瓦、翘角等。

村的一个裁缝师傅做学徒，因嫌做学徒太苦，只干了一个月就放弃了。回家后，发现砍柴等活儿更辛苦，故18岁时又跟随本村的一个裁缝师傅做学徒。19岁时，"文化大革命"爆发，当时个人单干手工业被称为搞资本主义，都要统一收归社队。因此，LTC就停止了在师傅家做学徒。

"文化大革命"的后期，根据上级指标，李村组建了"五七手工艺队"，下设"五七手工艺小组"①，共有约20人。该手工艺队由不同类别的手工艺者组成，主要包括织布工、裁缝、木工等，LTC被安排到五七手工艺队做工。当时，每天的工资是1.6元，他要拿出1.2元到公社买工分，剩下的4毛钱，视为成本费，包括机器维护和针线等费用。1976年"文革"结束，手工艺队持续到解散。但解散后，这些做手工的人还要到社队买工分，一直到1981年分产到户后，才不用到生产队买工分。目前，村里已经很少有人做衣服了。因为市场的衣服非常便宜，几块钱一件的都有，而做一条裤子，仅手工费就要25元。因此，只有村里的一些老人，习惯穿他做的裤子，才会到他这里来做衣服，但是数量非常少了。

---

① "五七手工艺队"与村里手工艺人不同，是义务劳动，但后者有一定的工资收入。

第四章 典型历史文化村落的集体经济与农民生活
——李村村案例研究

一 前言

农村集体经济和农户经济，是村域经济发展的两大主体。其中，农村集体经济特指村域内生产资料归一部分劳动者共同所有的公有制经济[①]。在我国漫长的农耕社会历史上，农村集体经济的原始形态包括"村社共有"和"宗族（或家族）共有"等形式，其产生和发展的基础在于在当时物质和技术条件下为了抵抗自然和战乱风险，村民需要依靠集体合作。新中国成立后，我国的集体经济先后经历了互助组、合作社、人民公社、社区经济合作社、社区股份经济合作社等集体经济组织形态和制度的变迁，为稳定我国的农业经济发展做出了重要贡献。除集体经济外，农户经济也是村域经济的重要组成部分。农户作为最基本、最主要的农业生产单位，其经济行为对农业生产、资源与环境的协调起着不可忽视的作用。本章以历史文化村落李村村的集体经济和农民生活的历史变迁为案例，将集体经济和农户经济下沉到村域层面进行研究，其融入血缘和地缘关系的集体和农户经济的变迁历程，将为我国农村经济社会转型研究提供丰富的历史印记。

二 李村村集体经济的历史变迁与现实发展[②]

新中国的农村集体经济发展至今已有70多年历程，对我国特色社会主义道路的探索及发展有着举足轻重的作用。本小节以"农村集体经济"作为研究主题，希冀通过对李村村集体经济历史变迁与现实发展的研究，在厘清农村集体经济形成过程的同时，能够进一步探讨农村集体经济的有效实现形式。

---

① 王景新：《村域集体经济历史变迁与现实发展》，中国社会科学出版社2013年版，第22页。

② 该节由沈凌峰的硕士研究生学位论文修改而成，导师王景新教授。另外，李琳琳对该节的完成也做了一定的工作。

笔者在调研过程中，获得《玉华李氏宗谱》（共三卷）、《玉华李氏谨按大事记》、《收入分配和效益统计年报》（1985—1999）、《农业统计年报》（1962—1999）及李村村历年的统计年报等其他具有重大价值的历史资料与研究数据，涉及经济、社会、文化等多方面领域，是本研究的重要文献资料。

（一）新中国成立前李村集体经济的历史形态

嘉靖年间，嘉靖下诏"许得民间皆得联宗立庙"，民间宗祠获得了合法的地位。一时间，百姓修建坛庙祠堂的积极性被大大激发。李村的绝大多数宗族祠堂的修建，正是起源于这道诏令，成为其宗族公有财产的代表。

1. 李村"宗族公有"的主要财产

"村"与"宗族"始终是我国传统农村社会的基本组织形式，原始的集体经济形式就以其为基础，逐渐发展成为"宗族共有"和"村社共有"两种形式。其中，"宗族公有"是最主要的集体经济原始形态之一，包括族产、族山以及族田等宗族内部资产的公有。"族产"主要是指祠堂及其日常祭祀用品、墓地等；"族田"则是指宗族所有的、租给本族成员或外姓人员耕种以收取租税的田产，是宗族最主要的财富；"族山"与族田类似，也是宗族的一大财富。

在李村村，祠堂是当前宗族最主要的公有财产。全村有大大小小20多个祠堂，以"插花"的形式遍布全村。除两处宗祠毁于火灾外，现仍余存18座，包括：李氏家族的总祠——一本堂，以及崇本堂、立本堂、植本堂、光裕堂等分祠，分属李姓的不同分支。总体而言，李村"宗族公有"财产（表4-1）可分为两个层级：一是同宗族公有，二是同宗族房派分支族人公有。例如，位于李村村岳家自然村的黄泥岭李氏墓，为李村李氏先祖之墓，墓主有八位，分别为谨一公，祥七公及安人、祥二公及安人、祥五公及安人等，其相应属于墓中八位后人所共同拥有，而不是全体族人公有。

表4-1　　　　　　　　李村村族产情况表

序号	名称	建筑面积（m²）	修建年代	所有权	使用情况	类别	使用单位
1	崇本堂	465	明	集体	宗教活动	坛庙祠堂	李村村
2	一本堂	926	清	集体	宗教活动	坛庙祠堂	李村村

续表

序号	名称	建筑面积（m²）	修建年代	所有权	使用情况	类别	使用单位
3	永裕堂	73	清	国家	宗教活动	坛庙祠堂	李村村
4	植本堂	292	清	国家	宗教活动	坛庙祠堂	李村村
5	白山庙	720	清	集体	宗教活动	寺观塔幢	李村村
6	世德堂	140	中华民国	国家	宗教活动	宗教建筑	李村村
7	余庆堂	220	中华民国	集体	宗教活动	宗教建筑	李村村
8	叙伦堂	170	中华民国	国家	宗教活动	宗教建筑	李村村
9	立山堂	79	清	国家	商业用途	坛庙祠堂	李村
10	光裕堂	151	清	国家	宗教活动	坛庙祠堂	李村
11	绳武堂	170	清	国家	宗教活动	坛庙祠堂	李氏族人
12	百丘封李公墓	70	明	国家	宗教活动	普通墓葬	李氏族人
13	黄泥岭李氏墓	73.5	明	国家	宗教活动	普通墓葬	李氏族人
14	李氏厅	112	清中期	国家	居住场所	宅第民居	李田标、李田芳、李愉松
15	勤裕堂	226	清	集体	居住场所	宅第民居	个人
16	绍本堂	200	中华民国	国家	宗教活动	宗教建筑	白山后
17	世义堂	264	中华民国	国家	宗教活动	宗教建筑	下汪畈
18	香火厅	107	清	国家	工农业生产	坛庙祠堂	下汪畈
19	岳家坟	25	元	国家	宗教活动	普通墓葬	岳家村
20	连三进	298	清	国家	开放参观	宅第民居	建德市文物管理办公室

数据来源：《大慈岩镇李村村历史建筑保护登记》《李村历史文化名镇名村申报表》，其中部分数据信息为作者实地调研收集得到。调研数据截至2016年5月。

2. "宗族公有"财产的管理方式

第一，历史上"宗族公有"财产的管理方式。"族产"作为李村"宗族公有"最主要的财产组成，一直以来都为李氏族人所使用与经营，主要的管理者包括"头首"和"首事人"。1952年土地改革前，李村分布着各房各派的大厅，包括总大厅——一本堂，以及各个分支派系的分大厅。其中，分大厅下设不同户头。

在"祖产"的日常管理中，"头首"是一个重要的角色，主要负责办理大厅内（即本族或本房）的日常事务以及处理族内各个派系之间的日常问题，是大厅的直接负责人。在李村，同宗族的各房派分支会在各房厅内推选出一名或几名"头首"进行日常管理与经营。根据玉华李氏族规，"头首"只负责管理本房本厅的事宜，不得干预其他房派分支的相关事宜决策。同时，对于"头首"的人选要求较高，要有文化、有能力、有威信，在本族内部具有一定的地位，而且还能与本房分支成员和同族成员和睦相处，在宗族内为本房分支争取更多的利益。新中国成立至今，"头首"的身份依然存在，但他们只负责管理祠堂的公共事务，比如祭祖、修缮宗祠等，其他事务不再过问。

除"头首"外，在李村的祖产管理中还有"首事人"，主要负责宗族层面的具体事宜，协调本宗族内部各房分支的关系。如当某事项涉及两个以上的房派分支，则需要"首事人"做出裁决。此外，由于"首事人"还要能够在农村社会中为本族成员争取更多利益，因此，"首事人"的遴选更加严苛，要求"首事人"具被更强的组织协调能力和更加显赫的社会威望。

第二，新中国成立后"宗族公有"财产管理方式的变革。经历土地改革以及社会主义改造后，宗族势力受到打压，李村的"头首"被改造为普通农民。在农业集体化时期，"集体"一词取代了原"宗族"共同体，基本完成了从"宗族公有"到"集体公有"的历史性变革。人民公社成立后，原李村宗族公有资产所有权相应划入唐村人民公社。自此之后，李村的集体经济组织开始代替宗族"首事人"和"头首"行使职权，对宗族公有财产（如族产、族田、族山等）进行经营管理。此外，新中国成立后，李村的部分族产被分为个人所有，例如，位于李村（村）中心的勤裕堂，原为李氏私厅（宗族公有），建于清末时期，距今已有110余年历史，后改为民居，现由李氏族人居住。

至于李村村现在下辖的4个自然村，原有的宗族公有资产，在人民公社时期转入公社成为集体所有后，其部分资产（除宗族坟地、部分宗族祠堂）都成为村集体资产（如白山庙、永裕堂、崇本堂等宗庙祠堂），除了对各自宗族成员开放，还能够由李村其他姓氏的村民使用。其中村中心的崇本堂，俗称大石厅，始建于明宣德年间，为李氏四公派下之众厅。最初，该宗祠是李村族人四公派祭祀先祖先贤的场所，也是族内重要的议事之地；改革开放以后被重新装修成村图书阅览室、老年活动室、文化活动室和与村落历史有关的公共服务设施，供全体村民共同使用。

（二）新中国成立初期李村集体经济的历史变迁

新中国成立初期，李村村集体经济先后经历了互助组、初级合作社、高级合作社和人民公社时期，从最初的萌芽状态逐渐发育成型。

1. 互助组阶段

新中国成立后，为了发展农业生产，我国开展了大规模的农业社会主义改造运动，全国各地出现了各种不同类型的劳动互助形式。据《玉华李氏宗谱》载，李村村于1953年下半年成立了第1个互助组，并随后在一年的时间内先后组建了8个互助组。

对于互助组蓬勃发展的原因，除了源自国家的大力推动，农民的积极支持更是推动农业合作化运动的重要因素。如1954年李村的农业生产力水平低下，农户所有的耕地、劳动力、生产工具等生产资料"此余彼缺"的现象比较突出，亟待调节。为解决当时的困难，当时的李村乡党支部于次年初成立了李村（乡）互助组。该互助组由乡党委带动李村、下汪畈、麻车岗以及下金刘四村合作。互助组成立最初，农民将家中的牲畜、农具等农耕器材自愿入组公有，每个互助组约有十几户农民[1]。参加互助组的农民，根据各家的劳动力需求提供相应的"帮工"，在邻居和家族内相互帮忙。

从总体上看，李村互助合作的开展颇有成效。互助组成立后，充分调动了农民生产的积极性，发挥了集体劳动的优势，对农业生产起了明显的促进作用。此外，除了一般的"帮工"与"换工"等形式，李村已经出现了包工责任制。

2. 农业合作社阶段

随着互助组的组建，李村（乡）的农业产量逐年上升。在互助组的基础上，一些农业发展较快地区的农民开始组建农业生产合作社（初级社）。1953年冬，建德、寿昌各区委、区公所集中力量领导农民进行农业社会主义改造，引导农民按照自愿互利的原则组织起来，走互助合作共同富裕道路。1955年建德县一级开始逐步推广合作社形式。同年冬天，城关镇和航头、李村区基本实现了初级农业合作化。1956年，李村乡农户以土地入股成立初级社。在初级社内，社员按照土地和劳动力的比例进行分红，同时保留社员的原有土地的所有权。此外，初级社还在筹建信用和

---

[1] 《玉华李氏宗谱》，第27页。

供销部门，为集体所有制筹集股份基金。至此，初级社内部已拥有部分公有生产资料，农村集体经济初步成型。

1956年，李村乡成立了李村乡高级社。按照李村乡的规定，要求村民全部入社，并缴纳28元的生产资金，土地也全部入社，同时鼓励社员将牲畜、农具等生产资料以折现的方式加入高级社。在分配方面，高级社的收入首先要扣除当年生产费用、税金（如农业税等）、公积金和公益金，余下部分是社员的劳动报酬和土地等主要生产资料的报酬（一般是先在集体总（粮食）收入中拿掉工分粮，再分口粮）。

在高级社时期，李村的集体经济发展遇到一些问题，如集体收入经常入不敷出，平均每年负300余元。此外，在分配环节，分给社员的粮食普遍存在短缺问题。而且，当时高级社内已经出现"磨洋工"的问题，由分配引发的内部冲突事件也时有发生。

总体而言，虽然遇到各种问题，李村在初级社和高级社阶段逐渐形成了部分公有财产，且集体资产的比例逐步增大、构成方式也逐渐多样化。

3. 农村人民公社阶段

1958年8月以后，根据中共中央《关于在农村建立人民公社问题的决议》，建德县取消乡村建置，开始把农村的高级农业生产合作社升级并建立"政社合一"的人民公社。人民公社成立初期，其管理体制、职能和核算单位等方面不断调整。1958年9月，全县（包括原建德县、寿昌县）实现人民公社化，由原来的424个高级社合并成为李村、梅城、三都、新安江、卜家蓬等15个人民公社，下设105个大队、740个生产队。参加公社农户66495户，占总农户的99.9%。1959年7月，公社下设管理区（相当于原来的乡），管理区下设生产队（相当于原来的高级社），管理人民公社各级组织的生产和分配。1960年底，全县贯彻中央指示，确认生产队是基本核算单位和生产、生活的组织单位。1961年冬至1962年春，为进一步贯彻中共中央《关于改变农村人民公社基本核算单位问题的指示》，李村（乡）把人民公社的基本核算单位下放到生产队（即原来的生产小队），并将原来的7个公社划分为46个公社，公社的规模基本上相当于原来乡的规模。原来人民公社的三级组织——公社管理委员会、管理区和生产队，相应改为公社管理委员会、生产大队、生产队。1962年底，为贯彻《农村人民公社工作条例修正草案》，李村所在公社将核算单位下放到生产队后，进一步实行了集体生产责任制。同时，李村还推行了"百斤粮"① 工作，允许农民开垦荒山种粮，且其所产出的粮食不纳入"统购统销"政策体制内。

虽然在人民公社时期，公社内部的集中领导、集体生活、集体劳动的形式存在很多问题，如"磨洋工"等行为盛行②，但是李村的农村经济仍然在缓步发展。

第一，李村的粮食收入总量、粮食分配情况都一定程度地增加了（表4-2、表4-3）。从1962—1977年，粮食播种面积没有太大变化，但粮食产量逐年增加。到1977年，粮食单产已达4.582市担，比1961年的2.086市担增加了1倍以上。

表4-2　　　　　1962—1977年李村集体经济粮食生产情况

单位：亩、市担

年份	粮食 面积	粮食 总产量	稻谷 面积	稻谷 总产量	大豆 面积	大豆 总产量	春花粮食 面积	春花粮食 总产量
1962	3518	7340	1757	5123	29	29	890	949
1965	3221	9465	2672	8665	47	50	483	647
1967	3074	12744	2771	12181	38	81	—	—
1968	3031	10012	2767	9499	—	281	235	395
1969	3248	12265	2869	11534	94	225	274	497
1970	3425	10756	2921	9494	121	265	340	671
1971	3495	12770	2823	10982	107	195	262	1415
1972	3742	13766	19818	87988	71	233	711	1627
1974	3589	15565	2913	13796	—	284	596	1393
1976	3432	15658	2996	15044	15	204	427	614
1977	3459	15852	2964	14888	80	300	418	452

数据来源：《李村农业统计年报（1962—1999）》。

---

① 百斤粮：由刘少奇在统购统销背景下提出，"自己有力气就自己去开（荒山种粮食）"，是1961年以后中共中央准予农民自行开山以解决温饱问题的政策调整。

② 笔者调研时发现，直到现在部分亲历者依然对于"集体化"存在着这样一种认识——集体化就是"磨洋工"。更有甚者认为，"对于大队，只要出工即可，一出去（即出工）就有10分工分，如果说半天就是5分工分，不做就一个工分也没有"。

表 4-3　　　　　　　1967—1978 年李村村粮食分配情况表

单位：人、市斤（1971 年后改为：市担）

年份	分配人数	粮食总量	国家征购	储备粮	其他用粮	社员口粮	人均分粮	累计储备粮
1967	1940	1291910	156993	33889	—	953511	8879	—
1968	—	1036003	150013	7476	4019	741131	367	—
1969	2073	1249066	145148	37864	4836	979173	—	39874
1970	2136	1102225	150314	22962	5417	775504	—	49956
1971	2156	12965	1450	257	98	9753	—	507
1972	2164	13999	1427	312	94	10617	491	—
1974	2202	15849	1479	162	353	11102	504	444
1976	2270	15878	1415	145	440	11156	492	1537
1977	2297	16152	1584	171	410	11034	488	1628
1978	2304	19996	2193	177	402	15853	620	1596

数据来源：《李村农业统计年报（1962—1999）》。

第二，林牧副渔的综合发展。除了强调"以粮为纲"外，人民公社时期还重视林牧副渔的综合发展，强调也要把副业搞起来，坚持"以农为主，以副养农，综合经营"的方针。从 1962—1978 年，李村的生猪、牛、羊养殖，以及油菜种植一直没有停止，其中 1970 年还恢复了茶叶的种植，面积和产量逐年上升（表 4-4）。

表 4-4　　　　　　　　李村"副业"生产情况　　　　　　　单位：头、担

年份	生猪养殖	养牛	养羊	茶叶	油菜籽
1962	203	54	150	—	4
1964	727	52	17	—	43
1965	639	55	14	—	28
1967	1216	—	—	—	20
1968	892	65	2	—	19
1969	851	64	1	—	30
1970	1777	61	2	10	63
1971	2053	53	—	25	73
1972	1857	58	7	16	91
1974	2200	62	17	26	79

续表

年份	生猪养殖	养牛	养羊	茶叶	油菜籽
1976	1837	54	50	50	86
1977	1601	56	18	58	134
1978	1652	53	5	5500	195

数据来源：《李村农业统计年报（1962—1999）》。

第三，非农产业的发展。这一期间，非农业的收入占比远低于农业收入占比，且这一占比的差距在当时呈现逐年扩大的趋势。但从各个行业的发展看来，农、林、牧、副、渔五个行业在这一时期也得到了持续的发展（表4-5）。

表4-5　　　　1971—1978年李村经济收入及结构情况表　　　单位：万元

年份	总收入	农业	林业	畜牧业	渔业	其他	非农业合计	非农业比重
1971	17.65	13.81	0.56	0.83	—	2.46	3.83	21.81
1974	18.82	15.71	0.74	0.22	0.006	2.14	3.11	16.5
1976	19.35	15.83	0.41	0.37	0.008	2.73	3.52	18.19
1977	19.85	16.2	0.58	0.34	0.017	2.72	3.65	18.39
1978	25.09	20.68	0.77	0.49	0.017	3.14	4.41	17.58

数据来源：《李村农业统计年报（1962—1999）》。

第三，农村集体经济的总收入。从1967—1977年李村集体经济分配总额、公益金、公积金来看（表4-6），总收入和分配总额基本上在稳步增长。因此可推算出当时李村社员的生活水平也有一定提高。但从"生产基金"的变化情况来看，在1967年到1970年李村农业生产的各项生产性支出一直处于相对较低的水平，其主要原因在于1958年李村开始"大办钢铁""大兴工业"。直到1970年以后，村内的非农业产业比重开始下降后，"生产基金"总支出才有所提高。

表4-6　1967—1977年李村集体经济总收入、总支出、农民分配总额

单位：元

| 年份 | 总收入 | 总支出 ||||| 分配总额 |
		小计	生产成本	税金	公积金	公益金	生产基金	
1967	131186	24734	—	7047	2651	173	2562	91921

续表

年份	总收入	总支出					分配总额
		小计	生产成本	税金	公积金	公益金	生产基金	
1968	112066	23983	—	7119	2127	1016	2705	74663
1969	138352	29423	—	6998	7609	3564	—	87126
1970	136126	45065		6998		2160	6077	73630
1971	176526	52495	52495	7435	6173	2179	—	105250
1972	177945	—	34121	6952	459	1240	6448	108736
1974	188207	41327	34622	6933	3695	2422	4766	127723
1976	193510	45163	44230	6961	6064	2863	2848	129135
1977	198489	53107	52294	6917	5585	3365	53107	123886

注：公益金支出：是指包括五保户、困难户救济、因公伤残补助、卫生福利、宣传教育等支出；生产基金：是指直接用于农业生产方面的各项生产性支出。其中农业生产包括：种子、肥料、药品（农药、兽用医药）、库存粮以及各种小型用具购置等支出。

数据来源：《李村农业统计年报（1962—1999）》。

(三) 改革开放后李村村集体经济的转型与发展

1. 改革初期李村村集体经济的制度安排

自1978年实行改革开放，农村改革成为全国改革工作的起点。此项改革以"包产到户"（后来被称为"家庭联产承包责任制"）为突破口，原人民公社时期的政治和经济管理的功能分别由乡（镇）人民政府和行政村、村经济合作社代为行使，最终建立了"家庭承包经营为基础、统分结合的双层经营体制"，并不断发展成熟，成为后来被宪法确定、延续至今的农村集体经济组织的经营体制。

第一，第一轮土地承包时期李村集体经济的发展。1982年10月，李村生产队与村民签订了《檀村公社李村生产队××组农业生产责任制合同》（以下简称《合同》）。《合同》中明确规定："土地等生产资料公有制长期不变，集体经济要建立生产责任制长期不变……土地为集体所有，承包者只有种植权，没有所有权……绝不能平分集体积累。"《合同》中还规定："根据宜统则统，宜分则分原则，生产队统一管理和使用耕地和其他自然资源；统一管理和使用大中型农机具和水利设施；统一农产品的生产计划和作物布局；统一使用集体积累；统一规划和组织农田基本建设。"按照合同的规定，在保留必要集体财产统一经营的同时，李村生产队将土地和其他生产资料承包给农户。承包农户需要根据承包合同规定的权限做出经营决策,并在完成国家和集体任务的前提下分享经营成果。在《合同》中能够清晰地看到,发包方为"建德市檀村人民公社李村大队",承包方为农户,并且标明了承包户相应承包的耕地,包括面积、劳力田、产量。此外,《合同》还对交售国家的费用,包括粮食农业税、油菜籽统购量、农业税代金等;以及上交生产队和大队的相关费用明细做出了详细规定。

同时,根据《合同》签订的日期推测,李村的第一轮土地承包于1982年开始,当年年底承包完成。据李村村第一轮承包地情况表(表4-7)可以看出,李村第一轮的承包地面积共计1762.69亩,户均2.084亩。其中,李村作为李村行政村最大的自然村,总承包地面积达到了1299.31亩,户均2.076亩,在总量上位居其行政村的第一位,占比73.71%。虽然,岳家自然村的承包地总面积不及李村,但其户均拥有承包地2.628亩,比李村多26.59%。

表4-7　　　　　　　　　李村村第一轮承包地的基本情况

单位:户、亩、亩/户

村名	户数1	第一轮承包地面积	户均1
李村	626	1299.31	2.076
白山后	80	130.38	1.630
下汪畈	62	128.03	2.065
岳家	78	204.97	2.628
合计	846	1762.69	2.084

注:"户数1"指1982年第一轮土地承包时各个自然村的户数。"户均1"指1982年第一轮土地承包时各个自然村平均每户所拥有的承包地面积。

数据来源:1982年《合同》。

关于承包(分田)土地的标准,李村自然村18个生产队大体上一致。首先,按照15:85的比例分田到户,如有100亩田,其中15亩按劳动力分配,劳动力里按照工分多少分配,男青壮年一般可以拿满10分,妇女分得较少;另外的85亩田则按照人口平均分配。此外,也有个别大队完全按照人口来分。其次,还综合考虑到两个因素:(1)地力。好田,分得少一点;差田,分得多一点。(2)人数的变动。有的生产队人口增长过快,人均分的土地就少;反之,人均分地就多。

总体而言,土地承包初期,符合生产力发展的新型农业经营制度极大地激发了农民的生产积极性,李村的农业生产总值迅速提高,粮食、大豆和稻谷等农作物的耕种面积和产量均得到大幅提升(表4-8)。尤其是在1981—1984年,粮食和大豆的总产量成倍数增长,年增长率分别为6.01%、11.86%、20.04%;稻谷的年增长率分别为6.03%、13.29%、20.12%。

表4-8　　　　　　　土地承包期确立初期农业生产情况表

单位:亩、市担、%

年份	粮食、大豆			稻谷		
	面积	总产量	年产增长率	面积	总产量	年产增长率
1965	3266	9515	29.12	2672	8665	69.14
1969	3342	12490	21.34	2869	11534	21.42
1974	3599	15849	13.22	2913	13796	-84.32
1979	3575	23159	15.82	2955	21004	14.51
1980	3798	21054	-9.09	2920	18138	-13.65
1981	3848	22320	6.01	2882	19231	6.03
1982	4165	24968	11.86	2881	21787	13.29
1984	4032	29810	20.04	2940	24546	20.12
1985	4164	30426	2.07	2917	25519	3.96

数据来源:《李村农业统计年报(1962—1999)》。

第二,第二轮土地承包时期李村集体经济的变化。随着1984年粮食价格出现下降,李村农作物的种植面积虽然有所增加,但年产增长率分别跌至2.07%和3.96%(表4-9),这无疑对农民农业生产的动力产生了负面影响,甚至一部分农民对"家庭联产承包责任制"产生了怀疑,并对家庭承包责任制产生动摇,甚至局部还出现了"强行篡改承包合同"等恶意行为。为保证农民农业生产的积极性和稳定性,消除因制度缺陷给农民生产带来的忧虑,中共中央和国务院联合下发了《中共中央、国务院关于当前农业和农村经济发展的若干政策措施》(1991),规定"家庭联产承包责任制是我国的一项基本制度",必须保证长期稳定,将承包期延长至30年不变,这也是俗称的"第二轮土地承包"。

1997年,李村村开展了第二轮土地承包工作。相比而言,第二轮承包地的面积增加了235.21亩,增长率为13.34%[①](表4-9)。李村村下

---

① 但是由于人口的增加,户均耕地从平均2.084亩下降到了1.85亩,平均下降了0.234亩。

辖的4个自然村中，在两轮土地承包中并未发生实质性变化。但是值得注意的是，第一轮土地承包时有3个自然村户均承包地面积低于行政村户均面积。到了第二轮土地承包时，有3个自然村户均承包地面积已经高于行政村户均面积。这一情况说明，农民承包土地的期望逐渐变高，越来越多的农民接受了"家庭联产责任承包制"。

表4-9　　　　　　　　两轮土地承包情况对比表

村名	户数2	第一轮承包地面积（亩）	第二轮承包地面积（亩）	增长量（亩）	增长率（%）	户均2（亩）
李村	790	1299.31	1474.53	175.22	13.49	1.87
白山后	112	130.38	176.51	46.13	35.38	1.58
下汪畈	76	128.03	146.21	18.18	14.20	1.92
岳家	100	204.97	200.65	-4.32	-2.11	2.01
合计	1078	1762.69	1997.9	235.21	13.34	1.85

注："户数2"指1997年第二轮土地承包时各个自然村的户数。"户均2"指1997年第二轮土地承包时各个自然村平均每户所拥有的承包地面积。

数据来源：《大慈岩镇李村村土地承包权登记表》。

第三，小结。首先，在改革开放初期李村集体经济得以快速增长。随着包产到户、家庭联产承包责任制的不断推广，长期被人民公社体制压制的农业生产潜力得到充分发挥，农业生产效率不断提升。对比表4-10发现，改革开放后李村村集体经济收入逐年增加，社员经济分配收益也相应增长，尤其在1982年完成第一轮土地承包后，李村村的集体经济社员分配总额得到极大的发展。当年的社员分配总额从1981年的179041元一跃成为288921元，人均分配收益从77元增至127.73元。而且，这一制度并非仅在短时间内促进了李村村级集体经济的快速发展，随后多年的社员分配总额也持续、快速增长，并于1989年达到了128.21万元，实现年社员人均分配499元，是改革开放前的近10倍。另外，值得注意的是，前文提到随着1984年粮食价格的下降，李村的农业生产率急剧降低。但该年的社员经济分配总额并未随着农业生产率的降低而相应降低，相比1983年依然保持28.19%的增长率。这一情况说明，除了农业收入之外，李村的集体经济收入还包括了其他来源，下文提到的乡镇企业就是其中的重要来源。

表 4-10　　　　1967—1989 年李村村社员经济分配情况表

单位：户、人、元

年份	参加分配户数	参加分配人数	社员分配总额	年人均
1967	457	1940	131186	68
1968	466	2017	74663	38
1969	481	2073	87126	42
1970	498	2136	73630	34
1971	511	2156	105250	48
1972	520	2164	—	—
1974	520	2202	127723	57
1976	567	2270	129135	57
1977	583	2297	123886	54
1978	594	2304	168202	73
1979	588	2308	192503	83
1980	595	2297	184497	80
1981	618	2313	179041	77
1982	616	2266	288921	127.73
1983	630	2289	419321	183.19
1984	637	2290	537528	234.73
1985	640	2267	773336	341
1986	655	2277	868335	308
1988	—	—	1131800	490
1989	710	2300	1282100	499

数据来源：《建德县李村村农村经济收入分配和效益统计年报》。

其次，李村的非农经济也进入了新的发展阶段。新的农村经营体制为村级集体和农户经济带来持续快速发展的同时，也带来了一系列的新变化，其中乡镇企业的发展成为当时农村经济发展的又一引擎。1984年10月，为进一步推进经济的发展，国务院颁布《关于农民进镇落户问题的通知》放宽了农民迁移进镇的标准，为农村剩余劳动力迁移进镇创造了一定的条件。同时，由于1984年出现的粮食价格大幅下降。为维稳村级集体经济的发展，李村村在村内的"连三进"民居设立村办绣花厂。次年，李村村又在祠堂旁的教室内设立村办织布厂，设织布机5台①。相继建立的集体企业，加快了村内人口从农业向轻工纺织业的转变，农业人口的比重急剧降低（表4-11）。而且，在1986年以前，农业收入一直是李村村集体和农户经济的主要来源。直到1986年后，随着集体企业和农户非农产业的发展，村集体和农户的非农业收入的比例逐年提高，并逐渐和农业收入持平。尤其是1997年的第二轮土地承包完成后，这一增长趋势更为明显，非农业收入已占到了李村经济总收入的62.39%，成为农村经济的主要收入来源。

表4-11　　　　　李村村1978—1999农业劳动力占比情况

年份	劳动力	农业人口	农业人口比重		
			李村村（%）	浙江省（%）	村省差距（%）
1978	885	803	90.73	88.56	2.17
1979	820	776	94.63	87.88	6.75
1980	838	798	95.23	87.45	7.78
1981	936	854	91.24	86.84	4.40
1983	1050	997	94.95	86.12	8.83
1984	1070	757	70.75	85.78	-15.03
1985	1100	854	77.64	84.26	-6.62
1986	1110	759	68.38	83.96	-15.58
1988	1210	829	68.18	83.64	-15.46
1990	1270	970	76.38	83.55	-7.17
1991	1280	977	76.33	83.43	-7.10
1992	1300	940	72.31	83.07	-10.76
1993	1310	703	53.66	82.61	-28.95
1997	1380	694	50.29	80.44	-30.15

① 《玉华李氏谨按大事记》，第47页。

续表

年份	劳动力	农业人口	农业人口比重		
			李村村（%）	浙江省（%）	村省差距（%）
1998	1350	696	51.56	79.60	-28.04
1999	1360	701	51.54	78.79	-27.25

数据来源：《李村村农业统计年报（1962—1999）》。

2. 李村村经济合作社的股份制改革

2010年前后，浙江省的村经济合作社先后进行了股份化改革，按照"清产核资、资产量化、股权设置、成员界定、股权管理、资产运行、收益分配、监督管理"等步骤，将村统一经营的集体资产（主要是经营性净资产）按人口和劳动贡献等要素折股量化到集体经济组织成员个人（顾剑明、李振航，2014[①]），原村经济合作社更名为村股份经济合作社。2010年，李村村的农村经济合作社股份合作制改革也全面展开，村两委多次召开专题会议，商讨、部署相关工作，股份化改革工作逐步推进。2011年，李村村将原李村村经济合作社和各组的资产折股量化到户（人）后组建了社区性、综合性合作经济组织，并按照相关法律条文的规定，经工商行政管理机关登记注册，取得企业法人资格，以其财产独立承担民事责任（注释专栏4-1）。

注释专栏4-1 李村村股份经济合作社概况

李村村股份经济合作社注册资本为人民币30万元，分别由李村村股份经济合作社及股东以货币、财产折合等方式投入。（1）股份经济合作社的股权设置与量化。主要针对的是经营性资产股及资源性资产股，公益性资产[②]暂不列入折股量化范围。股权只设人口股，人口股占资产总额的80%和集体共有股占20%。其中，人口股享有对象为2010年10月31日在册的本村村民及其子女[③]，每人300股，每

[①] 顾剑明、李振航：《浙江村经济合作社股份制改革透析》，《农村经营管理》2014年第4期。

[②] 根据《李村村股份经济合作社章程》规定，公益性资产（指道路、桥梁、机埠等）暂不量化折股。若遇征收征用，其收入作为股份经济合作社收益。

[③] 但在实际操作中，享有股权人口计算截止日为2011年3月31日。

股1元,折人民币300元。经济合作社资产(包括土地)在折股量化时权属不变,属村集体所有,在村内实行折股量化;属队组集体所有的,队组内折股量化。(2)股份经济合作社的法律地位问题。《李村村股份经济合作社章程》(以下简称《章程》)规定合作社具有独立的法人资格,能够执行国家的法律、法规和政策,接受当地党委、政府和上级有关部门的指导与监督。按照章程规定,实行独立核算、自主经营、自负盈亏、民主管理。(3)集体产权与收益分配的问题。《章程》中明确指出李村村股份经济合作社对本村农民集体所有的土地、山林等资产等依法行使经营、管理权。其基本职能是资产经营、资产管理、资产积累和收益分配等。此外,为保证股份合作社的正常运行与发展,股东代表大会上,全体通过《李村村股份经济合作社财务管理制度》《李村股份经济合作社董事会工作制度》《李村村股份经济合作社监事会工作制度》等相关文件以规范集体经济组织的运作方式,保护社员的合法权益。

截至2012年,李村村的集体资产共分为112万股,每股1元,共计112万元。按照《章程》规定,"股权只设人口股,人口股占资产总额的80%和集体共有股占20%",最终共有968户、3119人农民参加社区股份经济合作社,每人300股,分得93.57万元;村集体占18.43万股,计18.43万元,占全部股份的16.45%。其中,李村自然村共计705户、2247人参与了股份经济合作社,占李村村行政村的60%(表4-12)。需要注意的是,社区股份经济合作社成立后,合作社所有资产(包括土地)在折股量化时的权属并没有发生改变,属村集体所有,在村内实行折股量化;属队组集体所有的,在原队组内折股量化(注释专栏4-1)。

表4-12　　　　李村村农村经济合作社股份制改革情况表

队组名称	户数	享有股权家庭人口	股权份额	股份折合金额(万元)
李村	705	2247	674100	67.41
白山后	106	355	106500	10.65
下汪畈	69	247	74100	7.41

续表

队组名称	户数	享有股权家庭人口	股权份额	股份折合金额（万元）
岳家	88	270	81000	8.10
小计	968	3119	935700	93.57
村集体共有	—	—	184300	18.43

注：享有股权人口计算截止日为2011年3月31日。

数据来源：《李村村股份经济合作社股权份额清册》。

此外，李村村深化集体林权制度的改革也在同步进行。李村村根据建德市委、市政府颁发的《关于深化集体林权制度改革的实施意见》（市委〔2010〕13号）和《关于行政村股份合作制改革的指导意见》（市委办发〔2008〕113号）等相关文件，结合本村实际情况制定了《李村村村级集体经济股份制改革与深化集体林权制度改革同步进行的股份制改革方案》。把集体山林所有权置换成林农的股权，增加林农收入，促进林业产业发展和生态保护，依法量化所有权、放活经营权、落实处置权、确保收益权，加快村级传统林业向现代林业转变。在推进该项工作时，李村村综合考量了小区位的差异和区块林地质量等因素，在村级集体范围内进行了合理的利益分配，并于该年底完成林权改革。

3. 当前李村村集体经济发展中存在的主要问题

当前李村村集体经济虽然有一定程度的发展，但从集体经济的来源和总量而言还存在很多问题，如集体经济和农户经济发展不均衡、集体经济收入渠道过于单一等问题，尤其是后者，成为阻碍李村村集体经济发展的重要问题。当前李村村的集体经济收入主要依靠政府拨款，并辅以集体资源（包括房屋、土地、水田等）出租的收入，集体经济发展面临窘境。

在当前政府鼓励农村"三产融合"发展的背景下，李村村虽也在尝试发展"以古村落和古建筑文化"为主题的旅游产业，如积极申报国家、省、市各级的古村落和历史文化村落保护项目，制定古村落保护利用的规划，但李村村发展旅游业依然面临许多问题。第一，古村落保护利用工作启动较晚，已有一大批具有历史文化保护意义的建筑被损坏。李村村保留了大量祠堂、民居等典型的明清建筑，以及较完整的村庄肌理，但由于80年代中期李村村盛行"造房子"风潮，一大批有价值的老房子被拆除，当前仅剩的几处历史建筑群规模较小，为了达到乡村聚落的完整，还需要清理、整修、重建大量建筑，工作量庞大，维修资金昂贵。第二，古村落旅游发展较晚，邻近的另一历史文化村落——新叶村已抢占先机。相比新叶村，李村发展古村落旅游的基础条件并不差，在某些方面还要更具有优势。但李村在对旅游业和古村落保护开发的重视程度、旅游资产的筹措和村庄的自我营销能力等方面，与新叶村还有一定差距。

三 李村村农户经济与农民生活

对李村村农户经济与农民生活的研究，本节主要采用了文献研究与半结构式访谈相结合的研究方法，其中文献来源主要包括李村村现存账本、契约文书等资料和大慈岩镇档案馆保存的统计资料；半结构式访谈对象选择上，主要选取了专业种植大户、普通种植户及木匠、漆匠、瓦匠和裁缝等从事手工艺行业的农户。笔者期望通过多类型农户访谈，更全面地了解李村村农户经济和农民生活的基本情况。

（一）新中国成立前的农户经济与农民生活

自北宋太宗雍熙三年（986）建村至新中国成立前，李村的农户经济与农民生活虽一直发生着变化，但是与其他地区类似，封建[1]地主制下小农经济的生产模式是其主导的农户经济模式。从李村村现有关于"行业与工艺"及"历代店铺作坊传记"的记载可见，其小农经济形态亦是我国封建社会时期典型的小规模农业生产与家庭手工业紧密结合的生产模式。这种生产模式被称为"耕织结合"模式或"农副结合"模式，即农户"在粮食生产之外，兼事其他生产项目，以解决家庭消费的多种需要"[2]。

历史上记载的手工业从业者包括石匠、木匠、砖匠、篾匠、裁缝等多种类型，其所从事行业涵盖衣、食、住等农民生活的多个方面（4-13）。家庭手工业的存在与发展，从家庭内部讲带来了农户家庭收入结

---

[1] 现学术界关于"封建"一词的含义和用法存在诸多争议，本文中仍采用在马克思主义史学家，或在我国惯常意义上的"封建社会"的含义，即地主或领主占有土地并剥削农民或农奴的社会形态。

[2] 叶茂、兰鸥、柯文武：《封建地主制下的小农经济——传统农业与小农经济研究述评》（下），《中国经济史研究》1993年第3期。

构或家庭从业结构的多元化，从农村社区层面而言则促进了农民生活中服务业的多元化及农户生活形态的多样化发展。根据李村村关于历代店铺作坊的记载，伴随着家庭手工业的发展，该村在明清时期出现了多种从事工商业经营的农户，其店铺涉及南货店、药店、榨油坊、米粉干坊、砖瓦窑等多种类型。在民国及以后的时间里，这些专业户经营的店铺虽然在不断变化，但是传统的手艺却得以传承，并一直被作为部分农户谋生的手段。

表4-13 新中国成立前李村村"农副结合"式农户经济之手工艺者分类

序号	工匠分类	代表人物	朝代	特长
1	石匠	李聪树、李聪进	清代	能在石上凿刻各种飞禽走兽，浮云勾线
2	木匠	李明彩、李森树	清代	擅长拱斗建筑
3	砖匠	李海松、李树进	清代	砌马头墙，砌泥锅灶头
4	锯板匠	李光品	清代	擅长伐木
5	篾匠	李季昌、李田三	清代	擅长编篾丝盒
6	织布匠	李培生、李合福	清代	织布结实，鲜有人能及
7	箍桶匠	汪卸彬	民国	擅长做各种木桶、木盆、锅盖等
8	铁匠	施先彬	清代	铸打农具
9	剃头师傅	吴根荣、周樟树、李锡奎	清代	擅长理发
10	裁缝	李培三、李成昌	清代	擅长制作各种服饰
11	漆匠	李青华	清代	擅长漆艺
12	棺材匠	李竹跟、李培彬、胡志琴	清代、民国	做棺材
13	腌猪	徐义生	民国	擅长制作腌猪、腌鸡

关于新中国成立前李村村农户的消费结构，虽然未收集到专门的记录材料，但是从其现有的契约文书中可以略有了解。通过整理李村村从1850年到1948年近百年间的33份契约文书①，笔者发现家庭的日常生活支出、丧葬费用等在当时应该占到较大的比重，或者相对于农户收入来说，这些支出数额比较大，因为契约文书中记载的农户将土地流转出去的原因往往是"正用无办""钱粮无办""丧葬无办"等。

---

① 李村村33份契约文书由课题组成员吴一鸣整理并解读。

（二）人民公社时期的农户经济与农民生活

人民公社时期，李村村一家一户的农业生产经营活动被集体经营模式取代，从事农业生产经营的农户几乎不会有家庭结余。但是根据笔者对传统手工艺者的访谈发现，家里有手工艺者的农户还是能获取一些集体分配以外的收入（注释专栏4-2）。除将做工收入的规定部分交给生产队折合成工分以外，他们还可将余下部分留存为自己的家庭收入。因此，在该时期，有手艺的经营户往往较之普通农业经营户经济状况要好。除木匠LTJ外，笔者在对其他手工艺者的访谈中发现，李村村的个别农民凭借在人民公社时期办厂工作积累的经验，掌握了相关技能后将其作为谋生的途径。

注释专栏4-2 人民公社时期手工艺者的经济状况（节选自访谈笔记）

LTJ，男，80岁，家中共有四个孩子，三儿一女，女儿出嫁，三个儿子现在都住在村里且已娶妻生子。该户是个四世同堂的大家庭。LTJ从二十多岁开始做木匠活儿，最初的木匠手艺是源于在当时的解放水库大坝做推泥的车。虽然当时只做了一年木工，但是却为其后来从事木匠行业打下了基础。在解放水库大坝做工时，每天的工作会在生产队计工分，且每天有两三毛钱的工具补贴。结束在解放水库大坝的工作后，LTJ回到村里，开始给农户做木匠活儿。这期间他每天的收入约1块钱，其做木工的收入会交一部分到生产队折合成工分，例如每月挣30块钱，只需交20块钱左右到生产队换取工分，剩余的约10块钱可以攒下来。相较于普通的农户，他家的这种收入状况在当时是非常好的了，因为只种地的农户不会有自己的结余。

此外，李村村一些农民在人民公社时期的社队企业工作，并掌握了相应的技能，改革开放以后，这些技能仍作为其家庭收入的重要来源（注释专栏4-3）。可见，人民公社时期虽然独立的农户经济生存空间几乎被挤压殆尽，但是由于社队企业的存在还是产生了一定的独立于人民公社体系以外的农户经济形态，且当时这些农户经济形态还影响了改革开放后李村村的农户经济形态。

注释专栏 4-3　人民公社时期的公社企业对当时及如今农户经济的影响

YZQ 先生，今年 65 岁，职业是古建筑修复，手艺主要是砖匠（又被称为泥水匠）。YZQ 先生的古建修复手艺源于其在人民公社时期的唐村建工队工作的经历，最初入行时年龄为 20 岁，学的是泥工。唐村建工队属于公社企业，YZQ 先生当时得以跟随建工队到多地去考察、学习，而习得了这个手艺。

改革开放后，虽然公社企业不在了，但是，YZQ 先生依然可以靠其泥工的手艺来获得收入。他后来到建德市古建园林建筑工程有限公司工作，且其本人是该公司的发起人之一。该公司的前身是 1984 年成立的古建筑修建队，修建队成立两年后更名为现在的公司名。

如今，YZQ 先生已经退休，他除了每月可以从原公司获得退休金以外，还时常去一些古建修复项目做工获取一部分收入。同时，YZQ 先生在古建公司工作时收了十几个徒弟，现在徒弟们虽然分散在不同地方，但是有项目时，还是可以聚在一起与其合作。

（三）土地承包到户之初的农户经济

1982 年土地承包到户以后，李村村的农户经济形态和农民生活发生了巨大变化。随着人民公社体制的消亡，农户经济得以迅速恢复。根据李村村 20 世纪 80 年代《农业统计年报》中所记载"劳动力分部门使用情况"，可以对土地承包到户之初的农户经济形态有一个基本了解（表 4-14）。

表 4-14　土地承包到户之初李村村劳动力分部门使用情况

年份	总劳力	农业	林业	牧业	副业	渔业	工业	建筑业
1984	1070	745	—	2	10	—	25	
1986	1110	692	10	40	10	7	95	
1988	1210	750	12	2	60	5	55	4

年份	交通运输业和邮电业	商业、饮食业、服务员	科学研究事业	文教卫生和社会福利事业	行政管理部门	外出劳动力	其中在城镇落户的	其他
1984	6	8	—	11	2	48	1	212
1986	10	21	—	15	2	113	—	95

续表

年份	交通运输业和邮电业	商业、饮食业、服务员	科学研究事业	文教卫生和社会福利事业	行政管理部门	外出劳动力	其中在城镇落户的	其他
1988	16	80	—	15	9	100	—	102

数据来源：据《建德市檀村乡人民政府李村村农业统计报表》记载资料整理而成。

从1984年到1988年，虽然从事农业生产的劳动力所占比重有所下降（从1984年的69.63%下降到1988年的61.98%），但是其始终占到全部劳动力的60%以上，即从事农业生产是这一时期李村村农户经济的主要形态。除农业生产外，该村农户的收入来源还涉及林业、牧业、副业、渔业、工业、服务业等多种业态，且有相当比例的劳动力（从1984年的4.49%到1988年的8.26%）外出打工获取收入。

1. 粮油生产及普通农户收入情况

土地承包到户之初，一方面市场经济尚未得到充分发展，农民的非农就业机会仍然不多；另一方面，如林毅夫在农村改革相关问题的研究中所得出的结论[①]：家庭联产承包责任制之初，制度变迁极大地促进了粮食产量的增加；同时，由于"三提五统"的制度约束，使得从事农业生产成为农民的一种责任。在此背景下，农业生产成为农户经济的主要业态，承包地成为农户经济的重要生产要素。

1982年土地承包到户时，李村村各队的土地分配并非完全按统一的标准。由于当时各队情况不同，分地方案也不相同，用当时村干部[②]的话说只能采取"因队制宜"的分配方案。首先是土地在各队的分配，分配依据主要是考虑到地力和人口增长这两个因素。地力是指土地的质量，分得土地质量好的地方，土地面积就会适当缩减；人口增长势头明显的地方[③]，土地面积相应增加。而具体到各队内部的分配，则是各队自主决定[④]，有的队是完全按劳动力情况分配，有的队是完全按人口分配，还有

---

① 林毅夫：《解读中国经济》，北京大学出版社2012年版，第9页。

② 为了解土地承包到户之初的分配方案，笔者在对农户进行访谈的同时，也对一些土地承包到户时任村干部的村民进行了访谈。

③ 受访者在访谈时举例说，比如一个队里的老人多、女儿多，那么这个队的土地就比那些青壮年男子多的队分得的土地少些，因为预计前者未来的人口增长率会低于后者。

④ 虽说各队是自主决定分配方案，但可能彼此间也有些影响。如下文中，受访者提到的"1585"方案，按该方案分配的生产队不止一个，而是"有几个队都是这么分的"。

一些队按"1585"分配,即15%的土地按劳动力分配,85%的土地按人口分配。

虽说土地承包到户时的分配方案各队并不完全相同,但是,从土地分配方案设计和各队承包责任制合同可见,各队的基本分配情况并没有很大的差距。笔者选取了承包到户初期"李村村第一生产队的农户承包责任制合同",来分析当时农户经济和农民生活的基本情况。

表4-15的四个指标由表4-16中的指标计算而来,其中,亩均产量=产量/面积;人均耕地=面积/人口;农户可支配量=产量-交售国家-上交生产队-上交大队-机动粮;人均可支配量=农户可支配量/人口。如前文所述,因承包地并非完全按人口分配,所以每户的人均耕地面积略有差异。但是从亩均产量和人均可支配量两个指标来看,可以判断,该时期李村村从事粮油等大田作物生产的普通农户收入情况相似度较高。

表4-15 李村村1982年土地承包到户之初的农户经济状况
(以1生产队为例)

项目 农户	亩均产量	人均耕地	农户可支配量	人均可支配量
LJT	1511.06	0.66	7456.08	828.45
LQX	1511.06	0.81	4634.42	926.88
LFL	1510.95	0.87	3730.63	932.66
LQT	1511.11	0.81	1886.62	943.31
LQD	1511.08	0.65	4241.17	848.23
LGH	1510.86	0.67	3402.25	850.56
LQG	1510.96	0.73	3614.49	903.62
LGG	1510.94	0.80	3791.53	947.88
LSQ	1511.08	0.93	3760.02	940.01
LFY	1510.95	0.69	4557.63	911.53
LHJ	1511.11	0.69	2840.46	946.82
LLD	1511.11	0.68	3781.04	945.26

表4-16　檀村公社李村大队第一生产队1982年承包责任制合同汇总

项目\农户	人口	定量	底分	面积	其中:劳力田	产量	农业税	统购	加价	合计	大豆	农业税代金	统购	加价	合计	猪	积累	旧金	上交大队	排灌费用	归还欠款	工数	其中:义务工	备注:机动粮
LJT	9	4060	26.0	5.97	0.775	9021	287	165	805	1257	6		6	54	60				1.92					200
LQX	5	2630	27.5	4.07	0.825	6150	196	176	857	1229	4		4	37	41				28.58					213
LFL	4	2150	28.5	3.47	0.850	5243	167	180	883	1230	3		3	32	35				24.37					220
LQT	2	1050	10.0	1.62	0.300	2448	78	64	312	454	2		2	14	16				11.38					78
LQD	5	1620	10.0	3.25	0.300	4911	157	64	312	533	3		3	30	33				22.83					78
LGH	4	1770	10.0	2.67	0.300	4034	129	64	312	505	3		4	4	27				18.75					78
LQC	4	1890	13.0	2.92	0.400	4412	141	85	414	642	3		3	6	29				20.51					103
LGG	4	2100	18.5	3.20	0.550	4835	155	117	572	844	3		3	9	32				22.47					142
LSQ	4	2150	35.0	3.70	1.050	5591	178	224	1091	1493	4		4	3	37				25.98					271
LFY	5	2360	10.0	3.47	0.300	5243	168	64	312	544	4		4	1	35				24.37					78
LHJ	3	1480	3.0	2.07	0.100	3128	100	21	104	225	2		2	9	21				14.54					25
LLD	4	2000	3.0	2.70	0.100	4080	130	21	104	225	3		3	4	27				18.96					25

数据来源：表4-17根据《檀村公社李村大队1生产队农业生产责任制合同》整理而来，合同签订时间均为1982年。

2. 专业户基本收支情况

除从事大田作物生产的普通农户外，这一时期李村村也存在一些从事其他行业的专业户，在此以李村村《一九八五年农村专业户基本情况调查表》为例来梳理这一时期该村专业户的收入情况。1985年李村村的专业户已有20户，其从业领域涉及养殖业、工业、商业等多种业态，家庭收入往往主要来源于专业行业收入（表4-17）。

表4-17　　　　　　　　1985年李村村专业户基本收入情况

经营专业	专业户数	家庭常住人口（人）	家庭男女整半劳动力（人）	其中：从事专业的劳动力（人）	请帮工带徒弟（人）	固定资产原值（元）	家庭全年总收入（元）	其中：专业行业收入（元）	售出专业产品收入（元）	费用支出（元）	税收（元）	家庭全年纯收入（元）
合计	20	76	26	23	6	60700	89866	57731	9200	26265	1373	62228
养猪	1	4	3	3			13280	5180		6640		6640
水产养殖	1	1	1	1			1684	1200	1200	310	16	1358
砖瓦	1	4	1	1	4	1500	8300	8000	8000	6400	100	1800
金属加工	2	9	3	2	2	1200	7500	6500		3300	360	3840
拖拉机（运输业）	11	47	23	11		33000	49252	29551		8865		40387
商业	4	11	5	5		25000	9850	7300		750	897	8203

数据来源：建德市1985年农村经济统计表之《一九八五年农村专业户基本情况调查表》。

（四）近年来的农户经济与农民生活情况

本小节将通过对文献资料及不同类型农户访谈案例的分析，来展示李村村近年来不同类型的农户经济与农民生活的基本状况，主要聚焦于农民的收入结构（就业结构）、支出结构及农户经济和农民生活在农村社会结构转型中的特点。

1. 农民的就业结构变化情况

近年来，李村村农民就业结构发生了明显变化（表4-18）。20世纪末期，该村从事第一产业的劳动力占劳动力总量的比例始终在50%以上；到2012年和2013年，这一比例下降至只有21.53%。与此同时，外出务工劳动力的比例呈明显上升趋势，从20世纪末期的36%左右，到2013年的近49.22%，即该村近半数的劳动力选择外出务工获取收入。此外，外出务工人群中省外务工劳动力数量也有所增长。上述趋势表明，外出务工收入在该村农户经济中变得越来越重要，而第一产业的重要性则逐渐下降。

表 4-18　　　　1997 年至 2013 年李村村农民基本就业结构

年份	乡村总劳动力数（人）	从事第一产业劳动力		外出务工劳动力		
		总数（人）	占劳动力比例	总数（人）	占劳动力比例	其中：省外务工劳动力（人）
1997	1380	694	50.29%	493	35.72%	3
1998	1350	696	51.56%	497	36.81%	7
1999	1363	701	51.43%	495	36.32%	6
2012	1997	430	21.53%	983	49.22%	25
2013	1997	430	21.53%	983	49.22%	25

注：1997 年、1998 年和 1999 年的"从事第一产业劳动力"人数为原统计表中"农业、林业、牧业、渔业"四项从业人数相加得来。

数据来源：据《建德市农村经济统计表》整理而成。

2. 农户收入变化情况

近年来李村村农户的收入结构、收入总额及人均收入均发生了很大变化（表 4-19）。其中，农民家庭收入在 20 世纪末虽有增长，但是一直处在 400 多万元的水平；到 2012 年和 2013 年，总量上分别达到了 1781.35 万元和 2317.19 万元；农民外出务工收入也表现出同样的趋势，2012 年的收入总额达到 1999 年的十倍以上；农民人均所得亦然，在 20 世纪末期呈现出较为平稳的增长趋势，到近年来则取得了突破性的增长，到 2013 该村农民人均所得收入达到 9803 元。

表 4-19　　　　1997 年至 2013 年农户收入基本情况

项目 年份	农民家庭经营收入（万元）	农民外出务工收入（万元）	农民人均所得（元）
1997	441.26	110	1850
1998	461.41	149	1960
1999	485.90	180	2307
2012	1781.35	1882.27	8677.40
2013	2317.19	2263.26	9803

资料来源：建德市《农村经济收入分配和效益统计年报》。

3. 不同类型农户经济与农民生活案例
案例一：专业种植大户 LBJ

LBJ 是李村村的莲子种植大户。1983 年土地承包到户不久，因其有熟悉莲子种植的亲戚 Y 住在李村村附近著名的白莲之乡里叶村，LBJ 看到莲子种植效益高于粮食作物种植，故开始向 Y 学习莲子种植技术。最初的莲子种植规模并不大，主要在其自家承包地种植。据 LBJ 回忆，当时虽有土地流转，但是土地租金很高，每亩地每年的租金要 400 斤稻谷。而当时的莲子产量较低，每亩地的产量只有 40 斤左右的莲子。到 20 世纪 90 年代末期，随着莲子品种改良和其他相关技术的改进，莲子产量得以明显提高。时至如今，莲子的产量已可高达 200 斤每亩，每斤莲子价格为 40 元到 50 元。LBJ2016 年莲子种植面积为 8 亩，2015 年为 7 亩多，最大规模曾达到十几亩，除自家的 4.5 亩耕地外，其余耕地均为流转而来。种植面积变化既与其个人种植意愿有关，也与土地出租方意愿有关。除莲子种植外，LBJ 还帮出口商收购荷花，出口商出口国家为日本，荷花尺寸和外形均有明确标准，达标的荷花每朵 0.8 元。此外，LBJ 家还种植了 2 亩多水稻，用于自家食用。LBJ 也会利用农业生产的闲暇时间去打工，主要是从事建筑行业。

LBJ 家的支出主要包括农业生产支出和生活支出。对于 LBJ 来说，莲子种植的成本主要包括雇工剥莲子成本、化肥农药成本等，其中雇工剥莲子成本所占比重最大，鲜莲子为 5 元至 6 元一斤，折合成干莲子，每斤成本为 10 多元；化肥农药成本约为每年每亩地 60 元。土地流转目前已无须付租金，因为自从 2010 年左右开始，李村村外出打工、上学的年轻人规模进一步增大，为防止土地撂荒，无暇种植自家承包地的农户就免费将土地流转给如 LBJ 般从事种植业的农户。生活方面的开销中，因 LBJ 的儿子和女儿均已就业，所以主要开支集中在日常生活用品开销、人情开销等方面。其中，人情开销额在逐年增加，一般亲戚朋友结婚、造房子等均要送红包，朋友间一般一个红包要三四百块钱，亲戚间则更多。医疗保险开销近年来不断变化，虽然保险费用在提高，2016 年已达每年每人 180 元，但是报销比例也在提高，按 2016 年的标准可报销住院费用的 85%。

对于未来的种植预期，LBJ 认为未来的莲子种植规模还要视具体情况而定。如现在为剥莲子而雇工越来越难。他在最初种植莲子时，主要依靠夫妻二人及儿子、女儿来剥莲子；后来随着种植规模的扩大，开始雇工剥莲子，雇工主要来源为本村的老人和妇女。虽然雇工难度加大，但是新的情况是，最近出现了剥莲子的机器，LBJ认为剥莲子的机械化有助于扩大种植规模。不过，他认为以目前的技术水平还不够，现在的剥莲子机器要在剥皮过程中冲洗莲子，会破坏莲子的香味。由于这种品质差别，收购商收购莲子时，机剥莲子和手工剥莲子价格上也会区分开来。

案例二：普通种植户 LCZ

LCZ今年65岁。现在夫妻二人种田；儿子、儿媳在金华打工[1]，孙子跟着儿子儿媳在金华；两个女儿均已出嫁，且嫁的离娘家不远，农忙时还能来帮一下。LCZ除自己种田外，还养了一头牛[2]去帮别人家耕地赚钱，且他从承包到户开始到现在一直养着耕牛。耕地收入每年能挣到1万元左右。每亩地每季水稻的耕地费用是200元。LCZ自家有两亩七分五的土地，全部被用于种水稻和油菜[3]，另外流转了别人家的一亩半土地，用于种莲子。但是，他流转到的这一亩半土地是不需要付租金的，只是算暂时帮别人家种着，等人家想要收回时随时可以收回[4]。LCZ家去年一亩半地莲子的毛收入将近1万元，算是李村去年莲子收成很好的农户了。莲子的销售渠道[5]主要有两种，一种是卖给上门收购的个体户，另一种是自己卖到里叶村去。

在莲子生产的投入方面，主要有肥料、农药等农资投入及剥莲子的人

---

[1] 笔者在访谈过程中发现，李村村常住村里面的主要是老年人。在此处访谈时专门问了一下村里年轻人的去向，得到的回答是，村里的年轻人基本都在外面打工，打工地主要在杭州，也有一些在其他地方。

[2] 笔者的介绍人解释说，李村村一共有三头牛，LCZ的这头牛是其中之一。虽然现在机械化耕地已经比较普遍，但是一些山地、零散地等机械难以操作的地块儿，还是要靠耕牛去耕地，种一季水稻需要耕田四次。

[3] 水稻和油菜是同一块地上先后种的两季不同作物。

[4] 访谈中，笔者就这一问题进行了一个专门的小访谈，发现李村村现在种着别人地的农户，往往是不需要给别人交土地租金的，也无须付给任何补偿。据笔者的介绍人所言，在刚开始包产到户时，要种别人家的土地是需要给予补偿的。农户付租金租地现象普遍存在的时间大约从1982年持续到1992年，之后随着外出打工人口增多，农业经营收入在家庭收入中的比重逐渐下降，放弃耕种的人逐渐增多，不少人只是为了不让土地荒着，所以流转给别人，这部分人往往不会索要补偿。1982—1992年间的土地租金为每亩地300斤至400斤稻谷。

[5] 卖晒干的莲子是农户莲子销售渠道之一，另外有一些农户会直接卖新鲜的莲蓬（当地人叫"青莲"，每个青莲能卖到2—3元），也有直接卖荷花的。莲蓬主要是卖到杭州等城市地区，荷花在李村村就有人收购（即前文所提及的LBJ）。

工投入①。其中，肥料的投入每亩地需约 300 元；农药的投入每亩地需约 50 元；剥莲子的投入在 LCZ 家是一个不被计入成本的投入，因为他家剥莲子主要靠家人来做，两个出嫁的女儿都会过来剥莲子。水稻每亩地的产量约为 1 千斤。LCZ 家的水稻是不用于销售的，给在外面打工的儿子和出嫁的两个女儿做口粮。

油菜籽往年每亩的收成能达到 300 多斤，但是今年年景差，2 亩多的地只收了 300 多斤，即每亩只收了 100 多斤。油菜籽主要也是供自己榨油食用，一般不会拿去卖。100 斤油菜籽能榨油 30 多斤，好一点的能达到 38 斤，差一点的只能到 32 斤②。除以上主要农作物外，LCZ 家也种一些蔬菜供自家食用，所以平日里需要买的菜也不多。以前还种过西瓜，也是供自家吃，不拿出卖。

LCZ 家现在住的房子是 2006 年建起来的，当时共花费了约 13 万元。LCZ 说，很多人工成本都没有计入这 13 万元中，当时主要靠别人帮工，只是管饭而已，不用付工钱。但现在很少有帮工，基本都是干活付费。这种趋势的变化大概是从 2000 年以后开始的。

案例三：手工业为主的农户 HXH

HXH，家里有父母、妻子、三个女儿和一个儿子。现在三个女儿均已出嫁，儿子也娶了媳妇。HXH 的收入来源主要有三类：种田、酿酒和建筑业。他家现在共有 5 亩多地。其中，2 亩多水稻，1.7 亩莲子，0.75 亩的大豆，1 亩玉米。相对于其他农户，他家的耕地面积较大，是因为分地（土地承包）时他家共有 8 口人，当时是按 8 个人的地来分的，后来虽然因女儿出嫁等发生家庭人口的变化，但承包地一直没有调整。

HXH 从 2001 年开始从事酿酒业，到现在为止做这行已经 15 年了。他最初是用木蒸子来酿酒，从 2013 年 9 月开始换成现在这个金属质的高效蒸酒器。原来的木蒸子一天一夜能蒸 200 斤酒，现在的金属质蒸酒器产量要高得多。

HXH 的酿酒业是采取上门加工的方式，即哪家有需要他就把自己的

---

① 农户在计算成本时都没有将自己打理农田的人工投入算入其中。我们在村子里走访时发现，农民在莲子地的管理上也需要投入一定量的人工，莲子需要间苗，即把没有荷花的那些苗去掉；而走在近膝盖深的水田里给荷花打药也是一件颇费体力的活儿。

② 李村村的村民榨油需要到隔壁村子去，因为现在李村村已经没有榨油作坊。据我们的介绍人所言，原来李村村有好几家榨油的，后来都不做了。

设备移到哪家去加工①。加工费的计算方法为：1 斤烧酒收 3 块钱加工费。酿酒业并不是全年都能做，每年最多能做五个月。上半年是农历的三月下半月和四、五两个月；下半年是从八月中旬到十月底。用现在的金属质蒸酒器，每年大约能加工 500 石粮食。每石粮食产酒约 38 斤。

案例四：外出务工收入为主的农户 ZEY

ZEY，今年 60 岁，全家共 6 口人，除夫妻二人外，另有儿子、儿媳、孙子、孙女。儿子和儿媳在深圳打工，儿子做电器维修，儿媳为家庭主妇，孙子跟随儿子和儿媳读小学②；孙女明年开始要读初中，跟 ZEY 在李村住。ZEY 因身体状况不佳，基本不再下地劳动。其夫除种田外，还在本村及外面做建筑工人，每年打工的时间约 4 个月，工资水平为每天 120 元。

ZEY 家原有耕地 2.2 亩，后来用 0.5 亩耕地跟别人换得了 1 亩地质较差的耕地，一方面是为了让自家的地连在一起便于耕种，另一方面也是为了多种一点地。置换来的这部分地原来是种小麦的田，后来被她家拿来种橘子，再后来因为橘子产量不佳，就把橘子树刨掉种番薯③。其余的土地，1.5 亩用来种莲子④，剩余的两分多土地荒掉了。

莲子每年的产量和价格都有波动。去年因为天气原因，莲子产量普遍偏低，相应莲子的价格较高，为每斤白莲子 45—50 元⑤。ZEY 家去年莲子产量明显较低，每亩地的毛收入约为 2000 元/亩⑥。好的年景，毛收入能达到近 3000 元/亩。种莲子的成本中，除农药、化肥等农业生产资料的投入

---

① HXH 现在这种上门加工的模式也遇到了一点小问题，就是工商登记的问题。据他说，原来他们这样酿酒是不需要登记，也不需要营业执照的，现在要求他们到工商局办理营业执照，HXH 现在还没有去办理营业执照，他说如果到下半年还办不下来就不让再生产酒了。

② ZEY 的儿子和儿媳为使两个小孩子接受更好的教育，在新安江买了房子，每月约 3000 元的房贷也成为其家庭支出的一部分。

③ 种番薯的这部分地里也种有一些蔬菜，供自家日常食用，所以家里基本不用买菜。

④ ZEY 女士家还曾从别的农户那里流转过一部分田（约 1 亩），但是今年下半年开始，那部分田被人家又要回去了，所以在访谈中，ZEY 女士说那部分田就不要算了。

⑤ 前年的白莲子价格为每斤 35—40 元。ZEY 家去年卖的价格是 45 元/斤。

⑥ 根据我们当天上午随后访谈的两户农民，发现莲子的收成跟管理水平和地块位置也有很大关系，比如我们随后访谈的两家都比较擅长田间管理，收成也普遍较好。而 ZEY 家的莲子则倒伏较严重，她说是因为她家的地块受台风影响比较大，有的人家受的影响就比较小。

外,剥莲子也是一件需要很大投入的工作①。ZEY家,在年景好的时候会雇人剥莲子,剥一斤莲子的手工费是5元(折合成干莲子约为11元/斤)。

除莲子外,荷塘里还能收一些藕。但是因为这个荷的品种主要以产莲子为目的,长出的藕特别小,所以也不会被拿去卖,只是供自家食用。

4. 对李村村农户经济与农民生活的梳理和分析

根据以上相关统计资料和不同类型的案例,可以沿着农民收入结构、支出结构、农民生活情况变化等几条线索,梳理出该村农户经济与农民生活的几个重要的侧面。

第一,李村村目前的农户经济类型主要为兼业型农户经济,农户经济形态呈现多元化趋势。以上专业种植大户、普通种植户、手工业收入为主的农户、外出务工收入为主的农户类型仅为分析之便的粗略划分。从案例陈述可见,专业种植大户LBJ也会利用闲暇时间打工,手工业收入为主的HXH家和外出务工收入为主的ZEY家仍然会有部分种植业,且HXH除酿酒和种植业外,还会利用闲暇时间打工,农户经济表现出多业杂合的特点。而出现这一特点的原因,既与市场经济发展带来的农民就业机会增多有关,也与行业特性密切相关,如LBJ的莲子种植业到10月份以后就不再需要劳动投入,HXH每年能加工酒的时间约为半年,其余时间即可被用来从事其他行业。李村村近年来从事第一产业的劳动力所占比例大幅下降及外出打工人员所占比例的上升(4-18),也表明了农户收入结构或农户经济形态的多元化趋势。

第二,土地要素在农户经济中的重要性不断降低。根据对LBJ的访谈和对李村村村两委部分成员的访谈,可以大致梳理出土地要素在农户经济中所处地位的几个变化阶段。在土地承包到户初期,土地作为农民重要的收入来源,在农户经济中占有重要地位,且少有土地流转现象;后来,随着市场经济的发展和就业机会的增多,李村村外出务工人员逐渐增多,土地要素在农户经济中的重要性降低,一些原来的农业经营户在外出务工或从事其他产业的同时,开始流转自己的土地获取一定的租金收入,但当时土地要素依然作为农户获取收入的重要来源,所以土地的租金是比较高

---

① 这一点也在我们其他的访谈中得到了印证。我们发现,种莲子的农户中,每家在剥莲子的投入上各有不同,一般来说,家里人口较多的主要靠自家人剥;家里人口少、田又多,自家忙不过来的会雇人剥莲子。而雇用的人往往也是村里的老人和妇女。

的，即LBJ和LCZ的案例中提到的每亩地每年的租金约为400斤稻谷；到2010年前后，从事农业的劳动力比重进一步减少，外出务工人员比例上升（表4-18），此时流转土地更多是为了防止土地荒废，所以不再收租金，出租土地变成了委托别人照看土地。

第三，技术水平提高改变农户经济形态的同时，也影响着农民生活模式及传统技术的变化。农户经济案例中，LBJ提及了剥莲子机器的出现，可以解决农村人口外流导致的剥莲子雇工不足的问题。机械化取代人工，使得农户有条件从事较大规模的农业生产活动，但也导致一些传统农村手工劳动模式消失[①]，一些特色产品品质发生变化。

第四，市场化与人口外流影响着传统的农民生活方式。前文提及随着市场化的发展及其带来的农户收入多元化和人口外流，使得李村村土地要素在农户经济中的重要性趋于降低。从LCZ的案例中可见，李村村农民传统的一些生活模式也受到了影响，如进入21世纪以前，农民家里有造房子等事情会借助彼此帮工来完成，而如今帮工模式逐渐消失，代之以付费雇工的模式。

第五，农户经济表现为自然经济与市场经济并存，农民生活表现为传统与现代的结合。从LBJ、LCZ、ZEY及我们访谈的其他农户案例中均可发现，李村村的农户除将种植业、手工业、务工等作为主要的收入途径外，家里往往会种植一部分蔬菜、番薯、油菜等仅用于供自家食用。相应的，农民生活也表现为传统与现代的结合，传统的生产生活方式、习俗与市场经济发展带来的现代消费、教育观念（如ZEY儿子为孩子在城区买学区房等）等共同影响着李村村农民生活的形态。

第六，农户支出结构表现出农民生活的一些侧面。除生产性支出和一些日常生活支出外，在李村村农户经济案例中，LBJ还提到人情、医疗保险等方面的开销，ZEY提到孩子教育的支出等。这些支出项目也表现出李村村农民生活的一些侧面，如人情开支的增加、农村医疗保险日渐普遍地覆盖、农民对后代教育的重视程度提高等。

---

① 这一点在我们对李村村的农户LCT的访谈中表现得更为明显。LCT今年69岁，他从17岁开始学习裁剪技术。"文化大革命"后期，LCT到"五七手工艺小组"做裁缝工作。改革开放后，LCT开了一家自己的裁缝铺。但是，现在村里面已经很少有人做衣服了，因为市场上衣服非常便宜，十来块钱一件的都有，而他做一条裤子手工费要25元。所以，现在他的裁缝铺，基本上只有村里面习惯穿他做的裤子的老年人还光顾，数量已经非常少了。

第五章 浙江农业合作化名村经济社会变迁
——以入编《中国农村的社会主义高潮》的① 村为例

一 引言

1956年1月，中共中央办公厅主编的《中国农村的社会主义高潮》（上、中、下册）（下文简称《农村社会主义高潮》）②，被称为"合作化运动百科全书"的材料书，共收集各地材料176篇，90多万字，仅汉文版就发行了152万册。毛泽东亲自为该书写过2篇序，为104篇材料写了按语。本章以浙江省入选《农村社会主义高潮》的8个合作社（村、乡）为案例，通过实地调查③和文献研究④，回顾了它们在农业合作时期中的"典型"经验，梳理了其历史沿革的变迁，描述了"农业合作化典型的历史"镌刻在当下的印记，及其集体经济、农户经济及合作社的发展现状，最后提出"农业合作典型"对现实的影响以及"典型"兴盛和黯淡的逻辑，以期对改革开放后各个阶段新树立的各种典型和样本的持续发展提供经验支持。

应该指出，本文选取浙江省8个农业合作化典型的历史经验和现实展开研究，并将其纳入浙江历史文化村落经济社会变迁研究范畴，是作者所在团队的一种学术观点的体现：浙江历史文化村落应该包含中国共产党领导下的，在各个历史阶段涌现出来的模范村、先进村、样板村以及各类示范村。这些村落在中国革命和建设的不同时期都发挥了引领性的作用，曾经做出过重要贡献。农业合作化运动涌现出来的典型合作社镌刻至今的历史经验，对当前我国农村集体经济的有效实现形式、农民专业合作社发展

---

① 该章由李琳琳的教育部人文社会科学青年基金基项目——"合化作名村的历史变迁与现实发展研究"课题（17YJCZH089）的阶段性成果修改而成。

② 中共中央办公厅：《中国农村的社会主义高潮》，人民出版社1956年版。

③ 王景新、郭海霞、李琳琳、章艳涛、朱强和沈凌峰等参加了本主题的调研。从2015年开始，调研组成员先后对八个合作社（乡、村）进行了实地调研，通过与亲历人（包括老农户、老干部和老教师等）以及部分现任乡镇和村干部等近20余人的访谈，获得大量反映当今发展状况的数据和历史资料。

④ 文献研究的参考资料包括《农村社会主义高潮》的序言、按语，薄一波的《若干重大决策与实践的回顾》，各地县志（市志、镇志）等文史材料。

的现实问题、供销合作社改革面临的困境等都有极大的借鉴和参考价值，尤其是在对各地历史和现实的对比与梳理基础上，挖掘出的各村持续发展和逐渐黯淡的历史经验和教训，对当前农村发展中树立的各种"典型""样板"和"示范"的可持续发展具有重要意义。

二　浙江农业合作化名村的"典型经验"

浙江省农业合作化典型的材料被编入《农村社会主义高潮》中册，详见该书的第649—698页，涉及当时7个县的3个高级社和5个合作化模范乡。虽然浙江省只入编了8篇，占总数的4.5%，远低于当时27个省（直辖市和自治区）的平均数15.34%。但毛泽东批示过的篇目却高达7篇，可见当时浙江省农业集体化的做法在全国的典型意义。同时，在1954—1955年，"浙江整顿和巩固合作社"的做法还引发了党中央内部对合作社发展速度和途径的争论[1]。因此，梳理和分析浙江合作化名村的"典型"经验对我国农业社会主义改造的相关研究具有重要的参考价值。

（一）入编篇目在《农村社会主义高潮》中的分类

毛泽东在《农村社会主义高潮》序言中说"这是一本材料书，供在农村工作的人们看的"[2]。因此，该书围绕怎样办农业合作社的各种问题，收集了各地当时认为是成功的经验，是各地农业合作化运动的百科全书、办社宝典。书末所附《本书内容索引》，就体现了这个宗旨[3]。

全书176篇文章，被划分了47类，浙江的8篇材料涉及9类（表5-1），包括农业合作化不同阶段的各类组织形态（互助组、互助合作网、生产和供销合作社的结合、高级社）、解放劳动力（发动妇女参加生产）、解决山林入社问题，以及发展以农业生产为中心的多部门经济等经验。其中，平湖县新仓乡的《供销合作社和农业生产合作社应当订立结合合同》和龙泉县凤鸣乡的《有成片林木地区的合作社——必须迅速处理山林入社的问题》单独成类，分别被划入第44类的"农业生产合作社和供销合作社的结合合同"和第14类的"处理社员私有的林木"。此外，兰溪县上华社的《这里养了一大批毛猪》被划入两个类别，分别为第19类"发

---

[1] 薄一波：《若干重大决策与事件的回顾》（上），中共党史出版社2016年版，第230—264页。

[2] 中共中央办公厅：《中国农村的社会主义高潮》，人民出版社1956年版，序言。

[3] 薄一波：《若干重大决策与事件的回顾》（上），中共党史出版社2016年版，第380页。

展以农业生产为中心的多部门经济"和第 28 类"多养猪和养好猪的经验"。

表 5-1　　浙江省入选篇目在《农村社会主义高潮》中的分类

入编篇目	分类索引	备注
高级社利益最大,而且并不难办	47 办高级社和大社的经验	共 8 篇
合作化模范邓家乡	1 一个地方实现农业合作化的过程	共 12 篇
合作网的制度应当在全国推广	41 互助合作网	共 4 篇
整顿互助组的经验	42 互助组	共 3 篇
发动妇女投入生产,解决了劳动力不足的困难	14 发动妇女参加生产和建立农忙托儿组织	共 6 篇
供销合作社和农业生产合作社应当订立结合合同	44 农业生产合作社和供销合作社的结合合同	仅此 1 篇
有成片林木地区的合作社——必须迅速处理山林入社的问题	14 处理社员私有的林木	仅此 1 篇
这里养了一大批毛猪	19 发展以农业生产为中心的多部门经济 28 多养猪和养好猪的经验	共 6 篇 共 2 篇

注:按照《农村社会主义高潮》文尾的分类整理而得。

(二) 浙江农业合作化名村的主要经验[①]

1. 农业合作化不同阶段组织形态的经验

第一,建德县长宁乡"整顿互助组"的经验。该篇是浙江省入选的 8 篇经验中唯一没有毛泽东按语的文章。从 1954 年 9 月起,该乡组织了 3 个农林业生产合作社,入社成员 155 户,占应当组织起来的农户数 49% 以上。至此以后,全乡开始出现"重社轻组"的工作态度,该篇文章就是围绕此展开的"对互助组进行的专项整改"。当时全国范围内互助组制度已经比较成熟,初级社已经全面发展,高级社也已经初露端倪。互助组已不再是农村合作化运动改造的重点,但以长宁乡为代表的"重社轻组"的工作态度也是大量存在的。该篇虽没有毛泽东的批示,但其入选也说明当时中央对合作化的态度并不是完全推广初级社和高级社,而是要求各地因地制宜,逐步向高级形态的合作组织发展。

第二,寿昌县邓家乡"在较短时间实现半社会主义合作化并健康发

[①] 该部分主要参照了《农村社会主义高潮》第 649—698 页、各地的县志(市志)和笔者的实际调研所获。

展"的经验。1954年春天，邓家乡试办了1个光明林业生产合作社和24个互助组。到1955年初，全乡共成立40个农林业生产合作社，拥有社员184户，占全乡应当组织起来的户数的52%；互助组8个，涉及农民109户，占31%，基本上实现了全乡的半社会主义的合作化。邓家乡具体做法是运用中心社，带动互助组和单干农民进行生产，帮助他们解决生产中的困难；组织农民实地参观，介绍中心社的生产合作经验；以中心社为核心，发动生产竞赛，进一步开展农林业生产运动。毛泽东将其总结为"深入一点，取得经验，推动全般"，并期望"一切完成了土地改革，建立了党的支部，又有了几批互助组的乡，只要按照浙江邓家乡的路线去做，一两年内就可以比较健康地比较少出毛病地在一个乡内完成半社会主义的合作化，并且使生产提高一步"。

第三，余姚县龙南乡"合作网制度"的经验。1954年春，龙南乡创建2个农业生产合作社。同年冬季，又建立了15个新社，老社也扩大了，全乡入社的农户达到农户总数的47.6%。原合作社的发展主要依靠驻村干部、乡领导以"分片包干"的方式管理，管理混乱、问题难以解决，被社员埋怨"只会生，不会养"。后来通过建立了互助合作网制度，解决了最初的困难。"合作网"制度是按照农业生产经营活动将一定区域内（一般是乡镇范围内）大量分散的小社、互助组、部分单干农户划到少数几个的互助合作网，每个合作网中包括一个起带动示范作用的"中心社"和多个小社、互助组等，主要用来解决原多个小社单独存在时"社内出现生产分工、评工评分、生产资料和工具短缺等矛盾需干部解决，乡干部数量少又缺乏解决实际困难的能力"等难题。毛泽东评价龙南乡的合作网"值得推荐……应当普遍地建立起来，使之成为制度"。互助合作网制度的建立，对于当时巩固合作社成果，促进农业生产起到了积极作用。

第四，平湖新仓乡"生产和供销合作社订立结合合同"的经验。当时的新仓乡已经全部合作化，共有24个农业生产合作社和3个常年互助组。从1952年起供销社就与合作社签订了结合合同（图5-1）。该篇文章围绕"结合合同面临的具体问题"展开研究。在这176篇文章中，只有平湖县新仓乡谈到了供销和生产合作的问题。毛泽东也提到"本书谈这个问题的只有这一篇，值得普遍推荐"，并作出指示"应当普遍推行"。

第五，慈溪县崎山乡"五洞闸高级社带动全乡实现合作化"的经验。1952年4月8日五洞闸集体农庄（后改为五洞闸高级社）成立，是浙江

```
           新仓供销社收购农副产品、供应生产资料合同

  一、农业生产合作社基本情况
  农业社名称：光明社；户数：120人；人口：320；面积：483亩。
  二、供销社帮助农业生产合作社发展农副业规划
  项目        内容
  三、农业生产合作社缴售农副产品
  棉花   合同数           缴售数       草籽   合同数 3000斤   缴售数
  油菜籽  合同数 5000斤    缴售数       生猪   合同数 120       缴售数
  鲜蛋   合同数 220斤     缴售数
  四、供销社供应农业社生产资料
  耕牛  3头       棉饼    2000斤       捻泥船    1支
  苗猪  100头     猪饲料  10000斤      捻泥灰    30副
  人粪  2400     化肥    4800斤       木犁      3把
  五、供销社发放定金数
  项目  油菜籽   金额   500万元   第一次   元   第二次   元
  项目  草籽    金额   330万元   第一次   元   第二次   元
  项目         金额            第一次   元   第二次   元
  回收记录

  供销社代表：钟友生；农业社代表：申阿小   1955年2月20日
  （平湖县新仓乡光明农业生产合作社印章）（平湖县新仓乡供销社印章）（平湖
  县新仓乡信用合作社印章）
```

图 5-1　新仓供销社收购农副产品、供应生产资料合同

注：该合同根据在平湖市新仓镇"毛泽东同志新仓经验批示展示馆"内的展品整理而作。

省第一个完全社会主义性质的农业生产合作社。最初社员14户，耕地面积150亩。到1955年，合作社社员扩大到188户，耕地面积扩大到1550亩。合作社原有的主导产业籽棉的产量和质量有了极大提升，其他作物的土地利用率、单产面积以及副业、农户收入等都有了较快发展，社员的福利、文化生活质量也大大提高。该篇主要介绍了浙江省慈溪县岐山乡五洞闸村创办全省第一个完全社会主义性质的农业生产合作社，带动全乡实现合作化，将穷村变成了富村、勤俭办社变成连年增产的经验，被毛泽东评价为"这个浙江省慈溪县五洞闸合作社的了不起的事例，应当使之传遍全国"，并提出期望"希望一切条件成熟了的初级社，将这一篇向社员们宣读一遍，并且加以讨论，以便动员他们高兴地并社升级"，同时用五洞闸高级社的经验来批评当时存在推动高级社发展中的畏难情绪，"谁说高级社那么难办呢？"毛泽东认为："初级形式的合作社保存了半私有制，到了一定时候，这种半私有制就束缚了生产力的发展，人们就要求改变这

种制度，使合作社成为生产资料完全公有化的集体经营的经济团体（高级社）。"因此，五洞闸等高级社逐渐成为当时受毛泽东推崇的农业合作组织的未来方向。

2. 增加劳动力的经验

第六，建德县千鹤社"发动妇女投入生产解决劳动力不足"的经验。当时全社共有社员77户，有男整劳动力87个，半劳动力28个，女整半劳动力88个。全社共有水稻田328亩，旱地302亩，山地200亩。立夏之前，千鹤社共需1667个工，男劳动力远远不够。该社积极发动妇女参加劳动的做法，被毛泽东评价为是"一切合作社都可以采用"的。自此以后，千鹤以"千鹤妇女半边天"闻名于建德全县。当时我国传统农业正处在向现代化农业转型的初始阶段，随着生产规模扩大、生产技术提升、经营部门增多等，仅靠男劳动力必然面临劳动力不足的状况。因此，千鹤社通过鼓励妇女参加农业劳动为解决当前劳动力普遍不足的问题提供了经验，同时也从客观上推动了我国性别平等的发展。

3. 正确解决山林入社的经验

第七，龙泉县凤鸣乡"合作社处理山林入社的经验"。当时全乡山林51435亩，占全乡总面积的82%。1954年，龙泉县派遣工作组，在凤鸣乡村头村凤一社进行山林入社试点。先采取"林木私有，统一经营，砍谁分谁"，后改为"统一经营，测算材积，分等论价，折股入社，按股分益，适当照顾生长量"的办法，取得了较好的效果[①]，被毛泽东批示为："一切有成片林木的山区，或者非山区，都应该迅速地按照党的政策，处理林木是否马上入社和如何入社的问题。浙江省龙泉县凤鸣乡的做法，可供各地参考。"

4. 发展以农业生产为中心的多部门经济的经验

第八，兰溪县上华高级社"养猪积肥发展粮食生产"的经验，后被当地总结为"猪多、肥多、粮多"的批示。1954年6月，上华初级社转为高级农业社，有毛猪365头。到了1955年，毛猪总数仅剩下198头。为此，上华社通过调查找到毛猪减少的原因，并采取鼓励措施，最终全社毛猪增加到了416头，满足了农业生产的肥料供应等其他需要。当时，

---

① 浙江省龙泉县志编纂委员会：《龙泉县志》，汉语大词典出版社1994年版，第147—148页。

"养猪是关系肥料、肉食和出口换取外汇的大问题",毛泽东要求"一切合作社都要将养猪一事放在自己的计划内,当然省、专、县、区都应有自己的计划",并提出"上华合作社的经验可供各地参考",要求各地探索发展养猪业的奖励办法。

三 浙江农业合作化名村建制的历史演变

经历了60余年的历史演变,浙江省入编《农村社会主义高潮》的3个高级社和5个乡,历经"撤区并乡""高级社""人民公社",以及改革开放至今的"政社分设""撤乡并镇""撤村并居""缩编自然村,扩展中心村"等行政区划的变动,其组织形态和行政边界也经历了多次分分合合的变化。

第一,行政边界的变革。除人民公社外,所涉及社(乡)还经历了管理区、耕作站、大队、乡、办事处、行政村和自然村等行政区划和组织形态的变革。至今,3个乡和1个高级社变成村:龙南乡、邓家乡、长宁乡分别成为龙南村、邓家村和长宁村,五洞闸社变成五洞闸村;1个乡和1个高级社演变成了镇(街道):新仓乡为现在的新仓镇,上华高级社演变为上华街道,并保留上华村。此外,1个高级社和1个乡被撤销或合并:千鹤社经历公社、乡和村的演变仅剩千鹤自然村,与黄栗坪村合并更名为城西村。原龙泉县凤鸣乡[①]下辖的13个村被并入龙渊和灵溪街道。虽然经撤乡并镇(街道),但由于其历史影响,原凤鸣乡至今还被划为"凤鸣片",并作为当地经济数据统计的重要地理分区,共涉及12个行政村。

第二,从1958年9月开始,各地先后成立了以8个合作化典型命名的人民公社(表5-2)。仅1958年就成立了五洞闸、新仓、龙南和上华4个人民公社;在1961年公社规模调整中,长宁和凤鸣人民公社成立;千鹤和邓家人民公社成立最晚,于1966年11月25日由庵口和沽塘人民公社更名成立。

表5-2　　　　　　　1958—1966年先后成立的人民公社

时间	人民公社名称	备注
1958.9.11	慈溪五洞闸人民公社成立	9个乡的125个高级社组成

---

① 本研究调研的村是原凤鸣乡(公社)先后2个所在地——梧桐口村和村头村。

续表

时间	人民公社名称	备注
1958.9	余姚龙南人民公社成立	下设7个大队
1958.10.1	平湖新仓乡与建共乡并成新仓人民公社	下设13个大队
1958.10.31	兰溪上华人民公社成立	由4乡合并，辖8个管理区
1961	建德长宁人民公社成立	64年普查共740户、3402人
1961	龙泉城郊公社改成凤鸣人民公社	驻地长宁，下辖8个生产大队
1966.11.25	建德庵口公社更名为千鹤人民公社	
1966.11.25	建德沽塘人民公社更名为邓家人民公社	

第三，县域的调整。2个农业合作名村经历县（市）域调整。原邓家乡所属的寿昌县在1985年并入建德县，邓家乡的县域归属为建德县（现建德市）。原余姚县龙南乡在1979年为理顺水系的县域调整中，划归慈溪县（现慈溪市）。

四 浙江农业合作化名村经济社会现实发展

（一）"农业合作化时期的典型"对现实的影响

1."农业合作化典型"的影响广度和强度

总体而言，入选《农村社会主义高潮》的8个农业合作化典型对当地及其他地区的影响强度不同。从历史遗留、文献记载和实地调研来看，五洞闸、上华、新仓等地对当地、全省及其他地区都有较强影响。五洞闸迎接了来自全省、全国，甚至苏联、越南等地的参观学习，成为全国性的农业合作化和棉花种植典型；上华"增养毛猪的经验"被总结为上华经验，全国各地都来上华参观，最多的时候一天的参观者超过2万人。此外，上华养猪的经验还被做成展板和模型，在浙江省农业展览馆和国家农业展览馆进行展览，被来自全国各地的农业先进和模范参观、学习；受到毛泽东批示以后，新仓供销社曾多次被评为国家、省、地区的先进单位，受到国家领导人、全国供销总社的认可。此外，建德的千鹤和邓家在"文化大革命""农业学大寨"时期，在建德当地具有较显赫的地位。全县的生产队队长每年都会来千鹤、邓家参观、学习"水稻增产"和"开山种田"的经验。相比而言，"成为典型"对建德的长宁等地的影响较弱，表现在当前仅有少量亲历者或相关领导干部对毛主席批示有印象，

"成为典型的经历"对当地农业经济、互助合作等留下的文化影响几乎看不到了。

2. 镌刻至今的历史印记

通过实地走访，入编的 8 个合作化典型所涉及的所有村（镇、街道）都留有对"毛泽东主席批示"的各类纪念，包括：①在地方县志（市志、镇志）里几乎都有专门记载，各地都有亲历人或后人熟知或知晓当时的那段历史。②专门建设了毛泽东批示纪念馆、展区、纪念碑。早在 1993 年纪念毛泽东诞辰 100 周年之际，平湖新仓供销社就建立了"纪念毛泽东同志批示展示室"。2008 年平湖市委、市政府将其在原址扩建，并更名为"纪念毛泽东同志批示展览馆"，占地面积约 3 亩，建筑面积 1498.43 平方米，展示了新仓供销社的历史和毛泽东批示的来龙去脉，以及平湖创新发展"新仓经验"的成果。2015 年 12 月，平湖又将"毛泽东同志新仓经验批示展示馆"进行了提升改造①，先后被列为全国供销合作社传统教育基地、浙江省供销合作社文化教育基地和省党史教育基地。2011 年，兰溪市上华街道上华村也建设了"毛泽东批示陈列纪念馆"。慈溪的龙南村、五洞闸村、梧桐口村在乡风民俗馆（文化礼堂）专设展区或特色长廊展示"毛泽东批示及当年学习和宣传的相关记载"，正在筹建的千鹤自然村老年活动中心也为"千鹤妇女半边天"的历史预留下展区。此外，龙泉梧桐口村和慈溪五洞闸村至今竖立着毛泽东批示纪念碑或纪念墙，桐口村凤鸣桥西头依然矗立着毛泽东批示纪念碑②。慈溪县于 1971 年将毛泽东批示全文誊写在原五洞闸西墙上，这块纪念碑于 2003 年被慈溪市人民政府公布为第五批市级文物保护单位。③举办"毛泽东批示"周年纪念活动，如 1970 年 12 月 27 日，慈溪县在五洞闸召开庆祝毛泽东对五洞闸合作社光辉批示 15 周年大会。直到 2015 年五洞闸人还编写《忆变迁演进中的五洞闸》③ 来"纪念 2005 年 12 月 27 日毛主席对五洞闸高级社批示 50 周年，这是值得喜庆和纪念的难忘的日子"。此外，为纪念平湖新仓经验获毛泽东批示 60 周年，2015 年 12 月 25 日平湖新仓镇"毛泽东同志新仓经验批示展示馆"在原展示馆提升改造后正式开放，全国供销总

---

① 倪聪耕：《纪念毛泽东同志批示展示馆馆体提升工程启动》，《浙江在线》2015 年 7 月 13 日。

② 20 世纪 70 年代初，凤鸣乡在丽浦公路梧桐口桥东建造了一座毛主席批示纪念碑，后建水库被拆。90 年代，梧桐口西桥再次建造了毛泽东批示纪念碑。

③ 内部印刷宣传材料。

社,浙江省委、省政府还在平湖市举办系列纪念活动,邀请了全国各地供销社就"新仓经验"的发展进行交流与探讨①。④留下诗篇,如"……得知消息心欢悦,表扬先进题按语,美名从此传全国,百折不挠向集体,一心革命志坚决,跃进潮中又带头,公社红旗映朝日……"② "这是一块闻名世界的圣地,一个伟人声音响彻村庄的上空,'这个浙江省慈溪县五洞闸合作社的了不起的事例,应当使之传遍全国'。③ 今天,当地老百姓又一次竖起了大拇指,五洞闸,了不起!""五洞闸人,在党的领导下,走上了社会主义建设大道……"④

3. 历史经验的新发展

第一,"新时期的新仓经验":从"三角结合合同"到"三位一体"的农民合作体系。虽然入选《农村社会主义高潮》中的"新仓经验"只写了"供销合作社和农业生产合作社订立结合合同"的经验,但文中已经提到了"生产社社员通过向信用社贷款买猪饲料,再和供销社签订卖猪合同"的案例,已涉及生产合作社、供销合作社和信用合作社三方。除了《农村社会主义高潮》中所提,在"新仓毛泽东经验展览馆"中展示的供销社收购农副产品、供应生产资料合同(图5-1)中,也能看到合同下方供销社、生产社和信用社三方的印章,这在当时被农民称为"三角结合合同"。

人民公社时期,平湖范围内的生产队持转账支票(或明确额度的贷款申请)到本地信用社办理盖"保付专用章"等简要手续,拿到本地供销社农资部等门店就可以购买生活生产资料。供销社收进的支票拿到当地信用社,款项当天就可达供销社账户。

从计划经济到市场经济的改革中,"三角结合合同"在农业产、供、销等环节中继续逐步发展,形成新时期的"新仓经验",即初步建立农民专业合作、供销合作、信用合作"三位一体"全产业链融合的新型农业合作体系。尤其在2006年10月24日,时任浙江省委书记习近平提出"农民专业合作、供销合作、信用合作"的构想以后,浙江各地开始逐步

---

① 《毛泽东同志新仓经验批示展示馆提升亮相——全方位多角度展示"新仓经验"发展成果》,《嘉兴日报》(平湖版)2015年10月15日。
② 陈山:《五洞闸创业史》,《山花》1963年第10期。
③ 出自2005年编写的内部宣传材料《忆变迁演进中的五洞闸》纪念集。
④ 出自五洞闸乡风民俗馆的展品。

探索适合"农村合作经济'三位一体'"的做法。2006年,平湖市成立了农村合作经济组织联合会,承担全市农村合作经济组织发展的牵头、协调和指导服务工作。2007年3月,平湖市召开全市新农村建设暨创新发展"新仓经验"工作会议。2008年,平湖全市建成了市—镇(街道)两级"农合联"组织建设网络,全市有304个农村合作经济组织和企事业单位、社会团体及个人加入了"农合联"。当年平湖的"新仓经验"在现在浙江省大力发展"三位一体"农民合作的背景下,被认为是供销、生产、信用三者合作的雏形,成为被浙江供销系统乃至全国供销总社推广的重要经验。

第二,凤鸣的护林工作。1956年夏,龙泉县委、县政府将毛泽东批示的山林入社的经验——"砍谁分谁"的简单办法进一步完善,提出"统一经营,测算材积,分等论价,折股入社,按股分益,适当照顾生长量"(简称按股分红)。当年,宣布山林"入社"。到1957年秋,全县处理好山林入社的农业生产合作社占55.8%。1962年,在基本核算单位实行"四固定"的同时,进一步完善山林入社政策,将山林所有权分别固定到大队或生产队,并相继发给山林所有权证。管理上采取大队、生产队、操作组三级管和专业管等多种形式,农民爱林、护林积极性有所提高。但林主报酬偏低,且不能及时兑现[1]。凤鸣公社自1966年至1976年的十年,共造用材林3232亩,造油茶林2832亩,还种植柑橘、厚朴、茶叶等经济林600多亩。截至2014年底,凤鸣片共有耕地面积3943亩,山林面积68548亩(梧桐口村4540亩),依然保有大量六七十年代种植的林木。

第三,上华养猪的传统依然被保留。在毛泽东批示的影响下,上华村从1955年到1986年,共向国家投售肥猪28521头,平均每年856头。进入21世纪,村民的养猪创业的传统依然被保留,以前的集体养猪转变为家庭小规模养殖,每户存栏量为100—300头。在2014年之前,上华街道共有生猪养殖场600多家,年存栏生猪7万多头。后来在"五水共治""三改一拆"[2]的工作中,上华街道进行了大规模的生猪养殖污染整治,符合标准的291家养猪场(户)被保留下来了,其中上华村的养殖户还

---

[1] 龙泉县志编纂委员会:《龙泉县志》,汉语大辞典出版社1994年版,第190—191页。
[2] "五水共治"是浙江省2014年全面开展的"排涝水、治污水、保供水、防洪水、抓节水"环境整治项目。"三改一拆"是浙江省自2013年至2015年开展的旧住宅区、旧厂区、城中村改造和拆除违法建筑的整改行动。

剩下近20户,存栏量近千头。上华传统养猪的模式,正在向规模化、生态化、无害化转型。此外,养殖户们还在积极筹办联合成立养猪专业合作社,注册"上华"商标,期望打响品牌、降低饲料采购成本、促进生猪的销售和深加工产业的发展。

(二)浙江农业合作化名村的村域经济现状

原8个农业合作化典型演变至今共涉及16个村,包括:8个行政村——长宁村、龙南村、城西村、邓家村、五洞闸村、上华村,以及龙泉的梧桐口村和村头村①;1个镇,包括芦湾、秦沙、中华、杉青港、三叉河、友联、石路和双红8个村。

1. 集体经济的组织形态演变和现实发展

第一,集体经济形态的演变。土地改革以后,从互助组到初级社、高级社和人民公社,农村集体经济的产权从村民个人私有、集体部分所有逐渐演变到集体公有,集体经济产权的边界在不断扩大。改革开放以后(约1983年),各地先后将原政社合一的人民公社体制政社分设,恢复乡人民政府和乡经济联合社,大队改为村民委员会和村农业合作社。2013—2014年,村经济合作社先后进行了股份化改革,按照"清产核资、资产量化、股权设置、成员界定、股权管理、资产运行、收益分配、监督管理"等步骤,将村统一经营的集体资产(主要是经营性净资产)按人口和劳动贡献等要素折股量化到集体经济组织成员个人②,原村经济合作社更名为村股份经济合作社。

除集体经济合作社外,这些村还出现了新的合作社形态③,如邓家、长宁和五洞闸等地的蓝莓、草莓、白茶、蔬菜等经济作物种植专业合作社及渔业、野鸭等养殖专业合作社,其中五洞闸的"高背山渔业专业合作社"还被评为省级渔业示范合作社。

第二,集体经济的现实发展(图5-2)。入编的8个社(乡)在1955年前后,先后成为当地甚至全国的农业合作化典型,合作化基础和程度相对较高。到了人民公社时期,集体经济也有了长足发展,其中五洞闸公

---

① 为了忠于原凤鸣乡历史区划演变和现实的发展,特选取原凤鸣乡(公社)先后2个所在地——梧桐口村和村头村进行对比分析。

② 顾剑明、李振航:《浙江村经济合作社股份制改革透析》,《农村经营管理》2014年第4期。

③ 需要注意的是,并不是每个村都有新型农民专业合作社。

社、龙南公社等在20世纪60年代初期已建有发展较好的社队企业。经历了60余年的发展①，平湖市新仓镇的8个村都跻身年收入超100万元的富裕型村②，其中芦湾村村级经济收入高达512.56万元，已经跻身巨富型农村；龙南、邓家、长宁、梧桐口、上华5个村集体收入分别为27万—50万元不等，位列20万—50万元的总体小康村；城西村集体收入14.42万元，为温饱型村；位列末尾的五洞闸村当年没有集体收入。需要注意的是，虽然除城西村和五洞闸村外，86.7%以上的村集体收入超过20万元。但如果按照村集体净收益计算，有个别村是负收益，如建德市的城西村和邓家村2014年的支出就大于收入，净收益分别为-69.24万元和-0.12万元。各村集体收入主要来自村集体的资产和资源出租、土地征收和林业采伐的管理费等，但通过实地调研得知，大部分村的集体经济入不敷出，需要靠申请各类涉农项目补足。总体而言，各村集体经济发展并不均衡，只有新仓镇的8个村超过当年全国村均集体经济组织收入68.5万元③。

此外，村集体收入和农户收入并不呈正相关关系（图5-2），比如邓家村2014年人均收入最低，为10457.55元，但其集体收入为47.18万元，位列样本村第10位。而五洞闸村集体当年没有收入，但农户年收入却已达到21770元。换句话说，农户经济强村并不一定是集体经济强村，农户经济相对较低的村集体经济收入也可能比较高。

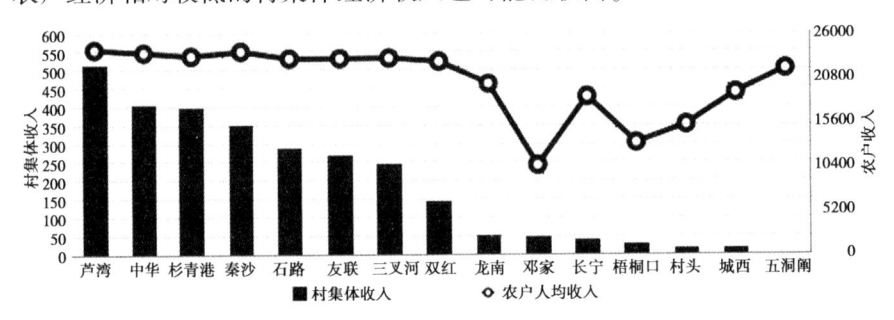

图5-2　2014年15个村④的集体经济组织和农户收入情况（单位：万元、元）

数据来源：调研小组实地调研所获。

---

① 相关统计数据截至2014年底，来自实地调研。
② 文中富裕型村和巨富型村的分类标准，参照了王景新著作《村域集体经济历史变迁与现实发展》第15页的分类。
③ 数据来源：《2014年村级集体经济组织收支情况》，《农村经营管理》2015年第6期。
④ 兰溪上华村2014年的数据不详，故未列入图表。2015年底，上华村集体收入27万元。

2. 农户经济和产业结构

改革开放以后，浙江各地的农户经济收入来源，从农业逐渐分化为兼业，再到现在"农业为辅、多业并举"的局面。虽然各地集体经济收入差异较大，但相同的一点是农户收入差异较小，且总体收入较高。截至2014年底，8个地区的农户经济均超过当年全国农村居民人均可支配收入10489元[①]（图5-2），其中龙南、五洞闸、新仓（8个村）等9个村的人均收入超过2万元。农户的收入来源分为三类：第一类，"工业为主，农业规模种植（养殖）业为辅"。平湖新仓镇、慈溪龙南和五洞闸、兰溪上华、建德城西（原千鹤）等地，改革开放后受上海、杭州、宁波等地外向型经济的影响，工业产业集群发展较快，先后形成以装备制造、印刷包装、服装、童装、电子产品、汽车配件、塑料、电线电缆、开关等产业为主的产业结构。农业收入成为农户的辅助收入来源，种植结构呈现"去主粮化、重规模化"，如葡萄、蔬菜、滩涂养殖、花卉种植、生猪养殖等种植（养殖）业，且农地的流转度普遍较高。第二类，"生态农业和打工经济并举"，如龙泉的梧桐口村和村头村充分利用当地的地理环境、林业资源和种植传统，形成以食用菌养殖为主导的农业产业，同时也有村民外出办厂经商、外出打工，从事多种经营。第三类，打工经济为主。建德的长宁、邓家等地理位置偏僻，劳动力大部分外出打工，如长宁全村的700多个劳动力基本都已外出，其中300余劳动力（一般全家外出，约100多户）到江苏、湖北、陕西、江西、广东、海南、四川、湖南等地承包土地种植草莓，100余劳动力在杭州市区等地打工、经商，在村的劳动力基本不超过15人，剩余人口主要从事水稻、西红柿、蓝莓等作物的种植，农地的流转率较低。

五 总　结

本文选取浙江省8个农业合作化名村的历史经验和现实展开研究，得出的初步结论如下：

（一）农业合作化初期的制度实践，是当前我国农村发展的重要组织遗产和经济积累

虽然农业合作化中后期的各项制度对当时的经济、社会和文化造成

[①] 数据来源：国家统计局，2014年国民经济和社会发展统计公报，2015年2月26日。

了巨大创伤，但不可否认的是当年的互助组、常年互助组、初级社、高级社延续至今，已经成为当前农村集体经济的重要组织遗产和经济积累，并且在其基础上延伸出新的合作形态。首先，以合作社为组织形态的"集体经济组织"在浙江省并没有消失。从互助组到人民公社，集体经济逐步从私有过渡到公有，其产权边界逐步扩大，形成了农村集体经济的基本制度框架和公有财产积累。再到"分田到户"实行"双层经营体制"，尤其是1983—1984年间的"政社分设"之后，农户经济逐步从集体经济中脱离。虽然原集体经济的产权边界缩小，但浙江省集体经济的合作社组织并没有消失，依然以村经济合作社及2014年前后在其基础上进行股份化改革后的村股份经济合作社的形态存在。其次，除村经济合作社外，个别村还出现了新型农民专业合作社，并逐步成为当地从事现代化和规模化种植（养殖）的重要农业新型经营主体。再次，从平湖新仓等地发轫的"三角结合合同"逐步演变为当前浙江各地推广的"供销—生产—信用"三位一体的农业合作体系，成为供销合作社、农民专业合作社等合作社组织在当前农村社会、经济、文化转型背景下的新探索。最后，人民公社时期确立的"队为基础，三级所有"的基本核算体系等制度一直延续至今，并且在当前农村经济和文化中依然发挥着重要作用。

（二）农业合作化名村持续发展的重要经验有两条

1. 名村"典型经验"与当地的农业生产习惯和农村传统文化一致

自古以来，新仓一带的商业化程度就很高。1936年，新仓就有商店143家，米行、南货、杂货业居多[①]。在新中国成立初期，平湖就成立了供销合作社，当地的信用合作社在全省也是首屈一指，再加上农业生产合作社的迅速发展，生产—供销—信用三者的结合合同应当地实际情况而生。改革开放后，农业天然的风险性导致的资金和供销困境，依然需要三者的合作，则逐步延伸发展成"三位一体"的全产业链农业生产经营体系。而上华所在的兰溪市在历史上就是全国闻名的养猪产地，其主要品种——兰溪花猪已有1700多年饲养历史。民国20年（1931）兰溪已有4.5万户人家养猪，年产猪18万头，平均每户养4头，为旧金华府属八

---

① 浙江省平湖县志编纂委员会：《平湖县志》，上海人民出版社1993年版，第186—187页。

县之冠①。而上华一直是兰溪的养猪大村，受到毛泽东主席批示后，当地农民养猪热情更是高涨，养猪传统一直没有中断，延续至今。至于龙泉的凤鸣（现在的凤鸣片）由于其气候和地理位置，该地历来都有封山育林、护林爱林的传统习惯，后来在"山林入社"的改革中也是充分尊重了林主的利益，实行按股分配，对当地后期林权改革及生态建设及以菌类种植和林业加工为主的农户产业结构产生了诸多影响。相比而言，其他几个涉及初级社、高级社和互助网等农业合作化组织形态的"典型经验"更多来自下派干部的挖掘和指导，与当地历史文化传统差异较大，导致制度供给具有较强的政治性和时代性，缺乏保障其长久有效实施的经济、文化传统等制度环境和制度基础。概括而言，平湖新仓、兰溪上华、龙泉凤鸣等地持续发展的历史经验对当前农村改革的重要启示是：农村政策的制定应基于各地的生产种植习惯和传统文化。

2. 发展模式灵活，跟得上农村政策和市场环境的变化

从新仓、五洞闸等地持续发展的经验中还可以看出一个共性，即这些村（镇）能够紧跟农村的实际情况、农村政策和市场的变化，并且模式灵活多变。新仓供销合作社在人民公社时期就根据农村的实际情况，到各村建立下伸点，并形成"农忙期间每天挑着担子送货下乡"的传统。此外，新仓供销社"三元入社"和信用社在"香烟壳子写合同"等简单便利的工作程序，在当时也被传为佳话②。另一个案例来自五洞闸。如果论8个农业合作化名村的影响力，非当时的五洞闸莫属。主要原因在于其与当时农村发展政策和环境相一致。五洞闸高级社是浙江省第一个高级社，代表了当时的最先进的生产组织方式，受到毛泽东和周恩来等党和国家领导人的批示和赞赏，成了如"东方红""东风""红旗"等具有时代特征的"热词"和"样板"。农业合作化和人民公社时期，五洞闸主动"小社并大社"与周边的社合并，成为拥有社员1462户、耕地10784亩的大型高级社，建立全县第一个人民公社——五洞闸人民公社。在改革开放后的发展中，由于长三角地区村镇工业经济的极速发展，五洞闸也更新了原传统优势农业——以棉花产业为主的产业结构，转而投入市场亟须的插座、

---

① 兰溪市志编纂委员会：《兰溪市志》，浙江人民出版社1988年版，第265—266页。
② 邓中肯：《毛泽东批示与"新仓经验"六十年》，浙江嘉兴网，http://www.jiaxing.gov.cn/mljx/jrjx/ms/phs/201511/t20151102_546272.html。

电线、电缆、光电等工业产业，村域经济成功转型。

(三) 农业村合化作名村影响力逐渐黯淡的原因

在60余年的历史变迁中，农业村合化作名村并非全部都在原光辉的历史上持续发展。由于地理位置和经济发展等原因，部分村没有跟上时代的变化节奏，原"典型"的光环逐渐褪去，成为普通的农村。

1. 没有跟上政策和市场环境的变化。从获得毛泽东批示到"文化大革命"期间，尤其是"农业学大寨"时期，这些"农业合作化名村"从普通农村上升到万众瞩目的地位。但随着"文化大革命"的结束到分田单干，有些村没有跟上政策和市场环境的变化，甚至"被典型所累"，如建德市千鹤自然村，"因为原来的'农业生产典型'身份，村里的土地被报为高产田，在单干初期（1984年左右）被县里引导继续发展农业，没有像周边黄栗平村和顾家村跟上市场环境，建工厂、搞建设，后来想发展工业时，已经落后一大步"①。发展至今，千鹤沦为一个普通的自然村，被合并到城西村。

2. 与其他村庄衰落的原因类似，如道路的改道、水库的建设、地形和地理位置等。梧桐口村曾是原凤鸣公社最繁华的村庄，有凤鸣"小香港"之称。改革开放后，随着交通要道的转移，该码头逐渐消失，而今河上只有零零散散的船只。此外，原长宁乡于1992年被并入杨汛桥镇以后，经济重心移到杨汛桥，原来的供销社、邮电所等乡级配置全都移出去了，再加上长宁地理位置偏僻，后来就冷落了。

---

① 资料来源：来自千鹤村的实地调研。

第六章 典型历史文化村落的宗族意识
——浙江溪口村案例研究[①]

一 前言

宗族意识是宗族存在和发展的重要方面，宗族意识的持续和发挥作用是改革开放后宗族重建和复兴的基础。本章在考察了村庄族谱、祠堂和宗族领头人等宗族的外显形态后，主要从世系继承意识、祖先崇拜意识、同祖意识、排他性族结合意识和"村庄事件"中的宗族意识五个方面考察了宗族村落的宗族意识。宗族意识不仅直接体现于一些宗族的外显形态和宗族活动，它们是宗族意识的外在直接表现，同时也存在于我们不宜看到观察的村庄"事件"中。而"看得见的"和"看不见的"宗族意识时时都在影响着人们的思考和行动，影响着村民的日常生活和村庄的"日常生活"和"事件"。

宗族在中国历史上经历了各种形态和发展阶段，经历了一个由皇室走向民间的过程，到了明清时期宗族与国家政权开始分离，成为一个联结国家和民众的纽带[②]，开始显示其社会功能。到了近代，其经历了社会主义的土地改革、公社运动和"破四旧"等运动，无论从外显形式上还是从意识方面，宗族被普遍认为是处于被压制和消解的状态。改革开放至今是宗族重建和复兴的时期，这种重建和复兴所呈现出的多样性、变异性和其他一些特征引起了学者的关注和讨论。很多学者开展了大量的实证性研究，对于重建和复兴后的宗族组织形态、外显形式以及宗族意识等都有涉及和研究。但对于改革开放后宗族是否复兴也存在较大争论。

改革开放后的宗族研究尤其实证研究被大量进行，但这些研究从地域

[①] 本文是韩国韩国学中央研究院、浙江师范大学农村研究中心和越南河内大学合作项目——"中、韩、越三国的家族文化和村庄文化比较研究"阶段性成果之一，由华中毕业大学文法学院社会学系周娟博士完成于2013年，因其研究对象为浙江典型历史文化村落，研究内容恰好弥补了本著关于历史文化村落社会文化变迁的空缺，因之将其原文修订后收入本著。

[②] 李建国、邱新有：《现代化进程中宗族的嬗变》，《东华理工学院学报》2006年第3期。

范围上来说更加细化，往往是关于某个地区、某个省或某个少数民族的宗族研究。但是这些基于某一地区的宗族研究所得出的结论往往很难被普遍化，只能作为一种个案研究，为宗族研究提供了更多经验材料，且很容易产生学者间的争论。而关于改革开放后，中国的宗族到底有没有被复兴和重建的争论也正是由于学者们忽略了宗族的地域性这一特征，各自持一词的数据和经验互相难以说服对方。

在关于改革开放后宗族是否复兴的争论中，关于衡量宗族复兴和重建的标准，主要以是否修谱、是否维修或重建了祠堂以及祖坟的修葺或重建这样几条作为考量的尺度[1][2]，兰林友在考察宗族特性的时候，也是以族产、族谱、祠堂、祖坟、祭拜等宗族的外显形态作为考察对象[3]。也有强调考察宗族复兴不能仅仅关注具体的、物化的活动，还应注意宗族意识形态和群体认同感[4]。但在各种关于宗族的研究中研究宗族意识的很少，即使提出了要注意宗族意识却也并未针对提出衡量宗族意识的具体指标做出相关研究。关于宗族复兴的争论并无定论，目前比较普遍的看法是，宗族的复兴并非向原生态宗族的复归，无论是组织形式还是其功能都已经发生了根本性的变化，不再以族产、族谱、祠堂和祖坟等宗族的外显形态作为宗族存在的必要条件，人们更加关注宗族实际存在的状态和作用[5]。从这个意义上来说，不纠结于外显的宗族形式，着重考察村落社会生活中的宗族意识也许更有利于把握住现代农村中宗族的实际存在状态和作用。本章的主要目的就是通过对浙江典型历史文化村落问卷调查来探讨农村的宗族意识情况。

本章采用的研究方法主要是个案研究法，通过问卷调查、访谈、现场观察、考察历史资料、查阅文献等方式来获得信息和资料。村落考察和问卷调查于 2012 年 8 月 25—30 日完成，完成问卷 200 份。其中，问卷主要由浙江师范大学农村研究中心研究生帮助完成，他们都是有经验的调查

---

[1] 麻国庆：《宗族的复兴与人群结合——以闽北樟湖镇的田野调查为中心》，《社会学研究》2000 年第 6 期。
[2] 肖唐镖：《宗族在重建抑或瓦解——当前中国乡村地区的宗族重建状况分析》，《华中师范大学学报》2011 年第 2 期。
[3] 兰林友：《论华北宗族的典型特征》，《中央民族大学学报》2004 年第 1 期。
[4] 王毅杰：《论当前我国乡村家族现象》，《四川大学学报》1999 年第 5 期。
[5] 周建新：《人类学视野中的宗族社会研究》，《民族研究》2006 年第 1 期。

员；访谈主要由作者进行。文献资料主要参考浙江师范大学农村研究中心的典型村落经济社会变迁系列专著。此外，本研究还采用了非严谨的比较法。中国农村的宗族具有明显的地域特性，为了更好掌握和了解所调查村落宗族的这种地域特性，我们选取了属于不同省份的另外两个村庄作为参比对象，在做参比对象的村庄并未做同等份的问卷调查，只做了基本观察和访谈。但通过这两个参比对象我们可以很好地了解其所属区域的宗族特性。对参比对象的考察和访谈分别于 2012 年 7 月和 10 月完成。

二　调查案例

（一）作为主要调查对象的浙江历史文化村落 X[①] 村

浙江历史文化村落 X 村（表 6-1），位于浙江省东南部楠溪江中上游，离福建较近，祖上是北宋年间从福建迁移而来。X 村共有 810 多户，人口 3000 余人，除现在租住在 X 村的几户外其他都是戴姓和李姓，戴姓占绝大多数，约占 80%。X 村在 60 年代被分成了 X1 村和 X2 村，X1 村有农户 452 户，人口 1600 余人；X2 村有农户 364 户，人口 1460 余人；X1 村几乎都为戴姓，X2 村为戴姓和李姓的混居。我们的问卷、访谈和考察主要是在 X1 村进行，问卷虽只完成了 200 份，但基本涵盖了调查当时在村居住的所有农户，后面所说的对 X 村的分析都是指对 X1 村的分析。

X 村位于一山谷中的河流旁，山多平地少、耕地少，户均耕地只有约 1 亩[②]，宅基地也少，户均只有 76 平方米，村民呈密集聚居状态。历史上村里人多靠渡船运货为生，1989 年修通了公路后，便不在有人以此为生了，现在村里人多靠外出打工和做生意为生，故现在在村的基本都是老人，我们的调查对象平均年龄为 63 岁。

村内有祠堂、祠堂内有祖上牌位，戴姓和李姓都有族谱，有公共墓地。

（二）作为参比对象的江苏 Y 村和湖北 Z 村

1. Y 村

Y 村位于江苏北部，紧挨山东，其饮食风俗习惯与北方相似。Y 村几个大姓的祖先都是明末清初从河北逃到山东，又从山东逃来此地后逐渐发

[①] 依学术规范，本文中所有受访者姓名均采用化名处理。

[②] 1 亩约等于 666.67 平方米。

展壮大，有较强的村庄历史记忆。Y村有980多户，4000余人，聚居在6个自然村，但每个自然村相隔有一定距离。每个自然村都至少有一大姓聚居，故很多村子都是以姓氏命名，但每个村都或多或少还有其他一些小姓家族聚居。宋姓是村中的最大姓氏，其人口占总人口的60%左右，其次是王姓占15%左右，其余一些小姓的人口差异不大（表6-1）。

Y村有耕地面积5700余亩，户均耕地5亩左右，主要以种植花木为主，按政府统计2011年人均收入为10500元，其中80%来自花木产业，因花木产业发达，Y村外出打工人员并不多，即使年轻人也有很多在家经营花木。户均宅基地面积约150平方米。村内无祠堂，有的姓氏有家谱，但有的姓氏没有，家族有集中墓地（表6-1）。

2. Z村

Z村位于湖北中西部，从全国范围来看属于长江流域中下游地区，主要种植水稻和油菜，一年两熟。全村有400多户，1800余人，共有10个村民小组。户均耕地面积约20亩，户均宅基地约500平方米，如果再加上周围附基地约1千多平方米。因耕地较多，外出打工人员一直不多，即使外出也多在本市打工。全村是移民聚居，不知祖先什么时候从什么地方迁来，村庄历史记忆很弱。村内无祠堂，没有家谱，各家自有墓地（表6-1）。

表6-1　　　　　　　　　三个村庄的差异

村庄	位置	人口	户均耕地	户均宅基地	居住形态	姓氏结构	移民来源	移民年代
X村	华东	1600余人	1亩	76平方米	高密聚居	单一姓氏家族	福建	北宋
Y村	华东	4000余人	5亩	150平方米	聚居	多姓氏家族	河北	明末清初
Z村	华中	1800余人	20亩	500平方米	散居	杂姓混居	不知	不详

三　个案的宗族形态考察

如果以族谱、祠堂和祭祖等外显形式来考察X村，其宗族组织形态是被恢复和重建得比较好的。这在与Y村和Z村的对比中尤显明显。

"文革"时期戴氏的祠堂被破坏，但在80年代初期被重修。那时候出得起钱的并不多，出不起钱的就出人工。在2011年时，全村集资加贷款一共花费 140 万元重新修建了"戴氏大宗"祠堂,现在全村共有 4 个祠堂,戴氏大祠堂一座、分祠堂一座,李氏大祠堂一座、分祠堂一座。而 Y 村在解放前也是有祠堂的,但在"文革"中被破坏,在改革开放后并未被重修而是被拆掉了,而 Z 村无论在解放前还是解放后,都没有祠堂。

X 村戴氏家族不仅保有整个戴氏宗族的宗谱(这个宗谱不仅包括太祖公迁居以来生活在戴村的子孙,还包括后来迁居到其他地方的戴氏后代),而且各房还有房谱,各房下的小宗还有小宗谱,然后一些家庭还开始修自己的小家谱,即 X 村的《戴氏家谱》是这样的一个体系:宗谱→房谱→小宗谱→家谱。宗谱大约 20 年重修一次,是宗族的一件大事,并对修谱有严格规定。可见在 X 村,人们对家谱的修续是非常重视的。而在 Y 村,有些姓氏还保有族谱,但一些姓氏已经没有了。Y 村的最大姓氏宋氏家族的《宋姓家谱》是在新中国成立之前完成的。在 Z 村,无论在解放前还是解放后都没有家庭修有族谱,且 Z 村并无真正意义上的大姓存在。

另外,在宗族领头人方面,在 X 村,虽然不存在族长一说,但 X 村的戴氏共分三支,大房、二房和五分房,每房都有一个说话的、管事的。而在 Y 村,各姓氏虽有共同祖先,但已经不存在整个姓氏的头人,取而代之的是一个"大家子"[①] 有个说话管事的,而这个"大家子"一般以 5 服为界,5 服之内为一家,5 服之外就无关系了。而在 Z 村,亲兄弟也是没有这种联合组织的,春节的团圆、平常的日常活动都是以核心家庭为行动单位。

表 6-2　　　　　　　　三村宗族组织外显形式对比

村庄	祠堂	族谱	头人
X 村	有	有	有
Y 村	无	部分有	只 5 服内有
Z 村	无	无	无

结合前面的先行研究和对这三个村庄的比较(表 6-2),我们可以得出一下判断:X 村具有典型华南宗族的特征,宗族性明显;Y 村具有的是

---

① 当地人的说法。

华北村落的特征，宗族的外显特征不明显但仍具有表达性，且表达了一种内部关系的宗族性；而 X 村是典型的中部地区村庄，基本无宗族性，无论外显形式还是在实质的社会关系中。

虽然浙江和江苏同属华东地区，但 X 村处于浙南，更临近福建，Y 村处于苏北，更接近华北，且两地的移民来源完全不一样，一个来自福建一个来自河北，这种差异对两村的宗族的差异肯定是有影响的。从这 3 个村的对比中，似乎也印证了肖唐镖关于"村民聚居相对集中，尤其是族姓聚居集中的较大村庄，宗族易于重建"的推论①。

四 个案的宗族意识考察

本章对宗族意识的考察主要借用韩国的韩国学研究者李昌基的 4 个衡量指标，但根据中国的情况稍做修订，同时引入"事件中的家族"② 这个概念来考察宗族意识。李昌基把宗族意识的构成要素和宗族集团的形成条件视作宗族集团的构成原理。宗族意识包括世系继承意识、祖先崇拜意识、同祖意识和排他性族结合意识。所谓世系继承意识，指的是使被创建的家族不被解体，由一代长子传承到下一代长子的这种特征。"从父亲的父亲的父亲到长子的长子的长子的一种家的延续性"③ 便是世系继承意识的核心。成员们要为了世系的继承而付出最大努力，这是他们被赋予的道德义务。祖先崇拜意识是"世系继承意识的过去指向型表现"④，意思是对"使今天的我得以存在"的祖先崇拜和倾慕意识。祖先崇拜意识通过祭祀得到很好的体现，也可以通过管理墓地、树立碑石、刊行族谱和刊行文集等得到体现。世系继承意识和祖先崇拜意识是宗族集团的纵向纽带，而同祖意识则是横向联结宗族成员的水平纽带。家族集团产生于同祖意识，"不仅包含了认为来源于同一个祖先且继承了祖先成就的高的社会地位的这种身份共享意识，还包含了为继承了祖先的名誉和遗志而感到自豪

---

① 肖唐镖：《宗族在重建抑或瓦解——当前中国乡村地区的宗族重建状况分析》，《华中师范大学学报》2011 年第 2 期。

② 杨善华、刘小京：《近期中国农村家族研究的若干理论问题》，《中国社会科学》2000 年第 5 期。

③ 李昌基：《韩国家族中的成员研究》，《农村社会学》1991 年第 1 期。

④ 同上。

的这种文化共享意识"①。宗祖意识的第四要素,即排他性族结合意识,是一种与他集团的区分意识。通过与其他集团进行区分,使对家族集团的忠诚之心和连带感得到发展,由此使同族集团的团结得到巩固②。

但是对于第一个衡量标准,世系继承意识由嫡长子继承制来体现这条需要根据中国的实际情况进行一定的修订。中国的嫡长子继承制确立于战国时期、废除于国民党南京政府(张中秋、王朋,1997)③,此后进行的社会主义革命强调男女平等,更是反对嫡长子继承制,而现在的法律也规定所有子女都有财产继承权。在这样的背景下在中国用嫡长子继承制来衡量世系继承意识是不妥当的。而钱宗范认为宗法制度和嫡长子继承制其实没有必然的关系,继承制度实行的目的只是使宗法制家族能永远由其子孙承继,达到宗祠承传后继有人,宗族门第兴旺,并不发生争夺即可④。在现代中国,由于计划生育政策的实施,最能体现宗法制的以父系血统继承为核心的世系继承意识的其实是生儿子的欲望。一个家庭只能生一个小孩,并不能保证家庭中一定会有男孩。在这样的一种背景下,世系继承意识便转化成了生男孩的欲望,婴儿出生性别比可作为衡量一个地方的生男孩欲望的指标,因为生男孩的欲望越强,想方设法生男孩或多生男孩少生女孩的动机就越强,就容易导致地方的婴儿出生性别比出现失衡。

龚为刚和吴海龙根据各县市的0—4岁婴儿出生性别比做出了性别比区域分布彩色对比图,发现此彩色图基本与中国宗族的地域分布重合,即宗族性地区的婴儿出生性别比普遍出现明显超出正常范围的现象,如江西、广东和湖南部分地区。而非宗族性地区的婴儿出生性别比普遍属于正常范围,如湖北、安徽和江苏的大部分地区以及东北和西北地区。这与当地的移民历史和宗族发展呈显著相关关系⑤。这与兰林友所得的宗族重建区域总结的结果也基本一致。因此,笔者将采用生男孩欲望的强烈程度来衡量世系继承意识。

杨善华等指出,从家族这一角度可以将农民的日常时间分成"日常

---

① 李昌基:《韩国家族中的成员研究》,《农村社会学》1991年第1期。
② 同上。
③ 张中秋、王朋:《中西长子继承制比较研究》,《南京大学法律评论》1997年秋季号。
④ 钱宗范:《中国宗法制度》,《广西民族学院学报》1996年第4期。
⑤ 龚为刚、吴海龙:《农村男孩偏好的区域差异》,《华中大学学报》(社会科学版)2013年第3期。

生活时间"和"事件时间"。"事件时间"是指当生活中出现各类对家族生存产生重大影响的问题时,家族成员在处理和解决这些问题的过程中所耗费的时间,它具有突发性和不确定性,在总量上可长可短。而之所以能将"事件时间"从"日常生活时间"中剥离出来,是因为在事件中能真正凸显家族成员内部的关系与家族和外界的社会关系的真实情况,看到家族成员是如何被动员起来的,家族意识如何指引着人们的行动[①]。而实行村民自治后,村委选举可以说成了村庄的"大事件"。笔者将通过村庄内的选举作为"事件"来考察其中凸显出的宗族意识。

(一) 世系继承意识

问卷中,针对世系继承意识的问题有 4 个:对领养养子的看法、对遗产的分配、对必须由长子赡养父母的看法,以及问题:"假设主持祭祀的长子没有传宗接代的儿子,只有女儿,而他的弟弟却有儿子。那么,当长子年老时应该怎么做呢?"

表 6-3　　　　　　对没有儿子想要传宗接代而收养养子的看法

完全赞成	比较赞成	不清楚	不太赞成	完全不赞成	无应答	合计
19.8%	51.5%	7.8%	14.9%	5.0%	1.0%	100%

由表 6-3 我们可以看出,在 X 村对为了传宗接代而收养养子持赞成态度的人占到 71.3%。而通过实际的访谈,我们发现他们所赞成的收养养子其实是过继,而过继现象在 X 村相当普遍,人们认为这是很自然的理所当然的一件事。且过继一般是亲兄弟间的过继,然后是稍远点的亲戚,但一般要是戴姓子孙。甚至有几兄弟中有一人没有子孙的话其他兄弟每家过继一个儿子给他的情况。而当问到这种过继的目的时,主要有三点:延续香火传宗接代、继承财产、养老送终。这种目的体现了价值和功利的结合。但从对此的考察可以说明在 X 村传宗接代、延续香火、继承家产的意识是很强烈的。尤其与 Z 村情况相比较来看时,这点就更加突出。在 Z 村,我们只做了 10 份问卷,但通过问卷、访谈和实际收养状况来看,不赞成者占多数。在 Z 村的收养案例一般是尽量从外地收养,且对性别并无要求,且没有儿子的农户一般就让女儿来继承家产。

[①] 杨善华、刘小京:《近期中国农村家族研究的若干理论问题》,《中国社会科学》2000年第 5 期。

在对如果有多名子女将会如何分配遗产的问题的回答中，只传给长子的占 1.5%；只传给儿子，但多分一些给长子占 5.4%；只传给儿子，且各儿子均分占 64.9%；儿女均分占 20.8%；多分一些给将来赡养自己的子女占 1.0%；其他占 2.5%。从对这题的回答我们可以看出人们并没将长子的地位突出，更多强调均分亦即平等的思想，甚至都不会多分给将来会赡养自己的子女，按他们的说法"不搞平等了，兄弟间会闹矛盾，不能偏"。同时我们看到，这里回答儿女均分的占到了 20% 的比例，但当人们选这个选项的时候总会再附加上一句话，房子当然不会分给女儿。即他们所说的儿女均分仅仅是指除了房产之外的钱的分配，且很多选择此选项的人同时也会承认即使是钱也会少给女儿点。Y 村和 Z 村的情况与此相似。

对于"长子不管有再多的困难也要赡养父母"的说法，赞成者约占 70% 的比重（表 6-4），上文的数据显示分配财产时对长子没有优待，在养老时长子却被寄予了更多责任。但对于此题的回答存在一定疑问，因为根据笔者对实际养老情况的掌握，在 X 村只由长子养老的情况很少，普遍都是几个儿子共同养老，如果儿子境况不好，女儿也会参与到养老。虽然现在老人每月有基本养老金，不太需要儿子给钱，但从在附近养老院老人的费用负担情况来看，一般也都是由儿子们共同承担。几例没有生活能力老人的养老，也是去几个儿子家里轮流住。所以笔者猜测当地人对此问题是否理解为了长子也是儿子，不管其有再多困难也不能逃避养老的责任，而并没有把长子作为一个特定角色给予区分。而对于养老责任分担在 Y 村和 Z 村与 X 村基本相似，一般由各儿子共同承担养老，女儿并无道德上的养老责任，但有良心责任。

表 6-4　　　　　　　　长子不管有再多的困难也要赡养父母

完全赞成	比较赞成	一般	比较反对	非常反对	无应答	合计
32.2%	37.1%	17.3%	9.9%	3.0%	0.5%	100%

而对于最后一个问题，主张让长子的弟弟负责主持的占 42.7%，主张让长子收养养子继续主持祭祀的占 22.1%，主张由长子的女儿主持的占 34.7%，而主张不再举行祭祀的占 0.5%。对此题的回答中值得注意的是主张应该由女儿来主持的比重达到了 34.7%，这也反映了长子和直系原则在 X 村并不强烈。而 Y 村和 Z 村并没有祭祀。

其实通过对这4个问题的分析，更能说明的是长子继承和直系原则在X村并不明显，用这些作为考察标准其效度并不明显，并不能对中国宗族村落的世系继承意识有深入了解。但如果我们把生育偏好做为衡量标准，就能明显看出三个村的差别及其凸显的世系继承意识（表6-5）。

表6-5　　　　　　三村所在县市0—4岁婴儿出生性别比

X村所在县	Y村所在市	Z村所在区	性别比的正常范围
140.12	127.74	105.55	110以下

X村和Y村都有强烈的男孩偏好和生男孩欲望，两个村都普遍存在多孩家庭，而3女孩1男孩家庭也常见。Y村生男孩欲望强烈的另一体现是小二胎和小三胎现象比较多，即在八九十年代计划生育政策严厉时只生了一个女孩的家庭在2000年计划生育政策有所松动后，已经高龄的妇女为了生男孩而再生第二胎或第三胎，甚至出现了自己的小儿子比自己外孙女还小的情况。而在X村，普遍存在先生孩子后结婚的现象，这是应对计划生育政策的方法之一，即夫妻在外先把孩子生了再回家领结婚证办婚礼。

当被问到为什么一定要生儿子的时候，回答一般有这些："没有儿子会被瞧不起，会被骂断子绝孙。""没儿子香火不就断了吗？""要有人养老送终。""没有儿子那我现在搞个什么劲，给谁搞？"这其实与前面一定要过继儿子、财产继承原则背后是同一种动力，即世系继承意识，包括财产上的继承和血缘上的继承。当这种意识在受国家政策的影响时其所采取的行动便是这种意识的外显。不仅在八九十年代即使在2013年调研之时，在Y村和Z村当村干部被问及最难的工作是什么时，都异口同声地回答——计划生育工作。

但在Z村就不存在这种情况，Z村的计划生育工作从80年代到现在都比较好做，尤其现在干部根本不用管，很多家庭第一个孩子是女孩，即使满足生第二胎的条件也不再生。Y村共有980多户，但只有女儿没有儿子的农户只有2户，在X村这样的农户也极少，但在Z村没有儿子只有女儿的农户和独生子女户都比较普遍。从这三个村所在县市的0—4岁婴儿出生性别比也能看出三地的男孩偏好意识。X村所在县0—4岁婴儿出生性别比为140.12，严重超出正常范围，Y村所在市0—4岁婴儿出生性别比为127.74也超出正常范围，而Z村所在区0—4岁婴儿出生性别比为

105.55 基本在正常范围之内。

(二) 祖先崇拜意识

祖先崇拜意识主要体现在祭祀方面。每年春分 X 村的戴氏家族都要联合周边另 3 个村的戴氏一起举办祭祖活动。清明时各家再上自家的坟。因为戴氏大宗祠堂在 X 村，所以每年的春分祭祖都是在 X 村。虽然各村轮流出钱出力，但相比其他 3 个村，X 村每年都会投入较多人力。其中，春分祭祖后会有一个大聚餐，戴氏通过聚餐来进一步加强子孙的联系、交流和凝聚力。而在 Y 村和 Z 村，并无这样的祭祖活动。

另外，在对父母、祖父母、曾祖父母和高祖父母的四代奉祀方面，在 X 村并无春节上坟（墓祭）或忌日拜祭等，只有在清明节时去上坟。对四代奉祭得到的调查数据如下（表6-6）。如果将主持和参加一起算作参加的话，对父亲、母亲、祖父母、曾祖父和高祖父的墓祭参加率分别是 70.8%、65.8%、88.6%、85.6%、84.1%，参与率是非常高的。其中对父亲和母亲的墓祭相对少一些，主要是因为很多被访者的父母仍健在。虽然被访者平均年龄为 63 岁，但 X 村的老人普遍高寿，在 X 村年龄超过 90 岁的就有 30 多人。

在 Z 村，墓祭并无主持与参与之说，因为都是各家单独去。大部分的墓祭只是给父母亲和祖父母，很多人并不知道曾祖父或高祖父的坟在什么地方。人们对祖先的崇拜意识很淡，即使给父母和祖父母去上坟，也仅仅是因为"尽尽孝心"。

表6-6   X村清明四代墓祭情况

形式对象	主持（%）	参加（%）	不参加（%）	无应答（%）	合计（%）
父亲	47.0	23.8	24.8	4.5	100
母亲	45.0	20.8	39.7	4.5	100
祖父母	52.0	36.6	9.4	2.0	100
曾祖父	49.5	36.1	12.4	2.0	100
高祖父	48.5	35.6	13.9	2.0	100

为了更直接地了解人们对祭祀的态度，问卷同时还设置了关于"上班的子女可以因为工作而不参加祖父母的忌祭祀"的态度的问题（表6-7）。如果把"比较赞同"和"非常赞同"合起来看作赞成话，赞成比重约为 47%，这对于年轻人几乎都在外打工的 X 村来说，应该算比较低的

比重了。在 Z 村，人们对这一问题的回答 90% 是赞成的。

表 6-7　对上班的子女可以因为工作而不参加祖父母的忌祭祀的态度

非常赞同	比较赞成	不清楚	比较反对	非常反对	合计
2%	44.9%	15.3%	26.5%	11.2%	100%

在对"即使要蒙受损失，我也会参加宗族活动"的回答中（表 6-8），持肯定态度的占 60.4%，持反对态度的占 20.8%，这表明人们对宗族活动参加是比较积极活跃的。

表 6-8　对即使要蒙受损失，我也会参加宗族活动的态度

非常赞同	比较赞成	不清楚	比较反对	非常反对	无应答	合计
22.3%	38.1%	16.8%	17.8%	3.0%	2.0%	100%

给后代提供关于宗族历史和族谱的教育也是祖先崇拜意识的体现。X 村的居民大体上都比较重视宗族历史和家谱的延续，对为与宗族有关的事业投资也都持赞成态度。其中，觉得子女学习族谱和宗族历史重要的约占 60%（表 6-9）。在对为修建祠堂、修葺祖墓和编撰族谱等相关事业支付费用的态度的调查中，表示"会积极参与"的受访者比例占 57.9%，同时 26.2% 的人表示"别人给多少我也给多少"，也就是说如果村里为了宗族事业要集资筹款的话，至少能得到 84% 的人的支持（表 6-10）。而对这些问题，包括上面的关于对宗族活动参与的问题，对于 Z 村的居民来说是很陌生也是无法理解的问题，他们没有家谱也不知自己家族的历史，也没有修谱、建祠堂等活动。

表 6-9　对子女学习家谱和宗族历史的看法

非常重要	比较重要	不太重要	一点都不重要	合计
22.3%	37.6%	37.1%	3.0%	100%

表 6-10　对为宗族相关事业支付费用的态度

积极参与	别人给多少我给多少	不太愿意付钱	不会参与	合计
57.9%	26.2%	8.9%	6.9%	100%

（三）同祖意识

宗族的自豪感可提高宗族的凝聚力，并容易产生出我群和他群意识。对于宗族自豪感的问卷考察一共有3个问题，"我的宗族或家族在村子和附近一带是受到尊敬的"（表6-11），"在别人面前，我为我的家族感到自豪"（表6-12）；对家族团结的认识，"我们的家族团结一致"（表6-13）。此外，对同宗同族甚至同姓间禁婚也是同祖意识的一种表现，在朱子学的宗法传统中，同祖意识和宗族意识与对同姓同族结婚的宽容度呈现负的相关关系[①]，对此问卷中也设有对此态度的考察。

表6-11　　我的宗族或家族在村子和附近一带是受到尊敬的

非常赞同	比较赞成	不清楚	比较反对	非常反对	无应答	合计
45%	40.1%	11.4%	1.0%	0.5%	2.0%	100%

表6-12　　在别人面前，我为我的家族感到自豪

非常赞同	比较赞成	不清楚	比较反对	非常反对	无应答	合计
37.1%	46.5%	10.9%	2.5%	0.5%	2.5%	100%

表6-13　　我们的家族团结一致

非常赞同	比较赞成	不清楚	比较反对	非常反对	无应答	合计
73.8%	22.8%	0	1.0%	0.5%	2.0%	100%

如果把非常赞同和比较赞同一起归纳为赞同，认为戴姓宗族在村庄和附近一带是受到尊重的占到85.1%。这也与实际情况相符，不仅在X村戴姓是最大姓，在其他村也有很多的戴姓子孙，戴姓在当地算是很大的一个姓和比较有名望的。与同村的李姓相比，戴姓的名望和所受尊敬也多一些，因为"他们不团结，他们连春分祭祖都不搞"，而李姓人自己也说"我们不行，团结不起来，干部都被戴姓的搞去了"。与此相对应的是戴姓人的家族自豪感也普遍强一些，不仅在问答中持肯定态度的人占到了83.6%，实际情况也是戴姓人比起李姓人更具有家族自豪感，因为"我们

[①] 韩道铉：《韩国、越南两个宗族村"宗族意识"比较研究》，《农村社会学》2007年第17期。

是大姓啊，干部都是我们戴姓的"。但是需要注意的是，戴姓内部也分了3房，房系之间也有竞争。

家族自豪感可以促进家族凝聚力，但同时家族自豪感很大程度来自家族的团结和凝聚力。调查者认为"自己的家族很团结"的，占到了96.6%。但在Z村的10份问卷中，持肯定态度的只有1人，普遍认为兄弟间不团结，甚至认为越是兄弟多越容易有冲突。而在Y村，人们只认5服之内的"大家子"，虽然是同宗同族，但"大家子"间的竞争和矛盾也是很厉害的。但相对于外族和外村，"大家子"内部是非常紧密的，这种紧密甚至强于X村，因为"我们自己人都不团结的话，就会被别人看不起，就斗不过别家了"。

而对于同宗同族是否能结婚的看法，表示赞成的占58.4%，表示反对和非常反对的占30.8%。根据访谈，在解放前对于同族结婚限制得非常严格的，但在"文化大革命"时期被破除了，现在并无明确禁忌了。但仍有很多人排斥，觉得同族结婚不好。如果把"虽然反对，但当事人如果互相倾慕，不会加以阻扰"也看成对此有排斥的话，对同宗同族结婚反对或排斥的人占44.7%，对经过了革命洗礼的X村来说算很高的了。在Z村对同姓结婚完全没有禁忌，同姓结婚案例较普遍。

（四）排他性族结合意识

排他性族结合意识是一种与他集团的区分意识，体现为血统上的排他性和身份上的优越感等[①]。对于血统的排他性，从前面对收养养子的行为可以看出，与Z村偏向于收养外地不知根源的孩子相比，X村的收养行为都是兄弟或家族内的过继行为，是非常排斥外血统的进入的。而对于身份上的优越感，前面的对本族的自豪感的考察可体现出来，戴姓家族普遍比同村李姓家族具有优越感，而李姓家族的人通常通过联姻的方式来试图提升自己在村内的地位。但这种将本族与他族区分的意识，在村庄的具体"事件"中更容易体现出来。下面我们对于村中大事件中体现出来的宗族意识的考察，可明显看到这种排他性族结合意识的村庄以及在村庄"事件"中发挥的实际作用。

（五）"村庄事件"中的宗族意识

近年来的村民选举、"文化大革命"时期和新中国成立前村庄内发生

---

① 韩道铉：《韩国、越南的两个宗族村"宗族意识"比较研究》，《农村社会学》2007年第17期。

了很多"事件",各房派都参予了其中。据村中老者讲,在解放前,X村内的戴姓各房之间就有激烈的矛盾冲突,甚至发生过械斗死人的流血事件。"文化大革命"时期,村内主要的对立派即2房和5分房分别支持不同的派别,也发生了冲突,那时他们并不知道2房和5分房其实是同属一个派祖。改革开放后两房在修谱的过程中发现了两房其实是一个派祖,两房的关系改善了很多,但在村委选举这个新产生的"村庄事件"中又产生新的矛盾。

Z村可以说是无宗族的,在Z村的村委选举中,人们凭借平常建立的人际关系,通过拉关系、请客吃饭等方式来争取选票和选举成功。同一家的兄弟可能会投选不同的人。而在Y村虽然各大姓都是同祖同族,但大姓的各宗各房分化成了更小的"大家子"。各"大家子"并不团结,甚至互相竞争更厉害、互不服气,无法团结起来形成选举中的优势,也无法形成共同的推举人。Y村的村委选举并无竞争,且出现了多村中小姓担任村干部、村干部更换频繁的情况。而在X村,村委选举竞争非常厉害,而竞争最终体现的是宗派之间的竞争,维护本族本派的宗族意识在竞争过程中体现得淋漓尽致。

在X2村主要是李姓和戴姓之间的竞争。此时,所有戴姓,无论哪一房的、是否存在矛盾,在此时绝对是站在同一边的,此时他们认同的是同祖同宗,认为要争取维护戴氏家族的荣誉。其实在X2村并无经济资源,当选为了村干部也不能获得什么实质的好处,但村民说"那是一种荣誉,是宗族的荣誉,当然要争"。而李姓宗族虽然每次都占弱势,获胜的机会并不多,但每次整个宗族仍团结起来去努力争取,比起结果,他们认为在这个过程中实现宗族的团结和凝聚更重要。而也是在这个过程中,宗族意识被一次次唤醒并得以强化。

而在X1村虽都是戴姓,但仍存在激烈的竞争。此时的竞争就是同族各房派的竞争。此时,房派意识被唤醒并被强化。各房肯定是支持本房的推举人,竞争的关键就在如何争取其他房的选票。此时就是依靠宗族关系以外的各种关系了,同时姻亲关系也往往会被动员。

正是因为宗族意识在村委竞选过程中起了举足轻重的作用,也不可避免地产生了竞选结果的宗族特性。在X2村,历届干部多是戴姓,李姓几乎很难扭转这种局面;而在X1村,历届干部都是5房的,2房的也几乎很难扭转局面,因为短时期内宗族力量的对比很难改变。

五 结论

笔者对改革开放后的宗族重建和复兴的研究，主要是从族谱、祠堂的重修重建和祭祖等宗族活动来考察的。通过对浙江 X 村的宗族意识考察我们发现，这些外在形态其实只是宗族意识的外显形式之一。经过了社会主义革命，即使在改革开放后有一定的重建和复兴，但无论在宗族意识的外显形式上还是在意识层面上比起以前都有所弱化，比如长子继承制、对同姓同宗婚姻的禁止等的消失或弱化，祭祀的范围和频度等也明显下降。但在传统的表现形式消失或减弱的同时也出现了新的表现形式，如生育观念的异化和村庄民主选举中宗族斗争，而这些新的表现形式同时也起着唤醒和强化宗族意识的作用。同时我们还发现，这些新的表现形式与以前的向内的、内敛的宗族外显形式相比更具有外向性，往往与国家的政策相关联。这意味着除了通过族谱、祠堂和祭祖等活动体现出的外显的宗族意识外，更多不外显的宗族意识存在于人们的思想和习惯中，已与村庄生活尤其村庄的政治生活融合并通过村庄的各种"事件"被唤醒、被强化，影响着人们的思考、行动以及村庄生活、村庄政治等。

第七章 浙江历史文化村落保护利用与持续发展研究[①]

一 前言

浙江历史文化村落保护利用，起步于"千村示范、万村整治"工程，大规模展开于美丽乡村建设新阶段。2003年6月，时任浙江省委书记习近平，启动了浙江"千村示范、万村整治"工程，揭开了中国美丽乡村建设的时代篇章。2005年10月，党的十六届五中全会提出建设社会主义新农村的重大历史任务，浙江美丽乡村建设星火传递，成效凸显。至2007年，全省完成了10303个建制村初步整治，其中1181个建制村建成"全面小康建设示范村"。2008年，浙江安吉县正式提出"中国美丽乡村"计划。2010年，浙江省制订了《美丽乡村建设行动计划（2011—2015年）》。2012年4月，浙江省委、省政府学习贯彻习近平总书记关于"优秀传统文化是一个国家、一个民族传承和发展的根本，如果丢掉了，就割断了历史命脉"的讲话精神，颁发了《关于加强历史文化村落保护利用的若干意见》，把修复、保护、传承和永续利用历史文化村落文化遗存，作为浙江"千村示范、万村整治"和美丽乡村建设的重要内容。这一文件颁发实施，标志着浙江美丽乡村建设跃升到新阶段。这一阶段，是浙江社会主义新农村建设的"美丽成果"转化为农村经济社会发展"资源优势"的重要阶段，是"生产发展、生活宽裕、乡风文明、村容整洁、管理民主"目标实现阶段，也是浙江"推动信息化和工业化深度融合、工业化和城镇化良性互动、城镇化和农业现代化相互协调，促进工业化、信息化、城镇化、农业现代化同步发展"和"城乡一体化发展"大融合阶段。

---

① 本章原文为《浙江历史文化村落保护利用与持续发展研究》，该报告于2016年3月11日呈送浙江省政府，3月19日，黄旭明副省长批示："王景新等同志的调研报告很有价值……"指示省农办要"组织认真研究吸收"。该调研报告收录本著时为避免与相关章节重复，删除了原报告的"样本村历史文化遗存及经济社会状况"部分。另外，该章节的部分内容发表于《西北农林科技大学学报（社会科学版）》的2016年第9期上，作者为王景新、朱强、余国静、吴一鸣、李琳琳和沈凌峰。

"《千村故事》'五个一'行动计划",在浙江美丽乡村建设阶段跃升过程中应运而生,是浙江省在历史文化村落物质文明遗存修复、保护和利用的基础上,对非物质文化遗产抢救性挖掘、整理、记忆和传承的一项标志性任务。2014年11月浙江省美丽乡村建设现场会和2015年1月浙江省农村工作会议先后做出了"挖掘和传承好古村落古民居背后的故事"的部署。2015年4月,浙江省农办根据全省美丽乡村现场会和全省农村工作会议部署,以及省委、省政府领导关于"历史文化村落的资源非常宝贵,'硬'的要通过以旧修旧把它保护下来,'软'的通过文字、影像等手段把它记载下来,传承下去,意义重大""一定要把这件大事做好""做成弘扬历史文化,可以传承后人的精品"等重要指示,联合浙江农林大学启动了"《千村故事》'五个一'行动计划",其主要任务是针对纳入《浙江省历史文化村落保有数量和名单库》(以下称历史文化村落"库内村")的1123个村落,开展"寻访传统故事——编撰一套丛书,触摸历史脉搏——形成一个成果,定格乡土印象——摄制一碟影像,回味乡愁记忆——推出一馆展示,构建精神家园——培育一批基地"。

本调研报告是"一个成果"的重要部分,旨在通过深入调查,了解浙江历史文化村落保护利用的现状、成效和问题,提出浙江历史文化村落保护利用和持续发展的政策建议。为此,课题组与县(市、区)农办合作,采用下列方法展开调研:一是在全省11个地市抽样问卷(每地市1个县市区);二是在被抽样的11个县(市、区)中,选择建德、慈溪、平湖、嵊州、龙泉5个县(市、区)召开调研座谈会,参加人员为县(市、区)相关职能部门(农办、住建局、旅游局、方志办、档案局)的负责人,列入浙江省历史文化村落保护利用重点村、一般村的负责人;三是课题组进村调研访谈,样本选择采用分区聚类的方法,在浙江省域不同区位和不同地理类型的县(市、区)中,选择那些被列入国家和省历史文化名村名录、中国传统村落名录以及浙江省历史文化村落保护利用重点村、一般村调研访谈,访谈对象包括村、组干部及相关农户。

调研内容:(1)问卷调查主要是列表统计样本村不同类别(民宅、祠堂、戏台、牌坊、古桥、古道、古井、寺庙、其他)古建筑的数量、应该修复的数量、已经修复的数量、资金投入及来源;同时,征询问卷对象对历史文化村落保护、利用的评价、要求与建议。(2)调研座谈和进村访谈围绕三个主题进行:一是历史文化村落保护利用规划、工作进展、成效与问题；二是历史文化村落及其古建筑的修复、利用与保护；三是各地在村落保护、古建筑修复和利用方面遇到的困难和问题，座谈访谈对象的要求与建议。

这次调研，总样本覆盖全省11个地市，19个县（市、区）150余村。其中，问卷124村，进村调研和访谈59村，合计183村次，减去问卷与实地访谈重合村，总计149村，占历史文化村落"库内村"总数的13.3%（表7-1），具有广泛性；调研样本涉及浙北、浙南、浙东、浙西、浙中等不同区位，以及山区、平原、湖区、海岛、中心城市周边等不同地理单元的历史文化村落，具有代表性。

表7-1　　历史文化村落保护、利用现状调查样本分布一览表

地市	县市区	历史文化村落（行政村）名称	问卷村数	访谈村数	总计村数
杭州	建德市※	新叶※、李村、上吴方※、甘溪※、高桥※、寿峰※、乌石※、新源※、诸家※、溪口※、双泉※、里黄※、大唐※、	11	13	13
	临安市	岛石※、呼日※、湍源※、童家※、河桥※	0	5	5
宁波	慈溪市※	双湖村、方家河头、任佳溪※、岗墩※、山下※、大山※	4	5	6
温州	泰顺县	庵前、茶石、东洋、峰文、库村、林岙、桥西、西溪、溪东、下排、下桥、徐岙、阳山、竹里、瑞岭、洲滨、上交洋、仙居、村尾、百福岩、埠下、国岭、和平、新联	24	2	24
	平阳县	钱仓村※	0	1	1
	永嘉县	芙蓉※、岩头※、苍坡※、溪口※、蓬溪※	0	5	5
湖州	德清县	山民、白彪、东沈、燎原、勤劳、张陆湾、蠡山、南路	8	0	8
嘉兴	平湖市※	马厩※、鱼圻塘※、金家※、龙萌※、姚浜※、	5	5	5
绍兴	嵊州市※	华堂※、崇仁一※、崇仁二※、崇仁四五※、崇仁六※、崇仁七八、崇仁九十、彦坑、廿八都、苍岩、东王、黄胜堂、施家岙、袁郭岭、贵门、灵鹅、浦口、楼家、泉岗、盛家坞、竹溪	21	5	21
金华	兰溪市	诸葛※、芝堰※、长乐※、三泉※、	0	4	4

续表

地市	县市区	历史文化村落（行政村）名称	问卷村数	访谈村数	总计村数
衢州	龙游县	大公、鸿陆夏、芰塘金、里王、灵山、灵下、马戍口、庙下、沐尘、三门源、石佛、石角、双戴、天池、童岗坞、西何、西金源、溪口、项家、星火、源头、泽随、张家埠、之坑口、志棠	25	0	25
	江山市	勤俭※	0	1	1
	柯城区	墩头※	0	1	1
	衢江区	楼山后※	0	1	1
	开化县	霞山※	0	1	1
	常山县	金源※	0	1	1
舟山	定海区	马岙※、柳行※、叉河、大鹏、光华、余家、金山、里钓山、紫微	9	2	9
台州	玉环县	白马岙、大青、东沙、东西、坎门、山里、上青塘、石峰山、水桶岙	9	0	9
丽水	龙泉市※	源底※、金村※、车盘坑※、住溪※、溪头※、下樟※、盖竹※、源口、黄南	8	7	9
小计	19（其中：问卷县、市、区11个，召开座谈会的县、市5个）		124	59	149

注：※表示调研座谈县（市）和实地访谈村；总计村数是减去问卷与访谈重合村后的数据。

二 历史文化村落及古建筑的保护与管理

浙江省曾经多次对历史文化村落及历史建筑和非物资文化遗产等进行普查。2007年第三次全国文物普查之后，2012年，浙江省农办发出《关于开展全省历史文化村落普查工作的通知》，各地再次开展历史文化村落普查、认定和入库工作。截至2015年末，经省委、省政府农村工作办公室确认入库的历史文化村落1123个，占全省行政村总数（29849）[1]的37.6%。2012年，浙江历史文化村落保护利用大规模展开，至2015年末，先后三期批准历史文化村落重点村和一般村共774个。"《千村故事》'五个一'行动计划"启动后，课题组组织了"浙江省历史文化村落信息采集"，共采集了1150个村本底数据，其中数据有效村1149个，超过了省

---

[1] 浙江省农业厅：《农经统计资料简要本（2013）》汇总村社计29849个。

农办认定"库内村"数量。汇总数据显示，历史文化村落的物质遗存中：有文物保护级别的 4357 处，其中国家级 375 处，省级 699 处，市级 400 处，县级 2877 处；有 216 个村的文物保护单位是古建筑群。汇总各村古民宅、古祠堂、古戏台、古牌坊、古桥、古道、古渠、古堰坝、古井泉、古街巷、古城墙、古塔、古寺庙、古墓十四类古建筑，总量 3.3 万多处，其中最多的是古民宅共 21578 处，古祠堂 1624 处，古城墙 91 处，古塔 69 座；838 个村有古树名木，占信息采集村总数的 73%，其中 1000 年以上古树 125 棵，如丽水莲都区路湾村 1600 年的香樟，景宁畲族自治县大漈乡西一村 1500 多年树龄的柳杉王……历史文化村落的非物质文化遗产中：国家级 66 个，省级 164 个，市级 137 个，县级 188 个。有 948 个村保存族谱，占总数的 82.5%，一村多部族谱是常见现象，统计约有 3908 部族谱；有 266 个村落保存有古书、名人手稿、字画等文物资源①。

有些市县拓展了历史文化村落保护利用的时限和范围。如临安市将 1949 年以前的近代农村建筑、1949—1985 年间的现代建筑以及全国第三次文物普查登记在册的建筑物，都被纳入农村历史建筑保护利用范畴。一大批饱含传统乡土风情和人民公社建筑特色的近现代建筑物，如民国遗留的公署、名人故居、公社礼（会）堂、知青屋、生产队仓库和厂房被纳入保护利用视野（注释专栏 7-1）。

注释专栏 7-1 临安市将农村近现代优秀建筑都纳入修复保护范围②

临安市先后颁布了《农村历史建筑保护管理实施办法》（2010 年）、《历史建筑保护专项资金管理办法》和《关于加强农村历史建筑保护管理的实施意见》（2011），把域内建于 1911 年以前具有历史、科学、艺术价值的历史建筑物、构筑物，建于 1949 年以前具有重要纪念意义、教育意义的优秀建筑和名人故（旧）居及全国第三次文物普查登记在册的农村历史建筑纳入到历史建筑保护范围内。截至 2015 年 8 月底，除锦城街道和昌化镇之外，16 个镇（街道），共普查和登记 2470 幢历史建筑，总占地面积 315902.51 平方米，建筑

---

① 潘伟光：《浙江历史文化村落遗存与资源调查分析报告》（"《千村故事》'五个一'行动"阶段成果），参见"千村故事"课题组阶段成果发布会资料。
② 资料源于本课题组实地调察。

面积547517.19平方米，涉及168个村（居）民委员会。

临安市将农村历史建筑按等级分为绝对保护对象、重点保护对象和一般保护对象；按照"政府主导，群众主体，社会参与"的办法，设立农村历史建筑保护机构和专项资金，再按照"文物等级、文物价值、紧急程度、资金配套"的原则，安排修缮项目。历史建筑修缮后，设立包含历史建筑的名称、时代、性质、内容、保护范围等内容在内的保护标志牌，并对列入文保单位和典型历史建筑的沿革、保存现状、价值和保护管理等情况形成记录档案。

普查结束后，各地迅速启动了历史文化村落保护利用规划编制工作。截至2015年9月末，全省历史文化村落"库内村"完成规划编制的454村，占调查总村数的39.5%；当年年底问卷调查的124村中，完成保护利用规划编制的48村，占问卷村总数38.7%。2012年以来，浙江历史文化村落护利用按规划有序展开，成效显著。

第一，越来越多的历史文化村落，整村面貌焕然一新，村域经济社会发展，生机与活力显现。课题组实地调查的59村中，绝大多数村启动了道路及其他基础设施建设工程、村庄布局和景观改造工程、污水治理和垃圾处理工程，同时，全面展开村域生态建设，古树名木保护和环境卫生整治，从而促进村域经济社会跨越式发展。从面上看，问卷124村中，有一定发展的48村，占问卷村总数的38.7%；以博物馆和其他方式部分修复利用的12村，占9.7%；村庄尚未整体修复、保护和有效利用的49村，占39.5%；村庄整体闲置、处于废弃状态的1个，占0.8%；有14个村未填写，占11.3%（表7-2）。

表7-2　　　　　　　　问卷村保护利用整体面貌　　　　　　单位：个、%

合计		村庄整体修复、保护，旅游业、服务业有发展		以博物馆和其他方式部分修复利用		村庄尚未整体修复、保护和有效利用		村庄整体闲置、处于废弃状态		未填报	
村数	占比	村数	占比	村数	占比	村数	占比	村数	占比	村数	占比
124	100	48	38.7	12	9.7	49	39.5	1	0.8	14	11.3

第二，凡纳入省级历史文化村落保护利用重点村和一般村的，古建筑及其他历史遗存得以大量修缮、修复。在问卷村中，已经修复的古建筑共

1585处、324502.8平方米，分别占问卷村古建筑总量和建筑面积总量的18.2%和28.9%，其中，古民居修复1266处、209784平方米，古祠堂修复84处、28420平方米，其他古建筑235处、86298.8平方米（表7-3）。

表7-3　　　　　　　　　　问卷村古建筑修复数量

类与量 项目	古民居		古祠堂	
	建筑单元（处）	建筑面积（m²）	建筑单元（处）	建筑面积（m²）
问卷村合计	1266	209784	84	28420
问卷村平均	10.2	1691.8	0.7	229.2

类与量 统计项目	其他古建筑 （室内戏台、寺庙、纪念祠等）		古建筑合计	
	建筑单元（处）	建筑面积（m²）	建筑单元（处）	建筑面积（m²）
问卷村合计	235	86298.8	1585	324502.8
问卷村平均	1.9	696.0	12.8	2617.0

历史文化村落古建筑修缮和修复，都能坚持"修旧如旧"原则，具体方法有三种：一是用旧修旧，即聘请老匠人和传统工艺传承人，利用旧木料、旧砖瓦、旧石料等老旧建筑材料，采用传统建筑工艺，在原建筑物基础上修补，使古建筑物旧貌换新颜，恢复"生气"；二是聘请古旧建筑修复专业团队，利用新木料、新砖瓦、新石料，采用现代建筑工艺和"做旧"技术，按照古建筑原貌修复或新建，使古建筑"新建如旧"；三是上述两种方法兼有，在古建筑修复过程中，尽量利用老旧建筑材料、传统工艺，建材不足或传统工艺无法完成修复的，再用新材料和新工艺替代，但必须保证修复后的古建筑的原始布局、结构和风貌。

第三，加大投入，探索出一些有效利用资金、资源的方式。历史文化村落保护利用需要大量投资，浙江省以财政投资为主，引导村集体、个人、企业和其他社会团体共同投资。问卷124村统计，总投资38118.46万元，村均307.41万元，其中：各级农办投资12587.60万元，村均101.51万元；文化广电新闻出版局投资4291.76万元，村均34.61万元；村集体投资7174.20万元，村均57.86万元；个人投资8903.90万元，村均71.81万元（表7-4）。用问卷村平均投资数推算全省历史文化村落"库内村"总投资，自2012年以来，我省历史文化村落建设社会总投资大约已有345221.43万元。

表 7-4　　　　　　　历史文化村落保护利用投资数量　　　　　　单位：万元

投资主体 投资额	总投资	其中				
		各级农办投资	文广新局投资	村集体投资	个人投资	其他投资
问卷村合计	38118.46	12587.60	4291.76	7174.20	8903.90	5161.00
问卷村均	307.41	101.51	34.61	57.86	71.81	41.62

如何使有限资金、资源最大限度地发挥作用，实践中探索出三种有效方式：

一是集中使用有限资金，突出重点村落的保护利用。宁波慈溪市龙山镇方家河头村于北宋初（约960）形成村落，曾是宁波往返慈溪古商道上的一处古镇，是海运与陆路运输交会处物资集散地，直到改革开放初期，这里仍然是乡政府治所，现为方家河头村一个自然村落（古村落片区）。该片区占地约1平方千米，以上山道路为中轴的街道两旁，遗留大量各个时期历史建筑和构筑物，如形制规整且规模庞大的刺史宅第大屋，中西合璧的民国洋房，位于桃花岭、仙霞岭18千米长的茶马古道，一大批树龄分别在200年、600年和800年以上古樟、银杏、柿子树和桂花树，还有100余口的古井。2003年，该村以"水秀、树古、明清遗址浩瀚"而被定名为市级历史文化保护区。自2012年至今，方家河头村先后投入4500余万元（其中宁波市8万元、慈溪市财政1200万元，其余由龙山镇托底），恢复了方家河头村的原貌，实现了创建省级特色旅游村、宁波市古村落特色休闲旅游基地等目标。

二是依靠村庄内发动力，村民齐心协力展开的保护利用。龙泉市宝溪乡溪头村是省历史文化村落保护利用重点村之一。村"两委"抓住旧村改造、省级中心村、卫生示范村、绿化示范村、丽水市级美丽乡村示范村、生态示范村、历史文化村创建等一系列工程项目实施的机遇，激活村庄内发动力，修缮了以为李怀德故居为代表的古民居，修复了浙闽古道和古龙窑（五股窑、金品窑），修建了以八棵树公园、活水进村公园、青瓷文化体验为一体的生态旅游观光圈，将溪头村建成浙江省首批美丽乡村、十大美丽生态村，荣获2014年度中国人居环境范例奖，2015年度国家级美丽宜居示范村试点等多项荣誉。溪头村用相当于一个重点村的投资（表7-5），完成了与其他村投入数千万元相当的修复、保护和建设任务，展现了村干部、党员和农民共建家园的力量（注释专栏7-2）。

表7-5　　　　　　龙泉市宝溪乡溪头村保护利用投入表　　　　单位：万元

修复和建设项目	投资	修复和建设项目	投资
2座老宅（李怀德故居等）	18.00	八棵松公园建设	70.00
6座古木桥	18.00	村庄特色购物街建设	179.00
村集体大礼堂	25.00	后垟荷花塘萤火虫基地	40.00
沿溪古道修复	70.00	河水（活水）进村环流体系、活水公园建设及河岸大水车	140.00
绕村两条溪流整治及治污	103.00		
合计		663.00	

注释专栏7-2　溪头村2009年以来修缮、修复和建设历史文化村落清单①

溪头村位于龙泉市西部，距离城区65千米，平均海拔高度500米，全村总人口998人、298户，是浙江省历史文化村落保护利用重点村之一。

2009年建成的八棵树公园，是宝溪乡首个农民公园。公园占地2600平方米，投资70余万元，主要用在八棵古树连带土地征收。公园的建设，主要靠村民出钱、出力，比如鹅卵石砌成的公园花坛，全部用料是村民们自发下河捡来的。

绕村有宝溪、后垟两条溪流，溪水曾被严重污染。整治溪流先清淤，再向河床上投放大小石头，只用了13万元。溪流清澈后，再建两个水车，修引水渠，将溪水（活水）引进村内环流，投资只有40万元。

溪头村沿溪流有一条浙闽古道，自2010—2013年末，村里投入70万元，分三期进行了修复。第一段路用高压水泥砖铺成，修复后道路美观实用，但不符合传统形制；第二段路用石板，彰显人与自然的和谐，但仍不是道路原貌；第三段路，是村民下河挑选鹅卵石，铺陈"古道"，恢复了浙闽古道原貌。村支部书记说，这条路修复的过程，体现着溪头村保护利用历史文化村落的观念转变的历程。

溪头村是龙泉青瓷龙窑集结地，现完好保存五股窑、金品窑、陈家窑等7座龙窑，都是省级文物保护单位。自2009年开始，溪头村

---

① 资料和数据由溪头村提供。

就修复了两座老窑。修复后的老窑，讲述着龙泉近代青瓷走过的岁月，成为村域发展的重要产业，村庄旅游的重要景点。

活水公园原为臭水塘，一到夏天蚊蝇乱飞。村支部组织人员赴金华等地考察后决定，投资100万元，引水进村，建成"活水进村"体系。如今，河水流经每一个农户院落，流进活水公园；公园四周布满了造型各异的大石头，池塘上小木桥飞架，塘里活水清澈见底，各色彩鲤快活地游来游去，美不胜收。

2014年，溪头村投资40万元建设了梦幻后垟荷花塘萤火虫基地。基地占地30亩，其内修筑了栈道、荷花塘，不仅起到了水源净化作用，而且成为溪头村一道亮丽的风景线。

三是村级集体经济发展与历史文化村落保护利用良性互动。兰溪市诸葛村抓住先机发展古村落旅游业，壮大了村级集体经济，村集体经济又支撑历史文化村落进一步保护和持续利用，形成良性互动（注释专栏7-4）。

越来越多的村级组织在历史文化村落保护、管理上发挥着重要作用，管护利用的长效机制初露端倪。（1）村"两委"调动本村的人力和物力资源，修复、维护和管理历史建筑。如嘉兴平湖市鱼圻塘村，自20世纪90年代始自发保护利用历史文化遗存，恢复重建刘公祠等一批古建筑，成立历史建筑管理委员会，建立了"乡风文明馆"（村史馆），整理和传承大将军、大蜡烛、大戏台、大锣鼓等非物质文化遗产，把村庄建设成浙江省旅游特色村；里黄村"两委"成员分工，义务管理村历史遗产，为祠堂等历史建筑配置灭火器，尝试建立管理制度。（2）村集体经济组织，调动集体资金、资产，整合财政项目资金，修缮、修复或重建历史建筑，挖掘和整理非物质文化遗产，安排专管员专职历史文化遗产的管护和传承。建德市李村村聘请退休回村干部2人，担任村文物专管员，每年补助5000元，另外安排6名消防巡查员；新叶村安排1名村干部作为村文物专管员；慈溪市岗墩村设立历史文化村落保护维修预算科目，每年安排一定经费，由专人负责维护管理。（3）建德、龙泉、慈溪、平湖、嵊州等县市的许多村，都建立历史建筑消防巡查制度，依靠老党员、老干部和其他老年协会成员，组成5—7人不等的消防巡查或管护队，对本村祠堂等历史建筑巡查和管护。一些村"老年协会""宗亲联谊会"等社会组织，也参与了祠堂等历史建筑的义务管理活动。

三 历史文化村落及古建筑的利用方式

历史文化村落及其古建筑的利用方式，因建筑物性质、产权归属不同而各异。在问卷村统计的3309处古建筑中，产权属于农户个人的2568处，占77.61%；属于多人或宗族共有的3处，占0.09%；村组集体所有的738处，占22.30%。此外，一部分历史建筑被国有或民营企业收购。不同利益主体创造出了极为丰富的利用方式。

（一）农户个体与宗族共有历史建筑等资源的利用

1. 居住、生产及仓储用房

大多数古民居属于农民个人所有，只有极少一部分古民居（如名门望族祖屋、名人故居等）宗族共有或被村集体和各类企业收购。

属于农户个体所有的古民居，无论修复与否，大多数由产权人居住，是村落历史建筑最主要利用方式。问卷124村中，居住在古民居中的人口21307人，村均171.8人，占问卷村村均户籍人口的9.2%、常住总人口的9.4%；按124村共有3494处古民居计算，每处古民居平均居住6.1人。古民居居住者多为老人和留守儿童，也有少量古民居出租给外来务工经商人员居住。需要关注的是：一部分尚未修复的古民居潮湿、破旧甚至已成危房，仍作住宅使用存在极大安全隐患。

2. "农家乐"基地

为数不多的古民居改造成民俗馆、客栈、茶馆、酒楼或咖啡馆等"农家乐"式的设施，由农户自己改造和使用，或租赁给村组集体、民营企业或国有公司经营，以后者居多。作为"农家乐"设施的历史建筑，多位于风景区、旅游区。

3. 祭祀祖先、纪念先贤和其他宗族类活动场所

历史文化村落里的祠堂、香火堂、社庙等建筑，大多数归宗族或多人共有，宗族或多人共有的祠堂类建筑，其修缮、修复或重建，由族中长辈或族中担任各类公职的人员出面主持、商议，在宗族成员内部筹资、捐资，进行修缮和修复。这类建筑主要用途是祭祀祖先、纪念先贤，或举办其他宗族性活动，如作为族人婚丧嫁娶的聚会场所。

4. 闲置甚或废弃

部分古民居的产权人早已进城定居，遗留民居无人管理，门上一把

锁，闲置多年，任由风吹雨打、自然消亡；有些纳入了文物保护单位的古民居，由村委会代理修缮，但因为产权关系不顺，修缮后闲置或成杂物间，这一部分古民居因无人居住而处于持续衰落中；有的农户对祖传老屋的修缮持观望态度，或在维系传统民居还是追求现代化居住条件之间举棋不定，或有意修缮但不愿投资，或期待政府补贴；有些历史建筑因为多人共有，难以形成统一的修缮利用方案，影响其保护利用。

（二）村组集体所有的历史建筑等资源的利用

5. 村域经济社会发展的环境与资源

属于村集体所有的历史建筑等资源大致分三类：一是村域内的古牌楼、桥梁（含廊桥）、古道、庙宇、古墓等古代遗存和文化遗产；二是近几年集体购买的民宅、祠堂、纪念堂、宗族大（祖）屋等古建筑；三是一些市县拓展历史建筑保护利用范围后获得的近现代建筑物及文化遗存。

村域内各类历史文化遗存，是村域经济社会发展的重要资源。许多村将其保护利用纳入美丽乡村建设总体框架，统一规划、建设和管理，使这些历史遗存成为本村亮丽名片、标志性建筑和重要旅游景点，如集体所有的祠堂、礼堂、仓库、知青屋等历史建筑等资源，一部分作为村域社区公共服务用途，另一部分则作为村组集体固定资产和资源，用于集体经营或租赁给企业和个体户经营管理。村集体所有的历史建筑等资源的经营或租赁收入，是当下许多村集体经济组织运转和村社区基本公共服务的重要财源。

6. 村域基本公共服务、村史展示、人物纪念、传统教育和文体活动场所

大多数"村文化礼堂"落地于宗祠、厅堂、大屋等历史建筑内，这类历史建筑已经成为村民传统教育、文体活动、接受远程教育、观看农村数字电影和戏剧、婚丧嫁娶操办等的重要场所。

相当多的村以历史建筑为基地，建立了"乡风文明馆"（村史馆）或者"农耕博物馆"。如建德市李村村"农耕工具与民俗用品展示馆"；慈溪市五洞闸等村"乡风文明馆"；平阳县钱仓村"金钱会纪念馆"[①]；永嘉县芙蓉村"芙蓉展览馆"和"文物陈列室"；平湖市鱼圻塘村"乡风文

---

① 清咸丰十一年六月二十六日（1881年8月2日），金钱会首领赵起在此发动农民起义，纪念馆为此而建。

明馆"和刘公祠（暨大蜡烛庙）[①]；嵊州市华堂村"百扁馆"和"千匾廊"；兰溪市诸葛村"农坊馆"；衢州柯城区墩头村"墩头文化与中国孝文化展示馆"；舟山定海区马岙村"马岙博物馆"。

许多村庄的老年协会以宗祠、厅堂等作为办公及活动场所，同时负责这些历史建筑的保护工作；一些村庄的协会、合作社等组织，以历史建筑作为办公及活动场所，如"柯城区墩头村共建生态家园协会"落地翁氏大宗祠。有的村集体所有的历史建筑是村居家养老服务站。

有些村的宗祠、厅堂、大屋等场所的综合利用率极高。柯城区墩头村翁氏大宗祠，既是"村文化礼堂"，又是"村文化展示馆"，还是"村青少年宫"和衢州市老龄办授牌"孝文化教育基地"（注释专栏7-3）。临安市湍源村陆氏祠堂系村集体所有，该祠堂除作祭祀之用外，还在祠堂内摆放了生命礼仪的文化橱窗，展示了当地的民俗礼仪。

注释专栏7-3　衢州柯城区墩头村翁氏大宗祠综合利用

墩头村翁氏宗祠，始建于明朝万历（1573—1620）年间，距今400余年历史，其间分别于1964年、1982年、2002年和2008年四次修缮，是墩头村现存规模最宏大、保存最完好的古建筑。修缮后的翁氏大宗祠是村文化礼堂，有村民会议室、文体活动室、戏台，宗祠其他隔间分别设置读书吧、二胡吧、故事吧、剪纸吧，是村民集会、学习、锻炼、文娱活动和休闲的场所。

翁氏宗祠还被布置成"古音墩头，礼仪之乡——航埠镇墩头村文化展示馆"，祠内四壁的图片展规划布局有序，分别介绍翁氏家训、翁氏先祖和名人、墩头村史和村情、墩头民间传说、村域习俗与婚礼、二十四孝等传统礼仪文化，四边走廊旁，摆放农耕工具、民俗、婚俗用品等实物。

宗祠大堂是青少年活动阵地及教室，村委会特聘本村退休教师和青年志愿者，分别负责本村学龄儿童和少年的寒暑假集体活动以及各类兴趣班的辅导。

——资料源于本课题实地调查。

[①]　鱼圻塘村民为纪念抗金民族英雄刘锜将军，在当年的军营旧址"以宅为祠"。

7. 整村发展为乡村特色旅游产业村

历史文化村落"库内村"无一不抓住"美丽乡村建设"的历史机遇，整村发展乡村文化旅游业及其配套服务业。问卷124村中，制定了旅游发展规划的53村，占问卷村总数的42.74%。扩大到"千村故事"项目基础信息采集的1149个村，发展旅游业和配套服务业的559个，占总数的48.65[①]。深入考察问卷村旅游业及其服务业经营状况，2014年，有旅游收入的18村，占制定了旅游规划村的34%，总收入2060万元，18村平均114.44万元，德清燎原村收入975万元、龙泉黄南村210万元、泰顺埠下村200万元，分别排名前三甲，收入最少的（龙泉车盘坑村）也有3万元。

在已形成历史文化村落旅游特色的村中，兰溪市诸葛村最典型。该村历史建筑修缮、保护和利用起步早，旅游市场稳定，管理体制机制有利于村集体经济发展和农户收入增加，旅游收入每十年跃升一个台阶，持续21年稳定增长。1994年，诸葛村旅游1.42万人次、2.1万元门票收入。2005年增长到19.2万人次、541.79万元门票收入，全村旅游综合收入[②] 2000多万元；2015年，这三项指标分别达到48万人次、1886万元和10000万元（注释专栏7-4）。

注释专栏7-4　诸葛村修缮、保护与旅游业发展[③]

诸葛村是蜀汉丞相诸葛亮后裔（全国）最大聚居地，在元朝至正四年至十四年（1344—1354）年间，诸葛亮第二十七世孙诸葛大狮迁徙兰溪高隆岗，渐成村落，明末始称诸葛村，历经670余年历程，至今保存完好的明、清民宅、祠堂等古建筑有200多套（座）。

1991年，诸葛亮纪念堂——大公堂（元代建筑），因年久失修濒临倒塌，村干部倡议成立了"修理大公堂理事会"，利用家族的向心力，赞助、募捐18万余元，经过1年多时间，抢修了大公堂。此后，理事会持续主持民间捐资，相继修缮了崇行堂、崇信堂、雍睦堂、尚礼堂等五座村集体所有的厅堂。

[①] "千村故事"项目之《浙江古村概览》组织了1149个村落的基础数据采集。

[②] 诸葛村旅游综合收入指门票收入与农户从事交通、运输、餐饮、住宿、商业等旅游配套服务的收入之和。

[③] 王景新：《诸葛：武侯后裔聚居古村》，浙江大学出版社2011年版，第202—204页。

1992年，兰溪市政府公布诸葛村为市历史文化名村和重点文物保护单位，成立了由市政府、文化局、镇、村干部组成的"诸葛村文物保护领导小组"。

1993年，诸葛村召开全国诸葛亮学术研讨会，为村落旅游业主打文化品牌奠定了基础。

1994年，诸葛村成立"诸葛文物旅游管理处"，村域旅游业起步，门票3.00元/人，当年进村旅游1.4万人次，门票收入2.1万元。

1996年12月，诸葛村被国务院批准为全国重点文物保护单位。是年，镇政府成立"诸葛旅游公司"，后升级为"兰溪市旅游发展有限公司"，由市旅游局控股，村、镇参股。地方政府经营产权原本不属于国家的旅游项目，严重影响了村委会和村民保护古建筑和旅游基础设施投入积极性。这一时期，诸葛村旅游规模小，门票收入低。

1997年，"诸葛文物保护管理所"成立（简称"文保所"，兰溪市事业编制），文保所与村委会配合，对诸葛村古建筑进行调查、统计、编制档案、制定保护措施。同年，由清华大学建筑学院编制的《诸葛村保护规划》论证通过。文保所不干涉旅游经营业务，与村委会配合默契，共同保护古建筑，对诸葛村旅游经营起着保驾护航作用。

1998年，村旅游业经营权重归诸葛村，村"两委"决定把旅游业作为诸葛村支柱产业发展，成立了诸葛旅游发展有限公司，专责古建筑修缮、保护、经营和管理。诸葛旅游发展有限公司的资产归村经济合作社，公司独立核算，门票收入按比例上交村集体，村委会及旅游公司董事会每年对公司下达考核指标；旅游公司管理干部任免由村民或村民代表大会决定，财务受村民监督。截止到2005年，诸葛村通过银行借贷、民间筹资，同时调动村旅游业门票收入及集体可支配资金，投入4000万余元，维修古建筑3万多平方米，完善了旅游业基础设施，诸葛历史文化村落保护利用进入良性循环阶段（表7-6）。

表7-6　　　　　　　　诸葛村历年旅游人次及门票收入

年份	旅游人次（万人）	门票收入（万元）
1994	1.42	2.10
1996	6.43	49.24

续表

年份	旅游人次（万人）	门票收入（万元）
1998	16.23	162.92
2000	16.61	275.85
2002	18.57	393.90
2004	18.63	490.51
2005	19.2	541.79
……	……	……
2014	36.00	1872.00
2015	48.00	1886.00

注：数据由诸葛旅游发展有限公司提供。

诸葛村的做法和经验可以归纳为5条：（1）坚持把修复和保护传统村落历史原貌作为村旅游业发展的根基。严禁在传统村落内建新居，同时规划村民住宅新区，农户在获批新宅地基前，先与村委会签订原传统民居保护合同，落实传统民居保管和使用责任。（2）建立健全有利于村集体经济发展和农户收入增长的体制机制，把村旅游业服务业收益留在村域内部。（3）调动多元主体的积极性，运用多种方式修缮和管理古建筑。对急需修缮、产权人无力修缮的古民居，村集体补助维修费用；村委会与户主协商收购一些古建筑，集体维修、利用和管理；对多家共有、濒临倒塌、在维修上难以统一的古建筑，村委会强制修缮，修缮前，村委会与产权人签订协议，评估古建筑价值，村委会垫付修缮费，五年之内，户主交清修缮费后使用权归还农户，否则，村集体按维修前评估价征收。（4）培养木匠、石匠、泥瓦匠、雕花匠等传统技艺的古建筑专业维修队伍，将村内古建筑修缮支出转变为集体和农民收入。（5）开办农村建筑旧料市场，保障历史文化村落修复、修缮的原材料。

（三）国有、民营企业参与历史文化村落保护利用

8. 国有公司投资，政府协调管理，共同保护利用

历史变迁，沧海桑田，有些古镇因为交通格局改变和基层政府治所迁徙而演变成村。这些集镇尽管往日的繁华市井不再，但却给后人留下了异常丰富的物质和非物资文化遗产，吸引着国有资产公司。宁波城投公司投资慈城古县城的保护利用，慈溪市五磊山风景区投资开发有限公司投资鸣鹤古镇保护和利用，是其中两个成功案例（注释专栏7-5），但二者之间有

较大差别：宁波城投公司是尽可能收购古县城内的历史建筑，整体保护利用；五磊山投资公司则是有选择地收购古镇内的历史建筑，打造鸣鹤古镇核心景区，其余历史建筑保护利用与所在行政村协调展开。从初步实践看，后一方式更有利于适度开发和持续利用，更有利于保护域内农民权益。

注释专栏7-5　国有资产公司投资慈城古县城和鸣鹤古镇保护利用①

慈城从唐开元26年（738）即为慈溪县治，迄今已有1270多年的历史，是中国江南地区保存最为完整的古县城。慈城历史文化底蕴深厚，文物古迹灿若云锦，2.17平方千米的古县城内，明清古建筑群保存完好。2006年，慈城古建筑群被列入国务院批准的第六批全国重点文物保护单位。宁波慈城古县城保护利用，实行国有企业投资经营、政府参与协调管理的工作机制。由市、区、镇三级共同出资成立的慈城古县城开发建设有限公司负责整个慈城古县城的保护、开发建设和管理。宁波市政府相关职能部门和江北区共同组成宁波市慈城古县城保护与开发领导小组，总体指导和协调慈城的开发建设。至2011年，已累计投入16亿多元，将慈城古县城创建成国家4A级旅游景区，古县城保护工程获得了"2009年度联合国教科文组织亚太地区文化遗产保护荣誉奖"。

鸣鹤古镇与慈城古县城建于同一时期，是浙江省第二批文化古镇、省级历史文化保护区，保护范围包括慈溪市观海卫镇的鸣兴、双湖、湖滨3个行政村，其中双湖村是浙江历史文化村落保护利用重点村之一。鸣鹤古镇依白洋湖而建，紧临五磊山风景区，是名副其实的山水古镇，古镇内的古建筑众多，旅游资源丰富。为了保护利用鸣鹤古镇，慈溪市成立了鸣鹤风景区开发建设办公室，与慈溪市五磊山风景区投资开发有限公司②合署办公，共同负责鸣鹤古镇保护和利用。截至2015年末，公司投入3.2亿元资金（其中财政经费0.75亿元），有选择地收购并修缮了二十四间走马楼、崇敬堂、小五房、银号等历史建筑5幢（共10000余平方米，收购价格1.2万元/平方米），另外

---

① 资料来源于本课题组实地调查。

② 慈溪市国资公司，2003年1月10日在宁波工商注册成立，注册资本1000万元，驻地鸣兴村，主要经营旅游项目开发。

修缮民宅3幢，祠堂4座，搬迁鸣鹤风景区入口、广场、门脸房等周边农户118户，修缮了景区道路，疏浚河流，维修桥梁，全面改造鸣鹤古镇的生态环境，同时引进"小业态"业主，开办了"崇敬堂1号鸣鹤国医馆（上海国医馆鸣鹤分馆）""小五房国学养生馆""银号客栈"，使鸣鹤古镇初步形成旅游规模。

9. 村集体与民营企业合作保护利用

有些村由集体经济组织出面，统一收购农户所有的民宅、祠堂、纪念堂、宗族大（祖）屋等历史建筑，连同村集体所有的其他经济和历史文化资源，"打捆"成连片、集中的旅游资源，以整体出租或入股的方式，招商或者引进民营企业，共同发展乡村旅游业及其配套服务业。村集体与合作企业的分工一般是：村集体负责与历史建筑产权所有者（农户）谈判，统一收购历史建筑，向地方政府申请和争取历史文化村落保护利用项目资金和其他政策性资源，聘请专家编制历史文化村落旅游发展规划，代表全体村民集体与企业签订合同，参与或者监督企业经营管理，享受集体资产、资源、资金入股的决策管理权并参与分红；民营企业出资，负责古建筑修缮、修复，历史文化村落基础设施建设、环境卫生改造及整村面貌改善，策划、建设并经营管理村落旅游业。临安市岛石镇呼日村所属株川自然村石板屋建筑群的保护利用，是其典型案例之一（注释专栏7-6）。

注释专栏7-6　临安市岛石镇呼日村株川自然村石板屋建筑群保护利用方式

呼日村是浙江历史文化村落"库内村"之一，所属的株川自然村，始建于清代早期，自该村高氏始祖从安徽绩溪迁至此建村至今，已有300多年历史。传统村落占地面积17500平方米，现存清代早起到民国时期的民居建筑（石板屋）80余幢，其中50余幢保存完好。

石板屋均为两层楼房，土木结构，一层以夯土构成，二层房屋的墙壁和地板以木质结构为主，以三架梁穿斗结构，硬山顶，屋顶盖石片瓦。石片瓦采于株川村后山，这里的特殊页岩开采，极易形成厚度在一厘米左右厚度的石片，最大面积可达两平方米，是石片瓦天然建材。石板屋坐北朝南，依山势而建，共五排，每排房面整齐排列且相连，前后排落差1.5—2米，远远望去，连成一片，错落有致，蔚为壮观，加上"土坯房冬暖夏凉"的特质,极具乡村旅游、休闲、度假利用价值。

该片历史建筑涉及 80 余户。为了整片保护利用,村集体利用水库移民项目,以"宅基地置换"方式,将整片历史建筑物的产权收归集体所有,具体做法是:宅基地面积采取等面积置换,建筑物每平米补贴 200 元安置费。到 2015 年末,株川自然村整片历史建筑基本置换完毕,其中 60 户已经通过水库移民项目安置妥当。

历史建筑产权收归村集体以后,整片出租给尚庐创意有限公司①,合作打造高端民宿旅游项目——石庐小镇。村集体与公司所签订合同,约定:村集体主要负责联系农户,整体收购古建筑群的产权,再出租给公司;公司主要负责维修、保护整片历史建筑,建设乡村旅游配套设施,发展民俗旅游项目。株川自然村整片建筑"出租期限 20 年,租金共 50 万元。合同到期后,该公司享有优先续租资格"。截止到 2015 年末,尚庐创意有限公司已投入资金 6000 余万元,"石庐小镇"有望近期投入运营。

——资料来源于本课题组实地调查。

四 历史文化村落保护利用面临的问题及政策建议

汇总实地调研、座谈和问卷调查中反映出来的问题及改进建议,主要集中于以下方面:

(一) 树立正确观念、科学规划和严格执行最重要

调研所到之处,干部群众都认为:浙江省开全国传统村落保护利用之先河,在一个省级区域内,有组织、有计划、大规模展开历史文化村落保护利用,历史建筑等"硬"的物质遗存,"通过以旧修旧把它保护下来";礼仪道德、民风民俗、名人名流精神、手技手艺和特产特品技艺等"软"的非物质文化遗产,则启动"《千村故事》'五个一行动'","通过文字、影像等手段把它记载下来,传承下去"。各级党委、政府和广大基层干部和农民群众,做了许许多多好事、善事,创造了许许多多新做法、新经验,功在当代、惠及子孙、功德无量。

许多同志提出,传统村落是中国乡土文化遗产的博物馆,是"乡愁"

---

① 尚庐创意有限公司的注册地为岛石镇,注册资金 2000 万元。

记忆的百科全书,也是中国国学的思想宝库。历史建筑可以记忆、回望,可以记录、定格;但是,历史建筑多为土木结构,容易损毁,总归要消失。修缮、保护可以延长其寿命,延缓其消失,归根结底,回望、记忆"乡愁"的最好方式是文字和影像资料。历史建筑修缮保护,历史文化挖掘、整理和传承,这两方面的工作都要抓紧做,后者更显重要。

许多村干部呼吁:要进一步理顺村域经济社会发展与历史遗存保护传承之间的关系。历史文化村落保护利用规划要与村域经济社会发展规划结合,规划制定应该由下而上,提高村"两委"和村民参与规划制定的程度,同时接受规划部门的指导,上下结合;保护利用规划要专业、细节化;规划的权威性、延续性和执行力更需要重点关注。

发展旅游业,是历史文化村落保护利用的重要方式,有利于传统村落文化继承、传播和弘扬,其作用在许多村落都已显现出来。但是,历史文化村落趋同于发展旅游业也不妥当:一是可能造成乡村旅游市场饱和,导致历史文化村落过度商业化,不利于其保护;二是旅游业过度发展可能对村落的历史文化遗存与生态环境保护带来严峻挑战,民俗馆、"农家乐"的装修现代化,可能破坏历史建筑的原有结构。有人建议,在有条件的村落开辟"村庄公园"保护形式。

基层还担心:历史文化村落保护中的急功近利和形式主义抬头;希望树立长期的保护利用意识,不做"面子工程",不做"临时工程"。

课题组建议:

拓展历史建筑修缮保护的时限和范围。中国共产党建党近百年来的红色文化遗存,人民公社时期经典建筑和改革开放初期农村建筑,都是未来中国难得的历史遗产,其保护和传承意义重大,应及早谋划和规划。建议推广临安市的做法,把保护1911年以前的古建筑,拓展到1911年以来的近现代建筑;同时扩大历史文化村落保护面,由重点修缮和保护历史建筑,拓展到古作坊、古龙窑、古桥梁、古道、古墓和能移动文物(如古石碑、匾额等);由保护"古建筑村落、自然生态村落和民俗风情村落",扩大到保护古镇、古县城和县衙。还要重视和研究改革开放时代的"明星村"、特色经济村的保护和持续发展问题。

进一步梳理历史文化村落保护与村域发展、尊重传统与追逐现代化、记住乡愁与实现中国梦之间的关系,界定历史文化村落保护与利用的政策边界,确立保护与利用的优先序,用正确的理念、政策和规划指导实践。

例如，规定古民居修缮中内部设施改造的边界，允许古民居内部装修使用现代建筑材料，生活设施亦可现代化，但不允许改变和破坏历史建筑的原结构、墙体和体现传统风格的一切建筑构件和元素，外立面颜色也要与村落整体格局相协调；鼓励历史文化村落优先发展历史建筑修缮、修复和保护，再适度利用，对集中连片保护利用的村庄，允许其依法申请古民居住户外迁安置的宅基地指标和安家费补偿。

开拓思路，科学规划历史文化村落的产业发展，旅游业、现代农（林牧渔）业、商业和服务业、休闲养老业、教育文化业等，都可以作为历史文化村落的主导产业来规划。即或发展旅游业，也应各具特色。比如，整村保护，特色发展，打造成历史建筑博览、国学文化传承、生态农业体验、美丽乡村休闲、特色民俗观摩等不同特色的旅游村落；单体利用，发掘历史建筑新价值，设立博物馆、纪念馆、手工业作坊、主题客栈等差异性旅游产业，吸引经济社会学者、历史学、文化学者、艺术家等专业人员，入住、科研、休闲和观光；恢复传统特产、名品的生产和供给，形成历史文化村落特产特品专业村与旅游观光紧密结合的新基地。

（二）持续而有保障的土地、资金和传统技艺投入是关键

基层反映最多的是投入问题。历史建筑修复、修缮技术要求高，土地、资金、传统技艺投入需求巨大，现有政策不足以支撑实际需要。一是资金投入总量少，重点村700万元、一般村300万元和30万元等标准，相对于村落整体保护利用的巨大需求杯水车薪。但是，公共财政又不可能包揽一切，历史文化村落保护利用亟须建立多元投入机制。有人建议，设立"浙江省历史文化村落保护基金"。二是重点村和一般村的投入差别过大，一般村支持经费过少，没有拆迁农户安置的宅基地指标，建议对其予以调整。三是一些偏远山区的村落（如建德大唐村、江山枫石村碗窑自然村[①]、龙泉车盘坑村……），仍然保存着完整的历史形态，但因村落人口大量外出，历史建筑长久失修，整个村落呈现出残破、衰落状态，亟须重点保护。

---

① 1746年，创始碗窑的叔侄二人从福建连城迁移到枫石村附近，开始建窑。这一带逐渐形成村落。1956年，碗厂纳入地方轻工业系统，将碗窑村的村民作为居民看待。1960—1963年，碗厂改为国有企业。后又改为集体企业，直到1990年停产。碗窑村现存民居清一色清代和民国时期的建筑，原有88户、300余人居住，目前仅有10多户、50人左右居住，且以老人为主，最年轻的居民也已经63岁。

课题组建议：

偏远山区的历史文化村落远离区域政治、经济与文化中心，村域工商业发展受挫，村域经济的支柱产业多为农、林、牧等传统产业，村组集体经济都很薄弱，农户普遍贫困。但恰恰是因为偏远、贫困，传统村落面貌和历史建筑才得以更完整、更多地保留。如果保护及时，这些村落可能成为我省历史文化村落序列中的珍宝或明珠。同时，对偏远山区的历史文化村落予以重点保护，使这些相对贫困的村，尽快跃升到美丽乡村建设新阶段，与全省较发达村同步实现全面小康目标，在完成历史文化村落保护利用的同时，完成贫困村域经济社会发展和贫困人口脱贫致富的双重历史任务。建议在下一轮历史文化村落保护利用的推进工作中，选择一批偏远山区、保存完成的历史文化村落，作为重点村中的重点。在这些村，除了用好用足历史文化村落保护利用的政策和资源外，还要引导扶贫和美丽乡村建设的政策和资源进入，增加其土地、资金和技术的集中投入，推进其跨越式发展。

(三) 正确处理各类利益主体之间的错综复杂关系是保障

一是政府和农民的关系。历史文化村落保护利用中，政府的积极性要大于农民的积极性，政府要保护，农民要现代化。其根源在于：古民居要修复、传统要继承，与乡村要城镇化、农民生产生活方式要市民化之间的矛盾和摩擦。调查发现：多数农户都不愿意将自己的古民宅列为文物保护单位，农民说，文物保护单位申请维修程序复杂，维修经费补贴低（约占维修经费的15%），那么一点钱就困住了我们改善居住条件的手脚？"一户一宅"制度下，农户只要具备了建新房的实力，必然拆毁历史建筑建新居。这样一来，不仅毁掉了许多宝贵的历史建筑，而且造成村落里高楼与低矮古建筑杂陈，景观杂乱无序，影响风貌。

二是村组集体、村民与外资本的关系。调查发现：像兰溪诸葛村那样靠村庄内发动力，完成修缮、保护和利用，村级组织和村民分享村落旅游业收入的极少；大多数历史文化村落的保护利用，要么招商引入工商资本，要么政府主导国有资本强势进入。外来资本进入历史文化村落，一种方式是成片或部分收购历史建筑，予以保护利用；另一种方式是先由村组集体收购，再转让或长期租赁给外来资本。前一种方式，外来资本主导了村域发展及其利益分配，村组集体和农民发展权利处于受损地位；后一种方式较有利于村组集体经济和农户经济发展及其权益保护。

三是历史建筑修缮、保护投资人与产权人的利益关系。调查发现，一些古民居长期闲置，因无人居住和维护而加速衰败。有三种情况：其一，产权人已经市民化，人和户籍都离开了原籍；其二，产权人户籍虽在原籍，但人员外出务工经商而长期离村；其三，产权人及其户籍都在原籍，但已另建新居。有些古民居虽有人居住，但因产权人无力或不愿修缮等原因而衰败；有的甚至人为加速其倒塌，以便获准建新宅。这表明，历史建筑的产权关系制约着其修缮和保护。

四是历史建筑修缮保护技术层面需要解决的问题。基层反映：古村落内恢复石板路、鹅卵石路，能与古建筑风貌相和谐，但水泥路、沥青路则行路便捷舒适，决策需要理智；历史建筑修复需要配套的建材生产、供给，需要建设一支历史建筑修缮的专业队伍，需要培养木匠、石匠、泥瓦匠、雕刻师等传统手工匠人，并传承历史技艺。有人提出，历史文化村落保护利用需要建立特殊监管制度，例如，招投标制度如何促进专业队伍与本地工匠的合作，如何防止腐败和调动村"两委"积极性兼顾；古村、古街、古桥通道狭窄，鼓励新型业态，如文创产业、咖啡馆等有效利用历史建筑，消防标准如何跟进创新；如何把网络信息运用到文化遗产保护之中，将美丽资源转化为美丽经济，也需要谋划和安排。

五是历史文化村落保护利用政出多门的问题。基层反映：住建部门负责美丽宜居示范村，农办系统负责历史文化村落保护，文物局系统研究历史文化名村，文广新局负责文物保护单位……政出多门，村庄挂牌多而杂，支持政策不一致，系统内部也有矛盾，如下山脱贫、移民搬迁、旧村改造等过程中，拆掉了许多历史建筑，实在令人扼腕叹息。

课题组建议：

解决上述问题，需要专题调研，总结实践经验，再上升为全省历史文化村落保护利用的指导性意见和政策规范。从当前实践看，以下要点可作为参考：

——出台鼓励农户所有的古民居等历史建筑的产权流转政策，适当提高古民居等历史建筑产权转让和使用权租赁的价格，支持集体经济组织采用历史建筑产权流转方式，统一修缮、保护和利用。

——允许非本村户籍成员"认养"历史建筑，"认养"人认保、认租历史建筑、修缮后获得一定期限的使用权，期满后产权归还原主。

——确立民营和国有资本进入历史文化村落保护利用的门槛，建立相应监管制度。允许工商资本以历史建筑产权流转方式,参与历史文化村落保护利用;鼓励工商资本与历史文化村落的村、组集体合作,整村保护利用。

——采取有效措施,减少历史建筑修复后的大量闲置。一是调动产权人和居住者的管护历史建筑的积极性;二是放开历史建筑的租赁市场,允许城镇人口租住农村历史建筑,引入小业态业主,入住或合理使用历史建筑,并规范其使用行为。

——避免历史文化村落保护利用中的大拆大建、一律化。有的村比较完整地保留了多个历史时期的建筑,可采用"建筑博览园"模式保护利用;有的村落完整性较差,但历史建筑遗存较多,应坚持"尊重历史、还原旧貌、融入本土"的基本原则,修复历史建筑与建设新民居力求格局相容、错落有致、和谐一体;有的村历史建筑集中于某一自然村或村民小组,应将村域分为传统村落片区、新农村片区,分别规划、建设、利用和管理;有的村明清建筑居多,有的村人民公社时期或改革开放初期的建筑居多,应根据各个历史时期建筑遗存现状,确定其修复、保护的主体风格,建设成为各具时代特色内涵的历史文化村落。

——应进一步理顺历史文化村落保护利用的管理体制。清理和废止不利于美丽乡村建设和历史文化村落保护协调推进的原有政策、法规。

第八章 历史文化村落保护利用个案研究

一 前言

习近平总书记在农村调研时特别强调"实现城乡一体化，建设美丽乡村，不能大拆大建，特别是古村落要保护好"。"如何合理保护和利用古村落"，成为当前浙江省美丽乡村和城乡一体化建设中最迫切、最需要研究的课题之一。为此，浙江农林大学等单位组成联合调研小组[①]，分别于2015年7月1—8日、9月14—15日、12月3—10日，多次赴浙江、安徽、陕西等地进行"古村落保护与利用机制"的实地调研，调研样本涉及浙江、安徽、陕西的3个市、4个县（区）、15个镇（乡、街道）、14个村（居）（表8-1）及若干农户。其间，调研组与浙江省临安市农办、文化馆、相关乡镇文化站[②]，安徽省和陕西省政府参事室，以及黄山市委、黄山市文化委员会（新闻出版、版权局）、黟县县委、宏村镇等单位进行了交流，调查主题包括各地古村落和历史建筑保护与利用的制度建设、列入世界遗产名录的古村落保护与利用机制、古村落开发利用的新型态、历史文化名街与名城的保护与利用等内容。

另外，临安市于2015年6月进行的农村历史建筑普查工作的相关数据，为课题组开展研究提供了重要的数据支撑。本章还参考了"千村故事"项目收集到的龙泉市历史文化村落信息采集表（27份）和龙泉市历史文化村落保护利用现状调查提纲（12份）等相关材料[③]。

[①] 调研小组成员包括王景新、赵兴泉、王欣、余国静、李琳琳、吴一鸣、朱强、沈凌峰等。李琳琳和朱强为本章内容的执笔人。

[②] 临安市农办陈嫩华主任和钱霞芳科长，临安市文物馆陶初阳科长和朱晓东馆长为本课题的开展提供了大量帮助，特此感谢。

[③] 《浙江省历史文化村落信息采集表》由浙江农林大学中国农民发展研究中心潘伟光老师制；《浙江省历史文化村落保护利用调查提纲》由浙江农林大学中国农民发展研究中心王景新老师制。

表 8-1　　　　　　浙江农林大学"历史文化村落
保护利用研究"课题组调查样本一览表

省	市	县（区）	镇（街道）	村	调研内容
浙江省	杭州	临安市	高虹镇	石门村	民居、集体建筑、历史街区
				龙上村	民居、集体建筑、祠堂
				虹桥村	民居、集体建筑
				高桥村	集体建筑
			龙岗镇	汤家湾村	民居、集体建筑、历史街区
				国石村	民居群、祠堂
			岛石镇	呼日村	民居群、集体建筑
			湍口镇	湍源村	祠堂、集体建筑
				童家村	祠堂、集体建筑
	丽水	龙泉市	小梅镇	黄南村	民居、集体建筑
			上垟镇	源底村	民居、集体建筑
			小梅镇	金村村	民居、集体建筑
			屏南镇	车盘坑村	民居、集体建筑
			住龙镇	住溪村	民居群、历史街区、集体建筑
			宝溪乡	溪头村	民居、集体建筑
			西街街道	下樟村	民居群、集体建筑
			竹洋乡	盖竹村	民居、集体建筑
			道太乡	源口村	民居、集体建筑
安徽省	黄山	黟县	西递镇	西递村	民居、祠堂
					香溪谷项目
			宏村镇	宏村	民居、祠堂
			碧阳镇	碧山村	民居
		屯溪区	老街街道	屯溪老街	历史文化名街
			昱西街道	—	中国徽州文化博物馆
陕西省	延安	延川县	文安驿镇	梁家河村	民居、知青窑洞
合计	4	5	19	23	

二　临安市农村历史建筑保护利用调查报告

临安市系原临安、於潜、昌化三县合并。汉以前三县均无建制。自宋以后，临安、於潜、昌化县建置和名称基本稳定。北宋属杭州，南宋属临安府，元属杭州路，明属杭州府，清因之。1958年，撤销余杭县，并入临安县；撤销於潜县，并入昌化县；同年12月，撤销建德专区，临安、昌化划归嘉兴专区。1960年撤销昌化县，并入临安县，划归杭州市领导。1996年临安撤县建市。

临安是全国最早提出生态旅游的城市之一，境内山地面积冠举全省，森林覆盖率高达76.55%，空气富含负氧离子，先后获得国家森林城市、国家生态市等数十个国家级生态文明称号。美丽乡村建设也围绕"绿色家园、富丽山村"建设（以下简称"绿富家园"建设）理念，突出农村地区的环境整治和生态恢复，建成了"百里画卷、千里画廊"，获得了浙江省"美丽乡村创建先进县"。但从挖掘传统文化、记忆乡愁的角度来讲，临安的古村落保护利用远远落后于生态文明建设，全市基本没有完整的古村落，292个村（社区）没有1个村被列入国家历史名村、中国传统村落名录及浙江省历史文化名村，仅有14个村[①]上榜浙江省历史文化村落，占全省的1.2%，占杭州市的17.5%。

总体而言，临安的历史文化村落保护和利用工作面临着完整的历史村落数量少、保护难度大、投入资金巨大等难题。但从单体历史建筑或小规模的历史建筑群和街区等角度来看，由于临安历史悠久，境内历史建筑的存量尚称可观，散落着为数不少的或零星或小规模成片的农村历史建筑。作为古村落的缩影，每一座历史建筑都记录了一段历史，展现了当地的建筑风格和民风民俗，折射出临安农村地区特有的乡土传统文化。根据临安市全国第三次文物普查（以下简称"三普"）的结果，涉及农村建筑的市级文物保护单位29个、文物保护点29个，分别占其总数的48%和22%，其他具有时代特色、特殊功能的宅第民居和坛庙、祠堂建筑超过800幢[②]。因此，临安的历史文化村落保护工作，可以尝试从农村历史建筑的保护利用工作做起，并以小规模的连片历史建筑群或历史街区为载体，重塑历史文脉，保护传统历史文化村落。

---

① 临安市"浙江省历史文化村落"包括河桥村、呼日村、后渚村、童家村、太阳村、浪山村、湍源村、浪广村、锦绣村、孝村村、岛石村、华光潭村、龙井村、杨溪村，其中河桥村和呼日村是省历史文化村落保护利用重点村，其余12个村为一般村。

② 朱晓东主编：《临安印记——临安市不可以移动文物调查实录》，西泠印社出版社2012年版。

(一) 临安市农村历史建筑保护利用工作的背景和过程

围绕农村历史建筑的保护利用,临安市政府从2008年起就展开了对传统村落和传统文化的恢复、保护利用的相关工作。

1. 政府高度重视历史建筑保护利用工作,初步构建历史建筑保护利用的制度框架

临安市先后制定了《临安市农村历史建筑保护管理实施办法》、《临安市历史建筑保护专项资金管理办法》及《临安市人民政府关于加强农村历史建筑保护管理的实施意见》等文件,明确规定了"农村历史建筑"的保护对象、保护范围、保护原则、责任机制等内容,把临安市境内建于1911年以前具有历史、科学、艺术价值的历史建筑物、构筑物,建于1949年以前具有重要纪念意义、教育意义的优秀建筑和名人故(旧)居及"三普"登记在册的农村历史建筑纳入历史建筑保护范围内,并将其按等级分为绝对保护对象、重点保护对象和一般保护对象。按照"文物等级、文物价值、紧急程度、资金配套"的原则安排历史建筑修缮项目,对确定保护的历史建筑按要求划定保护范围,设立包含保护建筑的名称、时代、性质、内容、保护范围等要素的保护标志牌;对列入文物保护单位和相对典型历史建筑的沿革、保存现状、价值和保护管理等情况形成记录档案,按照"政府主导,群众主体,社会参与"的要求设立相应保护机构。市、镇、街道设立农村历史建筑保护专项资金,用于农村历史建筑的保护、修缮与管理。同时,文件明确规定了市文广新局、财政局、建设局和发改局、国土资源局、农办和建设局、旅游局、各镇(街办)等各相关部门的职责。自此以后,临安农村历史建筑保护的制度框架初步形成,为历史建筑保护与利用的相关工作提供政策依据。

2. 开展多次普查,摸清历史建筑的数量、分布、保护利用情况

第一,在"三普"过程中,临安市文化广电新闻出版局(下文简称文广新局)及下设的文物馆等部门组建了专业普查队对当时全市26个乡(镇、街道)进行摸底调查。从2007年起,历时两年完成了所有行政村、自然村的调查(包括普查、登记和摄影),发现并评定省级、市级文保单位的民房民居和村集体公房的共有19幢(片),包括13幢宗祠、4幢民居、2个红色旧址、1条省级历史文化保护街区。《临安印记——临安市

不可移动文物调查实录》[1]一书全面记载了临安市历次文物专题调查和文物普查,尤其是"三普"的成果。该书中基本厘清了域内文物资源的总量、类别、价值及分布情况,其中涉及农村历史建筑的数量超过800幢,包括古建筑类的(1911年之前)宅第民居537处、坛庙祠堂95处、衙署官邸1处、店铺作坊9处,近现代重要史迹建筑类(1919—1979)的重要历史事件和重要机构旧址7处、传统民居174处[2]以及集体化时期大会堂、仓库、知青屋、集体企业等若干处,通过编号、简介、影像等方式载明了历史建筑的方位、面积、布局、建筑构建、使用现状、保护情况等信息,是临安市开展历史建筑保护利用工作的最重要的基础资料。

第二,在"三改一拆"工作中,文物馆等部门展开对历史建筑的普查和认定工作。为了有效保护古民居和老民居、防止农村历史建筑在"三改一拆"中被误拆,按照临安市"三改一拆"办、文广新局联合下发的《关于在"三改一拆"中进一步加强对古民居、老民居保护的通知》,2014年6月底至7月初,市文物馆配合文广新局组建了4支小分队奔赴全市18个镇(街),实地调查、认定有保护价值的古民居、老民居,最后调查登录、纳入保护序列的古、老民居有173处,确保具有历史价值的历史建筑在"三改一拆"工作中能够保留下来。

第三,此次针对历史建筑展开的专项普查。2015年5月,临安市政府专门制定了《开展农村历史建筑普查工作的实施方案》(以下简称《实施方案》)[3],成立了临安市农村历史建筑保护利用工作领导小组,具体工作由农办牵头,规划建设局、旅游局、国土资源局、文广新局、"三改一拆"办等部门共同参与,整合镇街规划建设科、文体站、驻村干部、文化宣传员成立专门普查小组,从6月10日到25日,对全市18个乡镇(街道)的所有行政村(居)、社区进行逐村逐幢的摸底排查,对历史建筑统一登记造册,建立"一户一档"。普查的对象包括所有农村民居(主房、附房、生产用房等)、村集体公房(办公楼、礼堂、祠堂等),其中已经列入文物保护单位、文物保护点的建筑不在本次普查之列,普查的标准包括建筑年龄、建筑特色、文化底蕴等。普查结束后,文物馆、农办等

---

[1] 朱晓东主编:《临安印记——临安市不可以移动文物调查实录》,西泠印社出版社2012年版。

[2] 同上。

[3] 资料来源:临政办2015〔47〕号文件。

单位，按照建筑年龄、建筑特色、文化底蕴以及其他具有明显个性特色的标准，对建筑的保护价值进行星级评定，并对列入三星级的历史建筑进行实地核定。

需要注意的是，此次普查的标准与文物保护部门对历史建筑的筛选和评定并不完全一致。本次普查特别关注建筑外观、墙体特色和完整程度，侧重于建筑的外观特色。而文物保护部门的标准主要从建筑的保护价值角度出发，侧重建筑年代和建筑的特殊意义。

3. 结合美丽乡村建设，修复历史文化村落

2012年4月，浙江省委、省政府学习贯彻习近平总书记关于"优秀传统文化是一个国家、一个民族传承和发展的根本，如果丢掉了，就割断了历史命脉"的讲话，颁发了《关于加强历史文化村落保护利用的若干建议》，要求各地围绕"修复优雅传统建筑、弘扬悠久传统文化、打造优美人居环境、营造休闲生活方式"的目标要求，以"千村示范、万村整治"工程为主要载体，把修复、保护、传承和永续利用历史文化村落文化遗存作为新农村建设和美丽乡村建设的重要内容，全面启动了浙江省历史文化村落普查、入库、筹资、修缮、利用等工作。2012年，针对新农村建设中的"农村住房改造"，浙江省人民政府办公厅出台了《关于实施农房改造建设示范村工程的意见》，启动美丽宜居示范村的申报和建设工作，其中包括对农房历史建筑的修复和保护工作。2013年，杭州市制定了《杭州市关于开展历史文化村落保护利用的实施意见》，同时启动"百村千处工程"——"在四年时间内全市完成100个历史文化村落保护利用村和1000个单体古建筑修复"，使现有历史文化村落得到基本修复和保护，有效改善村落整体环境。在这一背景下，临安市配合省、市的相关文件精神，积极开展历史文化村落、中国传统村落的普查、申报、资金配套等工作。

第一，临安市历史文化村落保护利用工作，主要以"绿富家园"建设[①]为载体。市农办、规划建设局等部门在农村环境整治、危房改建与旧村改造、"百里画廊、千里画卷"等"绿富家园"项目建设中，重视对优秀传统文化的保护和传承，挖掘民俗文化，培育文化村落，如对"唐昌

---

① 临安市的"美丽乡村"和"千村示范、万村整治"工程主要以"绿富家园"建设为载体。

古镇"河桥村、"茶香竹海、文武上田"上田村的恢复和保护。同时，积极申请浙江省、杭州市历史文化村落以及国家级的中国传统村落。自2013年开始，经过申报和评选，临安市先后有14个村落入选浙江省历史文化村落，其中河桥村和呼日村先后入选省级文化村落保护利用重点村，获补助资金500万元及专项用于搬迁安置的建设用地指标15亩；杨溪村入选杭州市级历史文化村落保护利用重点村，获得市级以奖代补奖金500万元；其他入选历史文化村落按照美丽乡村建设项目年度等级和当地经济水平获得相应补助，仅2013年临安市该类历史村落就获得以奖代补资金103万元。

在河桥等村入选省级文化村落保护利用重点村之后，临安市成立了由分管市长和相关部门组成的"历史文化村落利用重点村建设工作领导小组"，编制完成了《河桥历史文化村落规划》和《杨溪村历史文化村落保护利用规划》，落实了河桥老街古民居被收购后的安置地建设用地指标，将河桥村"历史文化村落保护利用重点村"建设和"风情小镇提升工程"相结合，建立了"政府主导、社会参与、群众自筹"的资金筹措机制，鼓励和支持浙旅控股有限公司等公司采取投资、合作开发的办法，参与临安市历史文化村落的保护利用。

第二，规划建设局等部门展开国家传统村落的申报。"传统村落"，是指拥有物质形态和非物质形态文化遗产，具有较高的历史、文化、科学、艺术、社会、经济价值的村落，由住房城乡建设部、文化部、财政部审定。入选传统村落的村，将获得一事一议财政奖补资金和农村环境保护专项资金300万元。2015年，由相关镇街配合，市规划建设局完成了横岭村、石门村、指南村、麻车埠村、中间桥村、童家村、湍源村、杨溪村、呼日村共9个历史文化村落的申报工作，对申报村落的历史沿革、古建筑保存、民间手工手艺、民风风俗进行了详细的文字记载和影像留存。

第三，由市规划建设局牵头的美丽宜居示范村建设项目。2012年以来，临安市先后有石门村、呼日村、童家村等12个村被列入"省美丽宜居示范村"，该示范村项目主要围绕改善人居环境，但个别入选村落的民居建设还包括了古建筑修复利用项目，如呼日村就通过该工程获得30万元的"株川传统建筑保护修缮资金"。

4. 设立文物保护单位与历史建筑保护利用相结合

由于兼具史学价值的特殊性，临安的历史建筑保护利用的很大部分工作由文广新局及下属单位文物馆承担，这一举措正顺应了省委《关于加强历史文化村落保护利用的若干意见》中"各地要结合浙江省第三次全国文物普查结果，依法及时将历史文化村落中的具有一定保护机制的优秀传统建（构）筑物公布为文物保护单位或历史建筑"的要求。

在完成"三普"工作后，文广新局及文物馆等单位对被确定为文物单位或文物点的农村历史建筑，进行实地评估测绘，并对文保建筑进行有计划的保护修缮、配套及古建筑的开发利用工作。从2011年起，文物馆先后为陆氏宗祠等百余处文物点编制了保护方案或维修施工方案。文保部门还积极探索古建筑"保用结合"的运作模式，鼓励古建筑所在村，利用古建筑开办村级文化中心和农家书屋等公共服务机构。古建筑在有效利用的同时，还能够丰富农民的文化生活。此外，文物馆等部门配合相关部门，制作了《深度630·农村历史建筑保护》等影视作品，通过电视台等媒体向大众宣传农村历史建筑保护的重要意义，提高该项工作的公众影响力。

（二）临安市农村历史建筑保护利用的现状

结合2015年临安市农村历史建筑的普查数据和课题组的实地调研，课题组初步摸清了临安市历史建筑的数量、总体分布、年代、建筑特色和类型、完好程度和产权归属等详细数据，了解了近年来全市历史建筑修复、保护和利用的情况，基本厘清了临安市农村历史建筑保护利用的总体发展现状。

1. 临安市农村历史建筑普查的基本情况

第一，总体数量和面积。截至2015年8月底，除锦城街道和昌化镇之外，16个镇（街道）共完成了2470幢历史建筑的普查和登记工作（表8-2），总占地面积315902.51平方米[①]，建筑面积547517.19平方米，涉及168个行政村（居）。通过对比，从各镇（街）历史建筑的数量而言，50幢以下的有9个镇（街），50—100幢的有3个镇（街），100幢以上的有4个镇（街），其中500—800幢的有3个镇（街）。从历史建筑数量的区域分布来看，岛石镇、湍口镇、清凉峰镇和龙岗镇的数量最多，分别为749幢、593幢、560幢和148幢。从历史建筑占地面积来看，清凉峰镇、

---

① 由于普查信息中少数建筑未登记占地面积和建筑面积，实际面积应该大于此处数据。此外，从课题组的实地调查来看，符合历史建筑的总数要多于当前的数据。

岛石镇、湍口镇、龙岗镇位于前列。从地理区域来看，数量和占地面积较大的镇，如清凉峰镇、岛石镇、湍口镇和龙岗镇，主要位于原昌化县内。

表 8-2　　　　临安市镇（街）农村历史建筑普查基本情况

序号	镇（街）	建筑数量（幢）	土地面积（平米）	建筑面积（平米）	1911年以前（幢）	1912—1949年（幢）	1949—1979年（幢）	1979—1985年（幢）	涉及村
1	锦城街道								
2	锦南街道	42	4335	5504	5	1	21	15	12
3	锦北街道	26	7579.1	7676.1	2	4	16	4	9
4	玲珑街道	71	17090	16096	6	16	34	3	12
5	青山湖街道	6	4186	3160	3	0	2	1	4
6	板桥镇	53	6909.9	9476.4	19	11	17	5	12
7	高虹镇	20	5122	6103	14		6		7
8	太湖源镇	9	4668.64	1937.03	0	2	4	3	1
9	於潜镇	10	10720	6354	3		6	1	
10	天目山镇	36	9967.6	14000.6	6	6	23	1	12
11	太阳镇	21	6503	7698	2	4	13	2	10
12	潜川镇	39	11858.5	8667	0	1	24	14	7
13	昌化镇								
14	龙岗镇	148	20313	38626	54	45	47	2	19
15	河桥镇	87	18907	24890.3	18	34	28	7	10
16	湍口镇	593	42228.15	70086.23	45	23	139	304	13
17	清凉峰镇	560	74662.27	116133	96	78	216	136	17
18	岛石镇	749	70852.35	211109.53	157	115	306	165	16
总数	18	2470	315902.51	547517.19	430	340	902	663	168

注：数据截至 2015 年 8 月 31 日。

第二，年代、建筑风格、功能及完好程度。建筑年代。一般而言，古建筑指的是清代及以前建筑，近代建筑指民国建筑，时间为 1912—1949 年（含），1949 年以后的为现代建筑。据该次普查数据的不完全统计，明清年代的古建筑共 430 幢，近代建筑共 340 幢，1949 年之后的现代建筑共 1665 幢，其中 1949—1978 年内 902 幢，1979—1985 年内 663 幢，其余建筑年代不详或为 1985 年之后的建筑。按年代和数量排序，从 1949 年新中国成立至 1979 年改革开放的历史建筑数量最多，占全部有效普查数据的39%；从改革开放至1985年的农村历史建筑占比28%；明清年代的建筑占比18%；民国至解放初期的历史建筑占比最低，为15%。

墙体特色。按照《实施方案》制定的墙体标准，经普查登记的历史建筑的墙体数据如下：泥坯墙建筑为595幢，卵石墙建筑为329幢，砖石混筑建筑为691幢，砖泥混筑为518幢，清水墙建筑为371幢。此外，还包括砖木混筑、泥木混筑、木结构、沙泥墙等建筑风格。总体而言，此次普查的结果显示，临安市历史建筑的风格偏向徽派民居建筑，尤其是宗族祠堂、香火堂等建筑保留了精美的雕花木窗、梁托（俗称"牛腿"）和马头墙等徽派建筑的明显标志。此外，也有少数地区保留了连片的小地域特色建筑，如呼日村的株川民国建筑群，采用当地特有的页岩石材制作屋顶，形成连片的石板屋顶民居。

功能及完好程度。截止到普查之日，有人居住的建筑共有1522幢，占总数的62%；闲置的建筑有627幢，占比25%；当前用途为猪、牛栏的建筑有58幢，占总数的2%；此外，还有其他用途的267幢，占比11%。其中，735幢保存完好，1389幢基本完好，603幢部分破损，也有极少量严重破损，一般不建议列为星级名录之内。经过市文物馆等部门的初评，被列为一星级的建筑有601幢[①]，二星级的建筑768幢，三星级的1011幢，剩余90幢建筑不建议列入星级名录。

第三，产权类型。按照个人、多人及集体所有划分：①个人所有的民居类建筑最多，为1978幢，占总建筑的80%，其中绝大多数建筑为主房，少量为附房或生产用房。②这里所指的"多人所有"，特指除村集体和单户所有的历史建筑，包括两类：第一类多户所有的建筑是指两户及以上的农民共同所有民居类建筑，共有297幢，占总数的12%，其中清凉峰和岛石两地的多人产权建筑最多，超过该类建筑总数的65%。在此次普查中，多人所有的建筑一般为2—3户所有，但也有个别建筑由3户以上所有，如黄川村的王必朋民居，共涉及12户农民。第二类"多人所有"的建筑，是由宗族共有的祠堂、祖居[②]等历史建筑，如岛石镇黄川的唐氏宗祠、王氏祖居，分别归唐氏族人和王氏族人共有。③集体建筑共有189幢，占总建筑的8%，其中岛石镇此类建筑最多，占到集体建筑总数

---

① 后经过实地核查，三星级名录内的建筑有所增减。

② 除家族所有外，临安地区的祠堂建筑还有个别分属于个人和集体所有。

的34%。

从用途与功能分类来看，村集体所有的建筑类型最为繁杂，主要包括五大类：第一类是在原有历史建筑基础上改建或其他建于1985之前为村集体公共服务提供场地的村集体建筑，如村委办公大楼、学校、大礼（会）堂、文化礼堂、老年活动室（居家养老服务中心）、对石电影院等；第二类是具有明显集体化时期标志、能够引起集体化记忆的历史建筑，如朱家大寨房、罗山村知青屋、豆川村的农业学大寨建筑等；第三类为乡镇、社队企业的厂房或其他附属设施，如松溪缫丝厂、长亭拉丝厂、东湖茶厂、职工车间、协作厂的电影院和办公楼等；第四类为带有特殊时期印记的其他建筑，如下峰会议遗址、阔滩村的1969年"75"洪水安置房、古戏台等建筑；第五类是祭拜场所，如部分祠堂（香火堂、社庙、香堂等）、村庙、土地庙、观音殿、关帝庙、松柏庵、龙王殿等建筑。

2. 临安市历史建筑的修复、保护流程及内容

按照保护利用主体，临安市历史建筑总体可以分为两类：第一类是纳入政府保护范围内的建筑；第二类是政府保护范围之外由农民、村集体及其他社会资本保护利用的建筑。由于保护与修复的主体不同，两类建筑的资金来源、修复流程、修复内容、利用方式等均有所差异。

第一，对于纳为文物保护单位（文物保物点）、历史建筑等政府保护范围内修缮的建筑。①对于入选保护名录的标准，主要依照文物保护部门对文物普查的要求，包括古建筑、近现代重要史迹及代表性建筑等类型，一般要求民居类建筑的年代在民国之前、格局完整、体现时代特征等。②入选建筑的类型，主要被列入文物保护单位（文物保护点）和《临安市农村历史建筑保护管理实施办法》规定范围内的历史建筑，其中文物保护单位（文物保物点）有严格的认定标准，历史建筑也主要是"三普"过程中登记在册的历史建筑。此外，历史文化村落、美丽宜居示范村（个别入选村落包括历史建筑修缮项目）等承载各类项目的村庄范围内，也通过项目资金恢复和保护了一批体现年代性、保护较为完整的历史建筑。由于此次普查并未包括文物保护单位等已经纳入政府保护利用体系范围之内的建筑，故没有得到总体的维修比例。③资金的来源，主要结合文保单位以及省、市历史文化村落、美丽宜居示范村、农村历史建筑保护利用等项目的补助。此外，相关部门也在探索包括个人、社会在内的多渠道筹资模式。

维修的流程一般包括：①首先由村集体提交古建筑修缮保护申请。村集体按照实际情况，选择亟须修缮保护的文保单位（文保点），于年前提交《文保建筑修缮申请书》。②镇（街道）收到申请书后，会同市文广新局和文物馆进行三方的实地确定。③镇（街道）组织修缮历史建筑的招投标，具有古建资质的公司提交设计方案进行投标，最终由镇（街道）、市文广新局和文物馆三方选定维修方案，历史建筑进入维修流程（图8-1即是杨溪村义干第170—173号民居的维修现场）。④修缮过程中，文物馆全程监督并提供技术支持，对维修的难点做技术交底。2014年，文物馆先后对岛石惇德堂、龙岗钱氏宗祠等30余个农村历史建筑维修项目进行实地查看，向设计单位就维修方案的编制提出具体建议和要求，检查、修订《临安市潜川镇方家58号民居保护维修方案》《临安市锦北街道龙马村龚家头民居维修保护方案》《河桥老街11号民居维修方案》等12个方案。⑤历史建筑修缮完毕，经三方审核验收。2014年7月底，潜川外伍村文化礼堂、昌化朱民权民居、太湖源夏士玉民居等7个年度维修项目竣工并通过验收。

图8-1　龙岗镇杨溪村义干第170—173号民居的维修现状

注：该民宅建于民国时期，归一户所有。户主已在外地购房，偶尔回来，不在此长住。近年户主共花费二十余万元整修祖宅，包括粉刷墙体、换置瓦片、修整马头墙、改造和调整内部结构。虽然整体外观依然完整，但墙体特色和内部构造都进行了较大的调整。总体而言，由于其保留了相对完整的建筑格局，此幢民宅比其他改建的古民居仍略胜一筹。

第二，关于政府保护范围之外历史建筑的修缮和保护。农民个人是临安历史建筑的主要所有者和使用者，他们主要从维持居住的角度对旧宅进行整修。按照普查结果，共有1522幢老房子有人居住，占历史建筑总数的62%。由于历史建筑多是木架结构，受白蚁、湿度、台风等外力影响较大。因此，农民主要修缮木梁、屋顶以维持可居住的基本条件，建筑的外观基本没有改动。也有少数农民，投入二三十万元将祖传的民宅进行全面修复，配备了适合现代化生活的内部基础设施和电器设备，但这种修复多就近选择工匠和建筑材料，改建后的民宅并未复原历史风格，而是呈现出一种历史和现代杂糅的错位感（图8-2）。还有不少农民对历史建筑维修持观望态度。所有者另有宅基地或在城镇另有住房，他们有意保护并修复祖传老宅，但同时也期待政府能出台优惠政策或给予维修补贴，因此暂时将旧居闲置，持观望态度。

图8-2 清凉峰镇白果村某历史建筑改建后的外观

宗族所有的祠堂类建筑的修缮，主要由族长等商议决定、由宗族共同筹资修建。

村集体所有的建筑，由于其兼具村集体公共服务功能，多由村集体结合相关财政资金、按照特定用途进行修缮或改建，也有部分集体经济强村独立出资进行历史建筑的修缮。

3. 临安市农村历史建筑的利用现状

由于产权类型和功能差异，临安市农村历史建筑的主要利用方式包括居住、祭祖、改建为提供村集体公共服务的各类场所，也有少部分建筑被改建为民宿、民俗馆等形式进行旅游开发。

第一，修复后的民居，仍由农民居住。

临安的民居建筑受徽派建筑风格影响，多为四水归堂式的两层建筑，木质结构，二到三进。实地调研中发现，符合此次普查标准的民居多有人居住，居住者多为老人。此外，也有少量外地打工者租住。

第二，集体建筑根据产权归属，呈现差异化的利用方式。

按照此次历史建筑的普查和课题组的实地调研，临安地区宗族多人所有的建筑主要包括祠堂、香火堂、祖传大屋等涉及宗族先辈遗产的祭拜场所。由于功能的特殊性及家族集体所有的公共品属性，相对于民居而言，宗祠类建筑的保护程度相对较高，整体格局比较完整，梁托（俗称"牛腿"）和格扇门等构建雕花精良，具有较高的文物保护价值，很大一批宗祠类建筑[①]已经被列为各级文物保护单位（文物保护点），其中建于清代的清凉峰镇湖门村山边自然村的陈家祠堂和杨溪村义干自然村孝子祠先后被评为省级文物保护单位。祠堂类建筑的主要用途是祭拜先祖、举办其他宗族性活动，如作为族人婚丧嫁娶的场地。此外，也有宗祠成为交易的场所，如盛产国宝鸡血石的龙岗镇玉山村、国石村等附近村民，在玉山村的邵氏宗祠进行鸡血石的拍卖。

除宗族所有之外，还有很大一批农村历史建筑归村集体所有。主要包括集体化时期遗留的大礼（会）堂、仓库、知青屋、村办企业等建筑，庙宇、桥梁、凉亭、古道等历史建筑，各类无主的民宅。此外，由于历史原因，宗族类建筑也有很大一部分归村集体所有，除了作为家族的祭祀场所，还增加了超越家族利益的全村集体公共事务的用途。归纳起来，集体所有建筑的主要用途包括：①集体资产租赁，如高虹镇的多个大礼堂被作为集体资产，出租给节能灯厂作场房。②改建为村委会办公大楼、文化礼堂、老年活动中心、民政系统的居家养老服务站、广电系统农村数字电影固定放映点等其他具有村集体公共事务用途的场所。如为了落实浙江省委、省政府大力推进的农村文化礼堂建设，高虹镇石门村、龙上村和湍口镇湍源村考川自然村（注释专栏8-1、图8-3）等地就将集体化时期的大

---

① 按照临安市文物馆提供的数据，临安全市先后有29处宗祠类建筑被定位为文物保护单位或者文物保护点。

礼堂改建成文化礼堂，清凉峰镇杨溪村、龙岗镇汤家湾村和龙岗镇新都村依托原有的孝子祠（图8-3）、姚氏宗祠及半月堂（祠堂），改建为文化礼堂。这种利用方式，既能避免大兴土木，又能承接传统文化的脉络，还能保证历史建筑的活化利用。③还有一部分集体建筑闲置。

图8-3　历史建筑改建为文化礼堂

注：左图为湍源村文化礼堂，由原考川自然村集体化时期大礼堂改建；右图为杨溪村文化礼堂，是建于清代的孝子祠。

注释专栏8-1　湍口镇湍源村原集体大礼堂的保护利用概况

湍源村大礼堂位于考川自然村，属于村集体所有，建于人民公社时期，现改建为村文化礼堂，日常管理由村委会负责。2011年获得杭州市历史建筑保护资金30万元后开始重修（资金由杭州市、临安市和湍口镇三级配套），2013年完成，整幢建筑基本保存了原公社时期的建筑特色。

第三，以历史建筑为载体，多主体参与开发乡村旅游。

当前临安市大力发展生态旅游、打造生态生养旅游品牌，同时个别村落结合政府相关历史文化村落保护、美丽宜居示范村等项目基本具备了与旅游接待配套的基础设施。旅游公司对这类村、古镇展开了旅游开发。通过梳理与对比，这类村落一般具有以下特征：①历史建筑连片或小规模集中，且具有地方特色；②历史建筑产权统一、清晰；③被列入政府保护范围之内,承载各类历史文化村落、历史建筑保护利用的各类项目。正在修复的石庐小镇旅游项目,以呼日村的株川自然村民国建筑群(注释专栏8-2)为载体;也有旅游公司入驻以孝子祠代表的孝文化为核心的龙岗镇杨溪村,进行村庄的整体开发;以及浙旅控股有限公司等公司入驻以历史老街开发为核心的"唐昌古镇"河桥村,前老街房屋立面改造以及古渡码头、复古钱庄、抗战文化馆、青楼文化馆、复古门楼等建筑群主体改建基本完成,融古村落、古建筑、传统文化、山水风光为一体的风情小镇正逐步出现在游客面前。

注释专栏8-2　岛石镇呼日村株川自然村石板屋顶民国建筑群旅游开发概况

岛石镇呼日村株川自然村,高氏始祖于明朝万历年间从安徽绩溪迁到此地,距今有490多年的历史。由于山地居住条件艰苦,初建的民房多是草棚。清末长毛作乱,草房全毁。民国时期重建时,村民开采当地特有的页岩做屋顶,建成石板房。远远望去,50余幢古民宅依山势而建,连成一片,蔚为壮观。此外,由于山多平地少,河道上搭了木板做晾晒场,与页岩屋顶统一,同山水融合成一幅民国历史建筑山水风情画卷。

该建筑群共涉及9亩地、50幢建筑、80余户,现在还有20余户居住。最初移走的60余户,由于华光潭水库移民项目已经获得安置。目前整片石板房建筑已被村集体统一管理,与尚庐创意有限公司合作,打造高端民宿旅游——石庐小镇项目。首批资金预计投入6000万元,用于民居的维修、改造。

村集体主要负责统一古建筑产权出租给公司;公司主要负责旅游开发,该公司的注册地为岛石镇,注册资金2000万元。此类旅游开发模式为临安农村民居建筑保护利用提供了思路。

个别村集体利用集体所有建筑,探索历史建筑的旅游开发之途,如湍源村将集体所有的陆氏祠堂(注释专栏8-3)改建为一个生命礼仪民俗馆,以备旅游开发之需。湍源村还有一个两层的集体仓库,建于1968年,整体保留完整,现在存放了大量集体化时代的农具。村集体正在考虑将此仓库及存放的传统农具开发为农耕博物馆。此外,位于潜川镇的阔滩村有连片洪水安置房"1969 年'75'洪水安置房",共有 17 户 44 间两层建筑,原户主基本安置。该村集体也在积极筹划,通过招商引资开发民宿及其他乡村旅游资源。

  注释专栏 8-3 湍源村陆氏祠堂利用现状

  湍口镇湍源村陆氏祠堂,清代建筑,2013 年被立为临安市市级文物保护单位,是杭州市镇(街道)级非物质文化遗产保护名录试点项目。

  祠堂坐西北朝东南,面积 490 平方米,由前院和正屋组成,前院圈筑围墙,设八字形台门。正屋面阔三间,三进两天井,硬山顶,马头墙。第一进五架梁带前单步梁;第二进五架梁带前四脊卷棚后双步梁;第三进三架梁带前后单步梁,后弄设牌位台,分别采用青石、卵石构筑前后天井,整体格局规整,保存完好。

  2013 年政府投资进行整修,共花费 60 余万元,先由市里制定整修方案,再集中招投标选择修建单位。祠堂的日常维护费主要由村集体支出,按误工时间给务工报酬,约为每年 2000 元。

  现在祠堂除作祭拜之地,同时展开旅游资源开发,在祠堂内摆放了生命礼仪的文化橱窗,展示了当地从生到死的民俗礼仪,为全村的旅游开发做基础。

此外,还有个别农民利用祖传民宅,打造特色民宿、咖啡馆等新型乡村旅游业态,如龙岗镇龙井桥的金谷家园民宿,就是由原老民居改建而成(图 8-4)。作为民宿改建的历史建筑,多位于风景区、旅游区附近,如金谷家园就位于大峡谷风景区附近。

(三)对临安历史建筑的保护利用的初步评估

1. 历史建筑数量巨大,呈小片集聚和零星散落形态分布

  现存的农村历史建筑总数超过 2470 幢,占地面积超过 31 万平方米,被初步评定为三星的建筑就有 1011 幢,且此次普查并未把列为文物点或文保单位的历史建筑统计进来。可见,无论是从数量还是体量上而言,临安农村历史建筑的存量尚未可观。总体而言,按照空间分布形态,临安农村历史建筑主要呈零星散落状态,完整的古村落较少,历史建筑往往与现代建筑并存。但从总体地理分布及局部地区而言,历史建筑呈小片集聚的

图 8-4 龙岗镇龙井桥村金谷家园外观和内部装修

形态。

第一，从历史建筑分布的宏观层面而言，近 90% 以上的历史建筑集中分布在原昌化县域内，全市的历史建筑在地理分布上相对集中。按照普查数据，岛石镇、湍口镇、清凉峰镇、龙岗镇和河桥镇的历史建筑数量最多，占全市总数的 86.5%，尤其是岛石、湍口和清凉峰三镇的历史建筑占总量的 77%（图 8-5），以上地区都属于两昌地区。

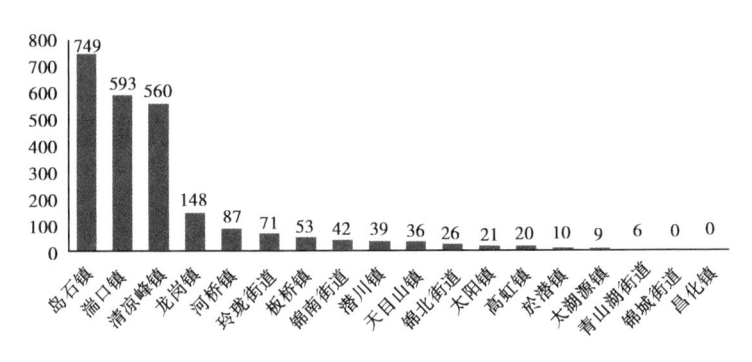

图 8-5 临安市各镇（街）历史建筑数量分布

第二，少量民居呈小规模连片分布，包括以岛石镇呼日村株川民国建筑群（注释专栏 8-2）和龙岗镇国石村、玉山村、上溪村的晚清民初建筑群（注释专栏 8-4）为代表的具有局部地域特色的小规模连片民居群，以及以龙岗镇汤家湾老街、高虹镇石门老街（图 8-6）、清凉峰镇都村株柳自然村老街等沿街历史建筑带。在临安历史上村、镇、街道，在不同时期归属临安、於潜、昌化、余杭、临水等行政单元经历了多次沿革变换。原来的古城、通商重镇成为现在的最普通的镇、村甚至趋近消亡的自然村，但目前遗留下来的老街、较集中连片的古民居还能够一瞥当时的盛况的历史风貌。

图8-6 保留较为完整的老街

注：左图为龙岗镇汤家湾村老街；右图为高虹镇石门村老街。

第三，个别村落的历史建筑虽然没有连片分布，但各个时代的建筑都有所分布，且历史建筑总体数量较多，如湍口镇的湍源村和童家村分别有169幢和94幢历史建筑。

注释专栏8-4　临安市龙岗镇国石村、玉山村和上溪村晚清民初建筑群

临安市龙岗镇国石村共有350户、1035人，包括6个自然村，是国宝鸡血石的原产地，村名因此而得。目前该村还保留30多幢历史建筑，多为清末民初建筑，30多户连成一片，目前只有1户有居民居住，民居的整体性较好，村集体希望统一收购，然后招商引资共同开发。

玉山村也与国石村相邻，由原玉山和永安合并，是田黄石和鸡血

石的主要开采地之一。原玉山村最初为邵家村，大部分人都姓绍，现有市级文保单位邵氏宗祠。该村也保留了20幢左右清末民初的宅子，集中连片，涉及30户左右。目前，主要由老人居住。

上溪村位于国石村东北方向，相距4千米左右，原为上溪乡所在地。全村共50户、293人，主要产业也是鸡血石开采。胡姓是本村的主要姓氏，其祖先从江西迁来此地。该村也保留了民国、晚清的各类建筑近20幢，依山势建造，也连成一片。民居群对面是河谷，山体高度从建筑到河谷地带逐渐降低，视野开阔。远处连片水稻随地势种植形成层层梯田，呈现极佳的山水田园风光。百长岭古道经过此处，偶尔有游客步行路过。目前，已经有个别农户希望整修祖居，开办特色民宿。

国石村、玉山村和上溪村原来都属于上溪乡，地理位置相邻，都有鸡血石和田黄石开掘历史，村庄经济收入来源、收入结构相似，民居风格也相近，都有小规模的连片建筑，可考虑共同开发。

2. 现代民居建筑占多数，主要呈徽派建筑风格，夹杂临安山区地方特色

第一，建筑风格为徽派为主，夹杂临安山区地方的特色。

临安市的农村历史建筑多具有徽派建筑风格，建筑格局多为"四水归堂"式的皖南徽派建筑。徽派风格建筑在临安全市范围内都有分布，但两昌地区的历史建筑体量更大、进数更多，有三进、四进者。相比之下，临安片、於潜片即便是祠堂、香火堂类公共历史建筑，进数也少有超过两进的。此外，相对祠堂类建筑来说，民居建筑虽也呈徽派风格，但从体量、雕工、用材、布局等方面而言，都较为简洁（图8-7），一般为三合院、四合院式，存天井、厢房，带有马头墙、小青瓦、拱券形门窗、观音兜、走马楼、墀头、刻线门依等徽派建筑标志性构件。

除徽派建筑外，局部地区还保留了小地域特色的历史建筑，如呼日村株川自然村的石板屋顶民国建筑群和湍源村的卵石墙建筑（图8-8）。该类特色建筑的出现，应归结于当地文化交融、生活方式、地理环境共同作用的影响。株川村历史上是个移民村落，经济发展水平落后，最初建造的草棚屋后因战乱被毁。

为了节约建造成本，村民就近采用山上的页岩做屋顶。而且，该村山

第八章　历史文化村落保护利用个案研究　　287

图 8-7　龙岗镇龙井坞自然村民居

图 8-8　临安地域特色建筑案例

注：左图为呼日村株川自然村民居群；右图为湍源村石头墙典型建筑。

地多平地少，村民在河道上搭上木架、铺上木板，作为农作物的晾晒场，与依山势而建的石板房层层叠叠相呼应，形成统一于山水之间的小地域特色建筑群。此外，还有一些村落呈地方特色，如湍源村的卵石墙民居，同样由于经济、交通等原因，就地取材，采用当地河道里的卵石或山上的碎石做墙体材料，遗留至今，成为体现当地特色的乡土历史建筑。

第二，建筑年代以1949—1985年居多。

由于2016年的历史建筑普查把建筑时间外延拉到1985年之前，大量建于1949—1985年间的历史建筑被纳入到普查范围内，共1655幢，占总数的67%，包括民居建筑和集体建筑两大类型。（1）该时期的民居建筑尽管建造年份较近，但也呈现徽派建筑风格。建造者普遍采用门厅、堂壁、天井、对称式布局等徽派建筑的营造手法，遵循着最大限度利用空间、节约建造费用、充分利用建筑用材等原则。除徽派建筑之外，还有部分地区如锦南横岭、潜川和两昌地区尚有不少该时期的夯土墙、卵石墙建筑，从文物保护价值看，其保护意义几近为零，但是因其具有浓郁的乡土特色，可以归入"乡土建筑"的范畴内。（2）纳入到此次普查范围内的集体所有建筑，多是农业集体化时期遗留下来的，因此极具农业集体化时代的特色，包括历史建筑墙体上遗留的"农业学大寨"和毛主席语录等标语，以及保留了大量大礼（会）堂、知青屋、大寨屋等具有人民公社时期风格的建筑。

第三，以民居类建筑为主，兼有祠堂、集体建筑等建筑类型。

民居类建筑是扎根民间、最能体现时代文化特色的建筑类型，是历史建筑中最为庞大的一个门类。根据2015年的普查，临安市的民居类建筑是数量最多的建筑类型，占全部历史建筑的92%。数量庞大的民居建筑，不仅从清、民国等时期保留至今，而且近60%以上的民居还在使用，成为当前农民住房类型中重要的组成部分。

3. 产权结构以农户所有为主，保护利用难度较大

上文也提到，92%以上的历史建筑为民居建筑，由于农户居住与历史建筑保护的矛盾、产权不统一引发的分歧等问题，为历史建筑的保护和开发带来诸多困难。列举如下：

第一，农户的居住与历史建筑保护利用之间的矛盾。民居类建筑的主要功能是居住，农民主要从维持居住的条件整修或加固住房。由于现代化居住设施、卫生条件与历史建筑原有的功能和布局产生冲突，大多农民进行了局部甚至大规模的整修，使原古民居的内部结构、用材、外观等产生了较大的变化。而按照《文物保护法》等法律、制度的规定，历史建筑、古建筑的修缮和利用需按照"修旧如旧"等原则。也就是说，一旦被列

入保护名录，民居的居住和使用就会面临很多法律限制，如纳入文保单位的历史建筑的维修和利用，需要提交维修或利用申请、审核申请、建筑维修的招投标、落实配套保护资金等诸多要求，导致很大一部分农民"不情愿"将其民居"纳入政府保护范围"。

第二，谈判成本过高，历史建筑保护利用难度大。首先，民宅的数量众多，社会资本参与民居建筑旅游开发的难度较大。旅游公司需要与众多房主一一谈判，导致整体谈判成本过高。其次，土地改革等时期形成的多产权民宅占到总数的12%，即有297幢民宅建筑为多产权所有人。在实地调研过程中，课题组也发现数量颇多的民宅悬挂多个门牌号的情况。由于涉及多户所有，产权不统一、不清晰，该类民宅在维修、保护、利用过程中也牵扯了诸多纠纷，为公司式的旅游开发带来阻力。相对而言，由于产权关系明确，村集体所有建筑的开发利用率最高。

第三，民居类建筑的主要居住群体是老人，民居建筑的保护利用还涉及老人养老、居住等社会问题。根据实地调查情况的推算，在老房子里居住的多为老人，儿女在本村或外地另有住房，还有小部分历史建筑中居住的是聋哑、智障以及没有儿女的孤老。北大学者朱晓阳[1]等已经例证，"老人很难适应被拆迁后的社区生活，由此导致了较高的死亡率"。此外，由于该类老房子的出租价格低廉，还成为部分外地务工人员租房的首选。

4. 政府对历史建筑的保护与利用，存在"重保护轻利用""重生态轻人文"等问题

由政府主导的农村历史建筑保护利用工作，主要通过两条路径展开：第一条路径是以美丽乡村建设的"绿色家园、富丽山村""百里画廊、千里画卷"等工程为载体，挖掘历史文化村落遗存，展开历史建筑的保护与利用工作；第二条路径是从"文物保护"的角度出发，对纳入文物保护单位和文物保护点的历史建筑，展开保护与利用工作。

第一，两条路径都存在"重保护、轻利用"的问题。被纳入政府保护范围的历史建筑，一般保留较完整，能够反映当地某一时期的传统风貌及地域文化特征，具有较高的史学价值和文化价值。该类建筑已经有《文物保护法》及杭州市、临安市制定的《农村历史建筑保护管理实施办

---

[1] 朱晓阳：《小村故事——地志与家园（2003—2009）》，北京大学出版社2012年版。

法》等法律和文件予以规范，其保护利用的内容、流程、工作机制、保护资金、分管部门都有明确规定。但是，相比历史建筑的"保护"工作而言，目前临安市历史建筑的"利用率"较低，尤其是以古村落为载体的历史文化之旅或利用单体建筑展开的民宿、咖啡馆、酒吧等新型旅游业态很少，与当前临安市日益火爆且"品牌化"的乡村精品线的民宿、农家乐经济形成鲜明对比。此外，部分文物保护单位或文物保护点，由于地处偏远、远离旅游景区等原因，长年紧锁大门，导致建筑的闲置，增加维修和保护的难度。

第二，美丽乡村建设对历史建筑的保护利用存在"重生态、轻人文"的问题。临安市的美丽乡村建设主要以"村美、家富、社兴、人和"为主要目标的"绿富家园"建设为载体，而"绿富家园"项目主要关注农村环境的整治工程和农村产业的发展，尤其是实施农村绿色新环境打造工程，重点设计了"拆房运动""围墙革命"和"绿色行动"三大工作载体，使得美丽乡村建设更偏重"拆除违建""环境整治"等内容，相对忽视了对历史文化村落或历史建筑的恢复与保护。没有历史文化根基的美丽乡村环境整治，是对历史的忽视，也是对文化的变相侵害。

第三，镇—村—农户配套资金虚置的问题。按照相关文件，历史文化村落、历史建筑的保护利用工作需要县—镇—村—农户相应配套资金。但调研中发现，省级及杭州市级的资金或配套资金能够到位，成为历史建筑修复与保护的主要资金来源。由于资金短缺，来自镇（街）、村、农户的配套资金一般很难落实，使得历史建筑和历史文化村落保护面临资金不足问题。而且由于过于依靠政府财政资金，导致历史建筑的主体缺乏保护利用的主动性。

5. 社会资本正在进入历史建筑的保护与利用工作

尽管目前全市历史建筑旅游开发的程度较低，但有些产权清晰、小规模集中、具有地方特色的建筑群如河桥村、呼日村等地，逐渐出现在旅游开发公司的视野范围内，这表明社会资本正在逐步进入到临安市的乡村文化旅游开发中。截至目前，河桥古镇、杨溪村已经进入商业旅游开发阶段，初步形成"公司主导、多主体参与"的旅游开发模式，呼日村株川自然村的民居群也由公司投资，进入历史建筑的整修阶段，下一步准备打造高端民宿产业，吸引杭州、上海等地的游客。

三　龙泉市历史文化村落保护利用调查报告①

龙泉作为一个千年古县，境内遍布着众多的历史文化村落。课题组通过深入调查研究，摸清了龙泉市历史文化村落的基本情况，并对龙泉市历史文化村落保护利用工作中存在的问题提出相关建议②。

(一) 龙泉历史文化村落的基本情况

1. 龙泉历史文化村落分布情况

根据浙江省农办第二次普查，龙泉市现存历史文化村落27个（截止到2015年末），其中国家历史文化名村1个（下樟村），省历史文化名村3个（上田村、大窑村、下樟村），列入中国传统村落名录的村有14个（上田村、官浦垟村、宫头村、大窑村、金村村、下樟村、季山头、锦安村、南弄村、大舍村、车盘坑村、蛟垟村、下田村、垟尾村），省历史文化村落保护利用重点村有3个（下樟村、溪头村、源底村），省历史文化村落保护利用一般村有13个（车盘坑村、住溪村、源口村、李山头村、金村村、大舍村、安和村、盖竹村、龙星村、垟尾村、章府会村、黄南村、宝更村），"库外村"有2个（芳野村、南秦村）。在新的形势下，如何加强历史文化村落的保护利用显得尤为迫切。

龙泉市是典型的"九山半水半分田"的地理格局。截至2014年，龙泉市辖4个街道、8个镇、7个乡（包括1个民族乡）。从总体上看，龙泉市历史文化村落分布均匀（表8-3），其中龙南乡和小梅镇的历史文化村落数量较多，分别有4个和3个，其他地区普遍有1—2个历史文化村落，另有龙渊街道、查田镇、锦溪镇和岩樟乡没有历史文化村落。

表8-3　　　　龙泉市各镇级机构单位历史文化村落保有数量

镇（乡、街道）	历史文化村落数量	镇（乡、街道）	历史文化村落保有数量
龙渊街道	0	西街街道	2
剑池街道	2	塔石街道	2

---

① 该小节节选于《浙江省历史文化村落保护利用探究——以龙泉市为例》，已于2017年11月发表于《湖北农业科学》，作者为王迎东、李娟和朱强。

② 《浙江省历史文化村落信息采集表》由浙江农林大学中国农民发展研究中心潘伟光教授制，《浙江省历史文化村落保护利用调查提纲》由浙江农林大学中国农民发展研究中心常务王景新教授制。

续表

镇（乡、街道）	历史文化村落数量	镇（乡、街道）	历史文化村落保有数量
八都镇	1	上垟镇	1
小梅镇	3	查田镇	0
屏南镇	1	安仁镇	2
锦溪镇	0	住龙镇	2
兰巨乡	1	宝溪乡	2
龙南乡	4	道太乡	2
岩樟乡	0	城北乡	1
竹垟畲族乡	1		

注：数据根据浙江省农办第二次历史文化村落普查整理所得。

2. 龙泉现存历史文化村落形成年代

形成于五代、唐朝及以前的古村落有 6 个，最早可追溯至战国、先秦时期，如黄南村、住溪村、溪头村等，占历史文化村落总数的 22.2%；形成于宋朝的村有 2 个，占总数的 7.4%；元朝的有 4 个，占总数的 14.8%；明朝的有 6 个，占总数的 22.2%；清朝的有 5 个，占总数的 18.5%；另外，还有 4 个年代不详（表 8-4）。

表 8-4 古村落形成各年代数量及百分比

古村落年代	村落数量（个）	所占百分比（%）
五代、唐代及以前	6	22.2
宋代	2	7.4
元代	4	14.8
明代	6	22.2
清代	5	18.5
民国及以后	0	0
不详	4	14.8
总量	27	100

注：数据根据《浙江省历史文化村落信息采集表》整理所得。

3. 历史文化村落人口总量现状

龙泉市历史文化村落的户籍人口共有 22512 人，平均每个村为 834

人，其中大部分村落户籍人口均在1000人以内，1000人以内村庄占比约为62.9%，[1] 常住人口有19653人，平均每个村为723人。其中，人口净流出的村庄有22个，占比81.5%（表8-5）。从数据反映的情况可以看出龙泉市的27个历史文化村落中，存在着较严重的人口迁出问题[2]。

表8-5　　　　　　　　历史文化村落人口数量及其百分比

户籍人口	村数	所占百分比（%）	常住人口	村数	所占百分比（%）
500以内	9	33.3	500以内	16	59.3
500—1000	8	29.6	500—1000	4	14.8
1000—1500	8	29.6	1000—1500	2	7.4
1500—2000	1	3.7	1500—2000	4	14.8
2000以上	1	3.7	2000以上	1	3.7
总量	27	100	总量	27	100

注：数据根据《浙江省历史文化村落信息采集表》整理所得。

4. 龙泉市历史文化村落的物质与非物质文化遗存

在龙泉市历史文化村落包括所有古建筑等物质文化遗存中，共有各级文物保护单位99处，国家级67处、省级14处、市级2处、县级16处。其中6个村的文物保护单位是古建筑群。具体文化遗存如下：

第一，各类古建筑总体数量与分布村落数量情况。各类古建筑数量主要统计了各村的古民宅、古祠堂、古戏台、古牌坊、古桥、古道、古渠、古堰坝、古井泉、古街巷、古城墙、古塔、古寺庙、古墓十四类的信息。根据汇总，龙泉市历史文化村落共拥有古建筑数量787处，古民宅284处，古祠堂25处，古戏台4处，古牌坊1处，古桥23处，古道54处，古渠4处，古堰坝2处，古井泉29处，古街巷7处，古城墙2处，古寺庙53处，古墓21处，近现代建筑153处。从古建筑遗存可以看到龙泉市的古建筑大多是以民居形式存在。另外祠堂、寺庙及江南特征的古桥也较为普遍[3]。

第二，村落非物质文化资源方面。龙泉市非物质文化涉及类别多，传

---

[1] 需要说明的是，由于本次调查大部分是以行政村进行统计填报，所以还不是严格意义上的历史村落人口统计。

[2] 数据根据《浙江省历史文化村落信息采集表》整理所得。

[3] 同上。

承年代久远,包括龙泉青瓷烧制技艺、龙泉宝剑锻制技艺、香菇砍花技艺、炼火;龙泉窑传说、高机与吴三春传说;凳花、开天门、菇民防身术等。

(二) 龙泉市历史文化村落保护利用的主要做法

1. 编制保护利用规划

在龙泉市的27个历史文化村落中,15个村编制了保护利用规划,占总数的55.6%。其中,有的历史文化村落保护利用规划编制质量较好,如下樟村在编制保护利用规划时,特别注重保护生态环境、挖掘历史文化资源、做实基础设施建设、充分保留古民居特色吸引游客、达到旅游业可持续发展。为了编制规划,下梓村聘请台湾地区知名教授对下樟村进行整体调研,拟打造古庙广场、水街市集、云坞古巷、田园剧场和天空营地五大主题营造空间。2015年初,龙泉市委政府还专门聘请上海农道乡村规划设计有限公司,对下樟村的整体乡村文化休闲旅游发展,特别是民宿发展作进一步提升规划设计[1]。

2. 古建筑保护使用情况

从总体上看,龙泉市的古建筑保护情况在有序推进。截至2015年,龙泉市对古建筑中的墙体加固52幢,共计15152平方米,对顶瓦的修复有109幢,共计51855平方米,对村内古道的修复有15.08千米,共计31810平方米,对村内立面的改造有110幢,共计32742平方米。根据《浙江省历史文化村落信息采集表》整理:龙泉市有27个历史文化村落照常使用,没有特别保护的村落为6个,占比22.2%;发展旅游和服务业的18个,占比66.7%;以博物馆的形式进行保护的有2个,占比7.4%;还有一个村庄进行原生态保护,占比3.7%。龙泉市2014年全年有13个历史文化村落有旅游收入,占比48.1%,收入达到779.5万元,总体上比较少[2]。

3. 突出特色,强化基础设施建设

龙泉市注重"因地制宜、分类保护、合理利用",突出地方特色。如官浦垟村在保持其自然风貌的同时,积极建设旅游景观点,使自然生态与人文景观景点有机融合,如溪头村已建成的农民休闲公园——"八棵树

---

[1] 胡道生:《古村落旅游开发的初步研究——以安徽黟县古村落为例》,《人文地理》2002年第4期。

[2] 数据由龙泉市农办提供。

公园"设计就来自台湾地区著名设计师之手。在项目实施中，溪头村因地制宜，在不破坏原有历史风貌和生态景观的前提下，按照"修旧如旧"和"新旧协调"的原则对古龙窑和文化中心等进行修缮。溪头村沿溪的小路分成了三段，体现着溪头村寻找自身发展定位的历程，也说明了溪头村对基础设施建设的重视。第一段用高压水泥砖铺成，这是现代科技助推下最方便快捷的方式，道路美观实用；第二段用切割而成的石板，彰显人与自然的和谐；第三段变成了由大小不一的鹅卵石铺陈的"古道"，这是溪头村道路原始的样子。另外，下樟村也大力加强村基础设施建设，开通了通景公路、新建了停车场、安装了路灯、修整了游步道、建立了垃圾处理回收站、修缮了部分古民居，村容村貌发生了大变化。

(三) 龙泉市历史文化村落的保护利用主体和资金来源

1. 历史文化村落保护利用主体

历史文化村落保护利用的主体主要有政府部门、商业投资机构、都市旅居人群和学术研究人员以及村集体和村民。政府部门在保护利用过程中起主导作用，无论是在保护利用规模、资金投入、社会影响等方面都较其他主体有明显优势，但是历史文化村落保护利用复杂程度使政府部门的现有政策不足以支撑历史文化村落保护利用的实际需要，商业投资机构的强大资金保障可以帮助政府；都市旅居人群和学术研究人员更喜欢文化或环境突出的小部分村落，通过建立品牌民宿、教育研究基地等方式保护利用历史文化村落；村集体和村民则是历史文化村落保护利用的关键主体。村集体和村民对历史文化村落更加了解，也拥有更加深厚的情感，会投入热情参与历史文化村落的保护，保护意识也更强烈[1]（表8-6）。

表 8-6　　　　　　　历史文化村落保护利用主体对比

主体	保护利用规模	保护利用村庄类型	资金投入	社会影响	示例
政府部门	整体	列入省历史文化村落名录的村落	多	大	上田村、大窑村等
商业投资机构	整体或片状	列入省历史文化村落名录的村落	多	大而快	下樟村

---

[1] 刘馨秋、王思明：《中国传统村落保护的困境与出路》，《中国农史》2015年第4期。

续表

主体	保护利用规模	保护利用村庄类型	资金投入	社会影响	示例
都市旅居人群、学术研究人员	点状，小范围	文化或环境突出的小部分村落	适中	适中	车盘坑村
村集体、村民	点状，以点带面可辐射全局	分布全面	少	小	溪头村

2. 资金来源

一是政府拨款，政府拨款主要有市农村工作办公室、文化广电新闻出版局拨款等渠道；二是旅游或相关开发带来的资金反哺；三是个人资本。以下樟村为例：下樟村历史文化村落保护利用项目规划总投资2400余万元，采取政府主导、部门支持、村民参与。其中省财政补助700万元，其余资金需要地方政府配套和村自筹补足。一方面，龙泉市政府整合林业、公路、电力、水利、农办等部门资金，同时通过招商引资项目吸引本村在外创业人员回乡投资，建设旅游集散中心。另一方面，通过村民自筹、入股建立农家乐合作社。

(四) 龙泉市历史文化村落保护利用中出现的问题

1. "插花式"建筑现象严重

"插花式"建筑对历史文化村落的整体面貌影响较大，传统的建筑质量普遍较差，而现代的多层建筑又与历史文化村落的整体风貌不协调。龙泉历史文化村落中传统建筑占村庄建筑总面积的比例少于40%的村庄有11个，占总数的47.8%；传统建筑占村庄建筑总面积比例高于60%的村庄有9个，占总数的39.1%（其中只有车盘坑村没有"插花式"建筑）（表8-7）。说明龙泉地区历史文化村落存在两种形式的"插花式"建筑，一种是传统建筑较少，分散在村庄的现代建筑之中；另一种是传统建筑较多，但也有少量的现代建筑分布在传统建筑周边。这两种"插花式"建筑的存在，严重影响了历史文化村落的整体风貌。这种现象也是整个浙江地区历史文化村落普遍存在的现象[①]。

---

① 刘沛林：《论中国历史文化村落的"精神空间"》，《北京大学学报》（哲学社会科学版）1996年第1期。

表 8-7　　　　　　　　龙泉市历史文化村落居住使用情况

村名	传统建筑占村庄建筑总面积的比例	古民居居住人数占常住人口比例	村名	传统建筑占村庄建筑总面积的比例	古民居居住人数占常住人口比例
源底村	30	20	南秦村	—	—
源口村	—	—	官埔垟村	55	41.3
金村	12	5.8	安和村	10	16.7
黄南村	60	51.9	蛟蜉村	38	2.8
车盘坑村	100	100	下田村	40	—
住溪村	80	30	垟尾村	70	71.8
溪头村	45	2.2	李山头	40	22.9
大舍村	65	90	南弄村	—	—
季山头村	60	71.4	宫头村	70	3.5
章府会村	4.8	1.5	大窑村	30	6.2
宝更村	35	6.7	盖竹村	20	15
上田村	80	70.2	龙星村	5	0.7
锦安村	78	53.8	下樟村	95	100
芳野村	6	6.3			

注：数据根据《浙江省历史文化村落信息采集表》整理所得，其中有源口村、南秦村、下田村、南弄村四村没有填写传统建筑占村庄建筑总面积的比例或古民居居住人数。

——龙泉大部分历史文化村落"插花式"建筑的存在，说明了村民对现代建筑设施的需要，大部分传统建筑已经破败不堪，入住条件已经难以满足村民的基本生活需要。针对此种情况，可以坚持"修旧如旧"原则对传统建筑进行修复。具体方法是：聘请老匠人和传统工艺传承人，利用旧木料、旧砖瓦、旧石料等老旧建筑材料，采用传统建筑工艺，在原建筑物基础上修补，使古建筑物旧貌换新颜，恢复"生气"；聘请古旧建筑修复专业团队，按照古建筑原貌修复或新建。

2. 村民对历史文化村落的价值认识不足

龙泉市现有古建筑遗存分布广泛。然而村民对古村落及古建筑的价值认识不足，主动保护意识不强。大多数居民认为，保护古村落及优秀传统文化是政府的责任，而较少强调作为文化的载体的自身在这方面更应承担起传承和保护的义务。当传统文化保护不能同时兼顾经济发展需要时，古村落的保护就难以在村民中取得支持①。

——对于古建筑的保护工作应该让广大人民群众都参与进来，成立专门的古建筑保护团体，宣传我国传统建筑的历史价值和艺术价值，使古建筑保护范围中的人民群众能配合政府部门，共同实现对古建筑历史文化意义的保护。完善村民参与机制，要进一步加大宣传力度，使农民群众认识到保护历史文化村落的重大意义，积极发动群众参与历史文化村落的社会管理工作，提高村民参与度。

3. 缺少专业的技术人才，管理团队

古建筑的修缮需要专业的工匠或其他技术人员，但龙泉地区古建筑修复经验的工匠较少。村民在修葺破损的古屋及石桥、石板路等基础设施时，往往采取翻建、抹水泥石灰、铺水泥路等方式，破坏了原有建筑的古韵。

——我国古建筑保护理论知识薄弱，专业性人才缺乏。目前虽然大多数高校都设置了城市规划遗产保护方向等涉及古建筑保护规划类专业，但是并没有像热门专业那样受广大学子的青睐，主动学习此专业的人才也屈指可数。因此，需要加强专业人员培养，提高古建筑保护理论研究水平和实践操作能力。此外还要向国外学习先进的古建筑保护理念和修复方法，充分利用现代科学技术研究成果来解决新时期我国古建筑保护所面临的诸多问题，开创古建筑保护的新局面②。

四 安徽和陕西等地古村落保护利用工作调研报告

为研究浙江历史文化村落保护与利用的有效机制，本研究小组还赴安徽黄山、陕西延安等地实地调查，了解到其他地区历史文化村落保护与利用工作的宝贵经验。

（一）黄山市古村落保护利用工作的主要内容和过程

1. 从"百村千幢"到"全面启动"，黄山开启古民居保护与利用系列工程

《黄山市十二五规划》规定："按照保护性开发、开发性传承、传承中创新的理念，大力实施'百村千幢'古民居保护利用工程，全面完成

---

① 尹超、姜劲松：《江苏省古村落保护与实施状况分析》，《小城镇建设》2010年第7期。
② 戴林琳、吕斌、盖世杰：《京郊历史文化村落的评价遴选及保护策略探析——以北京东郊地区为例》，《城市规划》2009年第9期。

101 个古村落和 1065 幢古民居保护开发利用建设任务。"该项目从 2009 年启动至 2014 年结束，历时 5 年，投资 60 亿元，对 101 个古村落、1065 幢古民居分别采取了相应的保护利用措施。

整个"百村千幢"古民居保护利用工程，（1）注重保护利用与法律相结合，就古建筑的保护、修缮、迁移、认领、认租、认购等出台 7 个规范性文件；（2）与技术相结合，就防火、防雷、防漏、防腐、防潮、防蚁、防盗等"七防"制定具体标准；（3）与市场相结合，打造和形成艺术会所、民宿客栈、特色酒吧、休闲茶社、传统作坊、地方小吃、农事体验、摄影影视、健康养生、艺术创作、休闲度假、收藏展示等多元业态；（4）与人才培养相结合，打造了一支徽派建筑维修和徽州手工手艺的徽匠队伍。截至 2014 年 6 月底，共投入资金 50.76 亿元，完成了 101 个古村落的规划编制，实施了 101 个古村落和 1165 幢古民居的保护工作，认租、认领、认购古民居 459 幢，打造了事业、产业方面的新型业态 19 类 957 处，建成了湖边古村落、秀里影视村、黎阳故邸等 13 处集中保护地。其中，呈坎古村落建筑群列入国家文物局全国文物维修保护样板示范工程。此外，黄山市已组建了 18 人的市级徽州古建专家组队伍、14 人的科技研发队伍，14 家古建修缮队伍，8 支区县联动执法队伍，并开展了千名文物监督员队伍招募工作。该项目成功入选 2013 年度国家文化创新工程。

从 2013 年下半年起，黄山市委市政府决定对"百村千幢"工程进行扩容，分别包括横向扩展、纵向延伸两种方式，将空间类的 2 座古城、4 个古镇、101 个古村、9 条古街；单体类的 1855 幢古民居、446 幢古祠堂、121 座古牌坊、12 座古书院、15 座古戏台、18 处古码头、20 座古塔、275 座古桥、60 座古亭、99 口古井、50 条古道、387 处古碑等古建筑纳入保护利用范畴。截至目前，徽州古建筑保护工程共计投入资金 98.2 亿元，提升整治古村落 40 个，修缮古民居 99 幢，打造新型业态 68 处，新增中国历史文化名镇名村 5 处，占安徽全省新增数 50%；新增中国传统村落 25 处，占全省新增数 49%；歙县古城列入文物安全专项规划编制全国 10 个试点单位之一；徽州区呈坎村、歙县许村入选全国文物保护单位保护利用示范项目；徽州区唐模、歙县雄村等 18 个古村落列入全国传统村落第一批实施名单。

2. 初步建成省—市多层级、多功能的皖南古村落保护制度体系

在 20 世纪 90 年代末期，安徽省已经开始重视古民居、古村落的保护

利用问题。1997年9月，安徽省人大通过了《安徽省皖南古民居保护条例》，并于2004年修订，明确了皖南古民居保护与管理主体、维修与利用方式、经费来源以及法律责任，是我国第一个关于古民居保护管理的单项文物法规。

在此基础上，黄山市先后建立了《黄山市徽州古建筑认领保护利用暂行办法》《黄山市徽州古建筑迁移保护利用暂行办法》《黄山市徽州古建筑抢修保护利用暂行办法》等7个规范性文件为主的政策体系，分别对徽州古建筑的认领、迁移、抢修保护利用、资金和消防管理，以及涉及古民居原地保护利用产权转让管理等内容进行专项规定，并于2014年对其中6个进行修编；同时制定了《黄山市徽州古建筑保护利用暂行办法》，明确规定"市、县（区）人民政府应将古建筑保护利用工作纳入社会经济发展和城乡建设规划，制定本行政区域内的古建筑保护利用规范和消防规划"，"应将古建筑保护利用经费列入财政预算，并随财政收入增长而增加"。2014年9月，黄山市出台了《黄山市古村落保护利用办法》，对古村落的保护与利用工作做出全面规定，明确了"县（区）人民政府负责本行政区域内的古村落保护工作，将古村落保护与利用纳入本地区国民经济和社会发展规划，加大对古村落保护的投入与扶持，建立古村落保护工作协调机制，处理古村落保护中的重大问题"。此外，黄山市的《十一五规划纲要》《十二五规划纲要》均把古村落保护与利用工作纳入进来。尤其是《十二五规划纲要》指出，要"大力实施'百村千幢'古民居保护利用工程""加大非物质文化遗产保护利用工作"。至此，黄山市古村落和古建筑保护利用工作基本形成省、市两级的制度体系（图8-9），为古村落的保护利用提供了有力的法律依据和政策支持。

3. 皖南古村落、古建筑的保护与利用方式

（1）按照保护等级，对古村落进行差别化的保护与利用

自20世纪80年代起，安徽省积极开展世界遗产地、国家历史文化名城、中国历史文化名镇名村3个层面的申报工作，同步推进省级历史文化名城、镇、村、街区的设立，确立了省域历史文化遗产保护的主要途径。到目前为止，安徽省已拥有世界文化遗产地2处、国家历史文化名城5座、中国历史文化名镇名村27个。按照《安徽省皖南古民居保护条例》《黄山市徽州古建筑保护利用暂行办法》等法律或文件的规定，"各级人

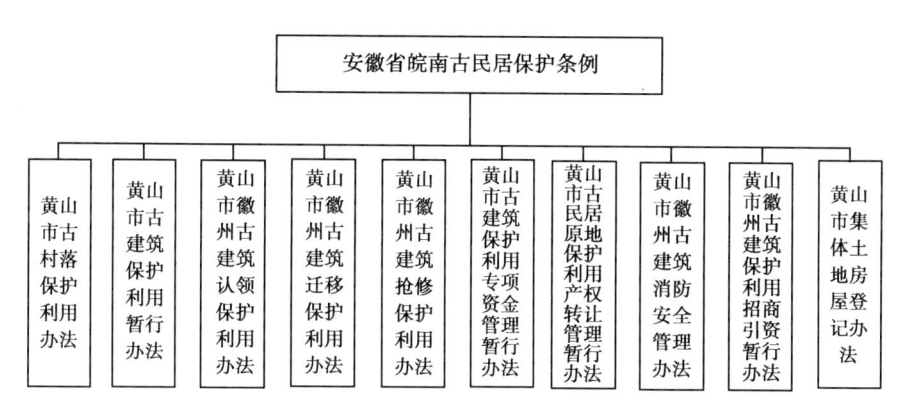

```
                    安徽省皖南古民居保护条例
    ┌──────┬──────┬──────┬──────┬──────┬──────┬──────┬──────┬──────┐
  黄山  黄山  黄山  黄山  黄山  黄山  黄山  黄山  黄山  黄山
  市古  市古  市徽  市徽  市徽  市古  市古  市徽  市徽  市集
  村落  建筑  州古  州古  州古  建筑  民居  州古  州古  体土
  保护  保护  建筑  建筑  建筑  保护  原地  建筑  建筑  地房
  利用  利用  认领  迁移  抢修  利用  保护  消防  保护  屋登
  办法  暂行  保护  保护  保护  专项  利用  安全  利用  记办
        办法  利用  利用  利用  资金  产权  管理  招商  法
              办法  办法  办法  管理  转让  办法  引资
                          暂行  管理        暂行
                          办法  暂行        办法
                                办法
```

图 8-9 安徽省黄山市古民居、古村落保护利用制度体系

民政府应根据古民居的历史、艺术、科学价值，分别确定为不同级别的文物保护单位""文物部门负责建立古建筑档案，设立保护标志，分级分类保护利用"。以黟县（注释专栏 8-5）为例，全县共有世界文化遗产 1 处、6 个历史文化名村、28 个中国传统村落、3 个全国重点文保单位。黟县高度重视古村落、古民居的保护和利用工作，坚持"保护为主，抢救第一，合理利用，加强管理"的方针，把保护历史文化资源作为核心竞争力，以政府作为古村落保护的主导力量，着力建立健全保护管理机制，对不同保护等级的古村落、古建筑实行差别化的保护和利用制度。

注释专栏 8-5　黄山市黟县概况

黟县，因黟山（黄山）而得名，距今已有 2234 年的历史，是"徽文化"的发祥地之一。全县总面积 857 平方千米，森林覆盖率 88.6%，辖 5 镇 3 乡 66 个行政村和 4 个社区，总人口 9.47 万。2014 年，全县财政总收入完成 53486 万元[①]。境内保存了较为完整的明清古建筑 1684 幢，拥有西递、宏村世界文化遗产，3 个全国重点文保单位（西递村、宏村、南屏村），6 个全国历史文化名村（西递村、宏村、南屏村、屏山村、关麓村、卢村），28 个中国传统村落，1 个省级历史文化名城。2014 年，全县旅游接待量完成 1165.9 万人次，比上年增长 12.3%，其中：西递景点增长 16.1%，宏村景点增长 17.5%；入境游客 50 万人次，增长 9.8%。全年旅游总收入完成 88.3

---

① 数据来源：引自《黟县 2014 年国民经济和社会发展统计公报》。

亿元，比上年增长12.0%，其中创汇8901万美元，增长12.6%[①]。截至2014年底，黟县按照4种空间形态：古城、古村落、古街、古镇，11种单体形态：古民居、古祠堂、古牌坊、古道、古亭、古桥、古井、古碑、古书院、古塔、古码头，积极推进分类保护。

第一，世界文化遗产的保护和利用。2000年，皖南古民居——黟县的西递村、宏村建筑群被联合国教科文组织列为世界遗产名录，也成为世界范围内首次被列入世界遗产名录的民居建筑，世界遗产委员会评价："西递、宏村这两个传统的古村落在很大程度上仍然保持着那些在上个世纪已经消失或改变了的乡村的面貌。其街道的风格、古建筑和装饰物，以及供水系统完备的民居都是非常独特的文化遗存。"作为世界文化遗产，黟县政府对西递村和宏村的古村落保护利用投入的力度最大，管理制度也最严格，先后颁布实施了《黟县西递、宏村世界文化遗产保护管理办法》及《保护管理办法实施细则》，成立了世界文化遗产保护管理委员会，设立世界文化遗产办公室，专门负责综合协调、指导世界文化遗产的保护管理工作。在"西递、宏村"所在地的乡镇和村，相应成立了古建筑保护和管理组织，当地村民也成立了古村落民间保护协会，逐步形成了"县、乡镇、行政村、民间组织"四级保护管理网络。同时，黟县实施了文化遗产保护管理信息系统及其数据库和监控体系项目建设，对遗产地古村落管理人员进行专业培训，极大提升了工作人员的数字化管理能力。目前，古村落村民、管理人员，以及其他相关人员对古村落、古民居的保护意识大大提高，拆除、破坏古民居或古民居构件的行为逐渐减少，全民保护古村落、古建筑的良好局面已经基本形成。相对而言，世界文化遗产的保护和利用面临诸多限制，保护和开发的难度也最大，但是由于其世界文化遗产的名号带来更大的旅游知名度，基本能够缓解世界文化遗产地保护的限制与古村落利用之间的矛盾。

第二，历史文化名村，一般是指保存文物特别丰富且具有重大历史价值或纪念意义的，能较完整地反映一些历史时期传统风貌和地方民族特色的村。"十一五"期间，国家对安徽省历史文化名城名镇名村保护设施建设项目共支持9项，保护资金约6000万元。各级地方政府对名城名镇名

---

① 数据来源：引自《黟县2014年国民经济和社会发展统计公报》。

村保护设施建设投资约 9.2 亿元，社会资金约 10.7 亿元。其中，黟县获得的相关项目支持，资金从 800 万—2000 万元不等，主要用于古村落的保护、规划的制定和完善、基础设施的改善等方面。通过相关项目的实施，相关古村落保护的制度和措施得到完善，街区内居民的生活条件和周围环境有所改善，各界保护古村落和古建筑的意识也有极大提高。

第三，入选传统村落名录的村。传统村落，是指拥有物质形态和非物质形态文化遗产，具有较高的历史、文化、科学、艺术、社会、经济价值的村落。由住房城乡建设部、文化部、财政部审定，将符合国家级传统村落认定条件的村落公布列入中国传统村落名录。截至第三批名录的公布，黟县有 25 个村入选中国历史村落名录，入选数量为安徽省各县之首，全国第四。每个入选传统村落名录的村，均获得一事一议财政奖补资金和农村环境保护专项资金 300 万元，主要用于建立和完善各传统村落档案、制定古村落保护发展规划。

第四，列入国保单位、省保单位、安徽省历史名村、传统村落及黄山市古村落等名录的古村落或古建筑，也有专项资金配套进行保护与利用。

第五，其他有特色的古村落或古建筑。对于未列入上述保护名录，但具有地方文化特色和保护价值的村或古建筑，黟县也积极整合黄山市"百村千幢"古民居保护与利用工程、改徽建徽、白蚁防治、徽州古建筑保护农村危房改造、农村清洁工程、"三线三边"整治工作利用及美好乡村建设等项目资金，对古建筑和古村落进行保护利用，包括制定古村落保护规划，修缮和保护古建筑本体、街巷的肌理、空间的形态等。

（2）原址保护和政府投入为主，积极探索多样化的古建筑保护路径

第一，原址保护为主的保护方式。古建筑以原址保护为主，应遵循"不改变文物原状"和"最小干预"的原则，保持古建筑的真实性和完整性。经论证确实无法实施原址保护必须异地迁移保护的古建筑，应严格按照《黄山市徽州古建筑迁移保护利用办法》规定，"房屋所有权人提出申请，经县（区）文物主管部门审查同意，报市文物主管部门备案后，可实施异地迁移。古建筑原则上在本市范围内迁移保护"。

第二，政府投入为主，鼓励社会力量通过认保、认租、认购等途径开展古建筑保护利用。目前，黄山市古村落保护以政府投入为主，包括中央、省、市补助古建筑保护利用工程的各类专项资金和黄山市徽州古建筑保护利用专项资金，以及地方政府通过整合各类资金形成的古村落、古建

筑保护资金，如黟县还在古村落景区门票收入中提出20%作为文物专项保护基金。除政府投入以外，黄山市也在积极探索如何将社会力量纳入到古村落保护体系之内，为此专门出台了《黄山市徽州古建筑认领保护利用办法》《黄山市古民居原地保护利用产权转让管理暂行办法》《黄山市徽州古建筑保护利用招商引资暂行办法》等文件，鼓励社会各方通过认保、认租、认购等途径展开古建筑的保护利用。

认保，即古建筑认领保护的利用方式，是认保人通过一定程序，自愿出资对本市范围内的古建筑进行保护利用的行为。①认保人可以选择特定建筑进行保护利用。如果认保的古建筑属于各级文保单位，古建筑的保护利用方案应该根据相关法律、法规审批，保护维修也由具有相应资质的建筑单位承担。未核定为文物保护单位的古建筑，也应该保留原有格局，其保护利用方案也需要报当地文物主管部门批准。②认保人也可以不用选定认保对象。可委托县级文物主管部门进行认保，提供相应的认保经费。早在2007年，黟县在国内率先推出古民居认领保护活动，并专门建立"文物建筑认领保护网"。相对于认租和认购的方式，认保具有公益性质，属于投资于古建筑保护和维修，不涉及古建筑的开发与利用。

认租，指的是认保人通过一定程序，在一段时间内拥有古建筑的使用权，对古建筑进行保护利用的方式。这也是当前古建筑保护利用的主要形式。采取认租方式的认保人，多将古建筑修复后开发为商用，只有少数人选择居住。

认购，指的是认保人通过一定程序，获得古建筑及其所占土地的所有权和使用权的认保方式。《黄山市古民居原地保护利用产权转让管理暂行办法》规定，政府为公共利益的需要，权属来源合法、产权明晰的古民居集体土地使用权可以通过将集体土地征为国有后依法出让。对农村古民居集体土地使用权的转让，一方面缓解了数量庞大、亟须保护和修缮的古建筑给政府带来的巨大财政压力；另一方面也顺应了十八届三中全会以来"积极探索和引导农村集体经营性建设用地入市"的政策导向。对于该类认保模式，黄山市采取比较谨慎的态度进行。①选择若干试点县（区）展开认购；②严格控制认购的比例，不得超过全村集体建设用地的5%；③要求受让人首先与所在地文物主管部门签订保护协议，其拟订的保护方案需经文物部门审查批准，施工过程要接受文物部门的全程监管。截至调研之日，黄山市共有500余户通过认购获得古民居的所有权，其中黟县共有 12 位外来认保人购得了古民居的所有权。

此外，结合近年来徽州古建筑保护利用的实际，黄山还制定了《徽州古建筑保护利用招商引资暂行办法》，重点选择有资金、有实力、有品位、有开发运行经验的组织或个人以独资、合资、合作等各种形式保护利用徽州古建筑。

（3）多主体开发、多业态并存的古村落利用模式

2014 年 12 月，黄山市出台《黄山市古村落保护利用办法》规定，"古村落在保护的前提下，可按照国家有关规定，采取多种方式进行有序合理的开发利用。古建筑的所有者在保护的前提下，按照国家有关规定，可以采取多种方式参与古村落的开发利用，合理享有古村落保护利用的收益"。同时，《黄山市徽州古建筑保护利用暂行办法》也出台引导性规定，"古建筑可以作为参观游览场所和经营活动场所。鼓励利用古建筑设立博物馆、纪念馆、手工业作坊、主题客栈等，丰富文化旅游业态"。

第一，古村落整体保护、旅游开发模式：西递、宏村。按照《黄山市古村落保护利用办法》规定，"古村落应当整体保护，保持传统格局、历史风貌和空间尺度，不得改变与其相互依存的自然景观和环境"。从 2001 年起，西递村和宏村就展开对古建筑进行全面整治改造、对其他"插花式"建筑彻底拆除的工程，并按照"修旧如旧"的原则，修复了西递古戏台等建筑，恢复了传统的抛绣球等民俗活动，对古民居进行白蚁防治工程，完成了三线地埋和古民居消防、道路修复工程，实施了供水建设项目。同时，黟县规划建设了西递新区和宏村新区，为出租或转让古民居所有权的村民提供新的民居。

作为皖南古民居的典型代表，西递、宏村旅游开发由来已久，尤其是 2000 年两村入选世界文化遗产名录以后，旅游知名度急剧提升，海内外游客逐年递增。按照经营主体区别，两村的旅游开发模式有如下差异：

西递村旅游经营采取以村镇为主体、全民办旅游的模式。由村办西递旅游服务公司总负责，每年门票收入的 80% 用于公司扩大再生产、员工工资、税收、对外宣传和村民的年终分红；20% 作为县文物保护基金，其中的 40% 直接用于西递村古村落、古建筑遗产的维修与保护，60% 由县政府统筹安排用于全县古村落、古建筑的管理与维修。

宏村采用企业开发模式。早在 1986—1997 年间，宏村就开始了旅游开发的各种探索，先后经历了政府作为企业主体代表的行政型企业运行、

乡镇管理等阶段。直到 1997 年，黄山京黟旅游开发有限公司被引入，宏村旅游进入了企业经营管理阶段，门票收入在 1998 年和 1999 年分别达到了 24 万元和 100 万元。2015 年宏村的门票收入已达亿元，66.6%作为公司收益；33.3%为政府所有，其中政府所有的 20%作为文物保护基金，5%归镇级财政，8%归宏村村集体经济。

第二，艺术家的乡村建设实践："碧山共同体计划。"碧山村是一个未开发利用的皖南村落，位于黟县碧阳镇北部，2008 年由原碧东、碧西两村合并而成。全村辖 21 个村民小组，共 2900 余人，主要产业包括蚕桑、肉鸡养殖、茶叶以及其他农产品加工业。碧山村历史悠久，文化底蕴深厚，是北宋政治家汪勃、清代书法家汪联松、近代教育家汪达之的故乡。现全村保存有明清古民居、祠堂 300 余幢，包括宋代私家园林遗址 1 处，清代古塔 1 座，以及数量颇多的摩崖石刻。

2007 年，艺术家欧宁和左靖第一次造访碧山村，被本地的自然风光、文化和历史遗存吸引，计划在碧山村创建"碧山共同体"，试图除在北京"798"艺术街区改造、上海莫干山城市改造和再生模式之外，"拓展出一种全新的徽州农村改造模式——集合土地开发、文化艺术产业、特色旅游、体验经济、环境和历史保护、建筑教学与实验、有机农业等多种功能于一体的新型乡村建设模式"，"通过让知识分子、艺术家与村民共同协作，试图提供一种新的乡村建设思路，从而避免农村被简化为旅游景点或迅速地被城市吞噬"，是"一个关于知识分子离城返乡，回归历史……再造农业故乡的构思"。目前，"碧山计划"已在广州时代美术馆进行了"碧山乡土文化"的异地展览，组织召开了"徽州文化与乡村建设"讨论会，发起恢复了碧山丰年祭仪式，先后开发了猪栏酒吧、理农馆（注释专栏8-6）、碧山书局等艺术会所类客栈、咖啡馆、书店等。

注释专栏 8-6　碧山村猪栏酒吧、理農館简介

猪栏酒吧，实为古民居改建的客栈，由其第一家店里的猪栏而得名，店主把猪栏改造成了一个微型酒吧。碧山村猪栏酒吧，为猪栏酒吧的第三家分店，也被称为"猪栏三吧"，于 2015 年 5 月由原碧山村集体老油坊改建而成。该幢建筑的产权原属于村集体，现由店主购得，店主为诗人夫妇，整幢建筑设计、装修皆由店主独立完成。三吧有 5 个服务人员，包括厨师、清洁员、前台等。本店共有 20 个房间，

最贵的"别墅"和"小河"房费分别为2600元和2800元每日,其中"别墅"套房由牛棚改建而成,共两层,包括前院、后院、阳台、一张徽式老床、两张单人床。除住宿、餐饮外,本店还提供土布等手工纪念品的售卖。作为艺术家的店主夫妇,利用原油坊的圆木框架支撑起的宽敞空间,分别摆放从不同地方收集的旧藤椅、老桌子、老式收音机、旧矿灯、旧书架等老物件。整个三吧拥有多处公共空间,偶尔有歌剧等艺术演出。目前,三吧还处于试营业状态,入住率维持在50%。

理農館[①],选择由中文繁体书写,有"理解农业"和"打理农业"的双重含义,是一个致力于宣传当代农本主义同时兼有商业功能的新空间,规划了包括展厅、学习中心、主题图书馆、茶室、咖啡厅、商店和研究者驻地七项功能。该馆占地约260平方米,是碧山村以前的一家汪氏家祠——启元堂,1949年后改为台前村民组粮点,近年来空置、濒临倒塌。2014年6月,该建筑由"碧山计划"发起人欧宁以10万元从村集体购得。2014年11月,欧宁开始清理杂物、荒草,对古建筑进行维修,改名为"理農館",并在天井的新照壁上绘制一幅神农的画像,以示对这位农业先祖的景仰。

第三,多业态共存、多主体参与的古村落资源利用模式。结合"百村千幢"古民居保护利用工程及相关产业政策的支持,黄山积极打造新型业态,通过市场化运作模式,在一定程度上对原有的传统、单一的观光旅游模式进行了突破,涌现了一批极具差异性和创新性的古村落保护利用的亮点。概括起来,主要包括艺术会所、民俗客栈、特色酒吧、休闲茶社、传统作坊、地方小吃、农家书屋、摄影影视、健康养生、艺术创作、医疗诊所、收藏展示12类产业业态,以及文化教育、卫生福利、民俗活动、文博展示、教育基地、名人故居、服务民生7类社会事业业态。

同时,古村落的利用也呈现多元主体的共同参与,包括村民、村集体经济、企业、个人、国有企业等主体。以宏村为例,宏村位于宏村镇,全镇18000人,其中宏村共有1300人、40余户,人均收入达16000元,外出务工的比例很少。截至目前,宏村的众多古民居已活化为当今文化艺术

---

① 资料来源:"理農館"的介绍整理自碧山计划发起者欧宁的网络博客。

交流和文化创意诞生场所，成功打造了艺术创作类、摄影影视类、休闲度假类和综合类利用新型业态15处，培育宏村粮库酒吧、宏公馆、临湖客栈、老屋别院、张公馆、拾间房等一批民宿产品及业态新亮点，实现了由传统观光旅游产品向休闲度假复合型旅游产品的转型升级。全村共有400余户经营者，本地的经营者和外来户的比例为3∶2，本地农民主要从事客栈、制作和销售传统手工艺品，而外来经营户投入较大，多从事高端民宿、咖啡馆、酒吧等产业。除经营户外，宏村的村集体经济也参与了古村落的利用，如村集体在宏村景区内投资建成了一个旅游产品市场，共有220个摊位，标准为3米乘3米，采取拍租的形式，每年为村集体带来170万—180万元不等的收入。此外，隶属于北京中坤投资集团的黄山京黟旅游开发有限公司，拥有宏村的独家开发、经营、管理权，期限为30年。该公司负责宏村的旅游宣传、旅游资源开发等业务，每年获得门票收入的66.6%。

(二) 延安历史文化村落的保护利用工作

延安，古称肤施、高奴、延州，原陕甘宁边区政府首府，简称"延"，是国务院首批历史文化名城。与皖南丰厚的徽商文化和富饶的水乡相比，延安自古以来地处黄土高原、干旱少雨、战乱频繁，人文景观遗存，尤其是古村落、古建筑遗存较少。

正是，由于当地特殊的自然和人文环境，造就了当地人所特有的民居形态——窑洞。延安的窑洞有土窑洞、石窑洞和砖窑洞之分，土窑洞最早，多系依山就势，利用地形，选择土质较好之处，削平崖面，然后开挖而成。这种窑洞省工省料，自己动手开挖，因而早年多数人家都住土窑洞。少数有钱人家，为了使窑面更加坚实和整洁美观，有用砖、石砌面的。为了整治黄土改善生产环境、改善农业生产条件，陕北人为保持水土、涵养水土进行了诸多探索，如打坝修田、打井汲水、植树造林……陕北人不畏艰难、征山治水的拼搏精神，构成了当地人艰苦创业的壮丽画卷。此外，知青的集体记忆，也成为延安古村落旅游开发的重要资源。据《中国知识青年上山下乡始末》一书中记载，"1962—1979年，全国城镇知识青年上山下乡总人数是1776.48万人，其中陕西知青总人数是49.03万，为全国五大知青集中地之一"，同时也成就了当地独特的知青文化。知识青年为当地的环境改进、农业生产和生活条件的改善做出了不少贡献，如国家主席习近平等15名北京知识青年曾于1969年响应毛泽东主席的号召，来到延川县梁家河村插队落户，他们与乡亲们同吃同住同劳动，参加基建队劳动，搞社教，发展生产，过了"跳蚤关""饮食关""生活关""劳动关"和"思想关"。因此，以"知青情节"或"知青记忆"为主题的民宿或农家乐，成为延安村落旅游开发的新型载体。

为此，延安结合独特的民居形式和改造自然的诸多实践以及特殊时代的记忆，打造出一条融合当地特色，结合建筑文化、知青文化、水土保持工程，打造融合当地特色的陕北乡村旅游之路，也为其他旅游资源并不丰富、旅游环境欠佳的地区如何合理利用乡村资源旅游提供了宝贵经验。其中延川县文安驿古镇文化园区项目的开展是延安农村特色之旅的样本之一，充分融合了当地文化和自然特色。

陕西延安市延川县文安驿古镇文化园区，由延川县与陕西旅游集团、陕西大美术集团共同投资建设，在保持陕北古村落肌理风貌的基础上，将文化复兴与新型城镇化相结合，把文安驿打造成为集千年"古道"驿站、千孔百年"窑居"建筑群落、千名"知青"记忆、一部路遥"人生"小说原型的文化旅游名镇。该项目涵盖上驿、下驿、梁家河（注释专栏8-7）3个村，规划占地4平方千米，投资6亿元。项目共分三期完成，已建成的一期工程以文安驿古镇为中心，梁家河自然村落为支点修复古窑洞360孔、修复古城墙1座、修复烽火台1座，建设内容包括展览区、老式窑洞、古城墙、古城楼、古牌坊、烽火台、车马店演艺中心等。二期工程包括百年老窑洞560孔，由51座自然院落组成，主要为全国著名美术团体知名院校、专业画家、著名画派、个别具有特殊贡献的美术大师，以及其他艺术门类免费提供写生和采风体验场所。三期工程为建设1座传统窑居酒店，内部欧式装修，酒店约500个房间，可接纳游客600余人。

注释专栏8-7 延安市延川县梁家河村

梁家河村位于延安市延川县文安驿镇东南5千米处，北宋时因梁姓人家最早依河而居得名，明以后陆续有石、王、张、吕、巩、刘等13个姓氏家族迁入。2014年末，与周边梁家塌、舍和沟、木瓜山三个村庄合并，形成当前的梁家河新村。目前，全村土地面积14777亩，辖7个村民小组，农户364户，总人口1186人。设党支部1个，党员66名。梁家河村是陕北地区比较典型的以农为主的村庄。当前，梁家河发展乡村旅游，做了美丽乡村建设规划，以文安驿文化产业园为依托，以"知青文化、村情民宿、生态自然"为核心，按照"六区一带两核心"的布局，将梁家河乡村旅游定位为集回归自然、体验民宿、休闲度假于一体的旅游目的地。根据流域地貌特征、水土流失特点，梁家河流域水土保持示范园建设开展生态果业示范、科普教育等示范项目，打造具有黄土丘陵沟壑区景观特色，形成集综合治理、产业开展、休闲旅游、宣传教育、生态宜居为一体的水土保持示范园。梁家河流域水土保持示范园，划分为核心区域和辐射区域，其中核心区域包括沟道治理工程体系示范区、坡面综合治理体系示范区、村庄清洁美化示范区、生态休闲旅游示范区、宣传教育展示区5个功能区；辐射区域包括苹果产业开发示范区、荒坡水土保持造林推广区和生态恢复区3个功能区。

五　促进浙江历史文化村落保护利用的几点建议

在浙江大地上，坐落着上千个历史文化村落，年代上起南宋，下至新中国成立前后。这些村落或古韵悠远，或景观独特，折射出浙江乡村风韵深厚的历史文化，是世人了解浙江历史、浙江文化的重要窗口。虽然浙江在古村落的数量和保护利用质量方面均位于全国前列，但浙江省古村落保护与利用工作依然面临着诸多问题。基于实地调查和理论研究，笔者提出"促进浙江省历史文化村落保护利用的几点建议"。

（一）政府各部门、社会各界应进一步统一思想、化解矛盾，高度重视历史文化村落和历史建筑的保护开发利用工作

1. 统一认识。浙江省、市、县（区）、镇（街）各级党委和政府应高度重视历史建筑保护工作。虽然各级党委、政府先后制定了相关文件、组织了若干次普查，为历史文化村落和历史建筑的保护利用做了大量工作。但是，相关部门、村集体、农户并未统一认识到该项工作的重大意义和深远影响。调研中遇到：农户以住宅改造、补贴不高、手续烦琐等理由拒绝将其民居列入历史建筑的各级保护名录内；村集体以发展用地受限而拆除历史建筑，如某村新建村委会、文化礼堂大楼以停车场占地为由，拆除了一幢保存完整的公社时期大礼堂……诸如此类问题频发。因此，政府各部门、社会各方需要进一步统一思想，充分认识到古村落和历史建筑的保护工作是"等不起"的大事。

2. 化解矛盾。之所以会出现观念不统一的问题，主要原因在于当前历史文化村落保护利用工作中面临着诸多矛盾。因此，需要一一化解矛盾，为历史文化村落的保护利用铺平道路。

第一，对于农民迫切希望居住条件现代化和历史建筑保护更注重恢复传统格局之间的矛盾，政府可以出台相关政策，允许民居内部设施的现代化改建，不允许破坏或改建历史建筑的总体格局、墙体、颜色等古建筑传统元素。

第二，对民居建筑进行连片集中旅游开发，与民居产权分散、谈判难度较大问题之间的矛盾，可考虑由村集体以置换或收购的方式统一产权，重新安置村民并提供适量的安家费用，再引进社会资本，对连片历史建筑进行整体旅游开发。

第三，对于村集体拆建历史建筑以解决发展用地的矛盾。目前临安市河桥等村获得了省级历史文化重点保护利用村落提供 15 亩的建设用地指标，可采取诸如重点村配套建设用地指标的办法，鼓励农户出让宅基地（非历史建筑），再为农户提供新宅基地和适量安家费用，以解决村集体用地受限的问题。

第四，在化解历史建筑保护利用工作的矛盾过程中，还需要关注两类群体的问题。首先，需要关注老人的住房问题，鉴于大多数民居建筑由老人居住的现实，需要合理考虑老人的住房习惯和养老问题，尤其是村集体通过置换或收购民居的情况下。其次，需要关注如何引入和规范新入住历史建筑住户的问题。居住和使用，是历史建筑"活化"的最有效手段。如何吸引本地人或外来人入住，以及合理规范住户的居住行为，成为历史建筑保护利用工作的重点之一。

（二）对保存较完整的历史文化村落或遗留小规模连片历史建筑的村，进行整体性的保护利用

历史建筑及古街巷是构筑村落格局的脉络，是承载历史文化变迁的载体。历史建筑保护利用工作，应与整体村落的保护利用工作结合开展，安徽黄山徽派民居和宏村、西递村整体保护的经验为临安市提供了借鉴的思路。

1. 大力保护利用及恢复历史文化村落。对目前已经获批的历史文化村落，应当整体保护，保持传统格局、历史风貌和空间尺度，不得改变与其相互遗存的自然景观和环境。对其他历史建筑数量较多、相对完整的村

落，积极展开历史文化村落的培育和申请工作，为历史建筑争取项目扶持。

2. 对村落整体保存程度较低但单体历史建筑小规模集中的自然村（组、片），可以推行连片保护利用的举措。通过禁止改建、拆建历史建筑、拆除"插花式"建筑等抢救性的恢复和保护工作，保证连片建筑的完整性，尽可能地恢复连片建筑的全貌，如对临安市呼日村的株川自然村、汤家湾村的上汤自然村及国石村、玉山村和长溪村等地，就可以采取整体保护利用的模式。

3. 一个村内比较完整地保留了多个历史阶段的建筑，可采用"建筑博览园"的模式保护利用。这种开发模式既没有破坏村落的整体布局，还将明清、民国、人民公社及社会主义新农村的建筑保留下来，清晰地记载了文化变迁的历程。如果各历史阶段的建筑杂乱无章，稍加整理后，再进行整体的保护利用。临安市和龙泉市的多个村落都可考虑此种开发模式。

（三）鼓励社会力量通过整体开发或认保、认租、认购等方式，探索历史建筑保护的多种途径

通过实地调查，浙江省的农村历史建筑数量庞大、产权多元，保护难度较大；因此，历史建筑和古村落保护与利用工作需要包括社会力量在内的多主体共同参与。

1. 相关部门应因地制宜，大力探索社会资本参与历史文化村落、历史建筑保护与利用的途径，出台历史建筑的认领保护利用的相关制度，制定历史建筑保护利用招商引资的优惠政策。

2. 针对集中连片历史建筑，可考虑由村集体以置换或收购的方式统一产权，引进社会资本进行整体旅游开发；对于单体建筑，可采用历史建筑的认保、认租、认购等方式进行保护与利用。

（四）将历史文化村落的保护利用融入到乡村旅游开发中，秉持"在保护中开放，在开放中保护"的理念，大力倡导开发差异化的文化旅游业态，将历史建筑保护与利用整体村落保护、农业工程、乡村景观、生态农业、特色民俗等结合起来，真正实现历史建筑和传统村落的活态传承和有序利用

1. 与新型旅游业态相结合。改变传统、单一的旅游观光模式，鼓励各地利用历史建筑设立博物馆、纪念馆、手工业作坊、主题客栈等差异性和创新型的新型业态，使历史村落、历史建筑的保护利用有机融合。

2. 与发掘历史建筑新价值结合。通过政策引导，吸引文化学者、艺术家以认购、认租、认领古民居的形式进入。黟县"碧山计划"的经验可以看到，艺术家不仅整修了民居，举办了系列农耕、民俗文化艺术活动，还挖掘整理了一批古民居、古村落的历史文化，是对传统村落文化的保留和发扬。艺术家们在文化艺术生活方面的推广与普及，丰富了当地村民文化生活，补充了政府与市场在农村文化生活方面的空缺。

3. 与传统特产名品相结合。在安徽陕西等地的调研中，有些历史建筑的利用也与传统特产名品相结合，如黄山古村内的歙砚制作、展览的博物馆，也为浙江等地的历史文化村落的利用提供了可供借鉴的经验。与其他"空心化"农村相比，临安市的两昌地区由于源自明代的传统特产——"山核桃产业"显得"人丁兴旺"，尤其是山核桃采摘的季节，人声鼎沸、山道拥堵。实地调研正值山核桃收获季节，笔者在传统民居内、院落里、街角旁，随处可见山核桃的身影，或看到晾晒的干果、山核桃莆；或见到工人用特制大锅、蒸笼烘烤山核桃；或看到当地妇女用特制工具手剥山核桃……构成一幅由传统特产种植、加工构成的地域特色"活态"画卷，对外地游客极具吸引力。因此，历史建筑的保护利用可以与山核桃结合起来，将山核桃的历史传说、种植渊源、加工工序、特制工具……融为一体，以历史建筑为载体，开发山核桃博物馆、山核桃制作体验馆、山核桃工艺品店，以及以山核桃为主题的特色酒吧、客栈、咖啡馆等。此外，临安市国石村、上溪村、玉山村等地，部分祠堂已被改成鸡血石的拍卖场。该地的历史文化村保护利用工作可利用"国宝鸡血石"的盛誉，合理开发利用该地连片的历史建筑。

4. 与集体化时期遗留的历史印记相结合。在实地调查中，各地历史文化村落还保留一定数量的集体化时期的历史遗存，包括大礼堂、大会堂、仓库、知青屋、大寨屋等建筑，在很多历史建筑上还留有语录、毛主席头像等印记，如实地记载了当时的历史。可以借鉴延安等地以"知青记忆"为主题等的窑洞文化之旅，保护集体化时期留下的文化印记资源，并以此为主题合理利用历史建筑资源。

（五）古村落及历史建筑保护利用应与农业现代化发展、美丽乡村建设、新型产业培育、农民就业和收入增长等工作协同推进、相互配套、联动发展

各级党委和政府应将古村落及历史建筑保护利用工作纳入到各层级的

总体发展规划中，与"千村示范、万村整治""绿富家园""百里画廊、千里画卷""美丽宜居示范村"等美丽乡村建设项目，农村新型产业培育和农民就业引导工作，以及生态旅游建设工作，协同推进、相互配套，走一条联动、协调、可持续的乡村发展之路。

第九章 浙江省历史文化村落保护与利用规划[①]

一 历史文化村落保护利用规划的重要性

浙江省委和省政府《关于加强历史文化村落保护利用的若干意见》文件指出："优秀传统文化凝聚着中华民族自强不息的精神追求和历久弥新的精神财富，是发展社会主义先进文化的深厚基础，是建设中华民族共有精神家园的重要支撑，也是一个区域、一个村落的魅力所在。省委、省政府历来高度重视历史文化村落的保护、传承与利用工作，在新农村建设过程中，一大批历史文化村落得到培育和建设，一大批历史文化遗产得到有效保护和利用。但是，随着工业化、城市化、新农村建设进程的加快，历史文化村落的存有环境发生了很大变化，连片且上规模的历史文化村落越来越少，一些健康的民间习俗逐渐消失。各地各部门要从对国家和历史负责的高度，充分认识保护历史文化村落的重要性，进一步增强紧迫感和责任感，把保护、传承和利用历史文化村落及传统优秀文化作为农村经济社会发展的重要支撑，作为美丽乡村建设的重要内容，切实加大对历史文化村落与存有环境的保护力度，悉心保护历史文化村落的建筑形态、自然环境、传统风貌以及民俗风情，让它们古韵长存、永续利用，使这些珍贵的历史文化遗产更好地传承给后人。"较好地诠释了历史文化村落保护利用工作的必要性和重要性。

由于历史上长期经济富庶、人文鼎盛，浙江历史文化村落遗存数量大、质量高，并有鲜明的地域特色。但随着城镇化进程的加速发展，浙江历史文化村落特色急速丧失，保护工作面临着极大的挑战。主要表现在以下四个方面：一是对历史文化村落稀缺性认识不足、保护乏力，造成历史文化遗存自然毁坏；二是农村不当规划和拆旧建新土地政策造成人为毁坏；三是新农村建设过程中，对保护工作认识不足急功近利导致建设性破坏；四是地方政府"重开发、轻保护"和商业化过度开发导致旅游性破

[①] 本章节选于《浙江省历史文化村落保护利用规划》的最终成果。该规划项目总负责人为金佩华教授，具体负责人为王欣博士。规划组成员包括洪泉博士、楼一蕾博士、吴一鸣博士、王瑛老师及翁群昊硕士研究生。

坏。此外，法规不健全、保护标准和人员缺乏等问题也从体制方面对历史文化村落保护利用工作造成了不利的影响。以上种种因素导致"有历史文化价值的村落正以惊人的速度消失"。

习近平总书记强调，实现城乡一体化，建设美丽乡村，不能大拆大建，特别是要注意保留村庄原始风貌，把古村落保护好，让居民望得见山、看得见水、记得住乡愁。原浙江省委书记李强同志也曾指出："做好历史文化村落的保护利用工作，是保护和传承优秀传统文化的需要，是彰显美丽乡村地方特色的需要，是全面改善农民生产生活条件的需要，是加快推进乡村旅游业发展的需要，我们要以等不起的紧迫感，坐不住的责任感，慢不得的危机感，立即行动起来，采取有效措施，加大保护力度，努力把历史文化村落打造成为浙江省农村的'金名片'。"

历史文化村落蕴藏着丰厚的历史文化信息和自然生态景观资源，是浙江乡村历史、文化、自然遗产的"活化石"和"博物馆"。2012年至今，浙江省围绕"修复优雅传统建筑、弘扬悠久传统文化、打造优美人居环境、营造悠闲生活方式"的目标要求，有效保护和利用了一大批历史文化村落。如何进一步理顺各方面关系，发掘历史文化村落特色和价值，精心保护和利用历史文化村落，做好这件"功在当代、利在千秋"的工作，是当代浙江人的历史责任和使命。

二 历史文化村落保护利用的国内外经验

（一）德国的村落更新

德国的村落更新是为了实现四个方面的目标：一是提高当地的农业产业框架基础；二是为居民提供更好的生活环境；三是增强村庄文化意识；四是保存农村聚落的特征。为了达到这些目标，农村更新项目具体包括：村落更新、土地整合管理、基础设施建设和区域合作发展。

（二）韩国的民俗村

韩国民俗村作为珍贵的文化遗产，其保存、管理和利用以维持原型为基本原则。根据现状情况不同，采用两种做法：

1. 有固有民俗，且正在保护的村庄。将自然村落单位整体（或大部分以上）划定为保存地区，例如安东河回村、济州城邑民俗村、庆州良洞村、高城旺谷村、牙山外岩村、顺天乐安邑城六处。

2. 以民俗博物馆等形式收集、保存并展示传统民俗资料，吸引游客前来观光的人为制造的村庄。例如京畿道龙仁民俗村是将有形民俗资料人为地组合并划定为民俗村。

（三）日本的"一村一品"

立足"一村"。以人为本，利用本地资源优势发展主导产业，做足"一品"文章，实现农村经济社会的和谐发展。"一品"，主要指优势特色农产品（或文化、旅游等项目）的规模、品种、品质（品位）和品牌。

"一村一品"运动是日本大分县前知事平松守彦先生于1979年倡导发起的，为了提高农村地区的活力，挖掘或者创造可以成为本地区标志性的、可以使当地居民引以为豪的产品或者项目，并尽快将其培育成为全国乃至全世界一流的产品和项目的农村开发模式。按照区域化布局、专业化生产和规模化经营的要求，因地制宜地发展具有鲜明地域特色的主导产品和主导产业，进而形成产业集群，最大限度地实现农村劳动力的就地转移，促进农民增收，建设新农村。

（四）我国台湾地区的社区营造

台湾地区社区营造对传统村落的保护，注意避免单纯由政府自上而下、指定保护式的霸权模式，而是逐步倡导"自下而上"的社区自我发展思路，并通过"情、理、利"三方面机制，培育乡村社区自发和民间团体主导的模式，保障乡村社区民众的基本权益，提高地方和社区保护的积极性。

台湾地区的村镇更新是社区居民主导整个过程，在更新过程中，台湾地区有一个特殊的角色，叫"社区规划师"，介于政府和民众之间。台北市政府早在1999年就创设"社区规划师制度"，以鼓励具有奉献热诚、熟知地区环境状况的规划专业者走入社区，与社区结合，担当起社区空间营造经理人的角色，为社区提供相关专业咨询服务，并协助社区提出城市规划或者环境改造方案。

三、历史文化村落保护利用规划总纲

（一）规划依据

《中华人民共和国城乡规划法》（2008）

《中华人民共和国文物保护法》（1989）

《中华人民共和国环境保护法》（2015）

《浙江省村镇规划建设管理条例》（2004）

《浙江省历史文化名城名镇名村保护条例》(2012)

《历史文化名城保护规划规范（GB50357—2005）》(2005)

《传统村落保护发展规划编制基本要求（试行）》(2013)

《中共中央国务院关于积极发展现代农业扎实推进社会主义新农村建设的若干意见》(2001)

《关于加强历史文化村落保护利用的若干意见》（浙委办〔2012〕38号）

各历史文化村落建设规划等其他相关资料。

（二）规划范围与期限

本规划范围为以纳入《浙江省历史文化村落保有数量和名单库》的1123个村落为主体，加上2015年后新入库村落，适当考虑条件好对全省历史文化村落布局比较重要的村落。

本规划期限为2016—2020年。

（三）指导思想

深入贯彻落实科学发展观，全面落实党的十七届六中全会以及省委十二届十次全会精神，深入实施"八八战略"和"创业富民、创新强省"总战略，按照"保护为主、抢救第一、合理利用、加强管理"的方针，围绕"修复优雅传统建筑、弘扬悠久传统文化、打造优美人居环境、营造悠闲生活方式"的目标要求，把保护利用历史文化村落作为建设美丽乡村的重要内容，在充分发掘和保护古代历史遗迹、文化遗存的基础上，优化美化村庄人居环境，适度开发乡村休闲旅游业，把历史文化村落培育成为与现代文明有机结合的美丽乡村。

（四）规划原则

1. 保护优先，适度利用

必须在坚持保护优先的前提下，进行科学有序的商业利用，适度发展乡村文化休闲旅游业，努力实现"保护促利用、利用强保护"的良性循环。对被认定为历史文化村落保护对象的，不宜大规模整村推进农房改造建设。切忌盲目引进开发商，单纯按商业营利的需要搞破坏性开发建设。

2. 因村制宜，彰显特色

按照因村制宜的要求，以古建筑保有相对比较集中、自然生态优美、民俗风情独特的村落为重点，研究制定个性化的保护与维修方案，采取原址修缮等保护方式，有序推进各项工作。确因自然环境改变或不可抗拒自然灾害影响，难以在原址保护的古建筑，可以适当进行迁移异地保护，涉及历史建筑、文物保护单位的应依法履行报批程序。迁移异地保护的新址环境应当尽量与迁移前的环境特征相似，尽量安排在同一县域范围内；迁移过程中应当尽可能保留全部原状资料和历史信息；不允许仅为了商业目的和旅游观光而实施迁移工程。

3. 以人为本，合理整治

必须正确处理好保护保全与提高农民群众生活品质之间的关系，既高度重视古建筑的保护，又热切关注群众民生，合理安排整治项目，科学整治村庄环境，使生活在古建筑中的农民群众同样能享受现代文明的生活。

4. 政府主导，农民主体

各级政府要在历史文化村落保护利用中充分发挥主导作用，把增进农民群众利益作为历史文化村落保护利用的出发点和落脚点，尊重农民群众的知情权、参与权、决策权和监督权，做到历史文化村落保护利用依靠农民、保护利用成果全体农民共享。

(五) 规划目标

在对浙江省内历史文化村落进行深入调查的基础上，对历史文化村落的分布、遗存进行梳理分类，提出有针对性的保护措施、管理制度和利用构想，科学制定扶持政策，促进历史文化村落的可持续发展和永续利用。到2020年，全省历史文化村落规划全部得到基本修复和保护，彻底改变一些历史文化村落整体风貌毁损、周边环境恶化的状况，实现浙江省美丽乡村建设目标。详细目标：

1. 1123个历史文化村落全覆盖，建立200个重点村（现有130个），40个精品村（全省35县）；

2. 建成4条历史文化村落带；

3. 形成10个主要历史文化村落集群。

四 历史文化村落空间布局规划

(一) 空间布局体系总述

浙江省历史文化村落的空间发展规划分为片、线、心三个结构要素（图9-1）。

1. 片，以村落类型的划分和整合

浙江省历史文化村落类型分布与原有地形密切相关。历史文化村落的类型由于地形的差异在村落形态和布局上会有较大差异，呈现分布集群化的现象。将历史文化村落空间布局分片作为规划对象有利于村落的统一保护、资源整合和地域扩展，克服单个历史文化村落保护的困难和资源不足难以支撑开发要求的问题。

2. 线，以交通干线为载体

历史文化村落的资源整合和联系有赖于交通网络的构建。以浙江省内主要的高速公路连接各个村落集群，以线带面，形成资源特色。除了强调对于沿线历史文化村落的保护之外，对于沿线的景观和山水植物资源也要重点保护，加强控制。

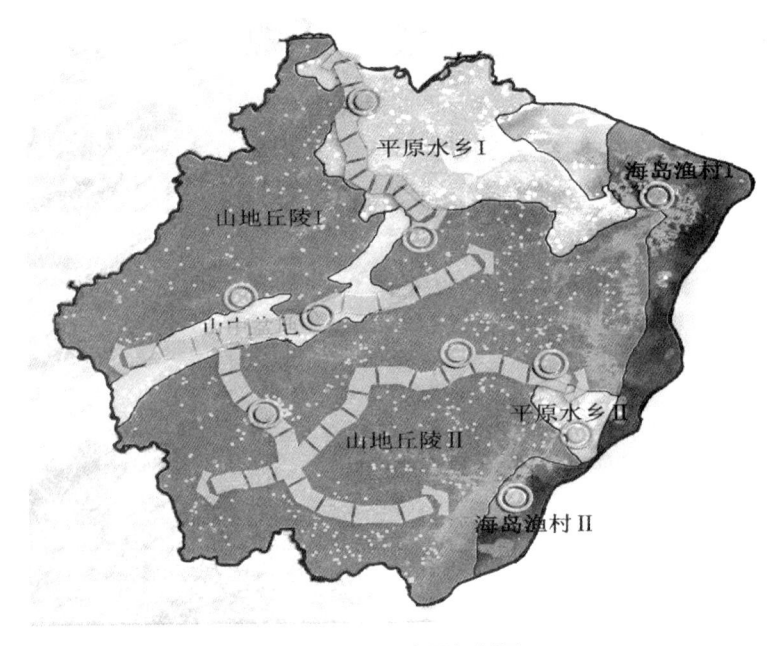

图 9-1　空间布局规划图

3. 心，以典型村落集群为核心

浙江省历史文化村落分布广数量大，无论在类型上还是在保护程度上都存在参差不齐的状况，因此必须将那些特色突出、形态完整、区位优势的村落进行优选，以集群为单位作为重点规划对象，形成区域的典型村落集群。在保护层面，将典型村落集群的核心资源作为优先保护对象；在利用层面，以"突出典型、优者先行，滚动发展，带动全局"为原则，来处理典型村落集群与其他村落之间的关系，构成有机成长型发展模式。与此同时，强化典型历史文化村落的特色主题，保护村落集群所在地域内的生态资源。

在上述分析基础上，浙江省历史文化村落在空间布局上规划为七片、四线、十心的结构体系。

（二）七片

根据浙江省历史文化村落特征类型和现有类型分布状况，规划把村落空间分布的类型区域划分为七片（图9-2），分别为：

平原水乡Ⅰ：杭嘉湖平原、宁绍平原。

平原水乡Ⅱ：温黄平原。

山区丘陵Ⅰ：浙江西部、钱塘江中上游流域，包括天目山、龙门山、千里岗等山脉。

山区丘陵Ⅱ：浙江西南部，西部主要有天台山、四明山、会稽山、大盘山等山脉；南部主要有雁荡山、洞宫山、仙霞岭、括苍山等山脉。

山间盆地：诸暨盆地、金衢盆地。

滨海渔村Ⅰ：舟山群岛。

滨海渔村Ⅱ：玉环、洞头海岛。

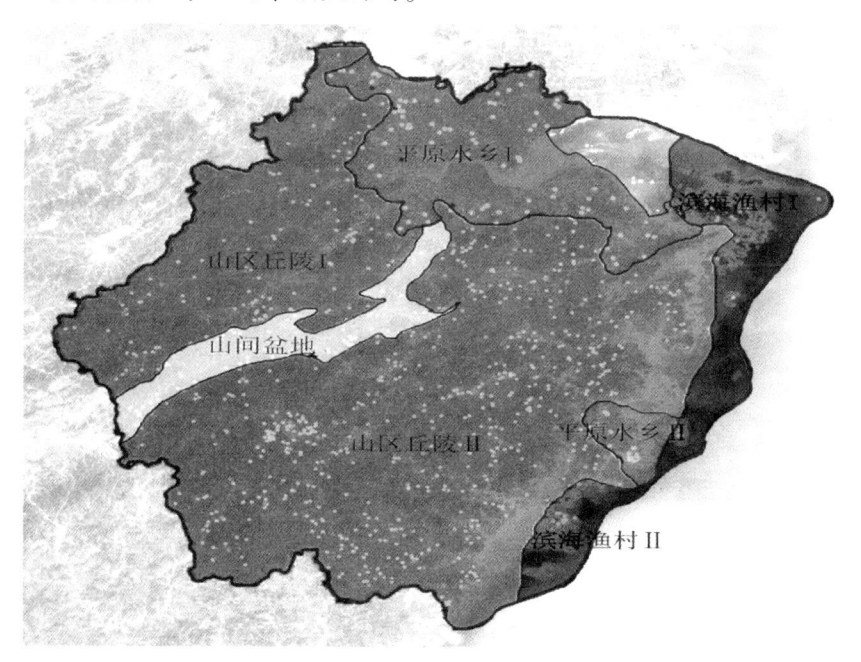

图9-2 七片布局图

(三) 四线

四线即以四条省内主干道连接区域内具有相同特征的典型村落集群，体现不同类型资源特色（图9-3）。分别为：

长绍线：长兴—德清—杭州—绍兴（以平原水乡为特色）。

常嵊线：常山—衢州—龙游—金华—义乌—东阳—嵊州（以山间盆地为特色）。

温龙线：温州—文成—景宁—云和—松阳—遂昌—龙游（以山区丘陵为特色）。

龙台线：龙泉—云和—丽水—缙云—仙居—临海—台州（以山区丘陵为特色）。

图9-3 四线布局图

（四）十心

十心即从浙江省历史文化村落中筛选的十个村落集群（图9-4），选择原则有以下几点：

均衡性原则：尽量做到各个片区内都有所分布，在地域分布上体现均衡性；

典型性原则：在片区中所选村落集群能代表该地区的村落特征，具有代表性；

完整性原则：所选村落集群保存较为完整，建设性破坏较少，有较多的古民居及古民俗。

在上述原则的指导下，规划遴选了十个村落集群，其分布区域分别为：湖州、舟山、诸暨、建德、松阳、金华、缙云、台州、温岭、楠溪江。

图9-4 十心布局图

五 历史文化村落保护规划

(一) 保护原则

1. 因地制宜、分类指导

立足村落地形地貌、历史脉络、文化传统、资源禀赋等实际情况,研究制定有针对性的保护模式和保护方案,对于古建筑村落、自然生态村落、民俗风情村落等不同类型的村落在保护过程中应有所侧重。

2. 深入挖掘、多元并重

重视传统历史文化资源的挖掘、整理和研究,既要重视历史人文要素,也要重视自然环境要素,坚持物质遗产与非物质遗产保护共进。

3. 注重本体、依托环境

保护不仅要注重被保护对象的本体,也要重视其所属环境的真实性、完整性和延续性。

4. 传承延续、多态结合

在保护方式上,根据被保护对象的特点可以采取静态保护,也可以采取静态保护与活态保护相结合的方式,延续传统文化的生命,真正起到传承发展的作用。

(二) 保护模式

在历史文化村落的保护过程中,各地要坚持因地制宜,选择适合自身情况的保护模式,进行合理有效的保护。

1. 整村型:村落传统格局较为完整,主要资源遍及全村,需要对整村进行保护才能够体现该村资源特色和保护目的的。

2. 散点型:村落传统格局有一定破坏,保护对象呈点状分布,不能够集中成片的,可以有针对性地对各个保护对象划定保护范围进行保护。

3. 博物馆型:遵循"历史真实性、风貌完整性、生活延续性"的保护原则,对传统和自然环境进行整体保护,采取博物馆的形式收集、保存、研究并展示传统民俗资料,实现文化的有效传承。

(三) 保护对象和内容

历史文化村落的保护对象主要包括生态环境、景观风貌、传统建筑物、文化遗产四个方面。

1. 生态环境

村落生态环境包括村庄所在地的土地资源、水资源、生物资源以及气候资源等与生态环境相关的物质要素。

2. 景观风貌

村落景观风貌包括村庄的地形地貌、整体空间格局、建筑风貌、绿化景观、农业景观（田地、菜地、果园等）、水体、道路和公共空间等。

3. 传统建（构）筑物

村落传统建（构）筑物包括村域范围内的文物保护单位、文物保护点、历史建筑、使用当地传统技艺建造的建筑、在村庄发展过程中的各类典型建筑（包括红色文化遗存、人民公社时期经典建筑、改革开放初期农村建筑等）以及古代设施和遗址（古桥、古道、古街巷、古池、古渠、古堰坝、古泉井等）。

4. 文化遗产

村落文化遗产包括物质文化遗产和非物质文化遗产。物质文化遗产除了建（构）筑物、遗址遗迹等不可移动文物以外，还包括历史上各时代的重要实物、艺术品、文献、手稿、图书资料等可移动文物，如历史文化村落中的家谱、匾额、书画、传统工艺品、传统家具和农具等。非物质文化遗产包括传统民俗文化、礼仪庆典、传说故事、传统技艺和传统表演艺术、方言等。

（四）保护要求和措施

1. 生态环境保护要求和措施

第一，保护要求。（1）遏制生态环境破坏，减轻自然灾害的危害。（2）促进自然资源的合理、科学利用，实现自然生态系统良性循环。（3）维护生态环境安全，确保农村经济和社会的可持续发展。

第二，保护措施。（1）对村域范围内的生态资源进行详细调查和评估，协调各项建设与生态环境保护的关系。（2）禁止对村落周围山体及山林植被的破坏，加强绿化建设。（3）抓住农村生活污水治理的有利契机，根据历史文化村落和古建筑的实际情况，采取多户联建的办法，因地制宜地开展生活污水治理。（4）做好农村垃圾"减量化、资源化、无害化"处理工作，完善垃圾收集和处理设施，倡导垃圾分类收集与分类处理相结合，成立专门的保洁队伍，进行定期及时的垃圾清扫。（5）围绕"五水共治"的部署要求，以水系的疏浚维护为重点，全面修复改善历史文化村落的水环境。

2. 景观风貌保护要求和措施

第一，保护要求。（1）确保村落景观风貌的统一、协调、完整。（2）自然景观保护和人文景观保护并重。（3）保护村落特色景观，营造宜居、宜业、宜游的人居环境。

第二，保护措施。（1）对于村落原有良好的山水格局应予以保护，在尊重村落原有空间格局的基础上进行有机更新和合理整治，严禁大拆大建，严禁各类破坏村落景观风貌的建设活动。（2）新建片区应处理好与现状片区之间的衔接关系，在统筹兼顾地形条件、空间肌理、历史文脉和现代生产生活方式等方面因素的基础上进行空间设计，形成新老片区有机共生的关系，保持村庄风貌的整体性和地域特色。（3）根据建筑现状保存情况，进行建筑风貌评价，拆除或改造与村落整体建筑风貌不协调的建筑。（4）新建或改建建筑，应按照相关规划要求，与村落整体建筑风貌相协调，严格控制高度、屋顶形式、立面材料等。（5）依据国家有关古树名木的管理规定，加强对全村范围内现存古树名木的维护与保护，定期检查，及时防治病虫害。（6）完善村落公共空间，营造优美、宜人的绿化景观。（7）修复被破坏的水系，营造生态、优美的水体景观。

3. 传统建（构）筑物保护要求和措施

第一，保护要求。（1）对村域范围内的传统建（构）筑物进行全面普查，及时登记备案。（2）遵循分类、分级保护原则，提出有针对性的保护和整治模式。（3）贯彻执行"保护为主、抢救第一、合理利用、加强管理"的文物工作方针。（4）在文物保护单位和历史建筑的修复过程中遵循"修旧如旧"的基本原则。（5）坚持历史文化遗存保护优先，正确处理好改善农民人居环境与保护古民居的关系，结合村庄整治、农房改造、灾害避险、农家乐休闲旅游等工程编制建设规划，统筹推进古建筑保护。（6）在传统建筑修复过程中还要处理好建筑保护与生活方式转变的关系。实现传统建筑现代化、现代建筑本土化和居住条件人性化。

第二，保护措施。（1）各级规划、建设部门依法对传统建筑做好保护与监督管理工作，会同各级文物部门加强对古建筑等保护利用的技术指导。各级文物部门依法对已属于文物保护单位的古建筑做好保护与监督管理工作。（2）各地要结合全国文物普查结果，依法及时将历史文化村落中的具有一定保护价值的优秀传统建（构）筑物公布为文物保护单位或历史建筑，注意保护建筑及其周围的环境风貌，要划定保护范围和建设控制地带。(3) 文物保护单位的利用要保障文物的安全,在保护范围和建设控制地带内,不得建设污染文物保护单位及其环境的设施,不得进行可能影响文物保护单位及其环境安全的活动。(4) 确因自然环境改变或不可抗拒自然灾害影响,难以在原址保护的古建筑,可以适当进行迁移异地保护,涉及历史建筑、文物保护单位的应依法履行报批程序。迁移异地保护的新址环境应当尽量与迁移前的环境特征相似,尽量安排在同一县域范围内;迁移过程中应当尽可能保留全部原状资料和历史信息;不允许仅为了商业目的和旅游观光而实施迁移工程。(5) 既要注重保护好历史文化村落古建筑群的整体建筑,又要悉心保全零散的建筑构件。规范古民居建筑拆迁、新建建筑用地审批等管理。(6) 对经有关部门认定确有保存价值的古民居,其户籍常住人口依法批准建新房的,允许其以旧换新或产权置换,给予一定的经济补偿后移交村集体或当地政府保护修缮利用。(7) 建立健全解说系统,向村民及游客传播普及古建筑知识,培养大众对于古代建(构)筑物的保护意识。

4. 文化遗产保护要求和措施

第一,保护要求。(1) 重视古村落传统文化资源的发掘和研究。(2) 传统文化要进行"原真性保护"和"整体性保护",要保护其原生态和完整性。(3) 文物的修复要注意可识别性、可逆性和可续性。

第二,保护措施。(1) 保护的形式有多种,可以以文字记录的方式,也可以进行合理的生产性保护,在可持续发展中传承文化,也可以进行立法保护。(2) 非物质文化遗产的保护不能脱离当地人特殊的生活生产方式,必须依托于人本身而存在,它以声音、形象和技艺为表现手段,并以身口相传作为文化链而得以延续。因此对非物质文化遗产的保护人的因素就显得非常重要。(3) 设立市级主管部门,利用各种技术手段,全面调查、收集、记录和保存村落文化遗产,进行抢救性保护。(4) 各级文化部门要收集历史文化村落中的非物质文化遗产实物和资料,依法做好保护和传承工作。(5) 加大对传统艺术、传统民俗、人文典故、地域风情等非物质文化遗产的发掘力度,彰显村落建筑文化、农耕文化、水利文化、生态文化等物质文化的独特魅力。(6) 加大优秀传统文化的传承力度,通过发展农家乐休闲旅游业、举办农事节庆活动、开展丰富多彩的群众性文体活动等方式,展示历史文化村落丰富多彩的文化景象。(7) 加大对优秀传统文化思想价值的挖掘和阐发,古为今用,推陈出新,广泛开展优秀传统文化教育普及活动，发挥优秀传统文化的教育、教化功能。

六 历史文化村落利用规划

（一）利用原则

1. 合理利用、适度开发

在保护的基础上，合理利用村落现有物质和非物质遗产，实现保护和利用的良性互动。对于传统建筑不应采取完全隔离的方式，而应延续其原有功能，成为村民举行祭祀、集会、婚嫁等活动的场所，同时根据时代需求，将部分建筑转化功能，承担对外接待服务等功能，延续其活力。

2. 多元利用、功能拓展

发展旅游是历史文化村落利用的有效途径，但不是唯一途径。在制定利用规划时应根据村落具体情况和资源禀赋，提出切实可行的发展方向。

3. 多方参与、惠益共享

在村落利用发展过程中既要落实政府的财政投入，也要适度引入民间资本和社会力量，保证村落发展的长期动力，同时实现村民、村集体和投资者等参与者的收益共享。

（二）乡村旅游

1. 规划目标

（1）突出乡村旅游的品牌形象，形成一批在全国有影响力的乡村旅游品牌。

（2）统筹规划村落集群，在省域范围内打造一批乡村旅游精品线路。

（3）拓宽乡村旅游资源的保护利用模式，实现乡村旅游健康有序发展。

2. 规划措施

（1）深入挖掘乡村文化，打造特色乡村旅游项目。立足乡土，做好具有地方特色的乡村旅游，打造精品活动项目。各地区之间应突出特色，体现差异。

（2）明确主体，成立专职机构。各地以村委会为主体，成立旅游管理委员会，安排专职人员，明确职责和目标，长期有效地推进乡村旅游事业。

（3）探索智慧化的服务模式，升级乡村旅游营销模式。学习先进的旅游服务模式，积极探索智慧乡村旅游。运用新媒体的推广手段，搭建电商化的乡村旅游营销平台。

3. 行动计划

规划期前三年内完成重点村旅游服务基础设施建设的全覆盖，打造 10 个左右在全国有影响力的乡村旅游品牌。

规划期末完成所有以乡村旅游为重点发展方向的村庄的旅游服务基础设施建设，完善旅游交通、食宿、游览、购物、娱乐等设施。

（三）文化教育

1. 规划目标

（1）结合古建筑村和民俗风情村建设，打造乡村传统文化教育基地。

（2）积极发展乡村文化旅游，开发和推介传统手工技艺旅游产品、礼品和艺术收藏品等，构建乡村文化产业生态链。

（3）结合自然生态村建设，建设一批乡村自然教育基地。

2. 规划措施

（1）设立专项基金用于乡村传统文化的挖掘、保护和传承。

（2）推进传统文化教育，通过节事活动、陈列展示、出版物等多种方式传播传统文化，将静态保护和动态保护相结合。

（3）在乡村环境中组织开展自然教育，丰富乡村旅游内涵，设置主题活动、聘请专业人员，使乡村自然教育成为都市人群认识自然、回归田野的第二课堂。

3. 行动计划

规划期前三年内依托重点村，结合"文化礼堂"建设，建成一批乡村传统文化教育基地，在自然生态村中挑选一部分村庄进行乡村自然教育基地建设试点。

规划期末实现重点村（含古建筑村和民俗风情村）传统文化教育基地建设全覆盖，实现 20% 的自然生态村具有自然教育基地的功能。

（四）生态农产

1. 规划目标

（1）保证基本农田、耕地、林地等农林用地不受侵占，杜绝污染。

（2）突出地方特色，打造高品质乡村农产品牌，提高农户收入。

（3）实现多元化经营，有条件地区实现从一产到三产的转换。

2. 规划措施

（1）加强科技引导，实现生态农业，减少农业污染，加强质量安全监管，提升农产品品质。

（2）结合地方传统优势或环境优势，形成特色农业产业区，引入现代产品经营理念，搭建电商平台，打造高品质乡村农产品牌。

（3）农业生产与观光、旅游、体验等活动相结合，实现从单纯的一产到多元化的三产的转变。

3. 行动计划

规划期前三年在重点村引导村民自建农产品销售经营点，在全省范围内搭建农村农产品电子商务平台，建立健全乡村农产品质量安全监管机制。

规划期末在全省范围内形成20个左右省级特色农业观光体验区，扶持一批生态农产品牌。

（五）其他产业

1. 规划目标

（1）加快农村经济转型升级，促进农业增效、农民增收，努力把农村经济新型业态培育成为浙江省农村经济的新增长点、成为促进农民增收的新亮点。

（2）推动涉农电子商务发展，形成丰富多样的电子商务生态，提升整个系统的稳定性和自组织性。

（3）加快发展农村服务业，促进农村劳动力就业、改善农村劳动力水平。

2. 规划措施

（1）全面培育农家乐、农村现代民宿、农村运动休闲、农村电子商务、农村来料加工业、农村养生养老、农村物业经济等农村新型业态。

（2）加大农村商业扶持力度，通过"互联网+"农村电子商务完善现有农村金融服务体系。

（3）恢复一部分乡村传统商业街或集市，形成一定的市场和规模。

（4）注重对传统手工艺的传承和发展，特别注重对传承人的扶持，加强传统工艺作坊或工场的建设，借助新媒体平台进行有效宣传，与乡村文化旅游相结合。

3. 行动计划

规划期前三年搭建省域农村商业互联网平台，推动涉农电子商务发展，重点培育农村现代民宿、农村运动休闲、农村养生养老、农村物业经济等农村新型业态,恢复一批传统商业街和集市,带动传统工艺作坊和工场的建设。

规划期末建立丰富的农村经济业态,健全基于互联网的农村金融服务体系,增加农村就业岗位,提高农民收入水平。

七 经营管理和能力建设规划

(一) 领导管理机制:制定规划政策,加强村落保护

应进一步理顺历史文化村落保护利用的管理体制。清理和废止不利于美丽乡村建设和历史文化村落保护协调推进的原有政策、法规。将历史文化村落保护纳入到新农村整体规划中,制定一系列有关新农村建设的政策,避免新农村建设对古村落的破坏。将古村落纳入旅游发展规划中,加强古村落的有效保护和可持续发展。对于重点村落,要专门制定保护和发展规划。

1. 保护意识和规划引领并重。加强宣传教育,增强保护意识,科学制定保护规划。编制历史文化村落建设规划,指导历史文化村落的保护和开发管理。集中连片的区域,要制定历史文化村落片区整体规划,使风格有机协调。

2. 物质文化遗产和非物质文化遗产保护并重。改变重物质轻非物质文化遗产的观念,进一步建立两者并重的政策体制。历史文化村落保护利用的意义关键在于使文化传统得到延续,要延续乡风民俗,才能留住乡村的"魂"。

3. 鼓励历史文化村落优先历史建筑修缮、修复和保护,对集中连片保护利用的村庄,允许其依法申请古民居住户外迁安置的宅基地指标和安家费补偿。在保护中,要注意传统文化符号的完整,杜绝建设性破坏,应建立一系列历史文化村落设计和修复规范,认证相应的专业队伍。

4. 进一步梳理历史文化村落保护与村域发展、尊重传统与追逐现代化的关系,界定历史文化村落保护与利用的政策边界,确立保护与利用的优先顺序,用正确的理念、政策和规划指导实践。要把历史文化村落做成历史遗存、文化根脉、情感归宿、精神家园的历史担当和精神境界,村落可以成为景点,但要防止把历史文化村落单纯作为旅游景区打造。

5. 偏远山区的历史文化村落予以重点保护,在完成历史文化村落保护利用的同时,完成贫困村域经济社会发展和贫困人口脱贫致富的双重历

史任务。建议在下一轮历史文化村落保护利用的推进工作中，选择一批偏远山区、保存完整的历史文化村落，作为重点村中的重点。

（二）长效管护机制：将发展经济与改善村民人居环境相结合

1. 保护工作与新农村建设和谐发展。坚持以人为本，正确处理好历史文化村落保护开发与新农村建设的关系。在保持原有历史风貌的基础上，加强历史文化村落环境整治力度，把新农村建设与历史文化村落资源的合理利用、适度开发结合起来，形成历史文化村落保护开发的良性循环。

2. 在保护历史文化村落的同时，妥善发掘旅游价值，发展文化旅游产业。适度发展旅游和文化产业，将村民的利益与历史文化村落的保护开发联系在一起，能促进当地农村经济发展和农民增收。到历史文化村落旅游，是乡村旅游的精华和灵魂，要积极探索历史文化村落与乡村休闲旅游结合的切入点，加强历史文化村落的文化内涵挖掘和打造，争取形成"一村一韵""一村一景"。

3. 开拓思路，科学规划历史文化村落的产业发展，旅游业、现代农（林牧渔）业、商业和服务业、休闲养老业、教育文化业等，都可以作为历史文化村落的产业来规划。要有机结合当地特色产业发展，对村落的特色产业加以引导发展、壮大，形成"一村一特""一村一品"，形成历史文化村落保护与产业互动发展的良好局面，促进当地经济的发展和农民增收。

4. 建立多元投入机制，引导村集体、个人、企业和其他社会团体共同投资，探索合作共赢的可持续发展模式。有效整合相关项目资金，鼓励和支持社会力量参与历史文化村落的保护利用，实现保护利用与村落经济联动发展。结合村庄具体情况，采取分离型、共生型、整村型、散点型等模式对传统村落空间形态和古建筑进行有效合理的保护，允许农户所有的古民居等历史建筑的产权流转，支持集体经济组织的统一修缮保护和非本村户籍成员"认养"历史建筑等方式。

（三）特色发展机制：坚持地方特色，提升文化品位

1. 彰显地方特色，建设文化精品。本着因地制宜、合理利用的原则，保护历史文化村落特色，避免大拆大建和一律化。根据各个历史时期建筑遗存现状，确定其修复、保护的主体风格，建设成为各具时代特色内涵的历史文化村落。有的村比较完整地保留了多个历史时期的建筑，可采用"建筑博览园"模式保护利用；有的村落完整性较差，但历史建筑遗存较

多，应坚持"尊重历史、还原旧貌、融入本土"的原则。修复历史建筑与建设新民居力求格局相容、错落有致、和谐一体。善于挖掘不同村落的个性特色，彰显"十里不同风、百里不同俗"的地方特色。以提升的手笔显现精品名村，充分彰显浙江省历史文化村落的地域特色、人文特色、建筑特色、业态特色、自然特色和景观特色。

2. 传统文化内涵挖掘与传承相辅相成。重视传统文化资源的挖掘和研究。利用各种技术手段，进行抢救性保护。重视专业人才的培养，加强古村落文化的理论研究，保护传统仪式，注重乡村人文生态的保护。把传统文化特色融入到美丽乡村文化建设之中，按照"一村一品、一村一韵、一村一景"的要求，促进乡村文化资源的可持续发展。

3. 发展旅游业，也应各具特色。比如，整村保护，特色发展，打造成历史建筑博览、国学文化传承、生态农业体验、美丽乡村休闲、特色民俗观摩等不同特色的旅游村落；单体利用，发掘历史建筑新价值，设立博物馆、纪念馆、手工业作坊、主题客栈等差异性旅游产业，吸引经济社会学者、历史学、文化学者、艺术家等专业人员入住、科研、休闲和观光；恢复传统特产、名品的生产和供给，形成历史文化村落特产特品专业村与旅游观光紧密结合的新基地。

4. 丰富文化载体，提升文化品位。将非遗项目传承作为重要村级文化活动载体，鼓励和发展各类群众性文体组织。

（四）村民参与机制：利益共享，政府与社会并举

1. 村庄的保护是一个投入的过程，村庄的发展和利用是一个产出的过程，应打通资金投入和产出的环节，事先明确村组集体、村民、外来资本等各利益主体之间关系，充分调动各方的积极性，保证利益分配的公平、公正、公开。

2. 突出政府主导地位。加大财政资金投入力度，安排历史文化村落保护利用专项经费，用于历史文化村落的培育建设。在组织领导和人才培养方面，可以建立历史文化村落保护利用联席会议制度，成立历史文化村落保护利用工作专家组等。

3. 积极鼓励社会参与。制定相关激励政策，鼓励社会各界人士积极参与，通过建立"历史文化村落保护基金会，募集保护资金。采取股份制的试点形式，将其所有的古建筑租赁或入股，共同参与历史文化村落的保护、经营和收益。

第十章 余论：中国历史名村变迁与当今美丽乡村建设[①]

一 中国历史名村变迁研究的意义和价值

本书所指的中国历史名村包含两个类型。

第一类，中国历史文化名村，是指由住建部和国家文物局共同组织评选和公布的，保存文物特别丰富且具有重大历史价值或纪念意义的，能较完整地反映一些历史时期传统风貌和地方民族特色的村。自2003年10月至2014年3月，住建部和国家文物局先后评选和公布了六批共276个历史文化名村，其中浙江28个，占总数的10.1%。从公布的中国历史文化名村名录看，入选的历史文化名村基本上都是古村落。可以认为，中国历史文化名村其实是中国"古村落"中的佼佼者。2012年，国家住建部、文化部、文物局、财政部联合组成"传统村落保护和发展专家委员会"，在全国评选和公布传统村落。自2012年至2016年12月，该委员会分四批评选和公布了"中国传统村落"4153个，浙江入选401个，占总数的9.7%。"传统村落"是指1911年辛亥革命以前建村，保留了较多传统建筑环境、建筑风貌，村落选址未有大的变动，具有独特民俗民风，虽经历久远，但至今仍为人们服务的村落。应该看到"传统村落"比"古村落"概念涵盖了更多的历史村落。从此之后，本团队[②]用"传统村落"概念替代了此前所使用的"古村落"概念。浙江省委、省政府《关于加强历史文化村落保护利用的若干意见》把这一类村落界定为"历史文化村落"，以区别于国家相关部委评选公布的"中国

[①] 本文曾发表于江西社科院《农业考古》（双月刊）2017年第4期（第233—242页），作者为王景新教授，发表时略有删节。

[②] 本团队以"村域经济社会变迁发展研究"为主攻方向，诞生和成长于浙江师范大学农村研究中心。目前团队成员延展至浙江大学、湖州师范学院、浙江农林大学、浙江财经大学、河海大学、中国名村变迁与农民发展协同创新中心等省内外高校和科研机构。中国名村变迁与农民发展协同创新中心落户于浙江农林大学，成员单位包括农业部农村经济研究中心、中国社会科学院当代中国研究所、南京农业大学中华农业文明研究院、西北农林科技大学中国农业历史文化研究中心、浙江师范大学农村研究中心，浙江农林大学中国农民发展研究中心。

历史文化名村"。"浙江历史文化村落"涵盖了"古建筑村落（古建筑等历史文化实物比较丰富和集中的）、自然生态村落（历史建筑与自然生态相和谐的）、民俗风情村落（非物质文化遗产丰富且延续至今活动频繁的）"三大类。此后，本团队研究成果中出现了"古村落""传统村落""浙江历史文化村落""中国历史文化名村"等不同概念，各概念的含义大同小异。

第二类，中国共产党自成立至今近百年来的不同历史时期涌现出来的，对中国革命、建设以及农村改革发展产生过重大影响的著名村落（简称"中共历史名村"）。比如，中国共产党创立初期"第一个农会"（1921年）诞生地——浙江萧山衙前村；土地革命时期中央苏区的"乡苏模范"——江西兴国长冈乡（长冈村、泗望村）和福建上杭才溪乡（才溪村、下才村、溪北村等）；抗日战争和解放战争时期根据地的著名村庄——有"小莫斯科"之喻的河北饶阳五公村，被称为"边区农民的方向"山西平顺西沟村；土地改革时期"土改第一村"——黑龙江尚志市元宝村（电影《暴风骤雨》中元茂屯的原型地）；合作化时期的河北遵化王国藩"穷棒子社"（西铺村）；第一个人民公社诞生地，河南遂平嵖岈山卫星人民公社（嵖岈山镇）；"农业学大寨"样板村山西昔阳大寨、"北方大寨"河北遵化沙石峪、"南方大寨"海南儋州石屋村；推动农村改革的安徽小岗村；中国改革开放时代涌现出来的大量著名经济强村（"明星村"），如黑龙江甘南兴十四村、江苏华西村、河南新乡刘庄、山东邹平西王村、河北滦平周台子村、浙江奉化滕头村、东阳花园村、萧山航民村、上海九星村等。本团队认为，"明星村"既是当代发展中的著名经济强村，也是中国共产党未来的历史名村。因此，将其同时列入"改革发展中的特殊村"和"中共历史名村"的研究范畴。

中共历史名村是中国历史文化名村中不可分割的重要组成部分。中共历史名村带有鲜明时代标记，承载着中国农耕文明历史长河中的先贤智慧，镌刻着中国共产党领导农民革命和农村建设的历史脉络、成就与功勋、经验和教训；中共历史名村具有强烈的地域文化特色，代表着近现代百年来中国不同区位和类型村庄变迁与发展的华丽篇章；中共历史名村凝结着无数中国共产党人和农民精英的贡献和时代标记，从名村走过，我们仿佛走进了中国共产党领导农民革命和建设的功勋纪念馆,仿佛走进了集体经济发展和农村现代化业绩展览馆,仿佛走进了中国近现代农民发展历史博物馆,仿佛走进了农民精英人物传记馆。每次从中共历史名村走过,我们都被深深震撼,接受着一次次的灵魂洗礼,一次次艰苦奋斗、立党为公、舍己为民的集体主义思想教育。

加强中共历史名村变迁研究刻不容缓。研究它能一叶知秋,从村庄层面展示中国共产党领导的"三农"发展史及其历史功勋;能够提炼、总结和传播村域现代化道路和中国经验,丰富乡村发展理论;能够总结农民的思想智慧,表达农民现实诉求,推进中国"三农"现代与国家新型工业化、信息化和城镇化同步发展;能够在中国近现代经济社会史、中国共产党党史、中华人民共和国史的序列中,再添中共历史名村变迁发展史新品,以此纪念中国共产党即将迎来的100周年华诞!

当今中国美丽乡村建设非常需要吸取名村变迁的历史知识、经验和教训。当今中国美丽乡村建设已经进入到社会主义新农村"生产发展、生活宽裕、乡风文明、村容整洁、管理民主"目标实现阶段,进入到"促进工业化、信息化、城镇化、农业现代化同步发展"和大融合阶段。这标志着"中国农村发展新阶段——村域城镇化"[①] 和城乡一体化时代到来。城乡一体化,需要把"美丽乡村建设"纳入全国"新型城镇化"的框架中整体规划、布局、建设和管理。城乡一体化,要适应中国社会结构由"乡土中国"向"城乡中国"转型的大趋势[②],使"乡土中国"的根脉在"城市中国"传承和弘扬,使城市布局结构和美丽乡村聚落景观和谐共生,同时增强城镇和乡村的活力与魅力。因此,中共中央关于"要依托现有山水脉络等独特风光,让城市融入大自然,让居民望得见山、看得见水、记得住乡愁;要融入现代元素,更要保护和弘

[①] 王景新:《中国农村发展新阶段:村域城镇化》,《中国农村经济》2015年第10期。

[②] 2017年3月13日,刘守英教授在北大文研论坛发表《城乡中国的土地问题》演讲时提出,所谓"城乡中国",是从乡土中国到城市中国转变的中间过程"。他认为,"经过改革开放近40多年的巨大变迁,中国社会已经由乡土中国转型为城乡中国,城乡中国将是中国今后一个时期的基本特征"。

扬传统优秀文化，延续城市历史文脉"。① 这不仅是对中国新型城镇化的要求，同时也是对美丽乡村建设的要求。城乡一体化，短板在农村，习近平总书记所强调："中国要强，农业必须强；中国要美，农村必须美；中国要富，农民必须富。"② 加快美丽乡村建设，非常需要吸取中国名村变迁发展的历史经验和教训。"记住乡愁"就是为了吸取中国传统（古）村落和历史名村变迁的知识、经验和教训，从中发现村域经济社会可持续发展的道路，延长美丽乡村的生命力。

二　中国历史名村变迁研究的样本、框架、方法及产出

（一）样本

自2003年至今，本团队开展"典型村域经济社会变迁研究"已达16年。以往的研究实践中，我们一直坚持用"典型村域"样本来解读和研究中国村域经济社会变迁发展的整体状况。众所周知，典型调查是根据调查目的和要求，有意识地选取少数具有代表性的样本进行调查研究。但很多做乡村研究和"三农"问题研究的团队或个人，不愿意认真对待甚或不了解"典型调查"样本选择的重要性，他们以为自己去调查了的村庄就是"典型村庄"，没去调查过的村庄大概都不"典型"。

典型村庄如何选择？费孝通先生说："如果只调查了一个中国农村把所调查的结果就说是中国农民生活的全貌，那是以偏概全……如果说明这只是一个中国农村里的农民生活的叙述，那是实事求是的……"怎样从局部的观察看到或接近看到事物的全貌呢？费老说，"统计学上的方法是随机抽样，……可是社会现象却没有这样简单。我认为在采取抽样方法来作定量分析之前，必须先走一步分别类型的定性分析"③。分类和比较研究能够克服个案研究的不足。个案不能代表全貌，但要通过科学分类使样本尽可能接近全貌。因此，本团队一开始就将"典型村域"

---

① 2013年《中共中央城镇化工作会议公报》，新华网，2013年12月14日，http://news.xinhuanet.com/video/2013-12/14/c_125859839.htm。

② 2013年《中共中央农村工作会议公报》，新华社每日电讯，http://news.xinhuanet.com/mrdx/2013-12/25/c_132994164.htm。

③ 费孝通：《怎样做社会研究》（经典珍藏版），上海人民出版社2013年版。

分为以下二类五个亚类（图10-1），然后在按照分区①聚类的办法选取样本。

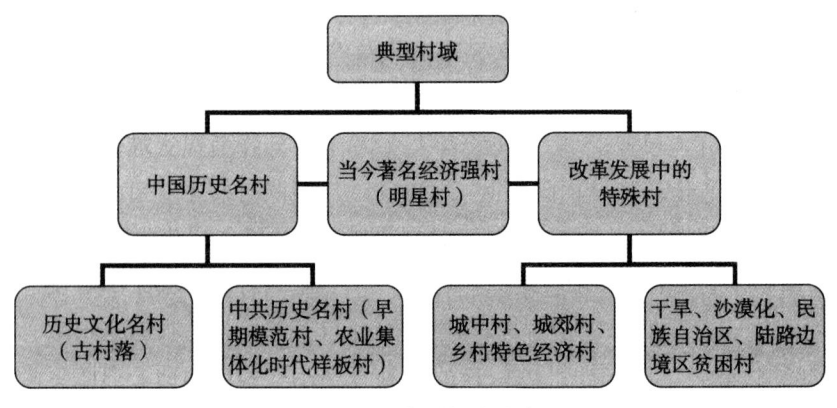

图 10-1　典型村域分类

后来，随着实践发展，有些概念在学术界有了新名称，上述分类也需要进一步完善，本团队逐渐将"典型村落"研究对象界定为三类，即第一类，传统（古）村落，主要在中国历史文化名村中选择样本；第二类，中共历史名村，分区、分历史时代选择样本（如表10-1）；第三类是改革发展中的特殊类型村。

表 10-1　　　　　中共历史名村变迁研究样本选择

村级样本	成名时代	成名因素	隶属县（区市）、乡（镇）	区域代表性
衙前村	中共创立时期	第一个农会	浙江省杭州萧山区衙前镇	华东地区
翟城村		晏阳初乡建	河北省定州市东亭镇	华北地区
才溪村等	土地革命时期	乡苏维埃模范	福建省上杭县才溪镇	华东地区
长冈村、泗望村		乡苏维埃模范	江西省兴国县长冈乡	

---

① 本地团队一般按照六大片区（华北、东北、华东、中南、西南、西北）或者四大经济区域（东部、中部、西部、东北地区）来划分。

续表

村级样本	成名时代	成名因素	隶属县（区市）、乡（镇）	区域代表性
西沟村	抗日战争时期	劳武结合	山西省平顺县西沟乡	华北地区
五公村	抗日战争时期	劳武结合	河北省饶阳县五公镇	华北地区
西铺村	集体化时代	穷棒子社	河北省遵化市建明镇	
五洞闸村	集体化时代	浙江第一个高级社	浙江省慈溪市观海卫镇	
龙南村	集体化时代	建立合作网	浙江省慈溪市观横河镇	
长宁村	集体化时代	整顿互助组的经验	浙江省建德市杨村桥镇	
千鹤村	集体化时代	妇女投入生产	浙江省建德市梅城镇	华东地区
邓家乡	集体化时代	中心社带互助组	浙江省建德市邓家乡	
新仓乡	集体化时代	供销与合作社合作	浙江省平湖县新仓镇	
上华村	集体化时代	高级社养猪经验	浙江省兰溪市	
凤鸣乡	集体化时代	山林入社经验	浙江省龙泉县凤鸣乡	
勤俭村	集体化时代	农民学哲学	浙江省江山市新塘边镇	
嵖岈山卫星人民公社	集体化时代	人民公社发源地	河南省遂平县嵖岈山镇	中南地区
大寨村	集体化时代	农业学大寨样板	山西省昔阳县大寨镇	华北地区
沙石峪村	集体化时代	北方大寨	河北省遵化市新店子镇	华北地区
石屋村	集体化时代	南方大寨	海南省儋州市那大镇	中南地区
兴十四村	改革开放时代	著名经济强村	黑龙江省甘南县音河乡	东北地区
周台子	改革开放时代	著名经济强村	河北省滦平县张百湾镇	华北地区
航民村	改革开放时代	著名经济强村	浙江省杭州萧山区瓜沥镇	
花园村	改革开放时代	著名经济强村	浙江省东阳市南马镇	
滕头村	改革开放时代	著名经济强村	浙江省奉化市萧王庙镇	华东地区
方林村	改革开放时代	著名经济强村	浙江台州路桥区路南街办	
西王村	改革开放时代	著名经济强村	山东省邹平县韩店镇	
刘庄	改革开放时代	著名经济强村	河南省新乡县七里营镇	中南地区
福保村	改革开放时代	著名经济强村	云南省昆明官渡区六甲乡	西南地区
东岭村	改革开放时代	著名经济强村	陕西省宝鸡金台区陈仓镇	西北地区

(二) 框架

1. 村域经济社会变迁

"村域"是以行政村为边界的区域单元。行政村是自然村落（或村庄）组织化的结果。新中国的自然村落（或村庄）经历了互助组、合作社、人民公社、"乡政村治格局"等组织化的过程。在这个过程中，村落（或村庄）经济社会管理功能逐渐消失，失去了经济社会单元研究价值；相反，行政村权力越来越集中，边界越来越清晰。因此本团队主张用"村域"概念替代先前研究中的"村落"（或村庄）概念。或者只在行政村的意义上使用"村落（或村庄）"概念。

"村域经济社会变迁"包括"变迁"和"发展"两方面。

"村域变迁"指村域"五要素"和"三大经济主体"随时代变迁而发生的变化和转移。村域"五要素"：①生产力——土地和其他资源，生产工具、畜役力和机械，农业科技与服务；②生产关系——以土地为核心的农村产权关系，生产组织形式，利益分配关系；③村域经济——村域总产值及结构，劳动力从业结构，村域集体经济，农户收入与生活质量（人均纯收入、恩格尔系数、预期寿命），专业合作社与农工商企业等新经济体；④村域政治——基层自治，农民诉求表达与权益保障；⑤村域社会、文化、环境和基本公共服务。村域三大经济主体：集体经济农户经济、新经济体（村内既不属于集体经济又不属于农户经济的都归入新经济体，如专业合作社、农工商企业等）。

"村域发展"是村域变迁中经济主体壮大、经济增长，村域政治、社会和文化进步，资源环境向好的转化；反之则视为受挫或衰退。村域发展的出发点和落脚点是农民的发展。

2. 农民发展

农民发展是农民（个体/群体）的各种需求不断获取和得到满足的过程；农民发展水平是指一定时期农民的各种需求得到满足的程度或水平。农民发展包括以下三个层面：

（1）农民发展是农民的生存、发展权利不断获得、改善和满足的过程。观察点有：自由——人身自由（农民工或人口流动量）、迁徙自由（村域迁出、迁入户占总户比）；安全——生命安全（预期寿命指标）；财产安全（户均银行存款及人均住房面积变化）；权益保护（纠纷调解、违规惩戒方式）；机会——就业自由（非农就业的比例）；能力——农户土地量；可灌溉面积比例、资本积累能力＝［农户总收入－生产支出－消费支出－负担（非生产和非消费支出）］／总收入；劳动力的受教育年限。

（2）农民发展是经济增长带来农民物质生活的改善（这是UNDP《全球人类发展报告1990》的核心理念）。观察点为：村域GDP（人均）；农民人均纯收入（黄金价格换算）；村域（农村）居民恩格尔系数。

（3）农民发展是文化和政治发展带来农民精神文化生活和政治参与水平不断提高。观察点包括：政治参与度（村域公共事务决策方式、参与国家政治生活的人数）；精神文化生活质量（文教娱乐用品及服务支出占消费支出的比例）；基本公共服务保障水平。

（三）方法

本团队在开展典型村域经济社会变迁研究过程中，不断探索"经济人类学"和"经济社会史"相结合的研究方法，简而言之，就是把人类学的田野调查方法，社会学的比较研究方法，历史学的契约文书、碑雕等证史和口述历史收集、甄别方法等，引入到村域经济发展、社会变迁研究之中。

村域经济社会变迁研究以历史阶段（或历史节点）为经，每一个历史阶段（或历史节点）的经济社会状况调查和研究，都按照前文所述的"村域五要素""村域三大经济主体""农民发展"所界定的框架内容展开。历史时限选择遵循以下原则：传统（古）村落经济社会变迁史的研究详今明古，主要资料数据尽可能上溯至村庄建立之初，重要资料数据必须上溯至清中后期或民国，1949年以来的资料数据力求详尽和系列化；中共历史名村研究分为中共早期（1921—1949）、农业集体化时代（1949—1978）、改革开放时期（1979—2021）三大历史时期，每个历史时期内的历史阶段划分遵循中共党史的分期；改革发展中的特殊类型村主要研究城中村、城郊村、乡村特色经济村，以及干旱、沙漠化、民族自治区、陆路边境地区的贫困村的当代变迁发展。需要指出的是，无论研究传统（古）村落、中国历史文化名村、中共历史名村的变迁发展，还是研究当代特殊类型村庄的变迁发展，近百年甚至几百年的村庄变迁发展史的连续数据都难以获取，因此，选择能够代表一个时代的关键性年份（历史节点）的资料数据，就显得非常重要。比如，本团队在研究近现代中国名村变迁史的实践中，选择1911年、1919

年、1936年、1953年、1978年、2011年的经济社会状况，分别代表辛亥革命时期、五四运动时期、民国时期较好发展阶段、新中国国民经济基本恢复时期、改革开放起点时期、辛亥革命100周年等历史节点的经济社会状况，再将各历史节点的状况串联成近现代中国典型村域经济社会变迁的整体画卷。

（四）产出

本团队关于中国历史名村变迁研究成果已公开出版的有：

1. 中国历史文化名村经济社会变迁研究。(1)"浙江近代典型村落经济社会变迁研究"（"浙江文化研究工程"系列项目05WZT005-1—5），该项目下的著作类成果由中国社会科学出版社出版的有《浙江山区村落经济社会变迁研究》（车裕斌，2007.10），《浙江现代农业型村落经济社会变迁研究》（李长江，2007.10），《浙江省现代工业型村落经济社会变迁研究》（朱华友等，2007.10），《浙江省市场型村落的经济社会变迁研究》（陈修颖等，2007.10）；由浙江大学出版社出版的有《诸葛古村落经济社会变迁研究》（王景新，2011.8），《渝原古村落经济社会变迁研究》（周志雄、汪本学，2011.8）。(2)"楠溪江中上游典型古村落经济社会变迁研究"（浙江文化研究工程系列项目07WHZT001Z-1—4）[①]，该项目下的著作类成果均由中国社会科学出版社出版，如《蓬溪古村落经济社会变迁研究》（陈志文等，2010.2），《溪口古村落经济社会变迁研究》（王景新、廖星成，2010.4）、《楠溪江上游毛氏宗族村落个案分析》（车裕斌，2010.9）、《苍坡古村落经济社会变迁研究》（姜新旺、谭万勇，2010.5）。(3)《农村改革与长江三角洲村域经济转型》（王景新，2009.12），《村域集体经济：历史变迁与现实发展》（王景新，2013.9），这两本著作分别为2007年国家社科基金项目（07CJL037）和2010年度国家社科基金（应用经济学类）重点项目（10AJY008）的最终成果，均由中国社会科学出版社出版。

2. 浙江省"《千村故事》'五个一'行动计划"（简称"千村故事"）。"千村故事"是按照浙江省委书记、省长、副书记、副省长4位

[①] 浙江文化研究工程系列项目丛书出版，先后分别由时任浙江省委书记习近平、时任浙江省委书记赵洪祝作序。

领导批示①而展开的,在浙江历史文化村落物质文化遗存修复、保护和利用的基础上,对非物质文化遗产抢救性挖掘、整理、记忆和传承的乡土文化建设任务。"千村故事"主要针对纳入《浙江省历史文化村落保有数量和名单库》(以下简称历史文化村落"库内村")②,开展"寻访传统故事——编撰一套丛书,触摸历史脉搏——形成一个成果,定格乡土印象——摄制一碟影像,回味乡愁记忆——推出一馆展示,构建精神家园——培育一批基地"。"千村故事"在浙江省农办的直接领导下,由浙江农林大学中国农民发展研究中心,联络"中国名村变迁与农民发展协同创新中心"及省内外专家组织实施。在"千村故事"研究过程中,研究团队先后实地调研的历史文化村落样本包含了全省11个地级市的57个县(市、区)、163个村。本项目下的著作类成果主要是《千村故事》系列9卷11册,包括千村故事之:《礼仪道德卷》(主编洪千里),《清廉大义卷》(主编颜晓红),《生态人居卷》(主编王欣),《劝学劝农卷》(主编高君、荆晶),《名人名流卷》(上下册,主编王长金、彭庭松),《民风民俗卷》(主编周新华、朱永香),《手技手艺卷》(主编任重、唐子舜),《特产特品卷》(主编车裕斌)和《古村概览卷》(全三卷,主编潘伟光)。其中《千村故事精选》(全三卷),中国社会科学出版社已于2016年7月正式出版,其他著作和影像也已陆续出版。

3. 中国近现代乡村建设思想史和中共历史名村研究。著作类成果如中国社会科学出版社出版的《中国共产党早期乡村建设思想研究》(王景新、鲁可荣、郭海霞,2011.6),《民国乡村建设思想史研究》(王景新、鲁可荣、刘重来等,2013.6)。论文类成果如《村域经济转型发展态势与中国经验》(王景新,2011.12),《农民市民化:中国10个著名经济强村实证研究》(王景新、郭海霞,2014.1),《当今"明星村"集体经济发展的有效实现形式》(王景新,2015.1),《中国农村发展新阶段:村域城镇化》(王景新,2015.10)。

---

① 2015年3月下旬,浙江省委书记夏宝龙,省委副书记、时任省长李强(现为江苏省委书记),副书记王辉忠,副省长黄旭明4位领导,在浙江省农办和浙江农林大学联合制订的"《千村故事》'五个一'行动计划"上批示:"赞同这个计划",要"做成弘扬历史文化,可以传承后人的精品"。

② 截至2015年末,浙江省历史文化村落"库内村"1237个村,系为本著研究对象。到2017年2月,"库内村"已达到2453个村。

三 中国历史名村变迁研究主要结论及其对美丽乡村建设的启迪

(一) 传统 (古) 村落兴衰更替的规律及其保护利用原则

1. 传统 (古) 村落兴盛的条件。一般而言,名门望族因故迁徙繁衍,总是选择 (水、陆) 交通方便、环境优美且比较隐蔽、安全的地方聚居。始迁祖有条件追求"耕读传家"的理想生活模式,始迁祖及后裔艰苦创业、以农立家、以工商富家,促成了家族和谐、子孙繁衍生息、人丁兴旺、人才辈出的局面,从而促进家族壮大和村落发展,在迁入地再度形成名门望族。底蕴深厚耕读文化和经济实力,又是名门望族追求村落选址和民居等建筑营造高境界的基础条件,他们总是追求依山傍水的优美生态环境,重视聚落间的给排水系统建设,强调村落的生产生活与自然环境和谐共处,讲究宗祠、厅堂和聚落建筑的尊长秩序和儒家文化习俗布局,从而使传统 (古) 村落的布局景观、民居建筑与儒家文化融为一体,久经历史风雨而保存至今。归纳起来,传统 (古) 村落长盛不衰的重要条件集中于以下五个要素: (1) 资源。资源富足,并一直坚持合理利用、修复和保有并重的节律。资源利用、保有和拓展 (生态修复等) 同步谋划,是村域生态化发展的基础条件 (注释专栏10-1)。(2) 聚落。聚落布局与自然和社会和谐,达到"天人合一"的境界。而且,村域与外界交往水、陆交通便捷,信息交流及时。(3) 人才。子孙繁衍兴旺,人才辈出,宗族凝聚力成为村域发展的最重要动力。(4) 产业。合适的产业布局。把"无农不稳、无工不富、无商不活"的文化变成产业战略和布局,是村域快速持续发展的经济规则。(5) 文化。学而优则仕、则商,不优则耕读传家 (注释专栏10-2)。

注释专栏10-1 中共历史名村村域经济持续发展的案例

资源利用、保有和拓展 (生态修复、跨区域配置) 同步谋划,是村域生态化发展的基础条件。西沟村、大寨村、沙石峪村,从1943年前后开始植树造林和小流域治理,把不适合人居险恶环境改造成乡村乐园、旅游景点。新疆和田地区的和田县、洛浦县和皮山县,在塔克拉玛干沙漠边缘治沙、种植红柳、接种大芸,修复生态,相当于再造了26万亩耕地,实现"沙退人进、改善农民生计"的目标。云南隶属云南省保山市腾冲县猴桥镇箐口村,国土面积88平方千米，平均海拔 1750 米，最高峰 2200 米。通过艰苦努力，修复生态，造出山林 12.6 万亩，森林覆盖率 95.45%，其中名贵树林 2170 万株。2011 年末，箐口村集体收入 117.25 万元，农民人均 6500 元。成为"全国绿色小康村"。

注释专栏 10-2 "以农立家、以工兴家、以商富家"的传统文化与现实案例

司马迁的《史记·货殖列传》反映了中国古人的经济思想和物质观。司马迁引用《周书》"农不出则乏其食，工不出则乏其事，商不出则三宝绝，虞①不出则财匮少"，阐明"财匮少则山泽不辟矣。此四者，民所衣食之源也。原大则饶，原小则鲜。上则富国，下则富家"的道理②。他指出"夫用贫求富，农不如工，工不如商，刺绣文不如倚市门，此言末业，贫者之资也"③，表明古人早就认识了"无农不稳、无工不富、无商不活"的规律。

浙江诸葛村，诸葛宗谱强调"以农立家、以工富家、以商活家"，"学而优则仕、则商，不优则耕读传家"。明末清初，诸葛村药业（制药和贸易）空前昌盛，"南达广州、香港，北达津沽、牛庄，贸易半个中国"。

河南刘庄自 20 世纪 60 年代至今，其村域主导产业由"棉花→汽车拖拉机喇叭→医药原材料"演变，每一次产业的重大调整，都依托和有效利用先前资源、资金、资产积累，选择既符合时代特点又适合本村实际的主导产业，循序渐进的扩张。

江南五村集团村（浙江航民村、花园村、滕头村、方林村和上海九星村组成的中国村企集团五村合作组织）域工业化、城镇化后，无一例外地把绿色农业和旅游业作为发展重点。

——资料源于王景新相关研究成果。

2. 传统（古）村落衰败的原因。 一是交通格局变化导致传统（古）

---

① 虞[yú] 人单称虞、山虞，古代官名。西周时开始设置，掌管山泽。早在传说中的帝尧时代就设了"虞人"的官位来掌管山河、苑囿、畋牧。
② 司马迁：《史记》，北京燕山出版社 2006 年版，第 3580 页。
③ 同上。

村落的交通和信息交流彻底边缘化。近现代以来，水运交通网络逐渐被公路、铁路、航空立体运输网络所取代，传统（古）村落原所依托的水（陆）运线路逐渐萎缩、退化而沉寂下来。这既是传统（古）村落衰落的原因，也是其能够远离"喧闹"、得以幸存的重要条件。二是村域社会交往关系萎缩和退化。交通格局变化、村落彻底边缘化，导致了传统（古）村落社会交往关系逐渐退化和萎缩，村域政治、经济、文化活动越来越少、交往关系越来越封闭，村域经济社会变迁便开始进入到停滞和衰退模式。三是村民的生存环境和基层治理格局改变导致村落衰败，其中，村落的资源环境被大量破坏、宗族力量瓦解、人才和优质劳动力大量流失等，是导致村落衰败的最重要的因素。

3. 传统（古）村落与其他一般类型村落经济社会变迁发展大同步、小差异。（1）古代中国，传统（古）村落的兴衰更替与其他村落一样，随皇权的兴衰更替律动，这是大同步。但是，传统（古）村落特殊的地理区位、名门望族的宗族势力及其传统、耕读文化背景及以农立家和工商发家的历史积累等条件，成就了传统（古）村落兴衰更替及和经济社会变迁的不同个性，这是小差异。皇权稳定、社会安定、传统（古）村落先于一般村落而兴盛；皇权衰落、社会动荡、战乱不息，传统（古）村落后于一般类型的村落而衰败。这种状况大体上表达了保存至今的传统（古）村落比一般村落更具活力和生命力的特性。（2）近代中国，传统（古）村落与其他一般村落同时整体衰败，构成乡村"天崩地陷似的暴落的趋势"。究其主要原因，在于"帝国主义和封建主义两把尖刀"将所有村落宰割成"一幅千疮百孔的画面"[①]。帝国主义侵略、封建残余势力摧残、军阀混战和割据，"……国家秩序混乱分崩，天灾日益倾数，还有财政金融的紊乱，使乡村中多量出的产品流入城市而不能得到相等的报酬，商业和市场的停滞纷扰，使农业经济上技术方面的准备也日益破毁，乡村中土匪蜂起等等。凡此种种，都使农业经济崩败衰落。农业经济的危机是一天天的增加，而有天崩地陷似的暴落的趋势"[②]。（3）现当代中国，传统（古）村落的衰落快于一般

[①] 钱亦石：《中国农村的过去与今后》（1934.1），转引自王景新等《中国共产党早期乡村建设思想研究》，中国社会科学出版社2011年版。

[②] 1927年11月中共中央临时政治局会议关于《中国现状与党的任务决议案》，参见中央档案馆编《中共中央文件选集》（第3册），中共中央党校出版社1989年版。

村落。在农业、农村现代化、城乡一体化的大趋势下，传统（古）村落大部分衰败了，有的村整体消失了，有的村古民居与新民居杂陈其间，历史建筑日渐消亡。但应该看到：传统（古）村落衰落与中国全域乡村工业化、城镇化紧密相关，工业、城镇的勃兴与传统（古）村落的衰落此兴彼衰；传统（古）村落衰落与农民生产、生活方式及水平的极大改进和提升紧密相关，新村、新民居替代了传统村落和传统民居。必须说明白：当今中国传统（古）村落衰落，是相对于日新月异的工业化和城镇化而言的，是在农业农村空前发展兴盛、农民生活品质极大提升的前提下出现的，是国家工业化、信息化、城镇化与农业现代化同步发展，新型城镇化、城乡一体化的大趋势下，农民生产、生活方式市民化转型过程中的"过渡性错乱"。正因为如此，这才有了记住乡愁、保护传统（古）村落、建设美丽乡村的现实需求。我们完全有理由相信，美丽乡村、美丽城镇和谐共生的美丽中国锦绣江山图景，一定会在"两个一百年"的时限中"织成"。

4. 传统（古）村落"保护利用得法"可延缓其衰败、延长其发展周期。有许多传统（古）村落整体或部分保存完好，通过修缮、修复，在农村旅游经济发展中获得了新生。怎样做才称得上"保护利用得法"，有两个极端的案例可供借鉴：其一，浙江宁波保国寺大殿，北宋真宗大中祥符六年（1013）建。在江南多雨潮湿、台风肆虐、白蚁横行的环境下，保国寺"鸟不栖、鼠不入、蚁不食、蜘蛛不结网"[1]，走过1000多个风雨春秋，开创了中国古建筑史上的一个奇迹，成为保存最完整、江南仅存的几座唐宋建筑之一。其二，河南焦作沁阳市封门村，位于太行山南麓，村庄始建于清嘉庆五年（1800）。封门村四面环山，依山而建，村中房屋建设错落有致，村庄前面是一条河流，村庄居河流右岸建立。至20世纪70年代末，村庄存在了100余年。由于过度砍伐、交通闭塞、饮水和粮食问题，加上学难、看病难等原因，20世纪80年代初村民逐渐由散户到村庄集体迁去。至今，村庄荒废30多年了，演绎出许多诡异事件[2]。

5. 传统（古）村落保护利用有两个至关重要的原则。其一，村庄

---

[1] CCTV10"地理中国"：《灵山宝地——保国寺》，2013年10月8、9日播出。
[2] 参见CCTV10"地理中国"有关探秘封门村的专题。

修复、保护规划及其建设，要处理好"人—聚落—生产—生活—自然"五者之间的和谐关系。传统村落是一个复合生态系统，农村——自然生态系统；农业——经济生产系统；农民——社会生活系统。"人—聚落—生产—生活—自然"五者兼顾，才能延长传统（古）村落的生命周期。其二，传统（古）村落保护利用，要处理好村落保护与村域发展、尊重传统与追逐现代化、记住乡愁与实现中国梦之间的关系，并且界定其政策边界，确立村域产业发展其优先顺序，用正确的理念、政策和规划作指导。但是，我们不能忘记：归根结底，传统（古）村落保护得法可能延长其利用时限，但古村落的历史形态和相关历史建筑迟早会消失殆尽。

（二）中国近现代历史名村风云变幻中蕴含着村域持续发展的规律

6. 晚清至民国的乡村建设运动中的著名村庄，曾经开启先河、盛极一时，但很快归于平静，至今并不富裕，而且村落里极少留下当年的历史印记。当年梁漱溟先后在河南、山东开展的乡村建设，基本没有留下什么历史印记。卢作孚重庆北碚乡村建设模式是抗战爆发后乡建楷模，实业救国之路走得时间最长，至今尚存一些历史印记。河北省保定市定州市东亭镇翟城村，1904年，该村乡绅米鉴三、米迪刚父子开展的"村治"历经12年（1904—1916），开启了"村治及乡村建设的先河"[1][2]。翟城村治"自组创以来，一时风动，四方多被其影响，而参观仿效者，尤所在多有"[3]。因此，该村自民国初年被定为模范村，其地位一直保留到20世纪20年代末。1926年，以晏阳初为首的中华平民教育促进会选择定县为实验县，米迪刚和米阶平[4]邀请其首先到翟城村举办。此后，晏阳初及他所领导下"平教会"在该村开展了为期10年（1926—1936）的乡村建设，成绩斐然。梁漱溟评价，"以为我们现在所见，翟城村所负模范之名是可以相许的"[5]。但是，好景不长，日本入侵、抗日战争爆发后，晏阳初的翟城村实验被迫停止了。21世纪之初，有学术机构和学者试图效仿晏阳初先生，到该村开办乡村建设学院，期望在社会主义

---

[1] 李紫翔：《中国农村运动的理论与实际·中国乡村建设批判》，新知书店1936年版。
[2] 陈序经：《乡村建设运动》，大东书局1946年版。
[3] 米迪刚、尹仲材：《翟城村》，中华报社1925年版。
[4] 米迪刚三弟，曾任翟城村副村长，时任北京政府农部司长。
[5] 梁漱溟：《北游所见纪略》，《村治月刊》1929年第1卷第4期。

新农村建设过程中重现翟城村昔日的辉煌,但未能如愿以偿,乡村建设历史名村重归于平静(注释专栏10-3)。

注释专栏10-3 翟城村乡村建设的历史印迹及当今状况

笔者于2013年元旦期间,到此村党支部副书记家住了3天,白天与村委会干部、财会人员、老年村民座谈,请他们回忆米氏父子以及晏阳初先生的乡村建设,寻觅乡村建设运动留在村落的印记,了解村域经济社会发展的现状;晚上,在住户家邀约不同农户的户主前来边烤火、边座谈,了解了翟城村的乡土民情以及农户生产与生活,相关调查笔记如下:

翟城村的历史印记有几处。一是村口竖立着"中国历史名村"碑墙,上书:中国近代村民民主自治第一村;中国创办最早的村级女子学校所在地;中国创办最早的农民合作社——"因利协社"所在地;中国乡村建设运动的发源地。二是翟城村村委会办公楼上的"晏阳初展览室",向人们展示当年实验的历史。三是村落的西北角有一座偌大的已经废弃的校园,校门两旁上书写着"建设乡村、开发民力"两副标语,校门内的照壁位置树立着晏阳初半身像,塑像后的白色墙上书写着晏阳初先生的"九大信条"①。四是村民心中的晏阳初以及平民教育的历史印记。许多村民依旧怀念晏阳初先生对村域经济社会文化建设所作历史贡献,传承着乡村建设文化,在老农家中,笔者聆听了并录制了韩砚科(时年81岁)先生演唱的《农夫歌》:"穿的土布衣,吃的家常饭;腰里披着旱烟袋儿,头戴草帽圈;手拿农作具,日在田野间;受些劳苦风寒,功德大如天;农事完毕积极纳粮捐;将粮儿缴纳完,自在切得安然;士工商兵轻视咱,轻视咱,没有农夫谁能活天地间。"② 这首歌是韩砚科的妈妈参加晏阳初平民教育培训时学会的并传给了他,歌词所贯穿的思想已经融入乡土民俗,让我倍感这里的农民亲切可敬。

---

① 民为邦本,本固邦宁;深入民间,认识问题,研究问题,协助平民解决问题;与平民打成一片;向平民学习;与平民共同协商乡建工作;不持己见,当因时、因地、因人制宜;不迁就社会,应改造社会;乡建是方法,发扬平民潜力使他们能自力更生是目的;言必行,行必果。

② 在河南和其他一些地方,这首歌的最一句话是:人间百苦都尝遍,都尝遍,没有农夫谁能活天地间。

翟城村在社会主义新农村建设中面貌一新。至2012年末，全村1200户、4730人，分7个片区，26个村民小组。村民聚居于一个村落，形成了三纵七横的街区式布局，俨然一个小集镇。农业仍然是村域经济的支柱产业，全村共有耕地8600亩，保留和新建水井共110多眼，所有耕地都可水浇。土地承包经营，人均1.47亩耕地。农业种植结构为：苗木约占50%，粮食（玉米和小麦轮作）、油料（花生、黄豆）及蔬菜约占50%。访谈的5户农家，户均人口5人，承包土地7.35亩，纯收入2.5万余元，全村人均纯收入5000元。村级集体经济收入纯收入约32万元，主要来源于近300亩"机动地"以及230亩林地的发包。村级组织运转及村域基本公共服务年均支出约30万元。因此，村域基础建设只能依靠公共财政支持的各种项目经费以及"一事一议筹资筹劳"来完成。

——引自王景新《村域集体经济：历史变迁与现实发展》，中国社会科学出版社2013年版，第231—232页。

7. 中共历史名村变迁总体发展，个体呈现多样性、差异性。中国自新民主主义革命至今（1919—2014）的历史，就其主流和本质而言，是中国各族人民在共产党领导下，进行艰苦卓绝的奋斗，把一个极度贫弱、动荡与衰落的中国逐步建设成为稳定和谐、全面小康、充满生机与活力的社会主义新中国的历史。中国复兴从农村开始，又以农村复兴为基础。从五四运动至今，中国农村变迁风雷激荡、天翻地覆：经过新民主主义革命（1919—1949），彻底扭转了"农村经济之衰落，在中国已成普遍之现象"（陈翰笙等，1930）[①]的困局；经过社会主义改造和建设（1949—1978），把一个极度贫弱的农村逐步变成一个繁荣昌盛、充满生机和活力的社会主义新农村；经过改革开放和社会主义现代化建设（1978至今），中国农村向工业化、城镇化、现代化大踏步迈进，一个稳定和谐、全面小康的社会主义新农村展现在世界面前。

中共历史名村变迁发展的多样性和个体差异：（1）一些村自中共早期开始，伴随着中国革命和建设的艰难曲折路程一路走来，始终保持"明星村"的地位，战争年代是"模范村"、农业集体化时代是"样板

[①] 陈翰笙、薛暮桥、冯和法：《解放前的中国农村》，中国展望出版社1985年版。

村"、改革开放新时代又跻身于全国"著名经济强村"之列。这类村庄集中于抗日根据和解放战争根据地的模范村,其中突出的代表如西沟村、大寨村、华西村、刘庄等,半个多世纪以来红旗不倒①。这些村庄能够保持较长时期的稳定和有效发展,其主要原因在于:抗战根据地基本都是解放战争的根据地,属于老解放区,较其他地区的村域更早开始土地改革及互助合作运动,赢得了发展先机;人才不仅流失较少,反而更早在新中国政治舞台上崭露头角。(2)一些村在中国革命风暴的岁月里,不仅为支持革命战争胜利做出过重大贡献,而且成为探索新中国经济建设尤其是新农村建设的先驱,但终因种种因素制约,村域经济发展困难,有的至今还很贫穷,在农村现代化进程中落伍了。这类村庄集中于山区(如当年的中央苏区模范村)。这些村庄发展落伍的原因大致如下:红军长征后国民党及其政府残酷的清洗、打击、破坏和封锁;特殊地理环境和封闭的区位条件制约,这些村在新中国农村现代化进程中逐渐被边缘化;支撑村域经济社会发展的精英人才大量流失。与战争相关联,青壮年及其大量精英分子要么过早牺牲,要么随军队发展,成长了一大批将军,却流失了一批村域建设人才。(3)农业集体化时代样板村历史贡献影响尚存。农业集体化时代的样板村,许多出自抗日根据地和老解放区(如五公村、西沟村、西铺村、大寨村……)。他们为中国反对侵略、捍卫国家主权和民族独立解放,做出了重大牺牲和贡献。自20世纪40年代中后期始,他们率先探索土地改革、互组合作的集体化道路,坚定不移地跟共产党走,以改天换地气概改造生存环境,改变农业生产条件,保证粮食和主要农产品持续稳定增长,并积极向国家缴售商品粮,为支援国家工业建设作出了重要贡献。

8. 当今"明星村"的成就与困难。"明星村"是指村域经济发达、农民生活富裕,而且被大众所熟知的那些村庄。若把村集体当年经营收益②超过100万元的村都当成经济强村,到2013年底,全国经济强村约15900个,占当年农经统计汇总村数的2.71%③。在经济强村中,那些社会知名度极高的著名经济强村被称为"明星村"。"明星村"村域经济产

---

① 王景新:《村域集体经济:历史变迁与现实发展》,中国社会科学出版社2013年版。
② 经营收益=经营收入+发包及上交收入+投资收益-经营支出-管理费用。
③ 农业部农村经济体制与经营管理司、农村合作经济经营管理总站:《全国农村经营管理统计资料(2013)》内部资料。

值至少超过亿元。到 2007 年底，村域经济产值超过 1 亿元的村，全国有 8000 个，其中，产值超过 10 亿元的著名经济强村 163 个，100 亿元以上的村 12 个[①]。(1) 关于"明星村"成名时间。如前文所述，有些村在抗日战争时期或农业集体化时代就做出了重要贡献，享誉海内外。但多数"明星村"（如西王、航民、滕头、花园、方林……）是在改革开放时代由贫困村跨越发展而崛起的。(2) 关于"明星村"所处区位。我国六大片区以及山区、平原、湖区、"城中村"和腹地农村都有分布，本团队实地调查样本就涉及：东北地区如平原甘南县兴十四村，华北山区如平顺西沟村、昔阳大寨村、滦平县周台子，华东地区如上海九星村、萧山航民村、东阳花园村、奉化滕头村、台州路桥方林村、邹平西王村，中南地区如新乡刘庄，西南地区如昆明官渡福保村，西北地区如宝鸡金台东岭村。这说明，"明星村"的发展并不完全依赖于地理区位和资源优势。(3) "明星村"产业结构，工业型村域经济占绝大多数，市场型村域经济为数较少，完全依靠农业经济而发展为著名经济强村的几乎为零。另外，历史名村和当今"明星村"无一例外地把旅游业作为未来发展重要产业。(4) "明星村"生产状况和生活方式。"明星村"村域经济发展，社区城镇化，集体和农户收入极高，农民生活富庶。"明星村"农民生产、生活的基本方式可概括为：基本生活靠土地，社会保障靠集体，发家致富靠自己（农外就业、创业）。上海世博会主题是"城市，让生活更美好"，滕头村针锋相对地提出"乡村，让城市更向往"，这是其他"明星村"未来得及表达的共同追求。(5) "明星村"持续发展面临挑战，主要表现为资源环境压力，工业产品"市场锁定"，农民高收入、高福利和社区基本公共服务高水平何以持续等问题。

9. 村域精英群体及村治差异是中共历史名村变迁发展差异化的重要原因。本团队的研究表明：村域是否培育成长起一个集政治家、企业家于一身的领头精英，是否培养了与领头人品格一致的创业农民精英群体；是否把村域经济的后来发展牢牢钉在先前发展的基础之上，有效利用先前资源、资金、资产积累，选择既符合时代特点又适合本村实际的主导产业，循序渐进地扩张；是否始终把执行严格的生产责任制度与弘扬农民群体的集体主义精神、奉献精神有机结合，一以贯之地带领村民

---

① 张仕东：《60 年东部村庄发展记录》，中国农业出版社 2009 年版。

艰苦奋斗并坚持共同富裕的道路。如果对以上因素回答是肯定的，村域经济必定快速、持续发展；如果回答是否定的，村域经济必然滞后；如果哪一天具备这些条件，村域经济就发展；如果哪一天失去这些条件，村域经济就衰退。

后　　记

　　2016年5月，浙江省委、省政府正式启动了"《千村故事》'五个一'行动计划"（下文简称"千村故事"），其中，"五个一"行动计划中的"第二个重要行动计划"是"触摸历史脉搏——形成一个成果"，要求"充分利用'编撰一套丛书'的调查基础资料和数据，研究和总结江南历史文化村落变迁兴衰更替（或持续发展）历史脉络、社会经济变迁发展的条件、阶段性特征和一般规律，以及文化遗产保护、传承、开发利用和持续发展的浙江特色、中国经验和世界意义。出版《浙江历史文化村落社会经济变迁研究》专著……"，并将该子项目委托浙江农林大学中国农民发展研究中心落实具体任务。自此，浙江农林大学中国农民发展研究中心成立了以古村落保护、农村经济和社会发展、园林规划、影像设计等专业的学者为核心的课题组。课题组一方面利用"千村故事"一套丛书已获得的各项调查数据，另一方面各成员分赴省内及安徽、陕西等地展开历史文化村落变迁研究的实地调查和各项研究工作。书名最终被确定为《浙江历史文化村落变迁与发展》，比原主题包涵内容更广泛，涉及浙江历史文化村落的经济、文化和社会变迁，并在历史文化村落原有发展基础上扩展到其在当下和未来的保护利用工作，具有一定的实践价值。该书的初稿于2017年5月底完成，又经过近三年的整理、修改和润色，目前即将出版。

　　全书共分四部分内容。第一部分为第一章，概括介绍了浙江历史文化村落的分布和类型、地域和文化特色以及文化遗存和经济社会状况；第二部分包括第二、三、四、五、六章，分别以李村村、诸葛村、溪口村等历史文化村落为个案，从其土地制度、产权交易制度、农业和工商业经济的变迁、集体经济与农民生活、宗族意识等主题，展现了浙江省历史文化村落社会经济变迁的各个方面；第三部分包括第七、八、九章，阐述了历史文化村落保护利用的政策建议、个案和规划；第四部分为最后一章"余论"，对"历史文化村落"研究提升为"中国历史名村变迁研究"，交代了其研究意义和价值、样本、框架和方法等，总结了中国历史名村变迁研究的主要结论及其对美丽乡村建设的启迪。

　　呈现在读者面前的这本著作是集体创作的成果。本书的框架由王景新教授设计完成，协调各方、统稿、编辑和校定等工作由浙江农林大学文法学院李琳琳博士完成；第一章由浙江农林大学风景园林与建筑学院的王欣副教授和王景新教授合作完成；第二章由浙江农林大学文法学院吴一鸣博士完成；第三章由武汉轻工大学的赵伟峰博士和浙江大学的陈志新副教授合作完成；第四章由浙江农林大学经管学院的沈凌峰硕士研究生和王敬培博士合作完成，其中沈凌峰和李琳琳负责集体经济变迁研究，王敬培负责农户经济变迁研究；第五章由李琳琳完成；第六章由华中农业大学的周娟博士和王景新教授完成；第七章由王景新教授完成；第八章由李琳琳和朱强合作完成，其中李琳琳主要负责临安市农村历史建筑保护利用和黄山延安等地的古村落保护与利用工作的调研报告，朱强负责龙泉市历史文化村落保护与利用工作报告部分；第九章由金佩华教授和王欣副教授团队完成，其成员包括洪全博士、楼一蕾博士、王瑛老师、翁群昊硕士研究生等；第十章余论由王景新教授完成。其中，李琳琳、吴一鸣等人完成的字数超过五万字。浙江省农办系统、相关市县（区）政府和相关部门提供了大量的组织工作和调研帮助，李村村、诸葛村、溪口村等100多个历史文化村落的样本村的村民和干部为本书的完成，无私奉献了他们的文献、资料、数据和思想观点。中国社会科学出版社及其相关编辑老师为此书编辑出版耗费了心血。在此，本著作者向上述各方面表示深深的敬意和最衷心的感谢！

本著涉及面宽，研究时间短，又受制于典型村落历史资料数据不足的制约，加上作者水平及认识的局限性，书中错误不可避免，希望读者批评指正。

最后，借用西北农林科技大学樊思明教授对"千村故事"的寄语作为结束语：希望该书能为"千秋万代留下一份诗意情怀的传统村落变迁史料，为现代农业中如何继承中华传统农业精华发挥启迪作用"。

李琳琳

2017.8.28